À plus!

3

Méthode intensive

Charnières

Cornelsen

À plus! 3 **Méthode intensive *Charnières***
Lehrwerk für den Französischunterricht (3. Fremdsprache) an Gymnasien

Im Auftrag des Verlages erarbeitet von
Otto-Michael Blume, Gertraud Gregor, Sylvie Schenk, Dr. Christine Wlasak-Feik

und der Redaktion Romanische Sprachen
Dr. Yvonne Petter (Projektleitung), Lucie Drevon, Yvonne Hildebrandt, Corinna Martin-Werner, Jana Silckerodt, Nadja Hantschel (Assistenz)

Beratende Mitwirkung: Rainer Bildheim (Kirchhundem), Dr. Martin Braun (Nürnberg), Hermann Demharter (Heidelberg), Herta Fidelak (Oberhausen), Marliese Frings-Mock (Köln), Eberhard Haar (Stegaurach), Michèle Héloury (Berlin), Catherine Jorißen (Wiesbaden), Martina Mäsch-Donike (Düren), Axel Polleti (Passau), Anke Rogge (Bonn), Karl Stoppel (Biberach), Stefanie Wölz (Sinsheim)

Layoutkonzept: Regelindis Westphal
Layout und technische Umsetzung: Satzinform, Berlin
Umschlaggestaltung: Klein & Halm Grafikdesign, Berlin
Illustrationen: Laurent Lalo
Kartengestaltung: Dr. Volkhard Binder
Umschlagfoto: Corbis: © Lescourret

Begleitmaterialien zu ***À plus!* 3 Méthode intensive *Charnières***
ISBN 978-3-06-020359-8 Vokabeltaschenbuch
ISBN 978-3-06-020349-9 Carnet d'activités mit Audio-CD
ISBN 978-3-06-020353-6 Grammatikheft
ISBN 978-3-06-020361-1 Audio-CD
ISBN 978-3-06-020354-3 Handreichungen für den Unterricht
ISBN 978-3-06-020355-0 Folien für den Unterricht

www.cornelsen.de

Die Internetadressen und -dateien, die in diesem Lehrwerk angegeben sind, wurden vor Drucklegung geprüft. Der Verlag übernimmt keine Gewähr für die Aktualität und den Inhalt dieser Adressen und Dateien oder solcher, die mit ihnen verlinkt sind.

Erläuterung der Symbole und Verweise

14 Hörtext auf der CD (z. B. CD 1, Track 14)

► Neuer Track auf der CD

►◄ Partnerarbeit

Gruppenarbeit oder Diskussion

►► Kettenübung

Schriftliche Übung

Differenzierung: anspruchsvolle Aufgabe

Die Lösungen zu den Aufgaben befinden sich im Grammatikheft.

C 6/8 Hier passt Carnet d'activités, S. 6/8.

DELF Diese Übung eignet sich besonders zur Vorbereitung auf die DELF-Prüfung.

Portfolio Dossier Besonders gelungene Texte kannst du in deiner Portfoliomappe ablegen.

Sprachmittlungsübung

Document sonore

1. Auflage, 1. Druck 2009

Druck: CS-Druck CornelsenStürtz, Berlin

ISBN 978-3-06-020348-2

Inhalt gedruckt auf säurefreiem Papier aus nachhaltiger Forstwirtschaft.

Inhaltsverzeichnis

Die grün gedruckten Überschriften bezeichnen fakultative Elemente.

BILAN 1

DOSSIER 3 *Les métiers*

DOSSIER 4 La France, l'Allemagne et l'Europe

Bonjour tout le monde!

ÉCOUTER ET PARLER

1 En vacances

a 1 2 *Regardez la carte et écoutez les deux extraits. Prenez des notes. Ensuite, répondez aux questions suivantes.* (→ Méthodes, p. 132/2)

Où est-ce que les jeunes ont été?
Qu'est-ce qu'ils ont vu/visité/fait?

Gabriel et Paul

Raphaël et Lena

b *Pendant leurs voyages, Gabriel, Paul, Raphaël et Lena ont rencontré d'autres jeunes. Qu'est-ce qu'on apprend sur ces jeunes?* (→ Méthodes, p. 132/3)

c *Imaginez le portrait de ces jeunes. Puis, présentez vos portraits à vos camarades.* (→ Méthodes, p. 145/2)

WISSENSSPIEL

2 Le test des connaissances

Jouez à trois. A et B jouent, C regarde les solutions, p. 253.

Jeder Spieler braucht neun Spielsteine, z. B. Münzen. Wählt abwechselnd eine Aufgabe aus und legt für jede richtige Antwort eine Münze auf das Feld. Wer zuerst mit seinen Münzen drei Felder in einer Reihe belegt hat, hat gewonnen.

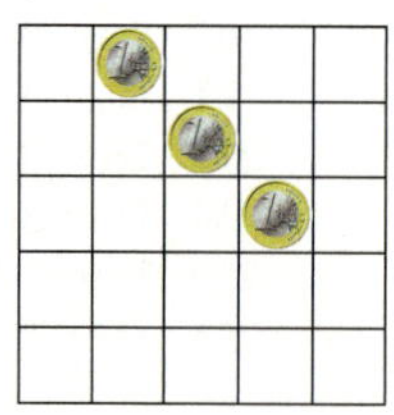

Qu'est-ce qu'on peut visiter à Marseille? Nomme deux endroits.	*Qu'est-ce qu'ils font? Utilise* jouer. 	En hiver, il ___ et on peut faire ___ . 	*Traduis.* Das Buch? Ich leihe es dir. Die Fotos? Sie zeigt sie uns.	*Complète avec les huit points cardinaux.* 
Qui était Jacques Cartier?	Sage deinen Freunden, sie sollten dir zuhören, wenn du mit ihnen sprichst.	Sage deinen Freunden, dass du keine Lust hast, mit ihnen ins Schwimmbad zu gehen.	*Conjugue le verbe* connaître *au présent et à l'imparfait.*	*Trouve le contraire.* utile/inutile gai/___ commencer/___ se lever/___
Quelle est la capitale du Québec?	*Dis-le en français standard.* C'était la cata, mais on n'a pas flippé.	*Traduis.* Paolo läuft am schnellsten. Virginie arbeitet besser als Julie.	*Complète.* Il va à Avignon. → Il [?] va. Nous voulons du couscous. → Nous [?] voulons.	*Complète.* Je vais [?] Canada. Il est né [?] États-Unis. Elle vient [?] France.
Sage auf Französisch, dass du mit dem falschen Fuß aufgestanden bist und wütend bist.	*Nomme trois produits typiques de la Provence.*	*Décris le chemin.* 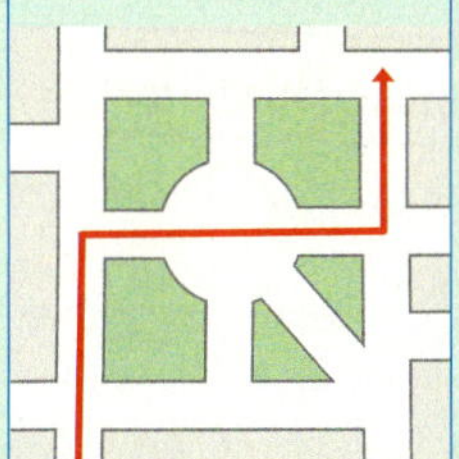	*Trouve cinq expressions avec le verbe* faire. *Exemple:* faire la fête	À la fin de la 3e, les Français doivent passer un examen: le ___ .
Traduis. Die ganze Klasse und alle Lehrer sind ins Museum gegangen.	*Conjugue les verbes* aller *et* venir *au futur simple.*	*Complète.* Quand il avait cinq ans, Jonas ___ *(essayer)* toujours d'embrasser les gens. Un jour, son père lui ___ *(dire)* d'arrêter.	*Mets au passé composé.* Ils veulent voir le film. Elles marchent longtemps. Elle se dispute avec Jens.	*Dis le contraire.* Tout le monde veut aller voir ce concert. Je vois quelqu'un.

DOSSIER 1 La rentrée

Approches

Tout commence, tout recommence

Cher journal, c'est bientôt la rentrée et je veux absolument de nouvelles baskets. Mais mes parents disent qu'elles sont trop chères et que les baskets que j'ai sont très bien. C'est vrai que j'ai besoin de beaucoup de choses pour le lycée (livres, classeurs, cahiers, stylos ...), et mon frère aussi. Mais c'est ça, la rentrée, non? De nouveaux vêtements, des sacs, des cahiers ... Qu'est-ce que je peux faire?

Ludovic

Il me faut encore trois classeurs et un cahier de dessin.

Moi, j'ai besoin de crayons, de surligneurs et d'une trousse.

Lycée Alphonse Daudet   Année scolaire 2009–2010   Liste des fournitures scolaires

matière	matériel demandé
français / histoire - géographie	1 classeur grand format / feuilles simples A4, perforées, grands carreaux / pochettes plastiques transparentes / 1 cahier de brouillon
anglais	1 cahier grand format de 200 pages / 2 surligneurs de couleurs différentes
mathématiques / sciences	1 grand classeur / feuilles, petits carreaux, perforées / 1 crayon HB / 1 règle de 30 cm / 1 compas / 1 équerre

Pour la rentrée scolaire, le budget moyen par foyer[1] est de 603 €

- 479 € pour 1 enfant
- 609 € pour 2 enfants
- 885 € pour 3 enfants et plus

D'après: LCL, août 2007

Les dépenses[2] moyennes par foyer:

- vêtements 204 €
- fournitures scolaires (sans cartables) 128 €
- livres scolaires 127 €
- chaussures 113 €
- téléphones portables 64 €
- cartables / sacs à dos 62 €

1 **le foyer** der Haushalt 2 **les dépenses** die Ausgaben

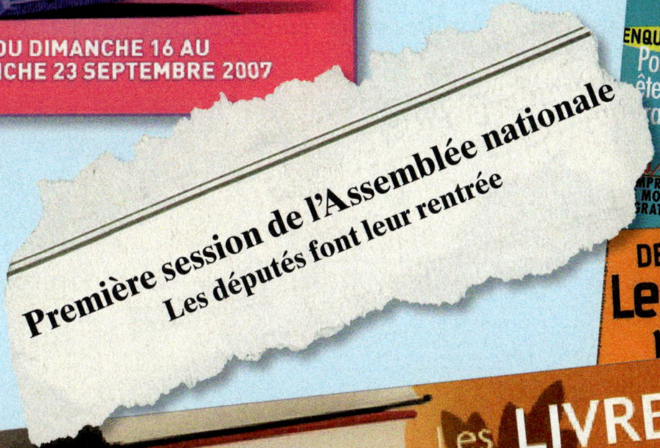

Calendrier scolaire 2009–2010

2009/2010	Zone A	Zone B	Zone C
Rentrée 2009	mercredi 2 septembre 2009		
Toussaint	du samedi 24 octobre 2009 au jeudi 5 novembre 2009		
Noël	du samedi 19 décembre 2009 au lundi 4 janvier 2010		
Hiver	du samedi 13 février 2010 au lundi 1er mars 2010	du samedi 6 février 2010 au lundi 22 février 2010	du samedi 20 février 2010 au lundi 8 mars 2010
Printemps	du samedi 10 avril 2010 au lundi 26 avril 2010	du samedi 3 avril 2010 au lundi 19 avril 2010	du samedi 17 avril 2010 au lundi 3 mai 2010
Vacances d'été	vendredi 2 juillet 2010		

Les dates indiquées pour chaque période vont du 1er jour de vacances scolaires au jour de reprise des cours.

Zone A: Caen, Clermont-Ferrand, Grenoble, Lyon, Montpellier, Nancy-Metz, Nantes, Rennes, Toulouse.

Zone B: Aix-Marseille, Amiens, Besançon, Dijon, Lille, Limoges, Nice, Orléans-Tours, Poitiers, Reims, Rouen, Strasbourg.

Zone C: Bordeaux, Créteil, Paris, Versailles. **Hors zone:** Corse.

Comprendre, analyser, commenter

1 *Regardez les différents documents, p. 10–11. Dans quels domaines parle-t-on de «rentrée»? Faites une liste.*

C 7/1 **2** **a** *Lisez la lettre de Ludovic. Puis regardez la liste des fournitures et les statistiques, p. 10. Que signifie la rentrée pour les familles?*

b *Qu'est-ce que «la rentrée littéraire», «la rentrée du cinéma», et «la rentrée politique»? Expliquez.*

3 *Que pouvez-vous dire sur le rôle de la rentrée en France? Justifiez votre réponse à l'aide des documents, p. 10–11. Comparez avec l'Allemagne.*

Écouter

4 1|3 *Écoutez. Lucien et Julie sont-ils contents de rentrer? Justifiez votre réponse.* (→ Méthodes, p. 132/3)

Réviser le conditionnel

5 *Relisez la lettre de Ludovic, p. 10 et donnez-lui des conseils. Utilisez* À ta place, ___ . / Pourquoi est-ce que tu ne ___ ? *et le conditionnel présent.*

distribuer des prospectus pour gagner de l'argent
porter ses vieilles baskets *reparler* à *ses* parents
essayer de trouver un compromis
acheter de nouvelles baskets avec *son* argent de poche ___

Activités

6 ►◄ *Parlez de votre rentrée. De quoi avez-vous besoin? Faites une liste. Utilisez un dictionnaire allemand-français.* (→ Méthodes, p. 151)

Il me faut ___ .

J'ai besoin de ___ .

7 *Créez une publicité pour «la rentrée sportive», «la rentrée musicale», «la rentrée de la mode» ou une autre rentrée. Présentez votre travail en classe.*

→ Portfolio
Dossier

Préparer la lecture

1 *Regardez ce tableau et décrivez le système scolaire français.*

	BAC général / BAC professionnel	
LYCÉE GÉNÉRAL/ LYCÉE PROFESSIONNEL	Terminale (T^{le})	17 ans
	Première (1re)	16 ans
	Seconde (2e)	15 ans
	Brevet des collèges	
COLLÈGE	Troisième (3e)	14 ans
	Quatrième (4e)	13 ans
	Cinquième (5e)	12 ans
	Sixième (6e)	11 ans
ÉCOLE PRIMAIRE		6 à 10 ans

1 4–5 Enfin au lycée! – Le blog de Claire

Adresse http://enfinaulycee.superblog.fr

Liens Démarrage de Internet Guide des chaînes Infos sur Internet Explorer Le meilleur du Web Personnalisation des liens

Nom du superblog: Enfin au lycée!

Pseudo: Éclair

Date de création: Samedi 3 janvier 2009

Dernière mise à jour: Jeudi 3 septembre 2009

Autres infos: 32 articles 87 commentaires

Ce matin, je me suis levée avec l'impression d'un nouveau départ dans la vie. Enfin au lycée, enfin en seconde! C'est un peu comme avant un match important. Je vais commencer une course de trois ans qui m'amènera au bac. Je me suis douchée, habillée avec plus de soin que d'habitude et je n'ai rien pu manger. Bon, c'est vrai, c'est un peu idiot.

Je suis arrivée au lycée à huit heures moins dix et je n'étais pas la seule. On était au moins huit cents. Seuls Nasser, Quentin et Virginie sont dans ma classe, les autres sont dans d'autres lycées ou dans d'autres classes. Grégory et Caroline redoublent leur troisième: ils vont me manquer. Quentin avait chaud dans son pull neuf. Nasser aussi avait des fringues neuves et … un piercing au nez. Je lui ai dit que ça ne lui allait pas du tout, alors il m'a répondu que mon acné ne s'était pas arrangée pendant les vacances. Virginie en mini-jupe montrait ses jambes très bronzées. On a enfin trouvé notre classe.

► Huit heures: Madame Piarrou, la prof d'espagnol et notre prof principale, nous a donné notre emploi du temps. Je suis contente d'apprendre l'espagnol. Mais comment survivre à trente heures de cours ou presque? Quelle horreur! Madame Piarrou nous a bien expliqué que cette année était décisive pour notre avenir et que nous devions tout de suite prendre de bonnes habitudes de travail. Elle a ajouté qu'il nous faudrait beaucoup d'énergie mais que nous aurions de bons résultats avec un travail régulier. Ce n'est pas faux mais on le savait déjà. Pendant qu'elle parlait, je sentais que j'avais très envie d'une année non-décisive dans ma vie … Madame Piarrou nous a annoncé qu'il existait un club d'astronomie au lycée et j'ai décidé de m'y inscrire tout de suite. Je rêve de l'espace et des étoiles depuis l'âge de six ans. Le prof de physique nous a dit cet après-midi que nous irions aussi à l'observatoire de Buthiers, où se trouve un des plus grands télescopes du monde. Nous ferons des recherches. Nasser et Quentin se sont inscrits au foot. Quentin fait aussi du piano au conservatoire. Je me demande comment il pourra tout faire à la fois: la semaine n'a toujours que sept jours!

Le prof de français me plaît bien. C'est un homme, ce qui est assez rare dans ce lycée, et un homme sympa. Il a déclaré qu'il voulait nous connaître le plus vite possible. Il nous a demandé de sortir une feuille double et d'écrire un texte sur nos loisirs, l'amitié, la nature, sur un livre lu pendant les vacances, un concert, bref, sur quelque chose que nous aimions, qui nous faisait plaisir. Il voulait voir comment on écrivait, si on n'était pas trop nuls en orthographe. Il nous a dit qu'il n'y aurait pas de note. Ensuite, il a demandé s'il y avait un ou une élève qui voulait faire un exposé sur la vie de Saint-Exupéry. Comme il me regardait, j'ai répondu tout de suite «Moi, je veux bien.» Et maintenant, je me demande pourquoi je ne réfléchis pas un peu plus avant d'ouvrir la bouche …

Comprendre et commenter

C 9/1 **2** *Retrouvez dans le texte, p. 13–14 les phrases qui montrent que …* (→ Méthodes, p. 133/7)

1. … Claire pense qu'au lycée, une nouvelle vie va commencer pour elle.
2. … Claire a peur d'avoir trop de stress au lycée.
3. … ce sera une année très importante pour les élèves.
4. … les élèves doivent beaucoup travailler pour avoir de bonnes notes.
5. … Claire s'intéresse à l'astronomie depuis longtemps.
6. … le premier jour au lycée est une journée exceptionnelle pour Claire et ses copains.

3 *Pour Claire, la rentrée est «un nouveau départ dans la vie» (l. 1). Et pour vous? Comparez votre situation à celle de[1] Claire.*

1 **à celle de** *hier:* mit der von

Parler

4 *Relisez le texte, p. 13–14 et formulez trois questions que vous aimeriez poser à Claire. Maintenant, formez des groupes de quatre. Un/e élève joue le rôle de Claire et répond aux questions.*

Exemple:
– Pourquoi est-ce que Grégory et Caroline ne sont pas au lycée avec toi?
– Parce qu'ils redoublent leur troisième.

Méthodes et stratégies

5 **a** *Vous connaissez déjà le discours indirect au passé. Révisez les règles, puis transformez les phrases suivantes en discours direct.*

1. Mme Piarrou a annoncé qu'il existait un club d'astronomie au lycée.
   → *Mme Piarrou:* [?].
2. Le prof de français a déclaré qu'il voulait nous connaître le plus vite possible.
   → *Le prof de français:* [?].

Beschreibe die Zeitenfolge in der indirekten Rede der Vergangenheit. *Faites un schéma.*

b *Maintenant, transformez la phrase suivante en discours indirect au passé.* (→ Texte, p. 13, l. 25–26)

Mme Piarrou: Il vous faudra beaucoup d'énergie mais vous aurez de bons résultats avec un travail régulier.
→ Mme Piarrou a ajouté qu'il nous [?].

Wo kannst du Grammatik wiederholen? Wo kannst du finden, was du suchst? (→ Méthodes, p. 131)

c *Complétez le schéma que vous avez fait en* **a** .

S'entraîner

C 11/5
C 11/6 **6** *Relisez le texte, p. 14, l. 36–41. Retrouvez les paroles du professeur de français. Utilisez le discours direct.* (→ Repères, p. 26/7)

Le prof de français: «Je veux vous connaître le plus vite possible. ___»

C 11/5
C 11/6 **7** *Qu'est-ce que le professeur de physique a dit? Jouez le rôle de Claire et répondez à Nasser. Utilisez le discours indirect au passé.* (→ Repères, p. 26/7)

Il y a un club d'astronomie. Vous pouvez vous inscrire maintenant. Écrivez vos noms sur cette feuille. Nous nous rencontrerons le lundi après-midi. Vous apprendrez beaucoup sur l'espace et les étoiles. Nous irons à l'observatoire de Buthiers, et vous allez voir un des plus grands télescopes du monde. Vous ferez aussi des recherches.

Qu'est-ce qu'il a dit?

Il a dit qu'il y avait un club d'astronomie. ___

C 11/5 C 11/6 **8** *Parlez de votre rentrée. Écrivez une phrase au présent et une autre au futur sur deux feuilles différentes. Un/e élève les ramasse[1]. Puis, chaque élève en tire[2] deux et demande qui a écrit les phrases. Utilisez le discours indirect au passé.* (→ Repères, p. 26/7)

Exemples:
1. On a un nouveau prof de maths.
   → Qui a écrit qu'on avait un nouveau prof de maths?
2. Je m'inscrirai au club-vidéo.
   → Qui a écrit qu'il s'inscrirait au club-vidéo?

1 **ramasser qc** etw. einsammeln 2 **tirer qc** etw. ziehen

Écouter

9 1 6 *Quentin parle de la rentrée. Lisez les phrases puis écoutez. Quelles phrases sont correctes? Corrigez les phrases qui ne correspondent pas au texte.* (→ Méthodes, p. 132/2)

1. Quentin n'aime pas le piercing de Nasser.
2. Quentin ne veut pas arrêter le piano.
3. Loïc a raconté à Quentin que le prof d'espagnol était sévère.
4. Quentin aimerait s'inscrire au club d'astronomie.
5. Quentin n'est pas content d'avoir un homme comme professeur de français.

Réviser les verbes pronominaux

10 C 12/9 *Formulez des questions en français. Puis, posez-les à vos camarades qui y répondent.* (→ Méthodes, p. 150/3)

Exemple: Jonas, quand est-ce que tu t'es levé ce matin? / Julia et Hannah, quand est-ce que vous vous êtes levées ce matin?

Frage deine Mitschüler,
1. wann sie heute Morgen aufgestanden sind.
2. wann sie gestern Abend ins Bett gegangen sind.
3. ob sie sich schon häufig mit ihren Freunden gestritten haben.
4. ob sie sich im letzten Jahr gut mit ihren Geschwistern verstanden haben.
5. ob sie sich für etwas engagiert haben.
6. was sie sich in der letzten Woche von ihrem Taschengeld gekauft haben.

Écrire

DELF **11** *Choisissez un des sujets suivants et écrivez un blog, une lettre ou un poème (~ 150 mots).* (→ Méthodes, p. 147/5, p. 148/7, p. 149/9)

→ Portfolio Dossier

Ma rentrée: rêve et réalité

Mes bonnes résolutions pour la rentrée

SÉQUENCE 2

Préparer la lecture / Prononciation

1 **a** *Voici quelques mots du texte. Vous ne les connaissez pas encore, mais vous connaissez les règles de la prononciation française. Lisez ces mots à voix haute*[1].

b *Traduisez ces mots dans les langues que vous connaissez.*

1 **lire à voix haute** laut lesen

le parlement européen l'actualité
l'initiative la candidature
sélectionner la communication
l'esprit sérieux l'aventure
défendre le système

7–8 La rentrée du Parlement européen des jeunes

Qu'est-ce que le PEJ?

Ce sont de jeunes Européens qui débattent ensemble de questions d'actualité européenne. Ils proposent de nouvelles initiatives et rédigent ensuite des résolutions que le Parlement européen de Strasbourg pourra intégrer à son propre travail. C'est au lycée Jules Verne de Château-Thierry qu'aura lieu la prochaine session nationale du PEJ. Chaque session nationale rassemble de dix à douze lycées français.

Comment participer au PEJ?

Chaque lycée peut envoyer sa candidature et choisir dix élèves de première. Les candidatures sont ouvertes du 17 septembre au 27 octobre. Les lycées sélectionnés participeront à la session nationale pendant un week-end de trois jours. C'est à la fin de ce week-end qu'on choisira le lycée qui représentera la France pour la session internationale de Prague au mois d'avril.

Que se passe-t-il pendant la session nationale?

- Le vendredi après-midi, les jeunes font ensemble des activités sportives et des exercices de communication qui leur permettent de faire connaissance. Le but de ces premières heures de la session est donc de créer un esprit d'équipe. Puis les jeunes forment des «commissions». Ce sont elles qui débattront le lendemain d'un problème européen.
- Le samedi matin, chaque commission débat d'une question d'actualité européenne. Les commissions doivent trouver une position commune et rédiger une résolution en français et en anglais.
- Le samedi après-midi et le dimanche matin, toutes les commissions se retrouvent. Cette assemblée discute des résolutions prises et vote le texte définitif. Chaque jeune vote en son propre nom.

Et les soirées?

Les soirées sont moins sérieuses: sketches, musique, repas, fête de l'Europe ...

Arthur, élève, Besançon

Juliette, élève, Albi

► «Ce que j'ai appris pendant cette session? C'est nous qui tenons l'avenir de l'Europe entre nos mains, nous, les jeunes. Si vous hésitez à participer au PEJ, n'hésitez plus, vous vivrez une aventure exceptionnelle.»

Anne Giraud, professeur, Saint-Denis

«Une session formidable. Ma commission a débattu du problème des transports en Europe. C'est moi qui ai défendu notre résolution devant toute l'assemblée, j'en suis très fier! Et les soirées sont vraiment sympa.»

«Mes élèves ont appris à débattre avec d'autres jeunes, venus d'autres lycées de France, d'autres milieux sociaux. Ils se sont ouverts aux autres, ils ont débattu en deux langues, ils ont appris beaucoup de choses sur le système politique européen. J'étais un peu inquiète avant, et ce sont eux qui m'ont rassurée. Ils ont été formidables et je suis très fière d'eux.»

Comprendre, analyser, commenter

C 13/1 **2** **a** *Comment se déroule[1] le week-end d'une session nationale du PEJ? Retrouvez le programme et notez-le.* (→ Texte, p. 17–18)

b *Le Parlement européen des jeunes: une expérience utile et enrichissante[2]. Expliquez pourquoi.*

c *Aimeriez-vous participer au Parlement européen des jeunes? Justifiez votre réponse.*

1 **se dérouler** ablaufen 2 **enrichissant/e** bereichernd

S'entraîner

C 13/2 **3** **a** 1|9 *Écoutez les phrases et traduisez-les en français. Utilisez* c'est / ce sont ___ que. (→ Repères, p. 26/5)

Exemple:
C'est ce match que tu veux voir?

1 match / *voir*

2 chaussures / *acheter*

3 acteur / *trouver* beau

4 à ce concert / *aller*

5 à cinq heures / *se lever*

6 livres / *lire*

7 prof / *aimer* bien

8 jusqu'à quatre heures / *travailler*

b *Comparez avec les phrases allemandes. Que remarquez-vous?*

C 13/2
C 14/3

4

Regardez le dessin. Trouvez les erreurs et corrigez le texte. Utilisez c'est / ce sont ___ qui. (→ Repères, p. 26/5)

Exemple:

1. – Léna et Arthur discutent de la politique européenne.
   – Non, ce sont Lucas et Théo qui discutent de la politique européenne.

1. Léna et Arthur discutent de la politique européenne.
2. Paul écrit un mail.
3. Hugo et Lisa préparent le buffet.
4. Frédéric et Louis se disputent.
5. Maxime écoute de la musique.
6. Marie lit un livre.
7. Nicolas rédige une résolution.
8. Lucas et Théo jouent au tennis de table.

C 13/2
C 14/3
C 14/4

5

Organisez une soirée française. Utilisez c'est / ce sont ___ qui *ou* c'est / ce sont ___ que *et le futur composé.* (→ Repères, p. 26/5)

organiser un quiz / une exposition de poèmes / ___
préparer un clafoutis / les salades / ___ *décorer* la salle de classe *inviter* les parents
dessiner des affiches *faire* un sketch *distribuer* des dépliants ___

Exemples:

– Laura et Tim, c'est vous qui allez préparer un clafoutis?
– Oui, c'est nous qui allons le préparer.

– C'est un quiz qu'on va organiser?
– Non, c'est une exposition de poèmes qu'on va organiser.

Vocabulaire et expression

6

a *Qu'est-ce qui va ensemble? Retrouvez les expressions et notez-les.* (→ Méthodes, p. 130)

faire rédiger envoyer
participer représenter
proposer former trouver
voter débattre créer

sa candidature des exercices de communication la France
des commissions de nouvelles initiatives des résolutions
un esprit d'équipe des questions d'actualité
une position commune à une session le texte définitif

b *Trouvez d'autres compléments pour les verbes* envoyer, rédiger, proposer, voter *et* participer.

Réviser les prépositions

C 15/6 **7** *Complétez les phrases par les prépositions.*

devant depuis
en depuis quand
jusqu'à avant
jusqu'à quand de

1. [?] est-ce que tu t'intéresses à la politique?
2. Je rêve de participer au PEJ [?] l'âge de 14 ans.
3. [?] une session du PEJ, Marie ne peut plus dormir.
4. Les élèves débattent [?] questions d'actualité européenne.
5. Chaque jeune vote [?] son propre nom.
6. Après les débats, les élèves ont fait la fête [?] des heures impossibles.
7. Philippe et Nicolas attendent leurs copains [?] le bâtiment.
8. [?] est-ce que les élèves vont rester à Château-Thierry?

Écouter

8 **a** 10 *Trois élèves, deux Français et une Allemande, ont participé à une session internationale du PEJ. Ils racontent leur week-end. Écoutez et prenez des notes.* (→ Méthodes, p. 131/1, p. 131/3)

b *Résumez en allemand ce que les Français ont dit et en français ce que l'Allemande a dit.* (→ Méthodes, p. 150/1, p. 150/2)

Recherche

9 *Informez-vous sur le PEJ (www.pejfrance.org, www.eyp.de) en France et en Allemagne et répondez aux questions suivantes.*

1. Où et quand la prochaine session nationale aura-t-elle lieu?
2. Où et quand la prochaine session internationale aura-t-elle lieu?
3. De quels thèmes est-ce que les participants ont débattu pendant la dernière session internationale?

Méthodes et stratégies

10 *Pour ou contre l'uniforme à l'école? Organisez un débat. Formez trois groupes: le premier groupe prépare les arguments «pour» et le deuxième les arguments «contre». Le troisième groupe observe le débat et décide quel groupe a le mieux défendu sa position.*

Eine strukturierte Debatte durchführen (→ Méthodes, p. 140)

Le Prix Goncourt des lycéens

11–12

Lire de dix à quinze romans en deux mois, c'est ce que font les 2000 lycéens qui participent au «Prix Goncourt des lycéens». Ces jeunes gens, élèves de plus de 50 lycées français, suisses et québécois, reçoivent les romans vers la mi-septembre, puis ils lisent chaque livre en 3 à 4 jours. Ils doivent écrire des commentaires, débattre et rencontrer plusieurs auteurs. Ensuite, ils défendent leurs livres préférés dans des discussions littéraires. Mi-novembre, quelques élèves vont à Rennes où on choisit le lauréat.

Lire quinze romans en deux mois, c'est un vrai marathon: «Nous lisons les livres dès que nous les recevons, disent Margaux et Clément, mais le temps nous manque.» Un dimanche matin, le téléphone sonne chez Margaux.

Margaux: Allô?

Clément: Bonjour Margaux, c'est moi, Clément. Ça va?

Margaux: Ouais, ça va. Je suis en train de ranger ma chambre. Et toi?

Clément: Je viens de terminer «À l'abri de rien», le roman d'Olivier Adam. Je suis complètement crevé.

Margaux: Pourquoi? C'est déprimant?

Clément: Pire que ça. J'ai eu un choc. Le roman est bien, c'est facile à lire, et il y a du suspense. En fait, je l'ai lu hier soir jusqu'à deux heures du matin. Mais l'histoire est trop triste.

Margaux: De quoi ça parle?

Clément: C'est l'histoire d'une femme qui perd les pédales. Elle est au chômage. Elle mène une vie pas très drôle entre son mari et ses enfants. Elle s'ennuie. Bon, et un jour elle rencontre des «sans-papiers» qui se cachent dans la banlieue de Calais. Leur vie n'est que misère et violence. Marie …

Margaux: C'est la jeune femme qui perd les pédales?

Clément: Oui. Elle s'engage pour aider les «sans-papiers», pour leur trouver de la nourriture, des vêtements … mais … Bon, je ne te raconte pas la fin.

Margaux: C'est chouette quand un écrivain parle de problèmes vraiment actuels.

Clément: C'est vrai. Mais quand même, je ne sais pas si je l'aime, ce roman.

Margaux: Un livre sur les gens malheureux, ça dérange toujours. Mais si tu ne l'aimais pas, tu n'en parlerais pas comme ça. En tout cas, il te touche, et un livre qui nous touche, c'est un livre intéressant.

► *Clément:* Et toi, tu en es où?

Margaux: Je suis en train de relire le début de «Ni d'Ève ni d'Adam» d'Amélie Nothomb.

Clément: Tu RELIS???

►

Margaux: Oui, il est génial ce livre, je l'adore. Si j'avais le temps, je le relirais en entier. C'est autobiographique, une histoire d'amour entre Amélie Nothomb à 21 ans, et un Japonais de 20 ans qui s'appelle Rinri. Dès les premières lignes, les personnages te captivent. Le Japonais est très amoureux. Si Amélie était d'accord, ils se marieraient tout de suite. L'histoire est pleine d'humour et super bien écrite. Il y a des passages fantastiques, par exemple les aventures d'Amélie en montagne, sous la neige. Et puis on apprend plein de choses sur le Japon dans ce bouquin.

Clément: Tu me le passes? J'essaie de le lire aujourd'hui. Si je ne le lis pas aujourd'hui, je n'aurai plus le temps la semaine prochaine. Mon père vient de rentrer du marché, il peut m'amener chez toi dans un quart d'heure.

Margaux: D'accord. Tu m'apportes Olivier Adam?

Clément: Ben, en tout cas son bouquin ... À tout de suite.

Comprendre, analyser, commenter

C 16/1 C 16/2 **1** *Décrivez le déroulement[1] du «Prix Goncourt des lycéens». Quels sont les sujets des romans «À l'abri de rien» et «Ni d'Ève ni d'Adam»?* (→ Méthodes, p. 133/7)

[1] **le déroulement** der Ablauf

2 *Est-ce que ces deux livres plaisent à Margaux et à Clément? Pourquoi?*

3 *Est-ce que leurs commentaires vous donnent envie de lire les romans? Justifiez votre réponse.*

Découvrir

4 **a** *Traduisez.*

b *Complétez les propositions conditionnelles irréelles par les formes correctes des verbes.*

1. Si elle *(avoir)* le temps, elle *(relire)* le roman en entier. (Mais elle doit encore lire cinq autres romans.)
2. Il *(lire)* des romans toute la journée s'il n' *(aller)* pas à l'école. (Mais il doit aller à l'école.)
3. S'il ne *(devoir)* pas écrire son commentaire, il *(sortir)* avec ses copains. (Mais il n'a pas le temps.)

S'entraîner

C 18/7
C 18/8

5 *Imaginez ce que disent ces personnages.* (→ Repères, p. 26/6)

Exemple: Si mon ordinateur marchait, je pourrais envoyer des mails.

1. ordinateur *marcher* / *pouvoir* envoyer des mails

2. ne pas *pleuvoir* / *jouer* dehors

3. ne pas *devoir* travailler / *pouvoir* lire ces romans

4. *regarder* ta montre / *être* à l'heure

5. *avoir* de l'argent / *faire* un voyage

6. *faire* plus de sport / *être* comme lui

C 18/7
C 18/8

6 *Formez des groupes de quatre élèves. Chaque élève écrit une phrase subordonnée conditionnelle à l'imparfait qui commence par «Si je ...». Il/Elle plie[1] la feuille et la passe à son voisin. Ensuite, chaque élève écrit une phrase principale au conditionnel présent. Recommencez deux ou trois fois. Puis lisez les phrases et présentez la phrase la plus drôle/originale à votre classe.* (→ Repères, p. 26/6)

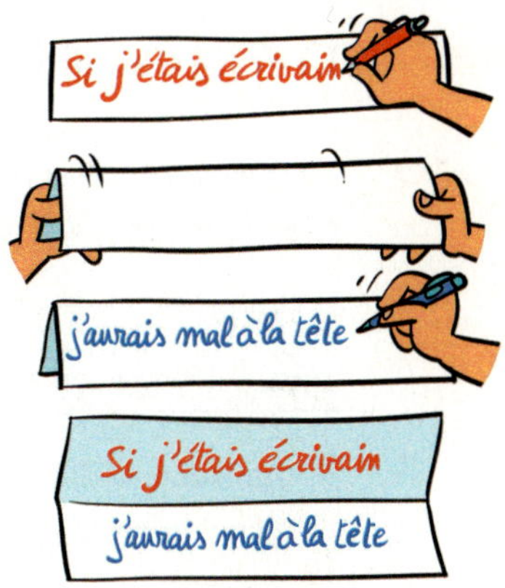

être content/heureux/malheureux/triste/___
avoir mal à ___ *se balader* *lire*
écrire *craquer* pour *avoir* de l'argent / du temps
jouer à/de ___ *s'ennuyer* ___

1 **plier qc** *hier:* etw. nach hinten knicken

C 18/7
C 18/8

7 *Complétez les propositions conditionnelles réelles et irréelles.* (→ Repères, p. 26/6)

aimer *aller* en France *avoir* beaucoup d'argent *faire* beau *rater* le bus
regarder la télé française ___

1. Cécile ne choisirait pas de ce roman si elle ne ___ .
2. J'achèterais un château si ___ .
3. Max et Yves rentreront à pied de l'école s'ils ___ .
4. Il comprendrait mieux le français s'il ___ .
5. Il comprendra mieux le français s'il ___ .
6. Nous irons à la piscine s'il ___ .

si-Satz	Hauptsatz
présent	→ futur/présent
imparfait	→ conditionnel

C 16/4
C 17/5 **8** **a** *Qu'est-ce qu'ils sont en train de faire?* (→ Repères, p. 25/3)

b *Imaginez ce qu'ils viennent de faire.* (→ Repères, p. 26/4)

Écouter

DELF **9** **a** 13 *De quel livre parlent-ils? De «Ni d'Ève ni d'Adam» d'Amélie Nothomb ou de «À l'abri de rien» d'Olivier Adam? Écoutez les quatre commentaires et répondez.* (→ Méthodes, p. 131/1)

b *Écoutez encore une fois les commentaires. Lesquels sont plutôt positifs et lesquels sont négatifs?*

La France en direct

DELF **10** *Lisez les quatrièmes de couverture de deux romans présentés sur le site www.ricochet-jeunes.org/sommaire.asp. Quel roman aimeriez-vous lire? Justifiez votre choix.* (→ Méthodes, p. 146/4)

Adresse http://www.ricochet-jeunes.org/sommaire.asp

Liens Démarrage de Internet Guide des chaînes Infos sur Internet Explorer Le meilleur du Web Personnalisation des liens

La Quête d'Ewilan
D'un monde à l'autre
Auteur:
Pierre Bottero
Roman à partir de 13 ans

«La Quête d'Ewilan» est le premier tome de la trilogie d'heroic fantasy. La vie de Camille bascule soudainement lorsqu'en voulant éviter un camion, elle franchit «le pas de côté» et se retrouve dans un monde parallèle, l'univers de Gwendalavir. Elle devient alors Ewilan. [...] Lire la suite

J'apprends l'allemand
Auteur:
Denis Lachaud
Roman à partir de 14 ans

Paris, dans les années 70. Enfant, Ernst Wommel partage son quotidien entre de graves problèmes de vue, les moqueries de ses camarades qui le surnomment Hitler, et une famille qui semble avoir oublié son passé. Lors de son entrée en sixième, Ernst décide d'apprendre l'allemand. [...] Lire la suite

Repères

Vocabulaire thématique

1 Über ein Buch sprechen

Inhalt

C'est un livre sur (les gens malheureux).
C'est un livre qui parle de ___ .
C'est l'histoire de/d'(une femme) qui ___ .
L'histoire se passe / a lieu à/en/au ___ .
C'est une histoire d'amour entre ___ et ___ .
Les personnages sont ___ .
L'auteur / L'écrivain parle de (problèmes actuels).
C'est autobiographique.
Il y a des passages (fantastiques).
Il y a du suspense / de l'action.

Meinung

J'aime ce livre parce que ___ .
Le roman est bien/génial/intéressant/triste/déprimant/___ .
C'est facile à lire / bien écrit.
C'est un livre qui nous touche.
Dès les premières lignes, les personnages te captivent.
L'histoire est pleine de/d'(humour).
On apprend plein de choses sur ___ .

Présentez votre livre préféré pour donner envie de le lire à vos camarades. (→ Méthodes, p. 143, p. 148/8)

Grammaire

2 Die Verben Les verbes

débattre → p. 157; **défendre** wie entendre → p. 155; **intégrer** wie préférer → p. 154; **recevoir** → p. 160; **rédiger, s'arranger** Verben auf -ger → p. 154; **s'ennuyer** Verben auf -yer → p. 154; **s'inscrire** wie écrire → p. 157; **survivre** wie vivre → p. 161

3 Le présent duratif («être en train de» + infinitif)

Je suis en train de ranger ma chambre.
J'étais en train de ranger ma chambre quand Clément a appelé.

> Vergleiche mit dem Englischen: I am tidying my room.

Übersetze. Was drückst du mit „être en train de" aus?

4 Le passé récent («venir de» + infinitif)

Mon père vient de rentrer du marché.
Je venais de terminer mon roman quand Clément est arrivé.

Übersetze. Was drückst du mit „venir de“ aus?

Merke

Je **viens de** faire qc. | Je **suis en train de** faire qc. | Je **vais** faire qc.

Vergangenheit | Gegenwart | Zukunft

5 Die Hervorhebung La mise en relief

Moi, j'ai défendu notre résolution.	**C'est** moi **qui** ai défendu notre résolution.
Les jeunes débattent ensemble.	**Ce sont** les jeunes **qui** débattent ensemble.
Nous débattons de questions d'actualité.	**C'est** de questions d'actualité **que** nous débattons.
La prochaine session aura lieu à Prague.	**C'est** à Prague **que** la prochaine session aura lieu.

Wann verwendest du „c'est / ce sont ... qui“? Wann verwendest du „c'est / ce sont ... que“?

6 Der Bedingungssatz La proposition conditionnelle

1. S'il **a** le temps, il **relira** le roman.
2. Si elle **est** d'accord, ils se **marieront** bientôt.

3. S'il **avait** le temps, il **relirait** le roman.
4. Si elle **était** d'accord, ils se **marieraient** bientôt.

Übersetze die Sätze und beschreibe die Unterschiede.

Vergleiche mit der Zeitenfolge in Bedingungssätzen im Englischen.

⚠ s'il / s'ils   aber: si elle / si elles / si on

7 Die indirekte Rede in der Vergangenheit Le discours indirect au passé

Claire:	Claire a dit que/qu'...
«Je me **suis levée** avec l'impression d'un nouveau départ dans la vie.	... elle **s'était levée** avec l'impression d'un nouveau départ dans la vie.
Je n'**ai** rien **pu** manger.	... elle n'**avait** rien **pu** manger.
C'**est** un peu idiot.	... c'**était** un peu idiot.
J'**étais** au lycée à huit heures moins dix.	... elle **était** au lycée à huit heures moins dix.
Nous **irons** à l'observatoire et nous **ferons** des recherches.»	... ils **iraient** à l'observatoire et qu'ils **feraient** des recherches.

Vergleiche die Zeiten der direkten Rede und der indirekten Rede der Vergangenheit.

S'entraîner

C 11/5 C 11/6 **1** *Qu'est-ce que la jeune fille a dit? Et ses parents? Utilisez le discours indirect au passé.* (→ Repères, p. 26/7)

La fille La mère Le père	a dit a raconté a répondu a expliqué	que/qu' ___.
	dé	pourquoi ___. si ___.

J'ai envie de devenir écrivain.
Je ferai beaucoup d'efforts pour réussir.
J'ai envoyé mon premier roman à une maison d'édition[1].
Je travaillerai beaucoup.
Mon prof de français a beaucoup aimé mes poèmes.

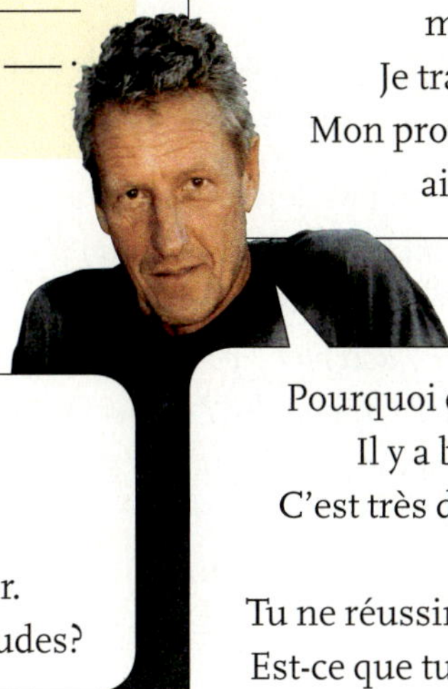

Ce n'est pas facile d'être écrivain.
Est-ce que tu seras assez courageuse?
As-tu assez de talent?
Il faut travailler régulièrement pour réussir.
Pourquoi est-ce que tu ne veux pas faire des études?

Pourquoi est-ce que tu n'as rien dit?
Il y a beaucoup d'écrivains.
C'est très dur de gagner sa vie quand on est écrivain.
Tu ne réussiras peut-être pas facilement.
Est-ce que tu veux vraiment passer ta vie devant un ordinateur?

1 **la maison d'édition** der Verlag

C 16/4 C 17/5 **2** *Traduisez les phrases. Utilisez* être en train de *ou* venir de. (→ Repères, p. 25/3, 26/4)

1. Was hast du gerade gesagt?
2. Ich lese das Buch gerade noch einmal.
3. Wir haben gerade den Bus verpasst.
4. Ich habe gerade den zweiten Roman fertig gelesen.
5. Clément telefoniert gerade mit Margaux.
6. Julie und Nicolas kochen gerade.
7. Der Film hat gerade angefangen.
8. Claire ist gerade dabei ihr Zimmer aufzuräumen.

Vocabulaire et expression

3 **a** *Trouvez d'autres verbes pour le verbe* dire. (→ Liste alphabétique, p. 215; → Méthodes, p. 130)

b *Complétez le texte par le verbe* dire *et les synonymes de* **a**.

Inès voudrait continuer ses études en Allemagne. Mais elle croit que ce n'est pas possible d'en [?] à ses parents parce qu'ils vont [?] non. Ses parents ne la comprennent pas. Alors elle n'ose pas leur [?] s'ils sont d'accord. S'ils l'écoutaient, elle leur [?] combien c'est important pour elle. Elle [?] son avis avec de bons arguments. Elle leur [?] comment son copain Adrien a profité de son séjour en Allemagne: il [?] très bien l'allemand. Ses parents lui [?] toujours de lire des livres dans d'autres langues, et Inès leur [?] que ce n'est pas la même chose.

Réviser

4 **a** *Lisez chaque phrase à voix haute[1]. Faites attention à la prononciation des mots soulignés.*

1. J'ai déjà appris tous les verbes.
2. Mes copains sont tous venus.
3. Ça coûte six euros dix.
4. Le train arrive dans dix minutes.
5. Max ne fait plus ses devoirs avec Mario.
6. J'aimerais lire plus de livres.
7. Paul est plus grand que sa sœur.
8. Le premier roman est beaucoup plus intéressant que le deuxième.
9. J'ai le père le plus inquiet du monde.
10. À plus!

b 🎧 14 *Écoutez et corrigez si nécessaire.*

1 **lire à voix haute** laut lesen

5 *Choisissez le verbe correct, conjuguez-le au temps qui convient et complétez par les prépositions* à *ou* de. *Ajoutez l'article si nécessaire.*

1. Quentin, est-ce que tu t'es déjà [?] *(s'approcher / s'inscrire / se décider)* club de foot?
2. J'ai déjà [?] *(commencer / quitter / devenir)* préparer mon exposé sur Saint-Exupéry.
3. La première du lycée Jean Renoir voudrait [?] *(visiter / rencontrer / participer)* PEJ.
4. Cela va [?] *(proposer / accepter / permettre)* élèves de faire des progrès en anglais.
5. Il faudra [?] *(discuter / apprendre / hésiter)* notre projet.
6. Élise ne s'est pas encore [?] *(s'amuser / s'habituer / se terminer)* travailler régulièrement pour l'école.
7. Paul [?] *(jouer / rêver / manquer)* un séjour de trois semaines au Maroc.

6 *Passé composé, imparfait ou plus-que-parfait? Complétez le texte avec les formes correctes des verbes entre parenthèses.*

Mes parents *(être)* au chômage et *(ne pas trouver)* de travail. Nous *(avoir)* très peu d'argent. Mes parents *(ne jamais me donner)* d'argent de poche. C' *(être)* bientôt mon anniversaire. Pour moi, pas de gâteau, pas de cadeaux, je le *(savoir)*, nous *(être)* trop pauvres. Le jour de mon anniversaire, quand je *(entrer)* dans la salle de séjour, j' *(avoir)* un choc ... Je *(être)* très heureux: il y *(avoir)* plein de cadeaux sur la table. Qu'est-ce que c' *(être)*? Toutes les affaires qu'ils m' *(offrir)* quand nous *(être)* encore riches et qui ne *(m'intéresser)* plus depuis des années. Mes parents les *(garder)*.

D'après: Olivier Ka, Je bouquine, N° 253

Écrire

DELF **7** *Écrivez un petit texte. (~ 100 mots)* (→ Méthodes, p. 148/7, p. 149/9)

Si j'étais président, ...

→ Portfolio
Dossier

Ni d'Ève ni d'Adam

Le meilleur moyen d'apprendre le japonais me parut d'enseigner le français. Au supermarché, je laissai une petite annonce: «Cours de français, prix intéressant».
Le téléphone sonna le soir même. Rendez-vous fut pris pour le lendemain, dans un café d'Omote-Sando. Je ne compris rien à son nom, lui non plus au mien. En raccrochant, je me rendis compte que je ne savais pas à quoi je le reconnaîtrais, lui non plus. Et comme je n'avais pas pensé à lui demander son numéro, cela n'allait pas s'arranger. «Il me rappellera peut-être pour ce motif», pensai-je.
Il ne me rappela pas. La voix m'avait semblé jeune. Cela ne m'aiderait pas beaucoup. La jeunesse ne manquait pas à Tokyo, en 1989. Surtout dans ce café d'Omote-Sando, le 26 janvier, vers quinze heures.
Je n'étais pas la seule étrangère, loin s'en fallait. Pourtant, il marcha vers moi sans hésiter.
– Vous êtes le professeur de français?
– Comment le savez-vous?
Il haussa les épaules. Très raide, il s'assit et se tut. Je compris que j'étais le professeur et que c'était à moi de m'occuper de lui. Je posai des questions et appris qu'il avait vingt ans, qu'il s'appelait Rinri et qu'il étudiait le français à l'université. Il apprit que j'avais vingt et un ans, que je m'appelais Amélie et que j'étudiais le japonais. Il ne comprit pas ma nationalité. J'avais l'habitude.
– À partir de maintenant, nous n'avons plus le droit de parler anglais, dis-je.
Je parlai en français pour connaître son niveau: il se révéla consternant. Le plus grave était sa prononciation: si je n'avais pas su que Rinri me parlait français, j'aurais cru avoir affaire à un très mauvais débutant en chinois. [...]
Je me sentis extrêmement stupide avec ma pédagogie à deux sous. Pour retomber sur mes pattes, je parlai de n'importe quoi: quels aliments mangeait-il? Décisif, il répondit:
– Ourrrrhhhh.
Je croyais connaître la cuisine japonaise, mais cela je n'avais jamais entendu. Je lui demandai de m'expliquer.
Il répéta:
– Ourrrrhhhh.
Oui, certes, mais qu'était-ce?
Étonné, il me prit le carnet des mains et dessina le contour d'un œuf. Je mis plusieurs secondes à recoller les morceaux dans ma tête et m'exclamai:
– Œuf!
Il ouvrit les yeux comme pour dire: Voilà!
– On prononce œuf, dis-je, œuf.
– Ourrrrhhhh.
– Non, regardez ma bouche. Il faut l'ouvrir davantage: œuf.
Il ouvrit grand la bouche:
– Orrrrhhhh.
Je me demandai: était-ce un progrès? Oui, car cela constituait un changement. Il évoluait, sinon dans le bon sens, du moins vers autre chose.
– C'est mieux, dis-je, pleine d'optimisme.
Il sourit sans conviction, content de ma politesse. J'étais le professeur qu'il lui fallait. Il me demanda le prix de la leçon.

D'après: Amélie Nothomb, Ni d'Ève ni d'Adam (2007)

a *Lisez le texte. Puis résumez-le en quelques phrases (qui? quoi? quand? où? comment? pourquoi?).*

b *Analysez la phrase* «Le meilleur moyen d'apprendre le japonais me parut d'enseigner le français.» *(l. 1–2)*

c *Aimeriez-vous donner des cours d'allemand à quelqu'un qui voudrait apprendre votre langue? Justifiez votre réponse.*

1 **le moyen** *hier:* die Methode 1 **il parut** *passé simple von* paraître erscheinen *(passé simple = Vergangenheitstempus in Erzählungen)* 1 **enseigner** unterrichten 4 **il fut** *passé simple von* être 6 **raccrocher** auflegen 7 **se rendre compte** sich bewusst werden 15 **l'étranger/-ère** der/die Ausländer/in 15 **loin s'en faut** weit gefehlt 15 **pourtant** dennoch 19 **hausser les épaules** mit den Schultern zucken 19 **raide** starr 19 **il s'assit** *passé simple von* s'asseoir sich setzen 19 **il se tut** *passé simple von* se taire 20 **s'occuper de qn** sich um jdn kümmern 22 **étudier** studieren 26 **à partir de** von ... an 28 **se révéler consternant** sich als erschreckend herausstellen 29 **grave** schlimm 32 **la pédagogie à deux sous** die Laienpädagogik 33 **retomber sur ses pattes** *hier:* wieder Boden unter den Füßen gewinnen 34 **l'aliment** *m.* das Lebensmittel 41 **certes** *hier:* sicher 43 **recoller** zusammenkleben 43 **le morceau** das Stück 44 **s'exclamer** ausrufen 49 **davantage** mehr 52 **constituer** *hier:* darstellen 53 **évoluer** sich entwickeln 53 **sinon** *hier:* wenn nicht 56 **la politesse** die Höflichkeit

DOSSIER 2 *Regards sur l'histoire*

Approches

Hier et aujourd'hui

A

Aujourd'hui, trois millions de touristes visitent chaque année le château du «Roi-Soleil», Louis XIV, à Versailles.

1 *Qu'est-ce que c'est pour toi, la tolérance?*

2 *C'est accepter les idées, le mode de vie des autres.*

3 *On ne peut quand même pas tout accepter!*

4 *Bien sûr que non! Mais tout le monde a le droit d'avoir sa religion, ses idées politiques, son mode de vie.*

B

C

D

E

LEURS ANCÊTRES ...

En 1783, les frères de Montgolfier montent dans un ballon.

En 1863, Louis Pasteur découvre une méthode pour conserver le lait.

En 1830, Niepce et Daguerre inventent la photographie.

En 1895, les frères Lumière inventent le cinéma.

Louis XIV

1 La mort de Louis XIV en 1715 marque la fin d'une époque: l'absolutisme.

2 N'y a-t-il qu'une religion acceptable, qu'une seule façon de vivre? Ou ne faut-il pas accepter d'autres modes de vie? Partout en Europe, les philosophes du XVIIIe siècle discutent de ces questions. «Liberté» et «tolérance» sont des mots-clés de cette nouvelle époque, appelée le «siècle des Lumières». L'un des philosophes les plus connus est Voltaire (1694–1778).

Voltaire

Déclaration des droits de l'homme

3 Tous les hommes naissent libres et égaux et ont les mêmes droits. La Déclaration des droits de l'homme pendant la Révolution française de 1789 est une étape importante de notre passé. La nouvelle République introduit aussi le mètre, le gramme ... et les départements français.

4 En 1804, Napoléon Bonaparte devient empereur et part à la conquête de l'Europe. Dans son grand empire qui va de la Pologne jusqu'à Rome, il réforme l'administration et la justice. Le «Code civil» devient le premier recueil de lois moderne. Après de nombreuses guerres, la Prusse, l'Autriche, la Suède et la Russie battent Napoléon à Leipzig en 1813.

Napoléon Bonaparte

5 La Révolution industrielle commence à la fin du XIXe siècle: beaucoup de paysans quittent la campagne pour chercher du travail dans les usines. Les ouvriers mal payés (14 % d'entre eux sont des enfants) meurent de faim et de fatigue.

La Révolution industrielle

Comprendre

1 *À chaque document (A–E) de la page 30 correspond un texte (1–5) de la page 31. Faites le lien. Justifiez votre choix.*

C 22/1 C 22/2 **2** ►◄ *Relisez les textes, p. 30–31 et posez des questions à votre voisin/e, qui y répond.*

Exemple:
Qui a inventé la photographie?

C 22/3 **3** **a** *Dans un tableau, notez tous les mots et expressions sur les thèmes suivants.* (→ Texte, p. 30–31)

histoire, politique	économie, travail	technique
le siècle des Lumières	le paysan	le mètre

b *Choisissez un thème de* **a** *et complétez-le avec le vocabulaire que vous connaissez déjà. Gardez ce tableau: vous en aurez besoin pour l'exercice 10, p. 40.*

4 *Choisissez un des textes (2–5) de la page 31 et traduisez-le.*

Parler

DELF **5** *La liberté, les droits de l'homme, la tolérance … Est-ce que ces valeurs[1] sont respectées dans la société d'aujourd'hui?*

1 **la valeur** der Wert

Eine Diskussion vorbereiten und führen (→ Méthodes, p. 139/2)

Recherche

6 *Chaque groupe choisit un thème, évènement ou personnage des pages 30–31, fait des recherches et présente ses résultats à la classe.* (→ Méthodes, p. 141/4, p. 143/5)

Louis XIV
Déclaration des droits de l'homme
les frères de Montgolfier
siècle des Lumières
Révolution française
Napoléon
Code civil
Leipzig 1813
République française
départements
Révolution industrielle
Niepce et Daguerre
Louis Pasteur
Versailles
les frères Lumière

Préparer la lecture

1 *Informez-vous sur Voltaire.* (→ Petit dictionnaire de civilisation) *Quel moment de sa vie représente cette scène?*

15 Les idées de Voltaire

Les élèves d'une classe de seconde d'un lycée de Ferney-Voltaire travaillent sur le célèbre philosophe qui a vécu dans cette ville française située à la frontière avec la Suisse. Pour leur projet, Camille et Félix ont imaginé une interview avec Voltaire.

Camille: Monsieur Voltaire, vous avez vécu au XVIIIe siècle. Trois siècles après, comment jugez-vous votre siècle aujourd'hui?
Voltaire: Comme un siècle qui porte bien le nom de «siècle des Lumières». Je n'aurais pas aimé vivre à une autre époque. C'était une époque riche en nouvelles idées. Il y avait partout, mais surtout à Paris, bien sûr, des salons: les gens qui avaient envie de discuter philosophie, mathématiques, astronomie, politique, économie s'y retrouvaient. Certains d'entre eux, avec leurs idées, ont changé la France et l'Europe. Malheureusement, je suis mort cinq ans trop tôt. Je n'ai pas vu la première montgolfière.
Félix: Depuis, nous sommes allés dans l'espace …
Camille: Monsieur Voltaire, comment vous voyez-vous aujourd'hui?
Voltaire: Comme le premier auteur moderne et engagé. Après moi, il y a eu au XXe siècle ce petit Jean-Paul Sartre, qui n'était pas mauvais non plus.
Félix: Vous vous êtes beaucoup battu pour la liberté. On vous a enfermé deux fois à la Bastille.
Voltaire: Oui, à cette époque, on pouvait vous enfermer dans cette prison sans jugement. Ensuite, si Louis XV ne m'avait pas exilé, je ne serais jamais allé en Angleterre. J'y ai appris beaucoup de choses sur la tolérance, la liberté et l'égalité.

▶

Camille: C'est vrai, mais vous avez payé cher votre liberté d'expression: après un premier exil en Angleterre, vous avez encore une fois dû quitter la France. Cette fois, c'est à la cour de Frédéric II à Potsdam, en Prusse, que vous êtes allé. Et après votre retour de Prusse, vous avez vécu à Ferney, près de la frontière, pour pouvoir fuir en Suisse si nécessaire. Si vous aviez pu prévoir tous ces problèmes, auriez-vous été plus prudent?

Voltaire: Vous plaisantez? Je n'aurais jamais pu vivre autrement. On a une tête pour penser, et une plume pour écrire ce qu'on pense.

Félix: Des millions de jeunes ont lu, au collège et au lycée, «Candide» et vos autres contes. La dernière phrase de «Candide», c'est: «Il faut cultiver notre jardin.» Que voulez-vous dire par là?

Voltaire: «Cultiver son jardin», c'est bien sûr développer ses talents personnels, ça veut dire faire quelque chose et être utile aux autres. Je me suis donc battu pour la justice et la tolérance. Si Louis XVI et ses ministres avaient su cultiver leur jardin, c'est-à-dire leur pays, la France, le peuple n'aurait pas autant souffert.

Comprendre, analyser, commenter

C 24/1 **2** *Vrai ou faux? Corrigez les phrases fausses et expliquez ce qui est faux.* (→ Texte, p. 33–34)

1. Voltaire est malheureux d'avoir vécu[1] au XVIIIe siècle.
2. Au XVIIIe siècle, les nouvelles idées provoquent de grands changements dans toute l'Europe.
3. Voltaire a choisi la Prusse comme premier pays d'exil.
4. Les années en Angleterre ont été très importantes pour Voltaire et ses idées politiques.
5. À la fin de sa vie, Voltaire a vécu à Ferney en Suisse pour être loin du roi de France.
6. Pour Voltaire, «liberté» et «égalité» étaient les idées les plus importantes de sa vie.

1 **avoir vécu** *hier:* gelebt zu haben

3 *Expliquez la phrase: «On a une tête pour penser, et une plume pour écrire ce qu'on pense.» (l. 48–49) Dans quel article des droits de l'homme retrouve-t-on cette idée?*

4 *Voltaire explique ce qu'il a voulu dire avec la phrase «Il faut cultiver notre jardin.» (ligne 55) Et vous, comment pourriez-vous «cultiver votre jardin»? Discutez avec votre voisin/e.* (→ Méthodes, p. 139/2)

je pourrais ___ je pense que ___
à mon avis, ___ moi, je ___

s'engager pour *travailler* avec/pour
aider *oser* *faire* *fonder* *partager* avec ___

Réviser les pronoms relatifs

5 *Expliquez ces mots en français. Utilisez* où, qui, que, ce qui, ce que. (→ Méthodes, p. 129/3)

Angleterre acceptable plaisanter montgolfière usine
plume ministre paysan ouvrier assemblée bouquin

Exemple: L'Angleterre, c'est le pays où Voltaire a passé son premier exil.

Découvrir

6 **a** *Traduisez.*

– Je n'**aurais** jamais **aimé** vivre à une autre époque.
– Je ne **serais** jamais **allé** en Angleterre.

b *Comment est-ce qu'on forme le conditionnel passé?*

S'entraîner

C 25/5
C 25/6
7 *Mettez les phrases suivantes au conditionnel passé.* (→ Repères, p. 44/3)

1. Vous *(pouvoir)* construire votre ballon un peu plus vite.

2. Il (ne pas / *devoir*) écrire tout ce qu'il pensait.

3. Sans lui, je (ne jamais / *partir*) en Angleterre.

4. Sans lui, la vie à ma cour (ne pas / *être*) aussi intéressante.

5. Je (ne pas / *vouloir*) aller en prison une troisième fois.

6. Sans lui, notre ville (ne pas / *devenir*) aussi célèbre.

C 25/5
C 25/6
8 **a** 1 16 *Conditionnel passé ou plus-que-parfait? Écoutez les phrases suivantes et notez les modes et les temps que vous entendez.*

b *Réécoutez les phrases et traduisez-les.*

C 25/5 C 25/6 **9** *Imaginez ce qu'ils disent. Utilisez le conditionnel passé.* (→ Repères, p. 44/3, p. 44/4)

Si nous étions partis à l'heure, ___ .

S'il n'avait pas plu, ___ .

S'il avait lu un livre, ___ .

S'ils avaient acheté un plan, ___ .

Si je n'avais pas fait de mauvais rêves, ___ .

Si tu avais eu plus d'argent, ___ .

Activité

10 *Consultez la bédé, p. 35, le petit dictionnaire de civilisation et le texte, p. 33–34 et faites une fiche d'identité de Voltaire.* (→ Méthodes, p. 145/2)

Écouter

DELF **11** *Voltaire n'est pas le seul philosophe important du siècle des Lumières. De Montesquieu, d'Alembert, Diderot et Rousseau ont aussi, par exemple, critiqué l'Ancien Régime[1] et propagé[2] la tolérance.*

a 1 17 *Écoutez le document sonore sur Denis Diderot et mettez les différents éléments dans l'ordre chronologique.* (→ Méthodes, p. 132/3)

1 Il rencontre Jean d'Alembert.
2 Diderot va en Russie.
3 Il rencontre Jean-Jacques Rousseau.
4 Avec d'Alembert, il publie[3] l'encyclopédie.
5 Diderot publie «Les pensées philosophiques».
6 Diderot va vivre à Paris.

b *À vous. Faites des recherches et présentez un autre philosophe du siècle des Lumières à vos camarades.* (→ Méthodes, p. 141/4, p. 143/5, p. 145/2)

1 **l'Ancien Régime** *m.* depuis le XIXe siècle, le nom donné à l'époque avant la Révolution française 2 **propager** verbreiten 3 **publier** veröffentlichen

La vie des enfants au XIXe siècle

18 Paul

Vendredi, 14 novembre 1837, 10 h.
Après deux heures de cours de latin et de grec, Paul et Auguste, 15 ans, sortent de leur salle de cours du lycée Henri IV, à Paris. Pendant la récréation, ils parlent de la sœur d'un camarade, Henriette, une jeune fille aux cheveux blonds qu'ils ne rencontrent pas souvent. Sa gouvernante allemande est toujours avec elle. Ensuite, ils discutent d'une nouvelle dont tout le monde parle: le train de Paris-Saint-Germain, un train tout neuf qui roule à 40 km/h! C'est fantastique! C'est un progrès dont les Français sont très fiers.
Paul et Auguste ont maintenant deux heures d'études pendant lesquelles ils doivent apprendre par cœur de nombreux textes.
Après le repas de midi, ils ont une matière qu'ils aiment beaucoup: l'anglais, une langue qu'ils apprennent volontiers depuis deux mois. Malheureusement, ils n'en ont qu'une heure par semaine, et là encore il faut lire, lire, lire ...
Le soir après les cours, ils doivent encore beaucoup travailler. Quand il sait par cœur les textes à apprendre, Paul prend un de ses livres préférés, un roman d'un auteur anglais: «Robinson Crusoé». Comme lui, Paul voudrait prendre le bateau, faire les voyages dont il rêve depuis qu'il sait lire. Il pense à l'Algérie, ce pays que la France est en train de coloniser. On parle beaucoup de ces «sauvages» auxquels la France apporte sa «civilisation». Mais Paul se pose beaucoup de questions. La religion lui a appris que tuer est un crime. Mais on dit que les soldats français tuent toutes les personnes qui se révoltent contre eux. Son père, qui est juge, et à qui Paul voulait parler de tout cela, a bien ri et lui a dit: «Mon fils, vous devez penser à notre grand pays, la France. Nous coloniserons l'Afrique, l'Asie et sachez-le: les pays que nous ne pourrons pas coloniser iront aux mains de la Prusse et de l'Angleterre!»

Aux Anglais qui ont brûlé Jeanne d'Arc! Paul est allé dans sa chambre pour réfléchir, et il a repensé à Robinson Crusoé. Il s'est demandé si Vendredi était un sauvage colonisé ou un ami pour lui.

19 Antoinette

C'est un lundi de novembre 1837. Il sera bientôt cinq heures du matin. La petite Antoinette, huit ans, va à la mine pour la première fois. Son père la tire par la main. Son frère Jules, treize ans, a mal à la jambe. Il travaille depuis cinq ans déjà ... Ils sont pieds nus tous les trois. Il pleut. Il fait froid.
«Plus vite! leur dit leur père. Là-bas, au moins, il fait chaud.»
Le père regrette parfois la campagne dont il est venu avec sa famille il y a quelques années. Mais là-bas, il n'avait pas de travail. Et il y en avait à Montceau-les-Mines.
«Voilà ton pain, Antoinette, dit le père. Allez, viens Jules, on y va.»

►

Antoinette prend son morceau de pain. Avec ça, il faudra tenir le coup pendant 10 heures. Un ouvrier emmène Antoinette dans la mine. Ils descendent dans un wagonnet, toujours plus profond dans la terre. Comme c'est étroit, comme c'est noir et chaud! Enfin, ils arrivent dans une galerie et descendent du wagonnet. L'ouvrier pousse Antoinette quand elle s'arrête pour regarder autour d'elle. Elle entend des coups de pic, des gens qui crient des choses qu'elle ne comprend pas ... Elle a peur, elle a chaud, elle n'arrive pas à respirer. Elle commence à travailler: il faut porter le charbon dans des seaux et le mettre dans les wagonnets.

Quelques heures plus tard, Antoinette est fatiguée. Elle s'arrête pour manger son pain. Mais bientôt l'homme pour qui elle travaille, revient et la tire par le bras. «Allez, petite! Lève-toi! Vite! lui dit-il. Sinon ton père aura cinq sous de moins ce soir.» Cinq sous dont sa famille a besoin pour acheter son pain.

Quand elle sort de la mine, elle est sale, elle a des douleurs partout. Elle a mal au ventre, aux jambes. Elle s'assied contre un bâtiment et attend son frère et son père. Une femme qui passe lui dit: «Respire, petite, c'est gratuit. L'air est la seule chose qu'ils partagent avec nous ...»

Comprendre, analyser, commenter

C 27/1
C 27/2

1 *Formez des groupes de trois ou quatre élèves. Chaque groupe choisit un des personnages, p. 37–38 et relit son portrait.*

a *Recherchez toutes les informations:*
- *sur les personnes,*
- *sur la situation en France en 1837.*

Faites une liste.

Textinhalte selbst erarbeiten
(→ Méthodes, p. 134/9)

b *Comparez ensuite vos résultats à ceux des autres groupes et complétez votre liste.*

2 *Comparez la vie des enfants d'ouvriers à celle des enfants de bourgeois*[1].

1 **le bourgeois** der Bürger

3 «Respire, petite, c'est gratuit. L'air est la seule chose qu'ils partagent avec nous ...» *l. 87–88.*
Que veut dire la femme par cette phrase?

S'entraîner

4 *De qui / De quoi parle-t-on? Lisez les phrases et répondez.* (→ Texte, p. 37–38; → Repères, p. 45/7)

1. C'est l'invention dont Auguste et Paul sont fiers.
2. C'est le cours dont sortent Paul et Auguste.
3. C'est un roman dont l'auteur est anglais.
4. C'est quelque chose dont Paul rêve depuis qu'il sait lire.
5. C'est le frère de la jeune fille dont parle le texte 2.
6. C'est l'endroit dont est parti le père d'Antoinette il y a quelques années.
7. C'est quelque chose dont la famille d'Antoinette a besoin pour acheter son pain.

C 29/7 **5** *Terminez les phrases.* (→ Repères, p. 45/7)

parler de *rêver* de *discuter* de
avoir envie de *avoir* besoin de

1. Tu connais le livre dont ___ ?
2. Mes parents vont m'acheter l'ordinateur dont ___ .
3. Nous n'avons pas encore vu le film dont ___ .
4. Je vais manger le gâteau dont ___ .
5. Le prof parle des livres dont ___ .

2

C 29/8 **6** *Complétez avec les pronoms relatifs* qui, que *ou* dont. (→ Repères, p. 45/7)

Exemple: Paul, **dont** le père est juge, aime lire des romans d'aventure.

1. Paul, [?] le père est juge, aime lire des romans d'aventure.
2. Le roman [?] Paul aime lire parle de l'amitié entre Robinson et Vendredi.
3. Le train [?] les Français sont fiers en 1837 roule à 40 km/h.
4. Les Européens [?] ont colonisé de nombreux pays en Afrique et en Asie ont apporté leur langue.
5. Antoinette, [?] le frère a 13 ans, a commencé à travailler à l'âge de 8 ans.
6. Antoinette [?] descend dans la mine pour la première fois a peur.
7. Le travail des enfants, [?] le texte parle, était normal dans la première moitié du XIXe siècle.
8. Le peu d'argent [?] ils gagnent est nécessaire pour ne pas mourir de faim.

C 29/9 **7** *Complétez par la forme correcte du pronom relatif et la préposition qui convient.* (→ Repères, p. 45/6)

1. L'anglais? Une langue [?] (lequel) je ne pourrais pas voyager.
2. Léo et Julien sont les copains [?] (qui) je joue au foot.
3. Je vous présente ma collègue Ingrid [?] (qui) je travaille depuis trois ans.
4. Les restos du cœur, c'est une association [?] (lequel) je voudrais m'engager.
5. Montmartre, c'est un quartier [?] (lequel) je voudrais vivre un jour.
6. Les vacances de Noël, ce sont les vacances [?] (lequel) je vais toujours à Marseille.
7. La salle 212 est la salle [?] (lequel) nous avons cours de français.

Réviser les parties du corps humain

8 **a** *Que feriez-vous si vous aviez mal à …?* (→ Méthodes, p. 129/4)

la tête le cœur les dents
le ventre les yeux ___

acheter *aller* à/chez *appeler* *se coucher* *manger*
passer chez *rester* *téléphoner* ___

Exemple: Si j'avais mal à la tête, je resterais au lit.

b «On a la tête pour penser, et une plume pour écrire ce qu'on pense.» *Faites des phrases d'après ce schéma.*

la bouche le cœur la jambe la langue la main le pied la tête les yeux ___

Écouter

9 **a** 20 *Écoutez. Présentez Jean.*

b *Décrivez une journée typique de Jean.*

Vocabulaire

10 **a** *Complétez votre tableau des Approches (ex. 3, p. 32) avec les mots des séquences 1 et 2.*

b *À l'aide de votre tableau, expliquez les grands changements en Europe aux XVIIIe et XIXe siècles.*

Activité

DELF **11** **a** *Décrivez la caricature.* (→ Méthodes, p. 135/12)

b *Imaginez ce que dit le professeur sur la colonisation de l'Afrique.*

c *Dans votre livre, on présente d'autres pays dans lesquels on parle aujourd'hui encore français. Retrouvez-les.*

1 **bénéfique** segensreich, nützlich

Écrire

12 *Imaginez qu'Antoinette et Paul se rencontrent. Chacun décrit sa vie à l'autre.* (→ Méthodes, p. 148/7, p. 149/9)

La France en direct

13 **a** *Émile Zola est un écrivain français très célèbre. Présentez-le en allemand.* (→ Méthodes, p. 150/1)

b *Faites des recherches. Quels romans d'Émile Zola ont été adaptés au cinéma? De quoi parlent-ils?*

Je suis né à Paris en 1840, d'un père italien et d'une mère française. J'ai grandi à Aix-en-Provence et, à dix-huit ans, je suis retourné vivre à Paris. J'ai fait différents petits boulots puis, en 1862, j'ai commencé à travailler comme journaliste. À vingt-huit ans, j'ai eu l'idée d'écrire une série de romans pour présenter la société française dans son ensemble: «Les Rougon-Macquart». J'ai écrit vingt romans sur les membres de cette famille, certains riches, d'autres pauvres, certains heureux, d'autres malheureux. Ces romans ont eu un grand succès. Le plus connu est peut-être «Germinal». Un grand nombre de ces romans a été adapté au cinéma.

21–23 Un siècle mouvementé

Voici quelques réponses à une enquête sur le XXe siècle. «Quels sont les évènements du XXe siècle qui ont vraiment changé le monde?»

«Sans réfléchir longtemps, je dirais les deux guerres mondiales. Il y a toujours eu des guerres. Mais on ne peut pas comparer les deux guerres mondiales avec les guerres des siècles passés. D'abord, tous les continents étaient impliqués. Ensuite, les armes sont devenues de plus en plus terribles. En créant la bombe atomique et en la lançant sur Hiroshima, les hommes n'ont pas seulement changé le monde, ils ont montré qu'ils pourraient faire disparaître l'humanité.»

«Heu … Ce qui s'est passé après la Seconde Guerre mondiale a aussi changé le visage de l'Europe: il y a eu la réconciliation franco-allemande, la construction de l'Europe, la chute du mur de Berlin. Et maintenant on vit dans une grande Europe plus pacifique et plus prospère …»

«La voiture, l'industrie ont changé notre vie mais elles ont aussi changé la nature. Il y a tous les problèmes de pollution … Moi, je suis de Chamonix. La fonte des glaciers pourrait bien changer notre région mais aussi le visage du monde au XXIe siècle!»

«Pour moi, ce qui caractérise la deuxième partie du XXe siècle, c'est le grand flux migratoire vers l'Europe. Au XIXe siècle, c'était l'inverse: les Européens allaient s'installer en Amérique, en Afrique et en Asie. Maintenant, les habitants des anciens pays colonisés arrivent en Europe en espérant trouver ici une vie meilleure.»

22

23

Comprendre, analyser, commenter

C 31/1 **1** *Lisez et écoutez les documents, p. 41. D'après les huit personnages, qu'est-ce qui a vraiment changé le monde au XXe siècle? Faites un tableau et notez les évènements que chaque personne trouve important.*

la personne	l'évènement qu'elle trouve important et pourquoi
M. Gonnet	les guerres mondiales; le monde a changé
Mme Gonnet	

2 *Qui est optimiste, qui est pessimiste? Justifiez votre réponse.*

3 **a** *Pourquoi est-ce que la fonte des glaciers pourrait «changer le visage du monde au XXIe siècle»? Donnez des exemples.*

b *Discutez avec vos camarades. Quels sont, d'après vous, les évènements qui ont marqué le XXe siècle?* (→ Méthodes, p. 139/2)

Découvrir

4 **a** *Comment peut-on traduire ces deux phrases?* Was wird mit dem „gérondif" ausgedrückt?

1. Elle apprend le français **en lisant** une revue.

2. Il mange **en lisant** une revue.

b *Retrouvez les formes au gérondif dans le texte, p. 41 et traduisez les phrases.*

S'entraîner

C 32/4
C 32/5 **5** ►◄ *Formez les questions en utilisant le gérondif. Puis posez les questions à votre camarade qui y répond.* (→ Repères, p. 45/5)

Exemple: Est-ce que tu fais tes devoirs en écoutant de la musique?

1. *faire* les devoirs / *écouter* de la musique
2. *se doucher* / *chanter*
3. *prendre* le petit-déjeuner / *écouter* la radio
4. *courir* / *écouter* de la musique
5. *se reposer* / *lire* un livre
6. *regarder* la télé / *téléphoner* à des copains
7. *faire* du vélo / *écrire* des SMS

C 32/4 C 32/5 **6** *Donnez des conseils en formulant des réponses au gérondif.* (→ Repères, p. 45/5)

Exemple:
On apprend une langue en ___ .

1. Comment apprendre une langue?
2. Comment devenir champion de foot?
3. Comment passer une bonne soirée avec ses copains?
4. Comment aller très vite de Paris à Marseille?
5. Comment passer de bonnes vacances?
6. Comment comprendre un texte en français?
7. Comment trouver un petit boulot?

Recherche/Discussion

DELF **7** **a** *Choisissez un des thèmes suivants. Informez-vous et faites une affiche avec des dates, des photos, des petits textes etc.* (→ Méthodes, p. 143/5, p. 148/8)

1. Exemples de la réconciliation franco-allemande
2. Le TGV en France
3. Les progrès de l'informatique

b *Présentez votre affiche à votre classe.*

→ Portfolio Dossier

OFAJ DFJW 40 ans Jahre
Deutsch-Französisches Jugendwerk
Office franco-allemand pour la Jeunesse

La France en direct

8 *Lisez l'interview de Nicolas Hulot et présentez-le à un ami allemand.* (→ Méthodes, p. 150/1)

***Nicolas Hulot** est un reporter français qui s'engage depuis 1990 pour la protection de la nature. **Okapi** a rencontré cet homme pour essayer de comprendre son combat.*

Okapi: Monsieur Hulot, vous vous battez depuis des années pour le respect de la nature. Qu'est-ce qui motive votre action?
Nicolas Hulot: La nature est ce qui nous permet de vivre sur la terre. Sans elle, nous n'aurions rien à manger. Tout le monde parle de progrès et de nouvelles technologies, mais les nouvelles technologies ne changent rien à cela.
Okapi: Vous voulez dire que les nouvelles technologies sont mauvaises pour la nature?
Nicolas Hulot: Non, pas toujours. Le problème, c'est que beaucoup de gens ne comprennent pas que tout a un rôle défini dans la nature: les animaux, la végétation, les hommes … Et tout ce que nous faisons a des conséquences sur la nature. Il faut apprendre à bien réfléchir aux conséquences de ce que nous faisons sur l'environnement.
Okapi: Par exemple?
Nicolas Hulot: On peut trouver de nombreux exemples: laisser notre ordinateur allumé quand on ne s'en sert pas, c'est mauvais pour la nature parce que l'énergie utilisée ne sert à rien. Les petits gestes du quotidien peuvent changer beaucoup de choses si tout le monde participe.
Okapi: Sur le site Internet de votre fondation, www.fondation-nicolas-hulot.org, vous donnez de nombreux conseils …
Nicolas Hulot: Oui, je trouve important de montrer que chacun peut faire quelque chose et qu'il n'est pas trop tard pour agir.

D'après: Okapi, N° 788, septembre 2005

Repères

Vocabulaire thématique

1 Über Geschichte sprechen (→ p. 91)

(L'absolutisme) marque (le XVIIe siècle).
Louis XIV devient roi (en 1643).
(Le roi) pouvait enfermer quelqu'un (sans jugement).
(Le roi) a exilé (Voltaire).
(Les philosophes) se battent pour (la liberté d'expression) et critiquent (le roi / l'empereur).
(La Révolution française et la Déclaration des droits de l'homme) marquent (le XVIIIe siècle) qu'on appelle aussi le («siècle des Lumières»).
Les mots-clés de cette époque sont («tolérance»/«justice»/«liberté»).

(Napoléon Bonaparte) réforme (l'administration et la justice).
Il part à la conquête (de l'Europe).
(En 1813), (quatre pays) battent Napoléon (à Leipzig).

(La Révolution industrielle) caractérise (la deuxième moitié du XIXe siècle).
(La France) colonise (l'Algérie): ceux qui se révoltent sont tués.

(La Première et la Seconde Guerre mondiale) ont changé (le visage du monde) (au XXe siècle).
(Les armes) sont de plus en plus terribles: (la bombe atomique) peut faire disparaître (l'humanité).
Mais grâce à (la réconciliation franco-allemande) et (la chute du mur de Berlin) on vit maintenant dans une (Europe pacifique et prospère).
(L'industrie, les grands flux migratoires, les droits de la femme, les progrès de la médecine et les problèmes de pollution) caractérisent la deuxième moitié du XXe siècle.

Grammaire

2 Die Verben Les verbes

s'asseoir → p. 155; **battre** wie débattre → p. 157; **disparaître** wie connaître → p. 156; **fuir** → p. 158; **introduire** → p. 158; **juger** Verben auf -ger → p. 154; **mourir** → p. 158; **prévoir** wie voir → p. 161; **souffrir** wie offrir → p. 159

3 Die Bildung des „conditionnel passé“ La formation du conditionnel passé

De Ferney, Voltaire **aurait pu** fuir en Suisse, si nécessaire.
Sans Félix, Camille n'**aurait** pas **pu** faire l'interview avec Voltaire.
Voltaire ne **serait** jamais **allé** en Angleterre.

4 Der irreale Bedingungssatz La condition irréelle

1. Si Marie venait, elle verrait Pierre. Si elle voyait Pierre, elle lui parlerait de son problème.
2. Si Marie était venue, elle aurait vu Pierre. Si elle avait vu Pierre, elle lui aurait parlé de son problème.

Übersetze. In welchem Satz hat Marie noch die Möglichkeit, Pierre zu sehen und ihm von ihrem Problem zu erzählen?

5 Das „gérondif“ Le gérondif

1. Die Bildung

parler (nous **parl**~~ons~~)	→ **en** parl**ant**
commencer (nous **commenç**~~ons~~)	→ **en** commenç**ant**
finir (nous **finiss**~~ons~~)	→ **en** finiss**ant**

2. Der Gebrauch

En sortant du cinéma Yann est tombé.	**Beim Verlassen des Kinos** ist Yann hingefallen. / **Als Yann das Kino verlassen hat**, ist er hingefallen.
Elle range sa chambre **en chantant**.	Sie räumt ihr Zimmer auf **und singt dabei**.
Il a gagné de l'argent **en travaillant comme vendeur.**	Er hat Geld verdient, **indem er als Verkäufer gearbeitet hat.**
Léo travaillait **tout en pensant** à autre chose.	Léo arbeitete **und dachte dabei** (die ganze Zeit) an etwas anderes.

6 Das Relativpronomen „lequel“ Le pronom relatif «lequel»

Le livre **avec lequel** Paul apprend l'anglais n'est pas très intéressant.
Ce sont des problèmes **auxquels** Paul réfléchit souvent.
La Bastille est la prison **dans laquelle** le roi a envoyé Voltaire.
Ils ont deux heures d'études **pendant lesquelles** ils font leurs exercices.

⚠ L'homme **pour qui** elle travaille n'est pas sympa.

à + lequel	= **au**quel	de + lequel	= **du**quel
à + laquelle	= à laquelle	de + laquelle	= de laquelle
à + lesquel(le)s	= **aux**quel(le)s	de + lesquel(le)s	= **des**quel(le)s

7 Das Relativpronomen „dont“ Le pronom relatif «dont»

C'est un progrès. Les Français sont fiers de ce progrès.	C'est un progrès **dont** les Français sont fiers.	(être fier **de**)
Paul voudrait faire des voyages. Il rêve de ces voyages depuis longtemps.	Paul voudrait faire les voyages **dont** il rêve depuis longtemps.	(rêver **de**)
Antoinette gagne cinq sous. Sa famille a besoin de ces cinq sous.	Antoinette gagne les cinq sous **dont** sa famille a besoin.	(avoir besoin **de**)
Les parents d'Antoinette viennent de la campagne. Antoinette habite à Montceau-les-Mines.	Antoinette, **dont** les parents viennent de la campagne, habite à Montceau-les-Mines.	(les parents **de**)

Übersetze. Was ersetzt „dont“?

Écouter

DELF **1** *24 Écoutez ce que dit le guide du château de Versailles et répondez aux questions.* (→ Méthodes, p. 132/2)

1. Qu'apprenez-vous sur le Roi-Soleil?
2. De quelles parties du château le guide parle-t-il?
3. Quelle est la salle la plus célèbre du château de Versailles?

S'entrainer

C 29/7
C 29/8
C 29/9 **2** **a** *Complétez. Utilisez les pronoms relatifs* qui, que, où, dont *ou une forme de* lequel. (→ Repères, p. 45/6, p. 45/7)

Un homme célèbre dans le monde entier!

Jean-Baptiste Poquelin est le fils de Jean Poquelin [?] travaille à la cour de Louis XIV. Jean-Baptiste Poquelin, qui prendra plus tard le pseudonyme de Molière, va à Paris [?] il fait des études [?] il terminera avec succès. Mais en 1643, il renonce à l'avenir bourgeois[1] [?] son père avait toujours rêvé pour lui. Il commence à travailler avec neuf acteurs avec [?] il fonde «L'Illustre Théâtre». En octobre 1658, en jouant à Paris devant la cour, la troupe connaît son premier grand succès. Les comédies [?] Molière écrit pour sa troupe et dans [?] il joue lui-même, plaisent beaucoup au roi, [?] donne à «L'Illustre Théâtre» le nom «Troupe du Roy[2]». Malgré cela, Molière doit attendre cinq ans pour avoir l'autorisation de jouer «Tartuffe», la pièce[3] dans [?] il critique l'église et son hypocrisie. Molière, [?] les comédies sont encore et toujours au programme des théâtres partout dans le monde et [?] la vie se trouve au centre de plusieurs films, est aujourd'hui encore un des écrivains français les plus connus et les plus populaires.

1 **bourgeois/e** bürgerlich
2 **le Roy** alte Schreibweise von roi 3 **la pièce** das Theaterstück

b *Présentez une personne (un acteur / une actrice, un chanteur / une chanteuse, un écrivain, une star ...) que vous trouvez très intéressante. Dans votre texte, utilisez des pronoms relatifs et le gérondif.*

C 25/5
C 25/6 **3** *Imaginez la fin des phrases. Utilisez le conditionnel passé ou le plus-que-parfait.* (→ Repères, p. 44/3)

1. Je t'aurais téléphoné si ___ .
2. Si vous aviez bien appris le vocabulaire nouveau, vous ___ .
3. Ils nous auraient sûrement dit si ___ .
4. Nous n'aurions rien appris sur le siècle des Lumières si ___ .
5. Si j'avais su que tu ne viendrais pas, ___ .
6. S'il n'avait pas rencontré Yasmina, ___ .
7. Mes parents auraient bien aimé passer leurs vacances sur la Côte d'Azur si ___ .

2

Réviser

4 **a** *Un tour du monde. Quelle capitale se trouve dans quel pays? Informez-vous.*

Algérie Allemagne Autriche
Canada Chine États-Unis
France Grande-Bretagne Japon
Luxembourg Mali Maroc Pologne
Russie Suède Suisse

Londres Ottawa Rabat
Pékin Varsovie Vienne Berlin
Bamako Alger Stockholm
Tokyo Berne Washington
Moscou Paris Luxembourg

b *Si vous gagniez un million d'euros, quels pays visiteriez-vous? Organisez un tour du monde et visitez au moins sept endroits. Justifiez votre choix.*

Si j'avais un million d'euros, ___ . /
Avec un million d'euros ___ .

aller découvrir être explorer faire du camping
finir (mon tour/voyage) *monter*
partir passer regarder se retrouver visiter ___

C 29/9 **5** *Complétez le texte suivant par une préposition.*

1. La voiture [?] laquelle nous roulons est neuve.
2. Le pull [?] lequel elle ne part pas en vacances est moche.
3. La chaise [?] laquelle je suis assis est très vieille.
4. La revue [?] laquelle j'ai lu cette nouvelle est géniale.
5. Le livre [?] lequel on travaille en français s'appelle «À plus!».
6. Les salles [?] lesquelles nous avons cours ne sont pas très grandes.

La France en direct

6 **a** 1 25 *Écoutez cette chanson.*

b *Faites des recherches: comment s'appelle-t-elle? Qui l'a écrite? Quand? Pourquoi porte-t-elle ce nom?*

Germinal

Germinal est l'un des plus célèbres romans d'Émile Zola. Dans ce roman, Zola décrit le quotidien d'une famille de mineurs à la fin du XIXe siècle. La famille Maheu, présentée dans ce roman, est une famille nombreuse. Maheu, sa femme et leurs sept enfants âgés de trois mois à 21 ans vivent avec le grand-père, dans une petite maison pas loin de la mine.
Il est cinq heures du matin, la famille se prépare pour aller à la mine.

[…]

– Hein? tu sais, je suis sans un sou, et nous voici à lundi seulement: encore six jours à attendre la quinzaine … […] À vous tous, vous apportez neuf francs. Comment veux-tu que j'arrive? Nous sommes dix à la maison.

– Oh! neuf francs? se récria Maheu. Moi et Zacharie, trois: ça fait six … Catherine et le père, deux: ça fait quatre; quatre et six, dix … et Jeanlin, un, ça fait onze.

– Oui, onze, mais il y a les dimanches et les jours de chômage … Jamais plus de neuf, entends-tu? […]

– Faut pas se plaindre, je suis tout de même solide. […]

– Possible mon vieux, mais ça ne nous donne pas du pain. Qu'est-ce que je vais fiche, dis? Tu n'as rien, toi?

– J'ai deux sous.

– Garde-les pour boire une chope … Mon Dieu! Qu'est-ce que je vais fiche? Six jours, ça n'en finit plus. Nous devons soixante francs à Maigrat, qui m'a mise à la porte avant-hier. Ça ne m'empêchera pas de retourner le voir. Mais, s'il refuse encore et encore …

Et la Maheude continua d'une voix morne, la tête immobile, fermant les yeux sous la clarté triste de la chandelle. Elle disait le buffet vide, les petits demandant des tartines, le café même manquant, et l'eau qui donnait des coliques, et les longues journées passées à tromper la faim avec des feuilles de choux bouillies. […]

– Qu'est-ce que tu veux? C'est comme ça, débrouille-toi pour la soupe … Ça n'avance à rien d'en parler, vaut mieux être là-bas au travail.

– Bien sûr, répondit la Maheude. Souffle la chandelle, je n'ai pas besoin de voir la couleur de mes idées. […]

Devant le buffet ouvert, Catherine réfléchissait. Il ne restait qu'un morceau de pain, du fromage blanc en suffisance, mais à peine une lichette de beurre; et il fallait faire les tartines pour eux quatre. Enfin, elle se décida, coupa les tranches, en prit une qu'elle couvrit de fromage, en frotta une autre de

beurre, puis les colla ensemble: c'était «le briquet», la double tartine emportée chaque matin à la fosse. Bientôt, les quatre briquets furent en rang sur la table, répartis avec une sévère justice, depuis le gros du père jusqu'au petit de Jeanlin. […]

– Fichtre! déclara Zacharie, quand il eut mis le nez dans son bol, en voilà un qui ne nous cassera pas la tête!

Maheu haussa les épaules d'un air résigné.

– Bah! c'est chaud, c'est bon tout de même.

Jeanlin avait ramassé les miettes des tartines. Après avoir bu, Catherine finit de vider le café dans les gourdes de fer-blanc. Tous quatre, debout, mal éclairés par la chandelle, avalaient en hâte.

– Y sommes-nous à la fin! dit le père.

Mais une voix vint de l'escalier, dont ils avaient laissé la porte ouverte. C'était la Maheude qui criait:

– Prenez tout le pain, j'ai un peu de vermicelle pour les enfants!

– Oui, oui! répondit Catherine.

Elle avait recouvert le feu, sur un coin de la grille, mis un restant de soupe, que le grand-père trouverait chaude, lorsqu'il rentrerait à six heures. Chacun prit sa paire de sabots sous le buffet, se passa la ficelle de sa gourde à l'épaule, et fourra son briquet dans son dos, entre la chemise et la veste. Et ils sortirent, les hommes devant, la fille derrière, soufflant la chandelle, fermant la porte. La maison redevint noire.

D'après: Émile Zola, Germinal (1885)

1. *Recherchez dans le texte ce qui montre qu'il s'agit d'une famille pauvre.*
2. *Qu'est-ce que vous apprenez sur la vie des mineurs?*
3. *Ligne 5–7, Maheu compte ce que la famille gagne. À votre avis, pourquoi est-ce que les différents personnages ne gagnent pas la même chose?*
4. *Comment rendre l'ambiance de ce texte dans un film? Imaginez les couleurs, le décor et les différents personnages.*
5. *Regardez l'extrait du film. À votre avis, est-ce que l'ambiance du film correspond à celle du texte?*
6. *Que se passe-t-il ensuite?*

2 **la quinzaine** *hier:* der 15. eines Monats. Die Arbeiter erhielten zum Monatsbeginn und in der Mitte des Monats ihren Lohn. 9 **se plaindre** sich beschweren 10 **je vais fiche** je vais faire 13 **la chope** der Bierkrug 13 **Mon Dieu!** Mein Gott! 14 **devoir** *hier:* schulden 14 **mettre à la porte** rausschmeißen 14 **empêcher** abhalten von 15 **refuser** ablehnen 16 **morne** trist 16 **immobile** regungslos 16 **la clarté** die Helligkeit 17 **la chandelle** die Kerze 17 **le buffet** der Küchenschrank 17 **vide** leer 17 **la tartine** bestrichene Brotschnitte 18 **tromper** täuschen 18 **le chou** der Kohl 19 **bouillir** *hier:* kochen 22 **souffler** *hier:* auspusten 25 **en suffisance** ausreichend 25 **la lichette** das Stückchen 26 **la tranche** die Scheibe 26 **couvrir** bedecken 26 **frotter** abreiben 27 **coller** *hier:* aufeinander legen 27 **la fosse** die Grube 28 **furent** *passe simple von* faire 28 **en rang** aufgereiht 28 **répartir** verteilen 30 **fichtre** verdammt 30 **eut** *passé simple von* avoir 30 **le bol** die Trinkschale 32 **l'épaule** *f.* die Schulter 34 **la miette** der Krümel 35 **la gourde** die Feldflasche 35 **le fer-blanc** das (Weiß-)Blech 35 **debout** stehend 35 **éclairer** beleuchten 35 **en hâte** in Eile 37 **vint** *passé simple von* venir 38 **le vermicelle** die Suppennudel 40 **la grille** das Gitter 40 **le restant** der Rest 41 **le sabot** *hier:* der Holzschuh 42 **la ficelle** die Schnur 42 **fourrer** hineinstecken

Compréhension écrite

Les migrations dans le monde

Ils sont chaque année des millions à quitter leur village

200 millions
C'est le nombre de migrants dans le monde. Ce qui veut dire que 3 habitants de la planète sur 100 ont quitté leur pays pour vivre ailleurs.

Qui sont les migrants?
Depuis quelques années, leur profil change. D'abord, près de la moitié sont des femmes. Il y a également de plus en plus[1] de jeunes: un tiers[2] ont entre 10 et 24 ans. Enfin, les migrants ne sont plus seulement des pauvres ou des personnes sans formation[3]. Beaucoup sont infirmiers, médecins ou enseignants.

Pourquoi partent-ils?
Pour vivre mieux. On émigre pour trouver ailleurs de meilleures conditions de vie et, dans le cas des réfugiés[4], la sécurité.

Où vont-ils?
Les pays riches d'Europe et l'Amérique du Nord ne sont plus les seules destinations. L'Inde, par exemple, est devenue un grand pays d'immigration.

Immigrés en France
3,3 millions d'immigrés venus du Portugal, du Maghreb et d'Afrique subsaharienne[5] surtout, se sont installés en France, parfois depuis de nombreuses années. Chaque année, 215 400 nouveaux immigrés arrivent. La plupart sont soit des conjoints[6] et enfants de personnes déjà installées, soit des réfugiés.

Les migrations vont-elles augmenter?
Oui, parce que la pauvreté et les inégalités touchent une grande partie de l'humanité. On peut par exemple s'attendre à un flux migratoire des Chinois vers l'Europe et les États-Unis et aussi à l'arrivée de réfugiés fuyant les régions touchées par la sécheresse ou les inondations[7]. Enfin, tout indique[8] que les pays d'Europe vont avoir besoin, dans les années à venir, de main-d'œuvre étrangère[9] pour remplacer[10] les salariés[11] partis à la retraite[12].

D'après:
Le Monde des ados, n° 153 (abrégé)

1 **de plus en plus** immer mehr 2 **le tiers** das Drittel 3 **la formation** die Ausbildung 4 **le/la réfugié/e** der Flüchtling 5 **subsaharien/ne** au sud du Sahara 6 **le/la conjoint/e** le mari / la femme 7 **l'inondation** *f.* die Überschwemmung 8 **indiquer** darauf hinweisen 9 **la main-d'œuvre étrangère** die Arbeitskräfte aus dem Ausland 10 **remplacer qn/qc** prendre la place de qn/qc 11 **le/la salarié/e** der/die Arbeitnehmer/in 12 **la retraite** die Rente

1 *Vrai ou faux? Notez dans votre cahier. Corrigez les erreurs.*

1 **parmi les migrants** unter den Migranten

1. 3 % des migrants du monde sont des réfugiés.
2. Parmi les migrants[1] il y a de plus en plus de jeunes, de femmes, et de personnes qui ont un métier.
3. Un réfugié est un émigrant qui s'en est allé de son pays pour fuir un danger.
4. Les migrants ne vont que dans des pays riches.
5. Presque tous les immigrants qui viennent en France actuellement sont des réfugiés.
6. À l'avenir, beaucoup de personnes vont émigrer à cause des changements climatiques.

Compréhension orale

2 *(Track 26) Écoutez cette interview entre un journaliste et l'écrivain belge Amélie Nothomb à l'âge de 36 ans. Nommez les thèmes dont Amélie parle.*

a son mari et ses enfants
b son enfance[1] au Japon
c ses heures de travail
d comment elle est devenue écrivain
e les sports qu'elle aime faire
f le livre qu'elle est en train d'écrire

1 **l'enfance** *f.* die Kindheit

3 *(Track 26) Écoutez encore une fois l'interview. Dites quelles phrases correspondent le mieux au texte.*

1. Amélie Nothomb aime écrire
a tôt le matin.
b à toutes les heures.
c tard le soir.

2. À Bruxelles, elle a commencé à écrire
a parce qu'elle était très bonne en français et qu'elle aimait la littérature.
b parce que le Japon lui manquait.
c parce qu'elle se sentait encore plus malheureuse et seule qu'au Japon.

3. Son travail dans une entreprise japonaise était pour elle
a une très belle expérience.
b l'occasion de faire la connaissance de son futur mari.
c une vraie catastrophe.

4. «Hygiène de l'assassin», son premier roman publié, a été
a tout de suite un succès.
b un désastre[1] professionnel.
c en vérité son douzième roman.

1 **le désastre** la catastrophe

Production orale

4 *Décrivez la caricature. Présentez son thème et les aspects qui vous semblent les plus importants. Donnez aussi votre opinion sur ce sujet.* (→ Méthodes, p. 135/12)

affecté/e *hier:* betroffen

Production écrite

5 *Choisissez* **a** *ou* **b** *et écrivez un texte (~ 200 mots).* (→ Méthodes, p. 149/9)

a «Je n'aurais pas aimé vivre à une autre époque.» (→ Texte, p. 33, l. 10–11) *Et vous? Justifiez votre réponse.*

b *Comment imaginez-vous la société de demain? Vous pouvez parler des sujets suivants.*

le travail – la nature – l'enseignement – les loisirs – les moyens de transport – la communication – la nourriture

Approches

Moi, je voudrais devenir …

ingénieur du son

L'avenir:
Qu'est-ce qui compte le plus pour les 15–20 ans?

67 % *des jeunes ont confiance en l'avenir.*
61 % *trouvent que c'est important d'avoir un métier intéressant.*
60 % *trouvent important de fonder une famille.*
8 % *pensent qu'il faut surtout avoir du temps libre.*

D'après: Sondage CSA, juin 2008
www.csa-fr.com

1

2

puéricultrice

pilote d'avion

guide de haute montagne

médecin

reporter

avocate

pompier

conceptrice multimédia

3

Les métiers de rêve des jeunes Français/es

Les garçons veulent devenir:		*Les filles veulent devenir:*
ingénieur	1	enseignante
reporter	2	assistante sociale
informaticien	3	médecin
militaire	4	puéricultrice
sportif professionnel	5	mannequin
médecin	6	avocate
pilote d'avion	7	photographe
avocat	8	architecte
commercial	9	secrétaire
animateur télé/radio	10	journaliste

D'après: Onisep, 2008

interprète

plein de thunes *fam.* beaucoup d'argent

Comprendre, analyser, commenter

1 ►◄ *Quel est le métier de ces personnes? Devinez, puis comparez vos résultats avec ceux de votre voisin/e.* (→ p. 53, document 3)

1. Le travail d'Yvan, c'est de défendre les gens qui ont des problèmes avec la justice.
2. Avec Sylvia et Géraldine, les enfants apprennent plein de choses utiles pour la vie.
3. Si quelqu'un a des soucis avec son ordinateur, il peut aller voir Léon.
4. Marielle rencontre beaucoup de gens qui sont dans une situation difficile: certains ne savent pas où dormir, d'autres ne gagnent pas assez d'argent pour vivre ... Marielle trouve souvent une solution pour les aider.
5. Marc voyage souvent et il écrit des articles sur ce qu'il voit et ce qu'il entend.

2 *Analysez et présentez les statistiques des documents 1, 2 et 3.* (→ Méthodes, p. 136/13)

3 *Lequel des métiers, p. 52–53 pourrait vous intéresser? Justifiez votre réponse.*

Écouter

C 36/4 **4** 🎧 1|27 *Des jeunes parlent de leur métier de rêve. Écoutez et notez, pour chaque métier, un mot ou une expression-clé.* (→ Liste chronologique, p. 192)

Exemple: architecte – construction

Activités

C 36/2 **5** *Un/e élève choisit un de ces métiers. Les autres lui posent des questions pour deviner quel est ce métier. Il/Elle répond par* oui *ou par* non.

Exemple:
– Est-ce qu'il faut se lever tôt?
– Est-ce qu'on travaille dans un bureau?

dentiste auteur documentaliste ouvrier/-ière médecin
entraîneur/-euse explorateur/-trice gendarme vendeur/-euse
sportif/-ive professionnel/le moniteur/-trice paysan/ne soldat/e
politicien/ne professeur gardien/ne (de prison) serveur/-euse

6 *Et vous, quel est votre métier de rêve? Faites un sondage dans votre classe. Présentez les résultats et comparez-les au document 3, p. 53.*

SÉQUENCE 1

Apprendre en enseignant

1 *Jouez le rôle du professeur. Formez des groupes. Chaque groupe prépare un des trois portraits suivants et le présente aux autres. Réfléchissez aux stratégies suivantes:*

1. Comment intéresser vos camarades au sujet?
2. Comment introduire les mots nouveaux?
3. Comment présenter le texte?
4. Comment vérifier si vos camarades ont compris le texte?

Lernen durch Lehren
(→ Méthodes, p. 134/9)

1 28–30 À chacun son métier

Un journaliste a rencontré de nombreuses personnes pour en apprendre plus sur leur métier. Voici trois portraits qu'il a faits.

Métier: *infirmier, infirmière*
Formation: *Études dans une école d'infirmiers, trois ans sur concours après le bac.*
Le plus: *Une fois infirmier, il est possible de suivre une formation pour travailler dans l'humanitaire et partir, par exemple, avec «Médecins du monde», «Médecins sans frontières» ou «la Croix-Rouge».*

1 Il soigne le monde

Yann Escoute travaille dans un centre du Samu social à Paris, où on accueille les SDF. «Tous ceux qui viennent ici ont des histoires terribles. Celle-ci, dit-il, en nous montrant une jeune fille, est partie de chez elle à 14 ans. Celui-là – un homme de quarante ou cinquante ans – a perdu son travail, puis sa femme, puis son appartement.»
Après avoir passé le bac et fait des voyages, Yann a suivi des études d'infirmier. Pour son stage en dernière année, il est parti à l'hôpital de Cotonou, plus grande ville du Bénin. «J'ai rencontré des gens si humains dans ce pays. Avec eux, j'ai vraiment appris beaucoup de choses!»

Après être rentré en France, Yann a commencé à travailler au Samu social. À Paris, il y a entre 10 000 et 15 000 SDF. Au centre du Samu social, une équipe de médecins et d'infirmiers les soigne, les écoute. Parfois, Yann part aussi au Congo ou en Afghanistan avec les équipes de «Médecins du monde». Son salaire: 1 500 euros par mois. Celui ou celle que l'argent intéresse ne choisit pas ce genre de métier. Mais pour Yann, travailler avec les plus pauvres, être utile, servir à quelque chose, «c'est bien plus important que le fric».

Der Samu social (Notrufnummer 115) bietet Obdachlosen medizinische und psychologische Betreuung. Er wurde 1993 gegründet und existiert heute in verschiedenen französischen Städten. Sein Name lehnt sich an den SAMU (Service d'aide médicale d'urgence) an, die Organisation, die in Frankreich die notärztliche Versorgung sichert (Notrufnummer 112).

► 2 Flic à la PJ

Martine Monteil est directrice de la Police judiciaire (PJ) française. Elle est fille et petite-fille de policier. À la maison, elle entendait des histoires de criminels. Dans celles que la petite Martine préférait, les policiers poursuivaient les criminels et les arrêtaient. Ils étaient de vrais héros. Mais parfois les bandits blessaient ou tuaient ces héros, ce qui était affreux. Pourtant ce métier dangereux ne lui faisait pas peur, au contraire. Aujourd'hui, elle raconte: «J'ai vu des choses horribles. Le pire, c'est la douleur des familles. On ne peut pas s'habituer à ce genre d'horreurs. Alors on fait tout pour retrouver les criminels le plus vite possible. Nous nous sentons responsables des morts.» Choisirait-elle aujourd'hui le même métier? Sans hésiter une minute, elle répond oui.

Métier: *commissaire de police*
Formation: *Un master en droit ou un diplôme de sciences politiques. Une année dans un IEJ (Institut d'études judiciaires) pour préparer le concours. Ensuite, l'École nationale supérieure de la police pendant deux ans.*

► 3 Une journaliste allemande en France

Chiffres-clés:
- 100 000 Allemands vivent en France.
- 150 000 Français vivent en Allemagne.
- 2 700 entreprises allemandes en France emploient 300 000 personnes.
- 1 250 entreprises françaises en Allemagne emploient 230 000 personnes.

Hannah Stein est une jeune journaliste allemande. Elle travaille pour le magazine «Paris-Berlin» qu'on trouve en France et en Allemagne. Les gens qui l'achètent sont les nombreux Allemands qui vivent en France et les nombreux Français qui vivent en Allemagne. «Notre magazine présente l'actualité franco-allemande et traite de tous les sujets qui intéressent nos deux pays.», explique Hannah.

«Nous avons de plus en plus d'Allemands qui travaillent en France, soit dans des entreprises allemandes comme Mercedes soit dans des entreprises françaises comme l'Oréal ou Alcatel ou encore à l'université ou chez Airbus. Alors nous proposons des articles sur la culture, l'école, les médias, le sport dans ces deux pays …»
La jeune femme est bilingue. Elle a fait des études de commerce en Allemagne, puis une école de journalisme et de nombreux stages en France dans des journaux et à la radio. «J'ai fait pas mal de boulots différents avant d'entrer dans ce magazine. Quand on est flexible et bilingue, on finit toujours par avoir sa chance. Ma chance a été ‹Paris-Berlin›. J'ai tout simplement répondu à une annonce – sans avoir jamais lu le magazine avant! J'ai fait un essai et trois mois après, j'ai signé un contrat.»

Analyser

C 38/1 **2** *Ces trois personnes ont-elles des points communs? Justifiez votre réponse.*

Découvrir

3 **a** *Lisez les phrases. Quels mots les pronoms démonstratifs remplacent-ils?*

1. Je préfère le métier de Yann à **celui** de Martine.
2. Yann connaît les soucis des SDF et il connaît aussi **ceux** d'autres personnes pauvres.
3. – Je prends deux gâteaux. – Lesquels? **Ceux-ci** ou **ceux-là**?
4. Martine aimait beaucoup les histoires de son père, même **celles** qui finissaient mal.
5. Quelle jupe préférez-vous? **Celle-ci** ou **celle-là**?
6. J'ai bien aimé l'article sur les stages en Afrique mais **celui** sur la PJ n'est pas très intéressant.
7. Hannah a discuté avec la directrice de «Paris-Berlin». **Celle-ci** a fini par lui proposer un contrat.

b *Traduisez les phrases en allemand.*

3

S'entraîner

C 40/6 **4** ►◄ *Faites des mini-dialogues. Utilisez des pronoms démonstratifs dans vos réponses.* (→ Repères, p. 70/2)

Exemple:
– On prend ce sac?
– Lequel?
– Celui avec la tour Eiffel.
– Oui, d'accord. / Non, pas celui-là, je préfère celui avec Notre-Dame.

C 40/6 **5** **a** *C'est faux! Corrigez ces phrases en utilisant des pronoms démonstratifs.* (→ Dossiers 1 et 2; → Repères, p. 70/2)

Exemple:
– Louis Pasteur, c'est l'homme qui a inventé la photographie?
– Non, c'est celui qui a trouvé une méthode pour conserver le lait.

1. Voltaire, c'est l'auteur du Code civil?
2. Amélie Nothomb, c'est la femme qui a écrit «À l'abri de rien»?
3. «Ni d'Ève ni d'Adam», c'est l'histoire qui se passe en Chine?
4. Le PEJ, c'est le parlement européen des politiciens?
5. Les frères de Montgolfier, ce sont les frères qui ont inventé le cinéma?
6. «Liberté» et «tolérance», ce sont les mots-clés de la Révolution industrielle?
7. Louis XIV, c'est le roi qui habitait à Potsdam?

b ►◄ *Continuez. Posez vous-mêmes quatre questions sur des choses ou des personnes. Votre voisin/e corrige.*

l'auteur   l'acteur/-trice   le/la chanteur/-euse   le groupe
le/la sportif/-ive   le pays   la capitale   la ville   ___

C 41/7 **6** **a** *Mathilde a fait un stage dans une entreprise. Décrivez sa journée. Utilisez* avant de + *infinitif.*
(→ Repères, p. 70/3)

Exemple: Avant de prendre le petit-déjeuner, Mathilde s'est douchée.

b *Refaites l'exercice en utilisant* après avoir/être + *participe passé.* (→ Repères, p. 70/3)

Exemple: Après s'être douchée, Mathilde a pris le petit-déjeuner.

c *Décrivez votre propre journée. Utilisez* avant de + *infinitif et/ou* après avoir/être + *participe passé.*

Avant d'aller à l'école, je/j'___. Avant de faire mes devoirs, je/j'___.
Après avoir appelé mes copains, je/j'___. Après être sorti/e de mon cours de ___, je/j'___.

C 41/7 **7** *Qu'est-ce qu'ils ont fait? Il y a parfois plusieurs possibilités.* (→ Repères, p. 70/3)

Exemple: Corinne / téléphoner à Nadia / lui parler de ses soucis
Corinne a téléphoné à Nadia pour lui parler de ses soucis.

1. Corinne / téléphoner à Nadia / lui parler de ses soucis
2. Louise / téléphoner à son copain / rentrer à la maison
3. Adrien / partir en classe de neige / s'acheter un pull
4. Olivier / vouloir faire un petit boulot / avoir de l'argent
5. Mon oncle / bien réfléchir / construire une maison
6. Loïc / plaisanter avec Vanessa / vouloir la provoquer
7. Brigitte / déchirer la lettre de Mathieu / la lire

avant de + *infinitif*

sans + avoir/être + *participe passé*

après + avoir/être + *participe passé*

sans + *infinitif*

pour + *infinitif*

Vocabulaire

C 38/2 C 39/5 **8** **a** *Relevez dans les textes, p. 55–56 tous les mots et toutes les expressions utiles pour parler d'un métier. Écrivez-les dans un associogramme ou sur des fiches.* (→ Méthodes, p. 129/4)

b *Complétez l'associogramme ou les fiches de* **a** *par des mots que vous connaissez déjà et par des mots que vous voulez connaître en français. Utilisez un dictionnaire.*

Wortschatz individuell erweitern (→ Méthodes, p. 130/5)

Écrire

9 *Imaginez le portrait d'une de ces personnes.* (→ Méthodes, p. 145/2, p. 149/9)

nom? métier? loisirs? formation?/études? famille? activités? ___

Écouter

DELF **10** **a** 1 31 *Première écoute: Yann Escoute, Martine Monteil, Hannah Stein et Robert Duvoisin, concepteur de jeux-vidéo, participent à une table ronde. Quel est son sujet?* (→ Méthodes, p. 131/1)

b *Deuxième écoute: dites si les phrases suivantes sont correctes. Corrigez quand c'est faux.* (→ Méthodes, p. 132/3)

1. Le meilleur souvenir de Martine Monteil, c'est d'avoir retrouvé une petite fille qui avait disparu.
2. La petite fille avait téléphoné à ses parents.
3. Avant de travailler à «Paris-Berlin», Hannah Stein était sûre qu'elle allait trouver un travail vraiment intéressant.
4. À l'époque, Yann Escoute avait l'impression que le jeune homme acceptait ce qu'il lui disait.
5. Finalement, le jeune homme a suivi les conseils de Yann.
6. Robert Duvoisin a encouragé la jeune fille à devenir illustratrice.
7. Robert Duvoisin ne sait pas ce que la fille fait aujourd'hui.

Activité

11 *Organisez une table ronde sur le sujet de l'exercice 10. Si vous êtes participant, imaginez un nom, un métier et le meilleur moment de votre carrière. Préparez une fiche avec ces informations. Si vous êtes animateur, informez-vous sur l'identité des participants à l'aide de ces fiches. Puis jouez.*

SÉQUENCE 2

Préparer la lecture

1 *Recherchez la signification du mot BAFA. À votre avis, quelle pourrait être la motivation des jeunes qui passent le BAFA?* (→ Petit dictionnaire de civilisation, p. 169)

32–33 Clémentine et le BAFA

Nicolas, seize ans et demi, et Clémentine, dix-sept ans, habitent à Versailles. Ils se rencontrent dans un café. Clémentine a déjà obtenu le BAFA et Nicolas, qui s'y intéresse, voudrait lui poser quelques questions.

Nicolas: Qu'est-ce que tu prends, Clémentine?
Clémentine: Un jus de pomme.
Nicolas au serveur: Monsieur, s'il vous plaît, un jus de pomme et un chocolat chaud. Bon, alors, j'ai lu sur Internet qu'il faut avoir dix-sept ans pour faire les stages. Moi, je vais les avoir en mars.
Clémentine: Il faut que tu aies dix-sept ans le premier jour du stage. Si tu fais ton premier stage pendant les vacances de Pâques, c'est bon. Mais il faut aussi que tu sois vraiment motivé. Si c'est tes parents qui aimeraient que tu fasses ça …
Nicolas: Non, pas du tout! Mon père m'a dit qu'il voulait bien financer mes stages, mais c'est moi qui ai envie de les faire. Alors parle-moi des stages. C'est bien?
► *Clémentine:* Le premier stage dure huit jours. Moi, je l'ai fait en internat, du côté de Melun. On était trente lycéens.
Nicolas: Et il fallait que vous vous occupiez d'enfants?
Clémentine: Non, c'est un stage théorique. Les organisateurs veulent d'abord qu'on apprenne des choses sur les enfants, sur leurs comportements. Et il est aussi important qu'on connaisse les règlementations, les problèmes de sécurité. Il y avait une super ambiance. Il fallait qu'on propose tous les jours des activités aux autres, qu'on choisisse des jeux, qu'on ait des idées pour motiver les participants.
Nicolas: Et les autres stages?
Clémentine: Le deuxième est un stage pratique. Cet été, par exemple, tu peux le faire dans une colonie de vacances. Là, tu commences à vraiment connaître le métier d'animateur. Moi, j'ai travaillé avec des gamins de six à dix ans. C'était chouette mais j'en avais deux qui étaient difficiles. Le premier, il fallait éviter qu'il fasse trop de bêtises. L'autre, une petite fille, était très gentille mais l'inconvénient, c'est qu'elle voulait que je sois tout le temps avec elle. Elle n'acceptait pas que je m'occupe des autres enfants. Mais à part ça, tout s'est bien passé.
Nicolas: Et le troisième stage?
Clémentine: C'est un stage d'approfondissement qui dure huit jours. Si tu veux, tu peux te spécialiser dans un domaine sportif: le kayak, le ski, etc. Moi, j'ai choisi la culture. Nous avons

colonie de vacances

mis au point un grand jeu de piste dans l'Île de la Cité pour apprendre à découvrir le quartier. Moi-même, j'ai appris plein de choses.
Nicolas: Donc maintenant tu as fini, tu es animatrice, tu peux travailler dans une colonie de vacances ou ailleurs ...
Clémentine: Disons que le BAFA permet de travailler dans un centre ou dans une colo pendant quinze jours, un mois. Ce n'est pas un diplôme professionnel, mais c'est toujours un avantage d'avoir le BAFA dans son CV.
Nicolas: Et c'est payé comment?
Clémentine: Ben, on a le SMIC. Bon, Nicolas, il faut que j'y aille.
Nicolas: C'est moi qui t'invite. Monsieur, l'addition s'il vous plaît.

Der SMIC (Salaire Minimum Interprofessionnel de Croissance) ist ein gesetzlich garantierter Mindestlohn, der von der französischen Regierung entsprechend der allgemeinen Lohnentwicklung regelmäßig festgesetzt wird.

Comprendre, analyser, commenter

C 43/1 **2** *Résumez les informations données par Clémentine: quel âge faut-il avoir pour passer le BAFA? Que faut-il faire pour avoir le BAFA? À quoi sert le BAFA?*

DELF **3** *Retrouvez dans le texte, p. 60–61 les passages qui montrent que*
- *le métier d'animateur est un métier diversifié[1],*
- *ce n'est pas toujours facile de s'occuper d'enfants.*

1 **diversifié/e** vielfältig

4 *D'après les informations du texte, auriez-vous envie de passer le BAFA? Justifiez votre réponse.*

Découvrir

5 **a** *Trouvez dans le texte, p. 60–61 les phrases qui correspondent aux phrases allemandes suivantes et écrivez-les dans votre cahier.*

1. Du musst 17 Jahre alt sein.
2. Du musst wirklich motiviert sein.
3. Es ist wichtig, die Vorschriften zu kennen.
4. Man musste verhindern, dass er zu viele Dummheiten anstellt.
5. Sie wollte, dass ich die ganze Zeit bei ihr bin.
6. Sie akzeptierte nicht, dass ich mich um die anderen Kinder kümmere.
7. Ich muss jetzt gehen.

b *Regardez les phrases françaises de* **a**. *Quel est l'infinitif des verbes dans la proposition subordonnée?*

c *Après quels verbes et expressions utilise-t-on le subjonctif?*

C 43/4 **6** *Complétez en utilisant le subjonctif.* (→ Repères, p. 71/5)

C 43/4
C 44/5 **7** **a** *Clémentine explique à Nicolas pourquoi elle doit le quitter. Reformulez ses phrases. Utilisez* il faut que ___ , X veut/aimerait que ___ *et le subjonctif.* (→ Repères, p. 71/5)

1. Je dois préparer un exposé.
2. Je dois aider ma mère à préparer le dîner.
3. Je dois faire mes devoirs.
4. Je dois aller à mon cours de danse.
5. Je dois prendre le train à 15 heures.
6. Je dois organiser le pique-nique de ce week-end.

b ►◄ *Faites des dialogues.* (→ Repères, p. 71/5)

Exemple:
– Est-ce que tu peux venir avec moi au ciné ce soir?
– Non, il faut que j'aille voir ma tante.

Il faut que ___ .
Je dois ___ .
Mon père / Ma mère veut que ___ .

faire une balade *aller* voir ___ *ranger* la cuisine *préparer* le/la ___
s'occuper des poissons *mettre* le couvert *écrire* un mail à ___
faire les courses *aller* au marché (aux puces)
sortir la table / ___ dans le jardin *nettoyer* le balcon
aider mon frère / ___ à ___ *apprendre* mon vocabulaire
choisir un cadeau pour ___ ___

C 44/6 **8** *Aujourd'hui, la mère de Clémentine travaille tard. Elle a laissé un message à ses enfants. Qu'est-ce que Clémentine dit à ses frères et sœurs? Utilisez le subjonctif.* (→ Repères, p. 71/5)

Je vais rentrer tard.
Faites les courses s.v.p. et préparez une salade.
Ne m'attendez pas pour manger.
Faites vos devoirs.
Ne regardez pas la télé toute la soirée et ne téléphonez pas trop longtemps à vos amis.
Allez au lit à 21 heures.
Bises, Maman

Maman va rentrer tard.
Elle veut que/qu' ___ .
Elle ne veut pas que/qu' ___ .
Elle aimerait que/qu' ___ .
Il faut que/qu' ___ .

C 44/6 **9** **a** 1|34 *Clémentine doit s'occuper de deux enfants difficiles, Victor et Emma. Un organisateur du BAFA l'aide: il parle aux enfants. Écoutez et notez les formes du subjonctif.* (→ Repères, p. 71/5; → Méthodes, p. 132/2)

b *Réécoutez le texte, puis imaginez ce que les enfants répondent à l'organisateur du BAFA. Formulez cinq phrases.*

aimer/vouloir + subjonctif il faut que + *subjonctif*
ne pas *accepter* que + *subjonctif*

10 Dein französischer Freund Adrien hat den falschen Bus genommen und ruft bei euch an, weil er nicht weiß, wie er nach Hause kommen soll. Du musst zwischen ihm und deinem Vater, der kein Französisch kann, dolmetschen. (→ Méthodes, p. 150/3)

Adrien: Bon, écoute, aide-moi, je ne sais pas du tout où je suis. Derrière moi, il y a un restaurant: «Marende» ... Helgolandstraße, numéro 1.
Du (zu deinem Vater auf Deutsch): ___
Vater: Er soll über die Straße gehen, da ist nach 50 Metern links eine Haltestelle. Dort halten zwei Busse. Er soll den 26er Richtung Bergstraße nehmen, dann braucht er nur einmal umzusteigen. Hör zu: Sag ihm, er soll auf jeden Fall den 26er nehmen, auch wenn er eine Weile warten muss.
Du (zu Adrien auf Französisch): ___
Adrien: D'accord ... le bus numéro 26 ... et je descends où?
Du *(zu deinem Vater auf Deutsch):* ___
Vater: Er soll am Königsplatz aussteigen und dort den 91er nehmen, Richtung Hauptbahnhof. Mit dem 91er muss er ungefähr eine Viertelstunde fahren und dann an der Bismarckstraße aussteigen.
Du (zu Adrien auf Französisch): ___
Vater: Ach ja, vergiss nicht ihm zu sagen, dass er nur einen Fahrschein braucht.
Du (zu Adrien auf Französisch): ___
Adrien: Merci, c'est très clair, j'espère que je trouverai tout.
Mais écoute, qu'est-ce que je fais si je me perds encore une fois?
Du (zu deinem Vater auf Deutsch): ___
Vater: Dann soll er nochmal anrufen. Wir holen ihn dann mit dem Auto ab.
Du (zu Adrien auf Französisch): ___

Wenn du die Anweisungen und Erklärungen einer anderen Person weitergibst, kannst du verwenden:
- devoir + Infinitiv,
- il faut que + subjonctif,
- die direkte Rede,
- den Imperativ.

Vocabulaire et expression

11 **a** *À partir du texte, p. 60–61 retrouvez tous les mots et toutes les expressions qu'on peut entendre au café ou au restaurant. Faites un tableau selon le modèle.* (→ Méthodes, p. 129/4)

serveur/-euse	client/e

b *Complétez le tableau par d'autres mots et expressions que vous connaissez déjà ou que vous voulez connaître. Utilisez un dictionnaire.*

Wortschatz individuell erweitern (→ Méthodes, p. 130/5)

Jeu de rôle

12 *Choisissez une des scènes suivantes. Utilisez vos résultats de l'exercice 11 pour préparer un dialogue et jouez-le.* (→ Méthodes, p. 141/3)

SITUATION 1

- Junge und Mädchen im Café
- angeregtes Gespräch über dies und das
- Mädchen muss gehen, sie rufen den Kellner
- Junge will Mädchen einladen und stellt fest, dass er sein Portemonnaie vergessen hat ...

SITUATION 2

- Familie im Restaurant
- Kellner macht Menüvorschläge
- Kinder wollen nur Pommes frites
- Eltern sind nicht einverstanden
- Streit in der Familie ...

Entrées soupe de poisson, salade verte, charcuterie

Plats principaux poisson, riz, steak frites, plat végétarien

Desserts glaces, fruits, clafoutis aux cerises, mousse au chocolat, fromage

Boissons eau minérale, jus de fruits (orange, pomme, cerise), vin rouge et blanc

SITUATION 3

- drei Jugendliche im Café
- sie feiern Geburtstag
- einer von ihnen will einen Cocktail bestellen
- Kellner lehnt ab: er/sie sei zu jung
- Diskussion ...

35–38 Est-ce que tu as peur de l'avenir?

Peur de l'avenir? Non. Je doute qu'on puisse réaliser tous ses rêves, mais je ferai le maximum pour réussir ma vie. Je connais des gens qui se plaignent tout le temps, mais ils ne font rien pour changer leur situation. Je crois qu'il faut savoir ce qu'on veut, c'est tout. Après le bac, je ferai des études de droit et j'espère que je trouverai un boulot. Si je ne peux pas être avocate, je ferai autre chose, je suis flexible. Et un jour, je trouverai l'homme de ma vie et on aura des enfants. Les gens qui craignent toujours qu'il leur arrive des malheurs, que la vie soit trop dure, moi, je leur dis: «Bien sûr, c'est triste qu'il y ait toujours des malheurs dans le monde, mais il faut que vous appreniez à prendre la vie du bon côté.» Ceux qui vivent dans la peur du malheur sont de toute façon déjà malheureux, c'est évident.

Morgane, 15 ans et demi (seconde)

► Mon avenir dépend aussi de celui de la planète. Alors, oui, ça me fait un peu peur, avec tout ce qu'on raconte: les problèmes écologiques, le terrorisme, les épidémies ... Je regrette qu'on ne sache pas maîtriser tout ça. Et il faudra travailler plus longtemps que nos parents pour payer notre retraite. Mais je pense que nous, nous changerons de boulot plus souvent et comme ça, on s'ennuiera moins! Mon objectif numéro un, c'est le bac. Ensuite, je pense que je ferai des études de physique-chimie. C'est vrai que les catastrophes naturelles sont en train d'augmenter. Mais je doute que ça serve à quelque chose d'avoir peur. Moi, j'essaierai d'agir, entre autre pour l'environnement.

Maxime, 16 ans et demi (première)

► Je ne sais pas. Ça dépend de ce que sera mon avenir. J'ai peur que le hasard fasse les choses à ma place, mais il y a toujours une part de hasard dans la vie, non? Alors je suis du genre «qui vivra verra», je ne me prends pas la tête pour ça. Après le lycée, je voudrais partir un an à l'étranger, aux États-Unis ou au Canada, pour perfectionner mon anglais. Je trouve important que les jeunes fassent des voyages. Après, je verrai. Me marier? Oui, mais pas trop vite. Mes parents ont divorcé, à mon avis parce qu'ils se sont mariés trop tôt. Je les plains. Et puis j'aime beaucoup ma liberté.
Il est possible que nous ayons de mauvaises, mais aussi de bonnes surprises. En fait ... je crois que je suis contente que tout soit possible dans l'avenir.

Lise, 17 ans (terminale)

► Peur de l'avenir? Non, pas du tout, je suis optimiste. Mon rêve, c'est de faire de la télévision, d'avoir une émission comme Nagui. J'en ai très envie, mais je crains que les rêves ne suffisent pas dans la vie. Alors je commence à me former et à m'informer. Je fais du théâtre au lycée, j'aime faire rire et je sais bien me présenter. Mes parents préféreraient que je devienne enseignant, mais je trouve bête qu'ils insistent. Là, il faudrait qu'ils comprennent que ma vie, ce n'est pas leur vie.

Karim, 16 ans (seconde)

Comprendre, analyser, commenter

DELF **1** *Voici les quatre personnages du texte, p. 65 dix ans plus tard. Qui est qui? Justifiez votre réponse.*

1. X a fini par devenir professeur de théâtre.
2. X travaille dans le domaine de la chimie, et il/elle fait partie d'une association qui s'engage pour la nature.
3. Aujourd'hui, X est journaliste à Vancouver, où il/elle est tombé/e amoureux/-euse[1]. Mais il/elle veut attendre encore quelques années avant de se marier.
4. X a eu de gros problèmes de santé. Mais il/elle a toujours gardé son sourire.

1 **tomber amoureux/-euse** sich verlieben

C 46/1a **2** *Choisissez dans la liste suivante des adjectifs pour caractériser chacun de ces jeunes. Justifiez votre choix à l'aide du texte.*

cool · curieux/-euse · engagé/e · inquiet/-iète · optimiste · pessimiste · pratique · réaliste · sceptique

C 46/1b **3** «Je trouve important que les jeunes fassent des voyages.» *Que pensez-vous de cette phrase de Lise?*

Découvrir

4 **a** *Formez quatre groupes. Chaque groupe relit un des portraits, p. 65. Relevez dans le texte les phrases au subjonctif.*

b Sammelt alle Ausdrücke, die den „subjonctif" auslösen.

c Betrachtet diese Ausdrücke. Was haben sie gemeinsam?

S'entraîner

C 46/3
C 47/5 **5** **a** *Vous faites parfois des choses qui ne plaisent pas à vos parents, à vos frères et sœurs ou à vos amis. Racontez et utilisez le subjonctif.* (→ Repères, p. 71/5)

Mes parents Mes grands-parents Mes frères et sœurs Ma sœur Mon frère Mes ami(e)s Mes copains/copines	ne pas *vouloir* que ne pas *aimer* que ne pas *accepter* que *trouver* triste que *regretter* que *détester* que	*arriver* en retard *mettre* leurs/ses vêtements *lire* toujours des bédés *emprunter* leurs/ses CD *sortir* tous les soirs *regarder* la télé pendant des heures ne pas *faire* ses devoirs ne pas *écrire* de blogs/mails/lettres

b *Et vous? Qu'est-ce qui ne vous plaît pas? Racontez et utilisez le subjonctif.*

Exemple:
Je n'aime pas que mes parents ___ .

C 48/6 C 48/7 **6** *Indicatif ou subjonctif? Mettez les verbes entre parenthèses à la forme qui convient.* (→ Repères, p. 71/5)

Parler – au choix

7 **a** *Karim explique à ses parents pourquoi il veut devenir animateur de télé. Ses parents ne sont pas d'accord. Imaginez le dialogue.* (→ Méthodes, p. 141/3)

b *Audrey, une amie de Lise, veut arrêter le lycée sans avoir passé son bac. Imaginez une discussion avec ses parents.*

Méthodes et stratégies

8 *Lisez les annonces. Essayez de comprendre le plus d'informations possibles. Expliquez comment vous avez fait.*

Mithilfe deiner Französischkenntnisse kannst du Texte in anderen romanischen Sprachen verstehen. (→ Méthodes, p. 135/11)

GRAFICO/A

Il lavoro consiste nella realizzazione e revisione di brochures aziendali. È necessaria l'ottima conoscenza e l'utilizzo dei programmi principali di grafica nel contesto di operazioni di impaginazione.

Rivolgersi a d.salvatore@grafitti.it

VENDEDOR

Vendas de cartões de crédito. Exigimos boa apresentação pessoal; elevado senso de responsabilidade; excelente capacidade de argumentação oral; veículo próprio; disponibilidade para trabalhar no período de 10 h 30 às 12 h 30 e de 14 h 00 às 18 h 00 (6 horas por dia).

Se houver interesse, encaminhe seus dados para: m.mendes@cartaodomundo.pt

CURRICULUM VITAE

Nom: Sandra Stephan
Date de naissance: 17/2/1993
Adresse: Frankfurter Straße 76
63263 Neu-Isenburg
Nationalité: allemande
Situation familiale: célibataire

Formation

Études: depuis 2004: élève de la Ricarda-Huch-Schule, Sprendlingen

Langues: allemand (langue maternelle)
anglais (1ère langue, lu, écrit, parlé: B1)
français (niveau A2)
espagnol (niveau A1)

Stage
2008 au Fritz-Rémond-Theater de Francfort
Participation à la réalisation de costumes de théâtre

Autres activités
Pâques 2009: 2 semaines à la réception du Novotel de Francfort

Connaissances particulières
Maîtrise des logiciels Word, Excel, PowerPoint et Photoshop

Loisirs
Musique: membre d'une chorale de jazz
Sport: danse

Sandra Stephan Frankfurter Straße 76 63263 Neu-Isenburg

Hôtel Verte Vallée
BP 31
F-68140 Munster

10 mai 2009

Madame, Monsieur,
J'ai obtenu votre adresse par l'Entraide allemande de Paris. Je voudrais passer quelques semaines en France pour perfectionner mes connaissances de français. C'est pourquoi j'aimerais faire un stage cet été dans votre hôtel. J'aime beaucoup les langues et le contact avec les gens.
J'ai 16 ans, je parle l'allemand, l'anglais et j'ai un bon niveau en français.
J'ai déjà travaillé pendant les vacances de Pâques dans un hôtel de Francfort et j'ai trouvé cette expérience très intéressante.
Je serai libre pendant les vacances d'été du 13 juillet au 22 août et pourrais travailler pendant trois ou quatre semaines.
Dans l'attente d'une réponse positive, je vous prie d'accepter mes sentiments les meilleurs.

Pièces jointes: CV, certificat de stage (en allemand)

QUELQUES ADRESSES UTILES

Pour travailler en France:
Entraide allemande
84, rue de Rennes
F-75006 Paris
www.jobs-ete-europe.com

Pour travailler au pair en Suisse:
http://switzerland.isyours.com/f/immigration/programmes/etudier/au_pair.html

Pour travailler dans un hôtel ou dans un restaurant:
www.anpe.fr → actualités/opportunités d'emploi → offres saisonnières (secteur hôtellerie-restauration)

Pour travailler comme animateur:
UCPA
62, rue de la Glacière
F-75013 Paris

Office Franco-Allemand pour la Jeunesse, organisme d'echanges et de rencontres
http://www.ofaj.org/

Deutsch-Französisches Jugendwerk
Office franco-allemand pour la Jeunesse

TOUS LES ESPACES : Kids · Juniors · Jeunes · Formateurs · OFAJ · Presse · Partenaires
E-cards | Forum | Chat | Newsletter | Contact | Annonces | ?

PETITES ANNONCES

CHAT Entrez dans le chat d'OFAJ
FORUM Discutez dans le forum
NEWSLETTER Inscrivez-vous à la newsletter

Déposer une annonce | Consulter les annonces

INTITULÉ DE L'ANNONCE

recherche fille au pair pour la France

- Je recherche :
un(e) stagiaire / jeune au pair
- Description du poste :
Famille franco-allemande avec 2 enfants habitant près de Paris (30 km) recherche à partir du mois de septembre fille/garçon au pair pour garder 2 enfants de 6 et 11 ans après l'école et le mercredi. WE libre et possibilité de suivre des cours de français le matin ou l'après-midi.
Pour plus de renseignements contactez-nous par mail.
- Pays recherché :
France
- Contact :
Bonnet Yvonne
E-mail: Bonnet@wanadoo.fr
Tel.: 00 33 1 64 78 56 57

page précédente ← imprimer envoyer à un ami

Camping «Le soleil» Biscarosse

ch. j.f./j.h. parlant angl. all. couramment, espagnol souhaité pour réception, période d'été

Contacter
Mme Parla 04 67 85 98 19

mail: parla-bis@aol.fr

SERVEUR/SERVEUSE DE RESTAURANT H/F
ALLEMAND obligatoire QUELQUES NOTIONS D'ANGLAIS
CONTRAT DU 1/4 AU 31/8/09

Tel. 03 88 94 58 33 M. Deville

9 **a** *Cherchez des renseignements sur une entreprise française sur Internet. Écrivez un mail pour vous informer si vous pourriez y faire un stage.* (→ Méthodes, p. 143/5, p. 147/5)

www.google.fr → (nom de l'entreprise)

b 39 *Vous voudriez faire un stage en France. Vous téléphonez à une entreprise pour demander si vous pouvez y faire un stage. Écoutez et réagissez.*

c *Vous cherchez un travail. Choisissez une des annonces. Écrivez votre CV et une lettre de motivation. Les documents p. 68 peuvent vous servir de modèle.*

Eine Bewerbung schreiben
(→ Méthodes, p. 147/6)

Repères

Vocabulaire thématique

1 Über Berufswünsche sprechen

Un métier qui me plairait, (c'est architecte).
Je voudrais devenir (médecin).
Je me vois bien (interprète).
Mon rêve, c'est de faire (de la télé).
Je choisirai un métier (sportif).
Il me faut un métier où (on vit dehors).
(Le commerce), ce n'est pas mon truc.

J'aimerais bien travailler	(dans un journal / dans une entreprise).
	(pour un magazine).
	(en France).
	(à l'université / chez Airbus / à la radio).

Je sais en tout cas ce que je ne veux pas faire.
Moi, j'hésite.
Si je ne peux pas être (avocat/e), (je ferai autre chose).
Mon point fort, c'est (les langues).
Mon avenir dépend aussi de (celui de la planète).

Über die Ausbildung reden

Après le bac, je ferai des études (de commerce).
Après le lycée, je ferai une école de (journalisme).
Il/Elle suit/fait des études de/d' (infirmier/-ière).
On peut suivre une formation pour travailler (dans l'humanitaire).
Si on veut, on peut se spécialiser dans (un domaine sportif).
Mon objectif numéro un, c'est (le bac).

Grammaire

2 Das Demonstrativpronomen Le pronom démonstratif

J'aime bien <u>le métier</u> de Hannah,	mais pas **celui** de Yann.
J'aime beaucoup <u>ces articles</u>.	Moi, je préfère **ceux** de «Paris-Berlin».
<u>Laquelle de ces filles</u> est-ce que tu préfères?	**Celle** aux cheveux noirs.
De <u>quelles annonces</u> est-ce que tu parles?	De **celles** que j'ai trouvées dans ce magazine.
<u>Quelle robe</u> préférez-vous?	**Celle-ci** ou **celle-là**?

⚠ Tous **ceux** qui viennent ici ___ . Alle (<u>diejenigen</u>), die hierher kommen ___ .

3 Der Infinitivsatz La phrase infinitive

On fait tout **pour retrouver** les criminels.
Sans hésiter une minute, elle répond oui.
Elle a répondu à une annonce de «Paris-Berlin», **sans avoir jamais lu** le magazine.
Avant d'entrer dans ce magazine, elle a fait plein de boulots différents.
Après avoir passé le bac, Yann a suivi des études d'infirmier.
Après être devenue infirmière, <u>Marie</u> a travaillé dans l'humanitaire.

Übersetze und vergleiche mit dem Deutschen.

4 Die Verben Les verbes

accueillir → p. 155; **agir** wie réagir → p. 155; **craindre** wie se plaindre → p. 159; **dépendre** wie entendre → p. 155; **obtenir** wie venir → p. 161; **se plaindre** → p. 159; **suivre** → p. 161; **poursuivre** wie suivre → p. 161; **suffire** → p. 160

5 Der „subjonctif" Le subjonctif

1. Die Bildung

ils	**mang~~ent~~** **choisiss~~ent~~** **répond~~ent~~**	il faut que/ il faut qu'/	je	mang**e**	choisiss**e**	répond**e**
			tu	mang**es**	choisiss**es**	répond**es**
			il	mang**e**	choisiss**e**	répond**e**
			nous	mang**ions**	choisiss**ions**	répond**ions**
			vous	mang**iez**	choisiss**iez**	répond**iez**
			ils	mang**ent**	choisiss**ent**	répond**ent**

Von welcher Verbform musst du ausgehen, um die regelmäßigen Formen des „subjonctif" zu bilden?

⚠ Unregelmäßige Formen

être – que je **sois**	que nous **soyons**	prendre – que je **prenne**	que nous **prenions**
avoir – que j'**aie** [ɛ]	que nous **ayons**	savoir – que je **sache**	que nous **sachions**
aller – que j'**aille** [aj]	que nous **allions**	pouvoir – que je **puisse**	que nous **puissions**
faire – que je **fasse**	que nous **fassions**	venir – que je **vienne**	que nous **venions**

2. Der Gebrauch

Je doute qu'on **puisse** réaliser tous ses rêves.
C'est triste qu'il y **ait** toujours des malheurs dans le monde.

Wille/Notwendigkeit

il faut
vouloir
aimer
préférer
accepter
il est important
| que + subjonctif

gefühlsmäßige oder wertende Stellungnahme

trouver triste/bête/super/___
il est / c'est triste/bête/génial/___
être heureux(-euse)/content(e)/___
craindre
avoir peur
regretter
| que + subjonctif

Möglichkeit/Zweifel

il est possible
douter
| que + subjonctif

Aber: **Je crois qu'**il **faut** savoir ce qu'on veut.
J'espère que je **trouverai** un boulot.
Je pense que nous changerons de boulot plus souvent.

Je pense/crois/trouve
J'espère
Je suis sûre/e
C'est vrai
| **que + indicatif**

S'entraîner

C 40/6 **1** ►◄ *Un élève dit ce qu'il aime. Un autre lui répond qu'il préfère autre chose. Faites le dialogue. Utilisez les pronoms démonstratifs.* (→ Repères, p. 70/2)

Exemple:
– Moi, j'aime bien les films pleins de suspense.
– Moi, je préfère ceux qui me font rire.

films bédés livres
musique vêtements repas
matières écrivains
chanteurs acteurs photos
professeurs ___

C 43/4
C 44/5
C 44/6
C 47/5
C 48/6 **2** *Que disent ces personnes? Utilisez l'indicatif ou le subjonctif.* (→ Repères, p. 71/5)

craindre / ne pas *être* très gentil

vouloir / *faire* tes devoirs d'abord

croire / *vouloir* se moquer de nous

préférer / *faire* un voyage pour le même prix

espérer / m'*appeler* bientôt

douter / *avoir* le temps de vous accueillir

C 48/7 **3** **a** *Lukas aimerait devenir acteur de théâtre. Son grand-père n'est pas d'accord. Dans une lettre, Lukas parle de son problème à son correspondant Valentin. Traduisez.* (→ Repères, p. 71/5)

1. Meinem Großvater wäre es lieber, ich würde Anwalt werden.
2. Er fürchtet, dass ich später arbeitslos bin.
3. Ich bedaure, dass er mich nicht versteht.
4. Er glaubt, dass es keinen Traumberuf gibt.
5. Ich bezweifle, dass er Recht hat.
6. Ich bin sicher, dass Geld nicht das Wichtigste ist.
7. Und es ist wichtig, dass jeder das tut, was ihm gefällt.

b *Valentin répond à Lukas. Écrivez sa lettre.* (→ Méthodes, p. 147/5, p. 148/7, p. 149/9)

4 **a** ◐ *Présent, passé composé, imparfait, plus-que-parfait, conditionnel, subjonctif, infinitif? Complétez le texte par les formes correctes des verbes entre parenthèses.*

Maureen est mannequin depuis deux ans. Dans cette interview, elle raconte ses débuts et son amour pour ce métier.

– Comment as-tu fait tes débuts[1] dans ce métier?

– Devenir mannequin *(être)* un rêve de petite fille. À l'âge de douze ans, je *(tomber)* sur un concours dans un magazine féminin. Tout de suite, je *(décider)* d'y *(participer)*. On (me / *refuser*), car je *(être)* trop jeune. Il en *(être)* de même[2] les années suivantes. En décembre 2004, je *(réussir)*! Cette année-là, il y *(avoir)* deux gagnantes.

– Comment *(se passer)* tes premiers défilés[3]?

– Très bien. Je *(faire)* mon premier défilé à Paris, et le deuxième à Prague. Je *(faire)* aussi des sessions photo dans plusieurs magazines.

– *(Laisser* / tu) tomber[4] tes études?

– Non. Si je *(vouloir)* arrêter mes études, mes parents (ne pas / me *permettre*) de continuer ce métier.

– Qu'est-ce qui (te / *plaire*) le plus dans ton métier?

– Tout! Je *(être)* toujours passionnée[5] par l'univers de la mode. Je *(gagner)* mon premier concours de photo à l'âge de quatre ans. Au début, ce (ne pas / *être*) facile, mais peu à peu, je *(devenir)* moins timide. Je *(être)* motivée à 100 % pour réussir mais je *(s'amuser)* avant tout.

– Quels conseils *(donner* / tu*)* aux jeunes qui *(désirer)* faire ce métier?

– Il faut qu'ils *(continuer)* leurs études, car la carrière d'un mannequin *(être)* courte. Il faut *(penser)* très tôt à son avenir.

D'après: Les docs de l'actu, N° 7, p. 38/39

1 **faire ses débuts** debütieren 2 **en être de même** genauso sein 3 **le défilé** die Modenschau 4 **laisser tomber qc** *hier:* etw. aufgeben 5 **être passionné/e par qc** etw. leidenschaftlich lieben

DELF

b *Relisez l'interview et répondez par vrai, faux, on ne sait pas.*

1. Maureen est devenue mannequin à l'âge de douze ans.
2. Les parents de Maureen ne voulaient pas qu'elle arrête ses études.
3. La ville préférée de Maureen, après Paris, c'est Prague.
4. Les mannequins n'ont pas besoin de se faire du souci pour leur avenir.

Réviser les prépositions

5 *Complétez les phrases avec* à, de *ou* en. *Faites attention à l'article contracté.*

1. La ville est pleine [?] beaux immeubles.
2. Être sportif est bien utile [?] jeunes qui veulent travailler dans des colonies de vacances.
3. Raphaël a oublié de s'inscrire [?] dernier examen.
4. Cette robe va bien [?] ta sœur.
5. Voici un roman qui est riche [?] surprises.
6. J'ai de bonnes raisons [?] ne pas croire cette histoire.
7. Yannick a beaucoup de confiance [?] sa copine Lisa.
8. Asseyons-nous autour [?] la table.

Parler / Jeu de rôle

6 ►◄ *Choisissez une des situations suivantes. Préparez vos arguments et jouez le dialogue.* (→ Méthodes, p. 141/3)

Situation 1: Avec votre ami/e, vous voulez organiser une fête pour l'anniversaire d'un/e copain/copine. L'un/e d'entre vous veut préparer une grande fête, l'autre pense qu'une petite fête suffirait.

Situation 2: Ton frère / Ta sœur voulait absolument avoir un chien, mais maintenant que le chien est là, personne ne veut s'en occuper.

Je (ne) veux (pas) que ___ .
J'aimerais (bien) que ___ .
Je voudrais que ___ .
Il faut (absolument) que ___ .
Il faudrait que ___ .
Je n'accepte pas que ___ .
J'espère que ___ .
C'est triste que ___ .
Je crains que ___ .

Tu exagères.
Ce n'est pas juste.
On pourrait ___ .
C'est vrai que ___ , mais ___ .
Je sais bien que ___ , mais ___ .

Il faut bien qu'on s'amuse un peu.
Tu ne sors jamais le chien.

Écouter

DELF **7** 🎧 1 40 *Écoutez et dites où ces jeunes ont fait leur stage.* (→ Méthodes, p. 132/2)

Activité

8 **a** *Lisez les fiches et présentez les deux métiers.*

b *Préparez une fiche sur votre «métier de rêve» et présentez-le. Parlez de la formation qu'il faut avoir, des avantages et des inconvénients, etc.* (→ Méthodes, p. 141/4, p. 148/8)

Métier: ***journaliste***
Formation: *dans une école spécialisée, souvent après de premières études à l'université*
L'avantage: *Écrire sur de nouveaux sujets tous les jours*
L'inconvénient: *Les débuts sont difficiles.*

Moniteur/Monitrice de ski

Il faut
- avoir 18 ans.
- être sportif/sportive et en forme.
- aimer la montagne, la nature, l'hiver, le contact avec les gens.
- savoir expliquer et être bon professeur.
- parler des langues étrangères.
- donner des cours.
- préparer les pistes.
- aider les blessés.

Problèmes:
- chômage.
- autre métier pour l'été nécessaire.

Comment choisir son métier?

SACHEZ CE QUE VOUS VOULEZ

Vous voulez un boulot passionnant, super bien payé et qui vous laisse un maximum de temps libre? Désolé, mais si ça existait, ça se saurait … Il va donc falloir définir vos attentes et fixer vos priorités.

→ Quels sont vos goûts?
Certains aiment la nature, d'autres adorent les enfants, d'autres encore se sont pris de passion pour la cuisine italienne. Ça peut déjà donner quelques pistes, non?

→ Quelles sont vos compétences?
Vous pouvez facilement les évaluer à travers vos résultats scolaires, vos stages éventuels, vos engagements personnels dans une association ou un club … Si vous jouez au foot régulièrement, ça signifie que vous savez évoluer en équipe. À l'inverse, si vous trouvez la vie en collectivité pesante, envisagez plutôt un travail indépendant.

→ Quelles sont vos ambitions?
Voulez-vous avoir une vie trépidante, gagner un maximum d'argent, quitte à travailler comme une brute? Ou exercer un boulot plus peinard quitte à davantage galérer financièrement? Listez les inconvénients et les avantages des métiers qui vous intéressent.

POUSSEZ LES PORTES DE L'ENTREPRISE

Quoi de mieux pour se faire une idée que de goûter?

→ Engagez le dialogue.
N'hésitez pas à interroger vos parents, leurs amis mais aussi les personnes avec lesquelles vous êtes en contact (le boulanger, le facteur, le médecin …) sur leur métier et la filière qu'ils ont suivie.

→ Demandez un stage.
Vos parents ou leurs amis devraient pouvoir vous en trouver un dans leur boîte. Vous avez une idée un peu plus précise de ce que vous voulez faire? Arrangez-vous pour effectuer ce stage dans votre domaine préféré.

→ Osez les petits boulots.
Le soir, le week-end, les vacances scolaires, n'hésitez pas à travailler en dehors de vos études. Distribuer des flyers ou faire du baby-sitting permet non seulement de se faire de l'argent de poche, mais aussi d'avoir une première expérience professionnelle et d'enrichir son CV.

D'après: Phosphore, N° 286, avril 2005

pesant/e belastend **envisager** in Betracht ziehen **trépidant/e** hektisch **quitte à** + *inf.* auch auf die Gefahr hin **peinard/e** ruhig, bequem **galérer** *fam.* avoir des difficultés **quoi de mieux** was gibt es Besseres **goûter** ausprobieren **la filière** der Ausbildungsgang **la boîte** *fam.* l'entreprise

a *À qui cet article s'adresse-t-il et quel est son objectif?*

b *Que l'auteur propose-t-il pour s'informer sur les différents métiers?*

c *Quel genre de vie professionnelle pourrait correspondre à votre personnalité? Précisez vos idées en trouvant une réponse personnelle aux questions «Quels sont vos goûts?», «Quelles sont vos compétences?», «Quelles sont vos ambitions?».*

d *Avez-vous déjà fait un stage ou un petit boulot? Racontez.*

DOSSIER 4 La France, l'Allemagne et l'Europe

Approches

Des ennemis héréditaires?

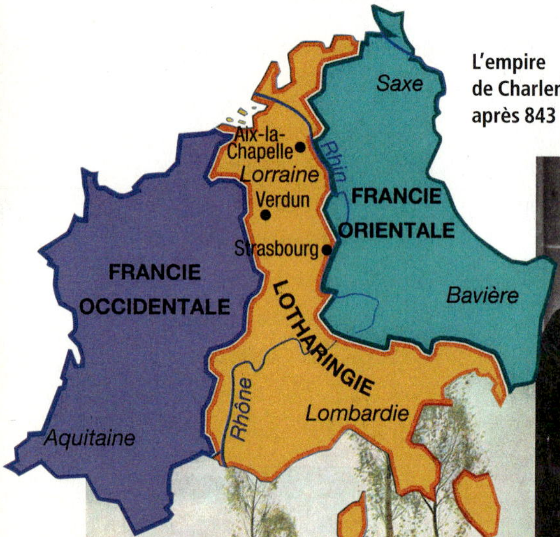

L'empire de Charlemagne après 843

La guerre de 1870–71

Briand et Stresemann

L'occupation de Paris

De Gaulle et Adenauer

843	1870–71	1914–18	1926	1939–45
Les trois petits-fils de Charlemagne signent le traité de Verdun: ils se partagent l'empire de leur grand-père. Une petite partie de la Lotharingie deviendra la Lorraine, une région pour laquelle les Allemands et les Français se battront jusqu'en 1945.	Pendant la guerre de 1870–71, la France sera envahie par les troupes allemandes qui conquièrent l'Alsace et la Lorraine. Plus tard, ces deux régions seront intégrées à l'empire allemand.	L'Allemagne et la France entrent en guerre en 1914. C'est le début de la Première Guerre mondiale. Quatre ans plus tard, l'Allemagne est vaincue. L'Alsace et la Lorraine redeviennent françaises.	L'Allemand Gustav Stresemann et le Français Aristide Briand s'engagent pour la paix entre leurs deux pays et reçoivent le Prix Nobel de la paix.	Seconde Guerre mondiale. En 1940, le gouvernement français signe l'armistice: la France est occupée par l'armée allemande. Une partie des Français collabore avec l'Allemagne nazie, d'autres s'engagent dans la

40 ans du traité de l'Élysée

L'entrée de la Pologne dans l'UE (2004)

Résistance. Les horreurs de cette guerre ont des conséquences sur toute l'Europe et le monde. À la fin de la guerre, les Alliés (Américains, Russes, Français et Anglais) occupent l'Allemagne.

les années 50

En 1951, Jean Monnet et Robert Schuman créent la première communauté européenne, la CECA (Communauté européenne du charbon et de l'acier). C'est un premier pas vers la réconciliation de la France et de l'Allemagne et vers la construction de l'Europe. En 1957, avec le traité de Rome, un marché commun est créé en Europe.

1963

Le traité de l'Élysée, qui est un traité de coopération franco-allemande, est signé par le président Charles de Gaulle et le chancelier Konrad Adenauer. À partir de cette date, de nombreuses villes des deux pays sont jumelées. L'Office franco-allemand pour la jeunesse, l'OFAJ, est créé.

1992

Le traité de Maastricht, signé par douze pays, marque la naissance de l'Union européenne (UE) qui, depuis 2007, compte 27 pays.

2003

Les gouvernements de la France et de l'Allemagne fêtent les quarante ans du traité de l'Élysée. L'amitié franco-allemande est devenue le pilier d'une Europe unie.

Comprendre, analyser, commenter

C 52/1 **1** **a** *Vrai ou faux? Corrigez les phrases fausses.* (→ Texte, p. 76–77)

1. Les fils de Charlemagne partagent l'empire de leur père entre eux.
2. Plus tard, les Français appelleront la Lotharingie «la Lorraine».
3. Pendant la guerre de 1870–71, l'armée allemande conquiert l'Alsace et la Lorraine.
4. Entre 1918 et 1939, personne ne s'engage pour la paix entre la France et l'Allemagne.
5. En 1940, la France et les troupes alliées occupent l'Allemagne.
6. Le traité de Rome marque un pas important vers une Europe unie.
7. L'objectif du traité de l'Élysée est de développer une amitié entre les anciens ennemis.
8. En 2003, la France et l'Allemagne fêtent le 50e anniversaire du traité de l'Élysée.

b ►◄ *Formulez des questions sur le texte. Votre voisin/e y répond.*

En quelle année ___? Pendant quel siècle ___? Quand ___?
Qui ___? Quels politiciens ___? Quelles régions ___?
Quels pays ___? Où ___? Pourquoi ___? Que / Qu'est-ce que ___?

2 «L'amitié franco-allemande est devenue le pilier d'une Europe unie.»
Faites une esquisse[1] pour visualiser cette idée et expliquez-la à votre classe.

1 **l'esquisse** *f.* die Skizze

Visualisierung von Textinhalten
(→ Méthodes, p. 134/8)

3 *L'Europe unie est-elle importante pour vous personnellement? Justifiez votre réponse.*

Découvrir

4 **a** *Retrouvez dans le texte les phrases qui correspondent aux phrases allemandes suivantes. Notez-les.*

1. Diese beiden Regionen werden in das deutsche Kaiserreich eingegliedert werden.
2. Frankreich wird von der deutschen Armee besetzt.
3. Ein gemeinsamer Markt wird geschaffen.
4. Der Élysée-Vertrag wird unterzeichnet.

b *Décrivez la formation du passif français. Comparez à l'allemand.*

S'entraîner

C 53/2 **5** *Transformez les phrases en utilisant la voix active.* (→ Repères, p. 93/8)

Exemple:
L'empire de Charlemagne a été partagé par les petits-fils.
→ Les petits-fils ont partagé l'empire de Charlemagne.

1. L'empire de Charlemagne a été partagé par les petits-fils.
2. La France a été envahie par les troupes allemandes.
3. L'Alsace et la Lorraine sont conquises par l'Allemagne.
4. L'Allemagne a été occupée par les Alliés.
5. En 1951, la CECA est créée par Monnet et Schuman.
6. Le traité sera signé par le chancelier allemand et le président français.

Pierrot, mon héros

2 2–4

1

J'ai quinze ans et j'habite à Lons-le-Saulnier, dans le Jura. Je m'appelle Pierre Charnal et j'ai un grand-père que j'appelle Grand-Pierre. Lui, c'est en 1944 qu'il avait quinze ans. Il habitait avec sa sœur aînée, son frère aîné et ses parents dans une ferme du Jura. À cette époque-là, on l'appelait Pierrot, comme moi maintenant. Pierrot, un petit nom que je déteste, parce que ça fait ringard, même si Pierrot, ça rime avec héros.

Je vous raconte cette histoire parce que c'est son histoire, une histoire vraie. La ferme de Grand-Pierre a brûlé pendant la dernière guerre mondiale mais mes parents ont construit une belle maison sur son terrain, peu après ma naissance. Dans les murs, il y a encore des pierres d'autrefois.

Grand-Pierre a perdu ses parents et sa sœur pendant cette guerre. Mais il ne nous parle jamais ni de ses parents ni de sa sœur. Il n'a pas de photos, ou alors il ne veut pas nous les montrer. Sa jeunesse, il ne nous en parle jamais. J'ai toujours pensé qu'il avait trop de mauvais souvenirs. Je sais juste qu'il était entré dans la Résistance à quinze ans. Quand j'ai choisi l'allemand deuxième langue, au collège, je n'osais pas le lui dire.

Un jour où il lisait le journal et fumait sa pipe – comme d'habitude –, il est arrivé quelque chose de bizarre. Je faisais mes devoirs sur la table de la salle de séjour et j'écoutais le CD de mon livre d'allemand. C'était une histoire un peu bête d'enfants perdus dans la Forêt-Noire. Une mère demandait: «Hast du sie gesehen?» Le pauvre père criait comme au théâtre: «Nein! Ich habe niemanden gesehen!»

Grand-Pierre a jeté son journal par terre et a crié, lui aussi:

«Qu'est-ce que ça veut dire?»

Je croyais qu'il se plaignait. Je faisais peut-être trop de bruit.

«Heu … C'est bon, j'arrête.

– Non, non, tu viens d'écouter une phrase, là, en allemand, qu'est-ce qu'elle veut dire?

– C'est l'histoire de deux gamins qui …

– Je me fiche de l'histoire, a crié Grand-Pierre. Repasse-moi les derniers mots, repasse-les-moi!»

Comme je le regardais bêtement, la bouche ouverte, il a hurlé: «La phrase, la dernière phrase, Pierrot, traduis-la-moi!»

On a écouté vingt fois cette phrase: «Ich habe niemanden gesehen!» et je la lui ai traduite. Grand-Pierre avait l'air complètement bouleversé. Il tremblait et avait les larmes aux yeux. Moi, tout ce que je comprenais, c'est que mon grand-père était en train de devenir fou.

2

► Au bout d'un long moment, il s'est calmé. C'est ce soir-là qu'il m'a enfin raconté son histoire. C'est fou, mais ni son fils ni sa belle-fille ne la connaissaient.

«J'avais ton âge, c'était la guerre et l'Occupation. Il y avait des gens qui arrivaient la nuit à la ferme, des hommes, des garçons de la région et une fille que je ne connaissais pas. Ils repartaient avec des œufs, du fromage, de la charcuterie. Marcel, mon frère aîné, ne dormait plus chez nous, mais il venait parfois la nuit et repartait avec un sac à dos plein de linge propre et de provisions. Aux gens curieux on disait qu'il travaillait en ville. Ma mère s'inquiétait, mon père, qui n'était pas très bavard, ne parlait plus du tout et ma sœur Agnès restait plongée dans ses livres. D'ailleurs, je l'évitais, parce qu'elle voulait toujours que je fasse des devoirs de vacances. On n'en parlait pas mais je savais bien que mon frère faisait partie de la Résistance et je savais aussi que je ne devais pas le savoir. Je l'admirais: pour moi, c'était un vrai héros et tu penses bien que je voulais le suivre le plus tôt possible.

C'était le début des grandes vacances, des vacances qui, à cette époque-là, duraient trois beaux mois. Je travaillais aux champs avec mes parents et j'allais à la pêche le dimanche.»

Là, mon grand-père a fait une pause, il avait une drôle de voix. Puis il a continué:

«Un dimanche, je suis parti très tôt, vers cinq heures du matin, à la rivière. Je n'étais pas là depuis une heure quand j'ai eu un curieux pressentiment. J'avais déjà deux truites: ce n'était pas assez pour toute la famille. Pourtant, j'ai préféré rentrer.

J'étais encore assez loin de la ferme quand j'ai entendu des chiens qui aboyaient. Notre chien Loulou? Non, ce n'était pas lui mais plusieurs autres chiens. Plus près, j'ai vu des voitures noires, et beaucoup de soldats qui couraient et qui criaient. Un vrai cauchemar. Et alors, j'ai vu mon père, ma mère, ma sœur, que ces soldats poussaient dans un camion. Je me suis caché. Il y avait encore plein de soldats allemands partout. Ce sont eux que j'avais entendus. Il y en avait un qui donnait des ordres. Ensuite, ils ont couru autour de la ferme. Ils cherchaient quelqu'un. Mon frère? Moi? Nous deux, sans doute.

Je m'étais caché derrière un tas de bois coupé. Quelqu'un s'est approché. Je me suis fait tout petit, la tête entre les bras. J'ai attendu un moment, puis j'ai cherché mon couteau et quand j'ai levé la tête, j'ai vu un jeune soldat qui me regardait. En le voyant, lui et son sale chien, j'ai failli hurler de peur. Mais le soldat, un garçon très jeune aux cheveux roux et aux yeux verts, tenait bien son chien et m'a dit à voix basse, en français, avec cet accent que je détestais: «Chut ... Ne bouge pas, reste où tu es.» Ensuite, j'ai entendu: «Kurt! Kurt!» et une phrase qui ressemblait à une question. Le garçon a crié: «Nein, nein, nix!» et quelque chose en allemand à ses camarades qui s'approchaient. Il a répété cette phrase plusieurs fois, parce que les autres n'entendaient pas.»

Mon grand-père a soupiré en disant: «Pierrot, je ne sais que depuis dix minutes comment on dit: «Je n'ai vu personne!» en allemand, mais le son de ces mots-là, je l'ai dans ma tête depuis plus de soixante ans et j'y pense souvent. Voilà.»

Ensuite, ce Kurt et ses camarades sont repartis vers le camion.

3

► Grand-Pierre n'a plus rien dit. Mais moi, je voulais tout savoir, alors cette fois j'ai insisté. Il a dit à voix basse:

«La suite, Pierrot, tu peux te l'imaginer. Je suis resté longtemps caché derrière le tas de bois. Je ne pouvais ni bouger ni penser. Le soleil était déjà chaud, mais j'avais froid. Je tremblais. Je suis enfin rentré dans la cour et j'ai vu le pauvre Loulou par terre. Il avait un trou dans la tête. Je suis allé dans la cuisine. Les placards étaient ouverts, ils avaient tout jeté par terre, des papiers, des fourchettes, des cuillères, le calendrier des postes.

Sur la table, il y avait des bols de café au lait, encore pleins, l'assiette avec le beurre. Et une tartine avec un livre ouvert à côté du bol de ma sœur. Elle lisait en mangeant, une mauvaise habitude: mes parents la grondaient souvent pour ça. J'ai mangé la tartine et j'ai préparé mon sac.»

Le chien, la tartine de beurre, le livre, le sac. Grand-Pierre s'est arrêté là. Il ne pouvait plus parler. Il ne pouvait pas dire qu'il était parti dans le maquis retrouver son frère, que les deux n'avaient revu ni leurs parents ni leur sœur. Il ne voulait pas dire non plus que les soldats étaient revenus et avaient brûlé sa ferme, le lendemain. Mais il a ajouté:

«Plus tard, bien plus tard, dans les années soixante, soixante-dix, j'ai toujours espéré que ce Kurt allait revenir. Il n'avait que trois ou quatre ans de plus que moi. J'aurais aimé lui dire merci.

– Tu voudrais le revoir? Il est bien possible qu'il vive encore!»

Il n'a pas répondu. Il a appuyé sur le bouton du lecteur CD. «Ich habe niemanden gesehen!», a crié la voix d'un mauvais acteur.

4

Comprendre, analyser, commenter

C 54/1 **1** **a** *Qu'apprend-on sur le jeune garçon et son grand-père? Notez les informations les plus importantes.* (→ Texte, p. 79–81)

DELF **b** *Retrouvez l'ordre des phrases suivantes, puis écrivez un résumé de l'histoire de Grand-Pierre (l. 62–158). Utilisez* d'abord, puis, ensuite, enfin. (→ Méthodes, p. 144/1)

- a Pierrot cherche Marcel dans le maquis.
- b Il se cache pour ne pas être vu.
- c Il regrette de ne plus avoir vu Kurt après la guerre pour lui dire merci.
- d Le lendemain, les soldats reviennent et brûlent la ferme.
- e Inquiet, sans savoir pourquoi, il rentre avec seulement deux truites.
- f L'histoire se passe pendant la Seconde Guerre mondiale.
- g Un jeune soldat, Kurt, le découvre, mais ne dit rien aux autres.
- h Arrivé à la ferme, il voit sa sœur et ses parents monter dans un camion de l'armée allemande.
- i Pierrot, sa sœur et ses parents habitent dans une ferme.
- j Un dimanche matin, pendant les vacances d'été, Pierrot va à la pêche.
- k Son frère Marcel ne vit plus avec sa famille: on dit qu'il travaille en ville, mais en vérité, il s'est engagé dans la Résistance.

2 **a** *Comment l'engagement de Marcel dans la Résistance a-t-il changé la vie de sa famille?*

b *Que se passe-t-il entre Grand-Pierre et Kurt? Expliquez pourquoi la situation est dangereuse pour tous les deux.*

c *Montrez à l'aide du texte que même plus de 60 ans après la guerre, le grand-père de Pierre n'a pas oublié ses horreurs.*

3 *Pourquoi Grand-Pierre a-t-il attendu si longtemps pour parler de son horrible expérience? Commentez.*

S'entraîner

C 54/3 **4** **a** *Parlez de Chloé. Formez des phrases avec* ne … ni … ni. (→ Repères, p. 93/10)

Exemple:
Chloé n'aime ni les fruits ni les légumes. / Chloé ne mange ni fruits ni légumes.

aimer le/la/les *faire* du/de la ___
jouer au/à la / du/de la ___ *écrire* *manger* *parler* ___

fruits – légumes | bédés – romans | café – thé | sport – musique | anglais – allemand | piano – saxophone | mer – montagne | chiens – chats | lettres – mails | cinéma – théâtre

b *Et vous? Qu'est-ce que vous n'aimez pas? Qu'est-ce que vous ne faites pas? / ___?*
Utilisez ne … ni … ni.

C 56/5 **5** *Complétez par deux pronoms d'objet.* (→ Repères, p. 92/5)

Beim bejahten Imperativ ist die Reihenfolge der Pronomen wie im Deutschen!

C 55/4 **6** **a** *Mettez les adjectifs à la bonne place et faites l'accord si nécessaire.* (→ Repères, p. 91/2)

1. Mon [?] école [?] a été construite au début du XIXe siècle. *(ancien)*
   C'est vraiment un [?] bâtiment [?]. *(ancien)*
2. Paul est un [?] ami [?]. Il m'a aidé quand ce [?] chien [?] m'a attaqué. *(vrai) (sale)*
3. C'est un [?] hasard [?]: pendant un voyage au Bénin, j'ai rencontré *(curieux)*
   Yannick Noah qui donnait un concert pour aider les [?] familles [?]. *(pauvre)*
4. Manon est une [?] fille [?]. Elle veut toujours tout savoir. Mais c'est *(curieux)*
   aussi une [?] fille [?] parce qu'elle n'a pas d'amis. *(pauvre)*
5. À l'âge de 26 ans, ma sœur a eu sa [?] voiture [?]. Elle a payé la moitié *(propre)*
   de la voiture avec son [?] argent [?]. *(propre)*
6. La [?] semaine [?], pendant le cours d'histoire, on a parlé de la *(dernier)*
   réconciliation franco-allemande après la [?] guerre mondiale [?]. *(dernier)*
7. Ma mère m'énerve: elle se met en colère quand on laisse traîner[1] nos
   [?] vêtements [?] dans notre chambre. Elle nous demande aussi de *(sale)*
   ranger nos [?] vêtements [?] dans notre armoire. *(propre)*
8. Julie m'a raconté une [?] histoire [?]. Elle dit que c'est une *(curieux)*
   [?] histoire [?] mais je ne la crois pas. *(vrai)*

b *Traduisez les phrases de* **a**.

1 **laisser traîner** herumliegen lassen

Vocabulaire

7 *Dessinez un arbre généalogique*[1] *de la famille de Pierre. Puis complétez les phrases suivantes.* (→ Méthodes, p. 127/1)

1 **l'arbre généalogique** *m.* der Stammbaum

1. Pierre Charnal est le [?] de Grand-Pierre.
2. La mère de Pierre est la [?] de Grand-Pierre.
3. Son mari est le [?] de Grand-Pierre et le [?] de Pierre.
4. La femme de Grand-Pierre est la [?] de Pierre, la [?] de la mère de Pierre et la [?] de son mari.
5. La sœur de Grand-Pierre est la [?] du père de Pierre.

8 *Mettez la table pour six personnes. Qu'est-ce qu'il vous faut*
– *pour le petit-déjeuner,*
– *pour le dîner?*

un verre à vin – ein Weinglas
un verre **de** vin – ein Glas Wein
(→ Méthodes, p. 129/2)

Activité

9 *Un jour, Kurt sonne à la porte de Grand-Pierre. Imaginez la scène.* (→ Méthodes, p. 141/3)

Préparer la lecture

(2 | 5)

1 **a** *Lisez l'extrait du micro-trottoir[1] organisé en France et faites un tableau. Dans la colonne de gauche du tableau, notez tout ce que les Français interviewés trouvent typiquement allemand.*

b *La France, qu'est-ce que c'est pour vous et que pensez-vous des Français? Faites un sondage dans votre classe. Notez les résultats dans la colonne de droite de votre tableau.*

1 **le micro-trottoir** die Umfrage (unter Passanten)

Une discussion franco-allemande: tous ces clichés ...

(2 | 6–7)

Voulant savoir ce que les Allemands pensent des Français et les Français de leurs voisins allemands au XXIe siècle, l'OFAJ a organisé un micro-trottoir dans chaque pays. Quatre jeunes, deux Français et deux Allemands, rencontrent Mme Legendre-Wenzel de l'OFAJ pour commenter les résultats de ces micros-trottoirs.

Arthur: Quand on pense que c'était déjà comme ça à l'époque de nos grands-parents, c'est triste. Aujourd'hui encore, on trouve ces clichés de l'Allemand travailleur et discipliné. Franchement, les gens qui disent ça n'ont jamais été dans une école allemande. On est beaucoup moins disciplinés que les élèves français. Et vous avez entendu? On est toujours à l'heure, très propres, trop sérieux, sentimentaux, «profonds» mais un peu lourds.

Rachel: Ne t'inquiète pas. Nous, les Français, on a de l'esprit, on est individualistes mais on est superficiels, on ne respecte pas la nature, on est nuls en langues, et nous, en plus, on méprise le reste du monde. *(Elle rit.)*

Lili: Certaines idées toutes faites ne changent que lentement. Arthur, avoue au moins que tu manges tous les soirs de la charcuterie, que tu conduis une Mercedes et que tu ne peux pas te coucher sans avoir bu un litre de bière! *(Tout le monde rigole.)*

Benjamin: Le pire, je l'ai entendu dans la bouche de mon propre frère, qui ne voulait pas faire d'allemand au collège. C'était: «Ben, y a rien à voir en Allemagne.» Pour prouver le contraire, j'ai vite sorti des photos montrant Passau, la ville de mon corres allemand.

Rachel: Il est jeune! Mais les adultes qui ont des préjugés comme ça, c'est encore pire! Comme ils ne sortent jamais de chez eux, ils ne peuvent pas vérifier leurs clichés. Mais bon, c'est vrai aussi qu'il y a des clichés qui correspondent à la réalité: les Allemands mangent beaucoup de charcuterie et la bière reste leur boisson préférée.

► *Benjamin:* Et les villes? Sont-elles vraiment toujours propres en Allemagne? Je ne crois pas. Ça a malheureusement bien changé. Probablement parce que les villes n'ont plus les moyens de nettoyer les rues.

Rachel: Et le cliché du Français qui passe des heures à table et boit son vin rouge même à midi? Comme les femmes travaillent presque toutes, tout le monde mange un sandwich ou mange à la cantine à midi ... et boit de l'eau. Et pour la nature, les Français sont devenus des champions du recyclage ...

Mme Legendre-Wenzel: À votre avis, pour quelles raisons les clichés ont-ils la vie si dure?

Benjamin: D'une part, il y a toujours un peu de vérité, une origine historique ou sociale dans un cliché. D'autre part, les clichés sont cultivés par les médias. Beaucoup de Français pensent par exemple que l'allemand est une langue dure. Pourquoi? À cause des vieux films de guerre, à cause du soldat donnant des ordres.

Rachel: Pour moi, le cliché est une manière de dire qu'on est meilleur que l'autre. Si un Français dit: «L'Allemand est très discipliné», il ne lui fait pas un compliment. En fait, il veut dire: «Moi, au moins, je ne suis pas un mouton, je réfléchis.» Et inversement, quand un Allemand dit des Français: «Ils sont superficiels», il veut montrer comme l'Allemand, lui, est profond.

Arthur: Oui. Et ce qui est sûr, c'est qu'en fait, le cliché évite de réfléchir, de voir les différences. On généralise. Mais à mon avis, il y a plus de points communs entre un Berlinois et un Parisien qu'entre un Berlinois et un habitant de la campagne bavaroise.

Mme Legendre-Wenzel: Dis-nous, Benjamin, tes photos ont-elles pu convaincre ton frère?

Benjamin: Pas vraiment, mais ... Je lui ai acheté un CD de Tokio Hotel. C'est ce qui l'a convaincu très vite! Cette année, il a pris allemand deuxième langue!

Comprendre, analyser, commenter

DELF C 58/1

2 **a** *Qui des jeunes est français, qui est allemand? Justifiez votre réponse.* (→ Texte, p. 84–85)

b *Complétez votre tableau de l'exercice 1.*

c *D'après les jeunes, pourquoi y a-t-il des préjugés?*

3 *Expliquez pourquoi, d'après Arthur, les clichés évitent de réfléchir.*

4 «Il y a plus de points communs entre un Berlinois et un Parisien qu'entre un Berlinois et un habitant de la campagne bavaroise.» *(l. 74–77). Expliquez cette phrase d'Arthur et commentez-la.*

Découvrir

5 **a** *Trouvez dans le texte, p. 84–85 les phrases qui expriment la même chose.*

1. **Comme il veut savoir** ce que les Allemands pensent des Français et les Français des Allemands, l'OFAJ a organisé un micro-trottoir.
2. Pour prouver le contraire, j'ai vite sorti des photos **qui montrent** Passau.

b *Que peut-on remplacer par le participe présent?*

c *Traduisez.*

1. Ne parlant pas le japonais, Léo n'a rien compris quand il était à Tokyo.
2. Ne connaissant pas l'Allemagne, Lucie a décidé de travailler à Berlin pendant une année.
3. Les entreprises françaises et allemandes cherchent toujours des jeunes parlant la langue du voisin.
4. Les jeunes participant aux échanges peuvent connaître l'autre pays.
5. Ayant des mauvaises notes en espagnol, Marie veut passer un an en Espagne.

S'entraîner

C 59/5 **6** *Transformez ces annonces en utilisant une proposition relative.* (→ Repères, p. 92/6)

Exemple: Une famille bilingue cherche une jeune fille au pair qui parle français et anglais.

1 **Groupe de rock** préparant un concert cherche endroit pour répéter

2 Élève allemande (16 ans) apprenant le français cherche correspondants en France ou au Québec

3 **Famille bilingue** cherche jeune fille au pair parlant français et anglais

4 Infirmier (22 ans) cherche jeune homme du même âge voulant partir au Bénin avec lui

5 **RADIO «INTER»** cherche jeunes journalistes s'intéressant à la musique

6 Espagnole faisant ses études à Marseille donne cours d'espagnol

7 **Jeune fille** aimant la campagne cherche appartement loin du centre-ville

8 Cherche jeune sachant faire la cuisine pour aider dans restaurant

C 59/5 **7** *Transformez ces phrases en utilisant une proposition subordonnée avec* comme. (→ Repères, p. 92/6)

1. Étant malade, Claire ne peut pas venir cet après-midi.
2. Ayant des difficultés en anglais à l'école, Victor veut passer un an en Grande-Bretagne.
3. Ne connaissant pas la Bavière, Antonin a décidé de faire un stage à Munich.
4. Parlant quatre langues, Anna a vite trouvé un travail intéressant.
5. Ne sachant pas nager, Nathan n'aime pas aller à la piscine.
6. Voulant devenir journaliste, mon frère s'intéresse beaucoup à la politique.
7. Étant en retard, Maxime et Loïc n'ont pas pu voir le début du film.

C 58/3 **8** *Reformulez les titres de journaux en utilisant* est-ce que. (→ Repères, p. 93/11)

1. Quand Tokio Hotel commencera-t-il sa prochaine tournée?
2. L'équipe française de foot peut-elle devenir championne du monde?
3. Les jeunes s'intéressent-ils à l'histoire?
4. Alain Bernard réalisera-t-il son rêve aux prochains Jeux olympiques?
5. Pourquoi beaucoup d'élèves allemands préfèrent-ils l'espagnol au français?
6. Y aura-t-il un jour une langue européenne?
7. Où les Français passent-ils leurs vacances?

4

Écouter

DELF **9** **a** 2 8 *Première écoute: qui est Benoît et de quoi parle-t-il? A-t-il fait des expériences plutôt positives ou négatives?* (→ Méthodes, p. 131/1)

b *Deuxième écoute: prenez des notes et dites ce qui l'a étonné*[1]. (→ Méthodes, p. 132/2)

1 **étonner qn** jdn erstaunen

Activité

10 **a** *Traduisez.*

1. Das überzeugt mich überhaupt nicht.
2. Du hast mich wirklich überzeugt.
3. Deine Argumente sind interessant, überzeugen mich aber nicht.
4. Du schaffst es immer, mich zu überzeugen.
5. Wenn du schreist, überzeugst du niemanden von deinen Ideen.
6. Du hast gute Argumente, mit denen du die anderen überzeugen wirst.

b *Essayez de convaincre un/e jeune Français/e d'apprendre l'allemand. Imaginez un dialogue. Vous pouvez utiliser des phrases françaises de* **a**. (→ Méthodes, p. 141/3)

9–10 Le programme Voltaire

JEUDI 12 JUIN 2008 N° 49 870 0,85 €

LE PROGRÈS

www.leprogres.fr LYON - VILLEURBANNE - CALUIRE 69 X

Six mois en Allemagne

Des élèves du lycée Saint-Exupéry racontent …

Grâce au programme Voltaire, qui existe depuis 1998, les lycéens français et allemands peuvent passer six mois dans la famille d'un correspondant. Quatre jeunes Lyonnais, Olivier, Sophie, Julie et Nicolas, 15 ans, élèves d'une seconde au lycée Saint-Exupéry, sont partis avec le programme Voltaire. C'était un séjour dont ils rêvaient tous. La réalité a-t-elle correspondu à leur rêve?

LE PROGRÈS: Quel souvenir gardez-vous de votre séjour en Allemagne?

NICOLAS: Le premier jour a été un choc! Tu dis un truc, tu crois que c'est clair, ben non, ça ne se dit pas du tout comme ça ou alors le mot ne se prononce pas comme ça … Heureusement, je suis arrivé dans une famille super sympa et je me suis bien entendu avec les deux fils de la famille. On avait les mêmes goûts pour la musique et la même passion du foot.

JULIE: Moi, j'étais vachement déprimée, parce que je ne comprenais rien, au début, bien que je sois plutôt bonne en allemand. Enfin, c'est ce que je croyais avant de partir. Mais l'allemand qu'on parle en famille est bien différent de celui qu'on apprend à l'école … En plus, j'avais le mal du pays. Ma famille me manquait énormément, mes copines aussi. Et j'avais constamment envie de leur téléphoner!

LE PROGRÈS: Et ça a duré combien de temps jusqu'à ce que tu te sentes bien?

JULIE: Je ne sais plus trop … J'ai fini par m'habituer. Et malgré mes problèmes de langue, j'ai aussi bien réussi en maths que ma corres Lena, et je me suis bien débrouillée en sciences. Lena et ses parents ont tout fait pour m'aider. Au début, quand j'étais triste, ils m'ont beaucoup parlé, ils m'ont montré la ville … Ils se sont très gentiment occupés de moi pour que je me sente mieux.

► **LE PROGRÈS:** Qu'est-ce qui vous a le plus étonnés?

OLIVIER: L'école. C'est assez différent, bien que beaucoup d'élèves en Allemagne aient désormais cours l'après-midi, alors qu'avant c'était plutôt rare. Pendant la récré, ce sont les profs qui surveillent les élèves. Le système scolaire est moins sévère, les élèves sont plus libres. À mon avis, ils travaillent différemment et moins que nous, ou moins intensément, mais pas plus mal.

NICOLAS: Moi, c'est la maison. Les parents de mon corres ont une maison super confortable. Chez nous, c'est plus simple. Et puis la nourriture: ça m'a étonné qu'il n'y ait pas de pain à midi. Chez moi, j'en mange même avec les pâtes!

LE PROGRÈS: Et maintenant vous parlez tous couramment l'allemand?

SOPHIE: Bien sûr! *(rires)* Non, avant qu'on puisse parler couramment, il y a encore du boulot! Mais on a fait énormément de progrès. Et ce n'est pas seulement ça, on sait beaucoup plus de choses sur le pays, on l'apprécie bien plus.

LE PROGRÈS: Alors, vous conseillez à tous de faire cette expérience?

SOPHIE: Évidemment! Je suis surtout contente de savoir que je peux me débrouiller toute seule. Si c'était à refaire, je n'hésiterais pas une seconde.

NICOLAS: C'est une aventure. Quand tu rentres, tu es plus ouvert, plus mûr. Je crois que c'est ça qui compte, encore plus que les progrès en langue.

Comprendre et commenter

DELF C 61/1 **1** **a** *Quelles expériences négatives et positives ces jeunes ont-ils vécues?* (→ Texte, p. 88)

b *Mettez-vous à la place de Sophie, Olivier, Julie et Nicolas et créez un dépliant pour des jeunes voulant faire un séjour en Allemagne. Parlez des aspects suivants:*
- *le choc linguistique*[1],
- *le mal du pays,*
- *les différences entre l'Allemagne et la France,*
- *les avantages d'un séjour en Allemagne.*

1 **le choc linguistique** der Sprachschock

2 *Avez-vous déjà fait un séjour dans une famille à l'étranger? Racontez vos expériences. Sinon, aimeriez-vous faire cette expérience? Justifiez votre réponse.*

4

S'entraîner

C 63/8 **3** *Terminez les phrases. Utilisez une conjonction et le subjonctif.* (→ Repères, p. 93/7)

avant que   bien que   jusqu'à ce que   pour que   sans que

1. Alexandre et Max sont super copains ... (ils / *être* très différents)
2. Ils sortent quelquefois ... (leurs parents / le *savoir*)
3. Mais la nuit, leurs parents attendent ... (ils / *revenir*)
4. Alexandre ne veut pas continuer ses études ... (il / *être* bon élève)
5. Ses parents veulent qu'il continue ses études ... (il / *pouvoir* trouver un bon travail)
6. Il faut expliquer cela à Alexandre mille fois ... (il / *comprendre*)
7. Mais on ne peut pas lui parler ... (il / *s'énerver* constamment)
8. Il quitte souvent la pièce ... (ses parents / *pouvoir* le calmer)
9. Il faut terminer cette discussion ... (il / *être* trop tard)

C 62/4 C 62/5 **4** **a** *Formez des adverbes à partir de ces adjectifs.* (→ Repères, p. 92/4)

courant   constant   différent   énorme   élégant   intelligent   intense   méchant   prudent

b *Quel adverbe de* **a** *peut aller avec quel verbe? Formez des phrases.*

Exemple: Il me regarde constamment.

agir   parler   réagir   manger   demander   jouer   répondre   apprécier
attendre   regarder   bouleverser   changer   exagérer   réfléchir   neiger   protester
s'inquiéter   s'énerver   s'occuper de   *se plaindre   s'habiller*   ___

C 63/9 **5** *Traduisez en utilisant la voix active avec* on *ou un verbe pronominal.* (→ Repères, p. 93/9)

1. Wie wird das ausgesprochen?
2. Jetzt wird gegessen.
3. In Restaurants wird nicht geraucht.
4. In Großbritannien wird links gefahren[1].
5. In der Schweiz werden vier Sprachen gesprochen.
6. Das Passiv wird im Französischen nicht oft verwendet.
7. „Pâtes" wird mit „accent circonflexe" geschrieben.
8. Uns wurde gesagt, dass wir nach Paris fahren können.

1 **fahren** *hier:* rouler

Activité

6 *Expliquez à un/e jeune Français/e qui passe quelques jours à Berlin les objectifs de l'«Info-Café Berlin-Paris».* (→ Méthodes, p. 150/2)

Recherche

7 *Consultez le site Internet de l'OFAJ (www.ofaj.org → espace juniors), choisissez quelques informations qui vous intéressent et présentez-les à vos camarades.* (→ Méthodes, p. 141/4, p. 143/5)

Repères

Vocabulaire thématique

1 Über Geschichte und Politik sprechen (→ p. 44)

Erster und Zweiter Weltkrieg

Ils ont provoqué une guerre (avec la France).
Les deux pays sont entrés en guerre.
C'est le début de la Première Guerre mondiale.
La France a été envahie par (les troupes allemandes).
Ils conquièrent (l'Alsace et la Lorraine).
Les deux régions sont intégrées à (l'empire allemand).
L'Allemagne est vaincue.
(À partir de 1940,) la France est occupée par (l'armée allemande).
Ils | sont entrés dans la Résistance. / ont fait partie de la Résistance. / sont partis dans le maquis.

Deutsch-französische Beziehungen / Europäische Einigung

Ils ont signé le traité de (Rome).
Ils se sont engagés pour (la paix entre leurs pays).
Ils ont créé la première communauté européenne.
C'était un premier pas vers la réconciliation de la France et de l'Allemagne.
Un marché commun est créé en Europe.
Un traité de coopération est signé par (le président et le chancelier).
De nombreuses villes sont jumelées.

Über Klischees sprechen

Le cliché évite de réfléchir / de voir les différences.
On généralise.
On trouve ces clichés de (l'Allemand qui ___).
(À mon avis,) le cliché est une manière de dire que/qu'(on est meilleur que l'autre).
Ne sortant pas, les gens ne peuvent pas vérifier leurs préjugés.
Les clichés sont cultivés par les médias.
Certaines idées toutes faites ne changent que lentement.
Il y a des clichés qui correspondent à la réalité.
Beaucoup de (Français) pensent par exemple que ___ .
Il y a (un peu de vérité / une origine historique ou sociale) dans un cliché.
À mon avis, il y a plus de points communs entre (un Berlinois et un Parisien) qu'entre ___ .
Le pire, c'est ___ .
Chez nous, c'est (plus simple).
Chez eux, c'est ___ .

4

Grammaire

2 Vor- und Nachstellung von Adjektiven La place de l'adjectif

la **dernière** phrase	letzte	la semaine **dernière**	vorig
un **vrai** héros	wirklich, echt	une histoire **vraie**	wahr
un **curieux** pressentiment	merkwürdig	des gens **curieux**	neugierig
le **pauvre** Loulou	arm, bedauernswert	un homme **pauvre**	arm, mittellos
un **sale** chien	übel, fies	un pantalon **sale**	schmutzig
une **ancienne** école	ehemalig	un bâtiment **ancien**	alt
mon **propre** appartement	eigen	un pantalon **propre**	sauber

3 Die Verben Les verbes

conquérir → p. 156; **convaincre** wie vaincre → p. 161; **s'inquiéter** wie préférer → p. 154; **jeter** wie appeler → p. 154; **traduire** wie introduire → p. 158; **vaincre** → p. 161

4 Die Adverbien auf „-amment, -emment, -ément" Les adverbes en «-amment, -emment, -ément»

C'était un travail **intense**.	(adjectif)
Ils ont travaillé **intensément**.	(adverbe)

courant/e	→ cour**amment**	constant/e	→ const**amment**
différent/e	→ différ**emment**	évident/e	→ évid**emment**
intense	→ intens**ément**	énorme	→ énorm**ément**

Beschreibe die Bildung der Adverbien auf „-amment, -emment, -ément".

5 Die Stellung zweier Pronomen beim Imperativ La place de deux pronoms avec l'impératif

Ne **le lui** dis pas.	Dis-**le**-**lui**.
Ne **la leur** raconte pas.	Raconte-**la**-**leur**.
Ne **lui en** donne pas.	Donne-**lui**-**en**.
Ne **nous les** montre pas.	Montre-**les**-**nous**.
Ne **me les** donne pas.	⚠ Donne-**les**-**moi**.

Beschreibe die Stellung zweier Pronomen beim Imperativ.

6 Das Partizip Präsens (rezeptiv) Le participe présent

1. Die Bildung

parler	→ nous parl~~ons~~	→ parl**ant**	⚠ avoir	→ **ayant** [ɛjɑ̃]
manger	→ nous mange~~ons~~	→ mange**ant**	être	→ **étant**
finir	→ nous finiss~~ons~~	→ finiss**ant**	savoir	→ **sachant**

Beschreibe die Bildung des „participe présent". Vergleiche mit dem „gérondif".

2. Der Gebrauch

Je lui ai passé des photos <u>qui montrent</u> Passau.
Je lui ai passé des photos **montrant** Passau.

<u>Comme ils ne sortent jamais</u> de chez eux, ils ne vérifient pas leurs préjugés.
Ne sortant jamais de chez eux, ils ne vérifient pas leurs préjugés.

Erkläre den Gebrauch des „participe présent".

7 Der „subjonctif" nach Konjunktionen Le subjonctif après les conjonctions

Au début, je ne comprenais rien **bien que** je **sois** plutôt bonne en allemand.
Ça ne dure que quelques jours **jusqu'à ce que** les correspondants se **sentent** bien.
Ils ont tout fait **pour que** je **fasse** des progrès.
Avant qu'on **puisse** parler couramment l'allemand, il y a encore du boulot.
Julie téléphone très souvent à sa famille **sans que** sa corres Lena le **sache**.

8 Das Passiv (rezeptiv) Le passif

Les Alliés occupent l'Allemagne.
L'Allemagne **est occupée par** les Alliés.

Les Alliés ont occupé l'Allemagne.
L'Allemagne **a été occupée par** les Alliés.

Les Alliés occuperont l'Allemagne.
L'Allemagne **sera occupée par** les Alliés.

a Übersetze die Beispielsätze. Woran kannst du erkennen, in welcher Zeit das Passiv steht?

b Im Passiv wird das Partizip Perfekt immer dem ___ angeglichen.

9 Möglichkeiten der Wiedergabe des deutschen Passivs Les formes qui remplacent le passif allemand

Passiv im Deutschen	Aktiv im Französischen
Das Deutsch, das in der Familie gesprochen wird, ist ganz anders.	L'allemand qu'**on parle** en famille est bien différent.
Hier wird Französisch gesprochen.	Ici, **on parle** français.
In den Restaurants wird nicht mehr geraucht.	**On** ne **fume** plus dans les restaurants.
Das Wort wird nicht so ausgesprochen.	Le mot ne **se prononce** pas comme ça.
Wie wird das geschrieben?	Comment cela **s'écrit**?

10 Die Verneinung mit „ne ... ni ... ni" und „ni ... ni ... ne" La négation avec «ne ... ni ... ni» et «ni ... ni ... ne»

Il **ne** nous a parlé **ni** de ses parents **ni** de sa sœur.
Je **ne** pouvais **ni** bouger **ni** penser.
Sur la table **ne** se trouvaient **ni** bols **ni** assiettes.

Ni son fils **ni** sa belle-fille **ne** connaissaient son histoire.
Ni mon père **ni** ma mère **ne** parlaient de la Résistance.

11 Die Inversionsfrage mit Nomen (rezeptiv) L'interrogation par inversion avec un nom

Tes photos **ont-elles** pu convaincre ton frère?

Pourquoi les clichés **ont-ils** la vie si dure?

Pourquoi Arthur **a-t-il** dit cela?

Beschreibe die Bildung der Inversionsfrage mit Nomen.

Pratiques facultatif

Réviser la place de deux pronoms

C 64/11 **1** *Complétez les phrases par deux pronoms.*

me te le/la nous vous les	me te lui nous vous leur	en

1
– À qui sont ces lunettes de soleil?
– À Nora, je vais [?] [?] donner.

2
– Tu as parlé du programme à Lise et Nico?
– Non, je ne [?] [?] ai pas encore parlé.

3
– Aujourd'hui, on va à Sanssouci.
– Vous auriez pu [?] [?] dire avant!

4
– Est-ce que les autres ont l'adresse du théâtre?
– Oui, je [?] [?] ai donnée.

5
– Tu as pris des photos hier?
– Plein! Je peux [?] [?] montrer si vous voulez.

6
– Où est le plan de Berlin?
– Je [?] [?] ai déjà dit: dans le sac bleu!

S'entraîner

C 64/11 **2** ◐ *Que pourraient dire ces personnes? Utilisez l'impératif avec deux pronoms.* (→ Repères, p. 92/5)

1 *donner*

2 *passer*

3 *apporter*

4 *montrer*

5 ne pas / *repasser*

6 *traduire*

3 *Reliez en utilisant* parce que, comme, grâce à.

Exemple:
De plus en plus d'hommes souffrent de la faim **parce que** les pays industrialisés ne s'occupent que de leurs propres problèmes.

1. de plus en plus d'hommes souffrent de la faim / les pays industrialisés ne s'occupent que de leurs propres problèmes
2. l'Union européenne / nous connaissons une longue période de paix
3. un séjour à l'étranger peut aussi poser des problèmes / il faut bien s'informer avant de partir
4. elle est très douée pour les langues / elle passera six mois en France et six mois aux États-Unis
5. le traité de l'Élysée / beaucoup de villes françaises sont jumelées avec des villes allemandes
6. la rencontre des élèves berlinois et parisiens était possible / l'OFAJ a financé le voyage des jeunes Allemands à Paris

C 63/7
C 64/11
4 *Indicatif (présent, futur, passé) ou subjonctif? Complétez.*

Cet été, Felix, un jeune violoniste allemand, veut participer à un atelier[1] de musique du «Forum franco-allemand des jeunes artistes». Depuis que l'OFAJ [?] *(créer)* le forum en 1987, celui-ci a organisé de nombreux ateliers artistiques. Il s'adresse à des artistes de différentes disciplines: musiciens, chanteurs, comédiens, danseurs, acrobates, photographes ... Pour pouvoir s'inscrire à un atelier il faut qu'on [?] *(avoir)* entre 18 et 30 ans, qu'on [?] *(vivre)* en France ou en Allemagne et qu'on [?] *(être)* artiste professionnel ou en formation. Les ateliers sont organisés pour que de jeunes artistes [?] *(pouvoir)* se rencontrer, connaître d'autres disciplines artistiques et se familiariser[2] avec une nouvelle culture.
L'atelier auquel Felix s'est inscrit aura lieu en Provence. Felix espère que ce [?] *(être)* une bonne expérience pour lui. Bien que les organisateurs [?] (ne pas / *attendre*) des participants bilingues, Felix craint que ses connaissances de français [?] (ne pas / *suffire*) pour discuter avec les participants francophones. Avant qu'il [?] *(partir)* en Provence, il voudrait prendre encore des cours de français ... même s'il sait que, pendant les répétitions, il y [?] *(avoir)* des interprètes.

1 **l'atelier** *m. hier:* der Workshop 2 **se familiariser** vertraut werden

Écouter

DELF **5** **a** 🎧 2 11 *Première écoute: où et pour combien de temps Aude a-t-elle vécu en Allemagne? Qu'est-ce qu'elle n'a pas aimé?*

b *Deuxième écoute: faites une liste de tout ce qui va manquer à Aude. Pourquoi le carnaval a-t-il été important pour elle? Imaginez pourquoi elle est rentrée plus tôt que prévu.*

Parler

6 *«Sans parler la même langue, on ne peut pas vraiment devenir amis.» Discutez cette phrase. Donnez aussi des exemples.* (→ Méthodes, p. 139/2)

s'entendre bien *se comprendre* sans un mot *se parler* *s'exprimer*[1]
exprimer une idée *faire* des gestes *aller/vivre* à l'étranger ___

1 **(s')exprimer** (sich) ausdrücken

7 *À l'aide de ce schéma décrivez les différents aspects des relations franco-allemandes.* (→ Méthodes, p. 136/13)

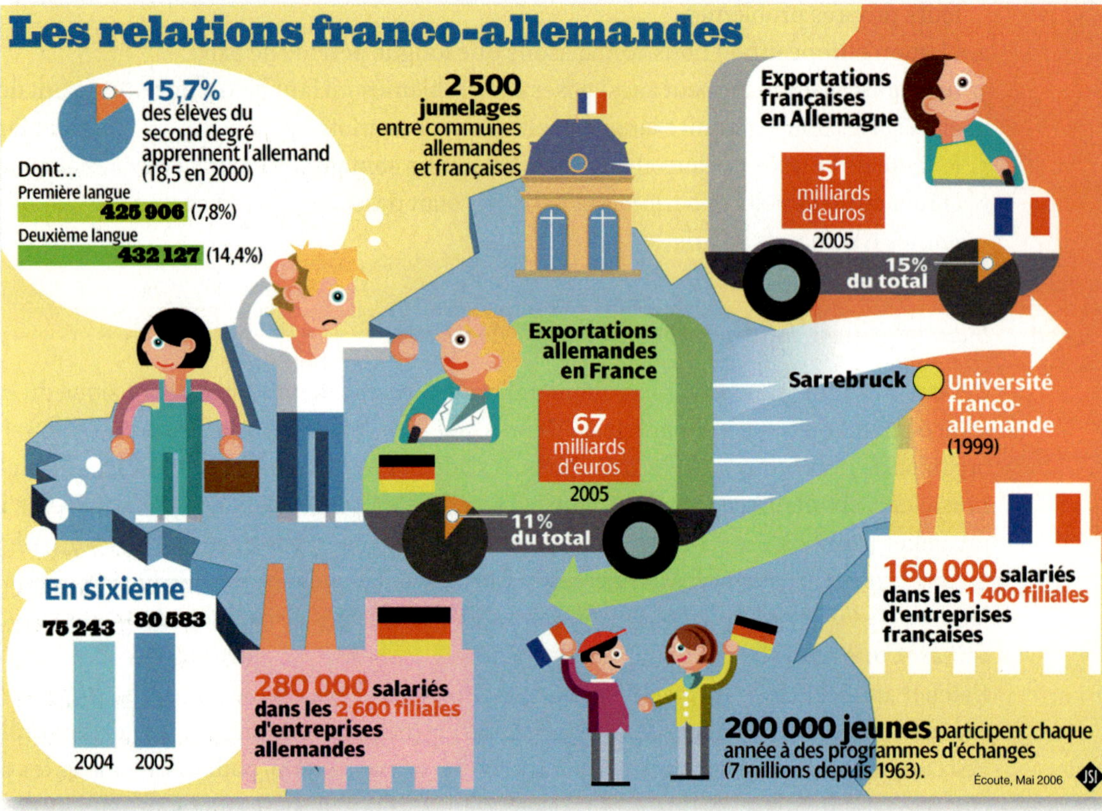

8 *Présentez cette statistique et commentez-la.* (→ Méthodes, p. 136/13)

Étudiants de l'UE étudiant dans un autre pays de l'UE (en milliers par pays d'accueil)

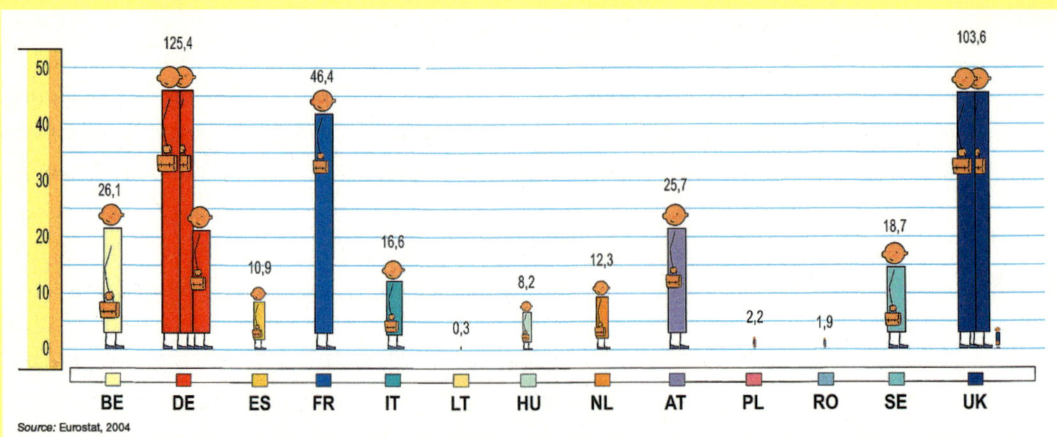

AT = l'Autriche
BE = la Belgique
DE = l'Allemagne
ES = l'Espagne
FR = la France
HU = la Hongrie
IT = l'Italie
LT = la Lituanie
NL = les Pays-Bas
PL = la Pologne
RO = la Roumanie
SE = la Suède
UK = la Grande-Bretagne

Un cours de philo pas normal!

siffler pfeifen **se déshabiller** sich ausziehen **enlever un vêtement** ein Kleidungsstück ausziehen **le slip de bain** die Badehose **la crème solaire** die Sonnencreme **s'enduire de qc** sich mit etw. einreiben **la serviette** das Handtuch **s'allonger** sich ausstrecken, hinlegen **voler qc à qn** jdm etw. stehlen **récupérer** nachholen

9 *Lisez la bédé. Puis, mettez-vous à la place d'un des élèves qui, le soir, raconte le cours à ses parents. Utilisez le passé et le discours indirect.* (→ Méthodes, p. 149/9)

Préparation au second cycle facultatif

L'Échange

Maxime participe à un échange avec l'Allemagne, organisé par son collège. Il habite dans une famille sympa et découvre l'Allemagne, la langue allemande et le mode de vie des Allemands.

[...] Tandis que Tilo éteignait la télé, Mickie a commencé à baragouiner. Elle me parlait très lentement, comme si elle s'adressait à un bébé; on avait dû lui expliquer que je ne comprenais pas bien l'allemand. Hélas, le dialecte, même façon bébé, ça reste du dialecte, et la liaison avec mon esprit ne s'établissait pas. Tilo a pris le relais. Je comprenais mieux parce qu'il s'efforçait de parler l'allemand standard, mais ça me fondait quand même le cerveau de me concentrer sur ce qu'il disait. Il a dû le remarquer et il a embrayé en français:

– Nous mangeons maintenant. Après, il vient Volker, le monsieur qui tu as vu. Tu pourras avec lui encore français parler.

Ça me faisait plaisir de manger bientôt parce que les odeurs se répandaient dans la maison, mais l'horaire me paraissait un peu tôt pour le repas du soir: six heures moins cinq. Alors, dîner ou goûter?

Je me suis assis à table en souhaitant «Guten Appetit!» Ça ne devait pas être tellement bien prononcé parce qu'ils ont rigolé en me considérant d'un air attendri. Ou bien ils riaient pour autre chose.

J'ai décidé de ne plus trop me poser de questions quand ils se mettaient à rire et je les ai regardés attentivement pour me comporter comme eux.

Tout d'abord, une soupe aux herbes dans laquelle flottaient des morceaux de crêpes taillés en longues lanières. L'horaire avait beau être bâtard, mon ventre appréciait. Je me suis laissé resservir deux fois.

Après, casse-croûte à base de pain et de charcuterie. Ça ressemblait à un pique-nique, sauf qu'on était à la maison. C'était fameux! Jambon fumé, cervelas et surtout salami. J'en ai profité parce que maman est allergique à la simple vue du salami. Papa et moi, on aime, mais on se sacrifie chaque jour que Dieu fait pour lui éviter des crises.

Il y avait aussi une espèce de pâté en tube qui ressemblait à du boudin blanc. Les trolls étalaient ça sur des tartines. Je les ai imités. Trois fois, parce que c'était fameux, ça aussi.

Maman Roos a sorti du four des toasts grillés recouverts de fromage fondu et d'ananas. Inhabituel mais pas mauvais. Après le deuxième, j'ai senti que mon ventre commençait à tirailler.

Pour accompagner le tout, des boissons gazeuses. Depuis la bière jusqu'à l'eau minérale, en passant par les limonades et le coca, tout liquide était rempli de gaz. Il y avait même du jus de pomme auquel on pouvait incorporer du gaz à l'aide d'un appareil placé au milieu de la table. Je n'avais pas l'habitude d'ingurgiter autant de bulles, mais j'ai quand même bien sympathisé avec une sorte de Coca local, au goût citronné: le «Spezi».

Après les toasts grillés, tout le monde s'est levé pour aller écouter le journal télévisé. Je me suis demandé si on pouvait considérer le repas comme terminé ou s'il y aurait un dessert plus tard. [...]

Extrait de: Roland Fuentès, L'Échange (2007)

3 **tandis que** pendant que 3 **baragouiner** *fam.* Kauderwelsch reden, radebrechen 6 **même façon bébé** *hier:* selbst in Babysprache 7 **la liaison** *hier:* die Verbindung 8 **prendre le relais** *hier:* das Wort ergreifen 11 **le cerveau** das Gehirn 13 **embrayer** *hier:* anfangen 20 **l'odeur** *f.* der Geruch, der Duft 24 **le goûter** *Imbiss am Nachmittag* 28 **d'un air attendri** gerührt 31 **se comporter** sich verhalten 32 **flotter** herumschwimmen 32 **taillé en lanières** in Streifen geschnitten 33 **l'horaire avait beau être bâtard** die Uhrzeit konnte noch so unpassend sein 35 **le casse-croûte** *Zwischenmahlzeit (meist Brot)* 35 **sauf que** *conj.* nur dass 37 **se sacrifier** sich opfern 39 **le pâté** die Pastete 39 **le boudin** *Wurstart* 39 **les trolls** *m. pl. hier: scherzhafte Bezeichnung des Erzählers für die Deutschen* 39 **étaler** *hier:* streichen 41 **inhabituel/le** ungewohnt 42 **tirailler** *hier:* rumoren 44 **le liquide** die Flüssigkeit 44 **rempli/e de** *hier:* angereichert mit 45 **incorporer** *hier:* hinzufügen 46 **ingurgiter** *hier:* in sich hineinschütten 50 **le journal télévisé** die Fernsehnachrichten

a *Qui sont Tilo, Mickie, le narrateur et «Maman Roos»? Décrivez la situation présentée dans le texte.*

Narrative Texte erschließen (→ Méthodes, p. 137/1)

b *Décrivez ce qui frappe[1] le narrateur dans cette situation.*

1 **frapper qn** jdn erstaunen

c *Trouvez les phrases qui montrent que Tilo, Mickie et le narrateur ont, tous les trois, des difficultés à se comprendre.*

d *Quels passages avez-vous trouvé amusants? Expliquez pourquoi.*

BILAN 2

Compréhension orale

1 12 *Écoutez l'interview et répondez aux questions.*

1. Qui sont Florie et Massimo? D'où viennent-ils?
2. Dans quel pays vivent-ils actuellement?
3. Quelle est leur langue maternelle[1], quelles autres langues parlent-ils et à quel niveau?
4. D'où viennent leurs amis?
5. Que pensent Florie et Massimo des clichés?
6. Que représente l'Europe pour eux?

1 **la langue maternelle** die Muttersprache

Compréhension écrite

Début d'une amitié franco-allemande

En 1952, dans un restaurant situé près du Lac Majeur[1], un serveur italien a eu la bonne idée de placer à la même table deux jeunes couples de nationalités différentes. Il était sans doute loin d'imaginer que son initiative allait marquer la destinée de plusieurs familles françaises et allemandes ...

L'un de ces couples était celui de mes parents ... Français, jeunes mariés. Mon père ne parlait pas l'allemand, à l'époque. Mais il maîtrisait bien l'anglais et l'italien, et en entendant l'accent un peu «exotique» du jeune homme assis en face de lui, il a commencé une conversation dans la langue de Shakespeare. L'homme a répondu également en anglais, expliquant que sa femme et lui étaient allemands ... Situation qui serait bien banale aujourd'hui! Mais sept ans après la Seconde Guerre mondiale, il n'était pas évident qu'un couple français et un couple allemand déjeunent gaiement en tête à tête. Mais ces quatre jeunes faisaient partie d'une génération d'Européens décidée à en finir avec[2] les guerres et les vieux préjugés. La sympathie a tout de suite été si grande que les deux couples ont passé le reste de leurs vacances ensemble. Puis, quand est venue l'heure des adieux, on a promis de se revoir, et aussi de se confier[3] réciproquement[4] les enfants, quand ceux-ci seraient nés et auraient quelque peu grandi.

Les années ont passé et l'on a tenu parole[5]. Cela a été mon frère aîné, Pierre, qui a ouvert le bal[6] en partant pour Cologne, alors qu'il n'était âgé que de sept ans! Quand mes parents sont venus le chercher au bout de trois semaines, ils ont eu la grande surprise de le voir jouer dans la rue avec des petits enfants blonds, n'ayant pas du tout de difficulté à communiquer avec eux! À l'époque, il y avait même un article sur l'évènement dans les *Kölnische Nachrichten*, qui le jugeait comme un bel exemple d'amitié franco-allemande.

D'après: Gilles Buscot, Amitiés plurielles.
Dans: 40 histoires franco-allemandes, OFAJ 2005

1 **le Lac Majeur** der Lago Maggiore 2 **en finir avec qc** Schluss machen mit etw. 3 **confier** anvertrauen 4 **réciproquement** gegenseitig 5 **tenir parole** Wort halten 6 **ouvrir le bal** den Reigen eröffnen

2 *Lisez le texte et indiquez la bonne phrase.*

1. L'histoire se passe
   - a avant la Seconde Guerre mondiale.
   - b quelques années après la Seconde Guerre mondiale.
   - c il y a sept ans.

2. Le père de l'auteur
   - a a commencé à parler en italien.
   - b a commencé à parler en français.
   - c a commencé à parler en anglais.

3. Après avoir déjeuné en tête à tête, les deux couples
   - a se sont dits adieu.
   - b ont passé leurs vacances ensemble.
   - c se sont occupés de leurs enfants.

4. Les deux couples ont décidé
   - a d'échanger leurs futurs enfants pendant leurs vacances.
   - b de passer les vacances ensemble avec leurs enfants.
   - c de partir pour Cologne pour un bal.

5. Le frère de l'auteur
   - a est parti pour Cologne pour sept ans.
   - b est allé danser à Cologne.
   - c avait sept ans quand il est parti pour Cologne.

6. Pour Pierre,
   - a c'était facile de comprendre les enfants allemands.
   - b ce n'était pas facile de comprendre les enfants allemands.
   - c c'était intéressant de lire les «Kölnische Nachrichten».

Production orale

3 *Regardez les dessins et racontez l'histoire.*

Production écrite

4 *Qu'est-ce que c'est pour vous, l'Europe? Écrivez un texte (~ 250 mots) en répondant à une ou plusieurs des questions suivantes.*

Est-ce une chance pour vous? Dans quelles situations remarquez-vous que vous vivez en Europe? Voudriez-vous à l'avenir habiter et travailler dans un autre pays européen?

> Tipps, wie du deine Fehler selbst korrigieren kannst, findest du auf S. 149. (→ Méthodes)

DOSSIER 5 *Le Maghreb francophone*

Approches

Trois pays maghrébins: le Maroc, l'Algérie, la Tunisie

Le Maghreb

La région appelée aujourd'hui le Maghreb était à l'origine habitée par les Berbères. Elle a été envahie par les Arabes aux VIIe et VIIIe siècles. Les Arabes ont donné son nom à cette région: le Maghreb (en arabe «Al Maghrib»: «là où le soleil se couche»). Ils ont apporté avec eux leur langue et leur religion: l'islam. La majorité des Maghrébins pratiquent cette religion aujourd'hui encore. Aux XIXe et XXe siècles, le Maghreb a été colonisé: le Maroc, l'Algérie et la Tunisie étaient des colonies françaises jusque dans les années 1950–60.

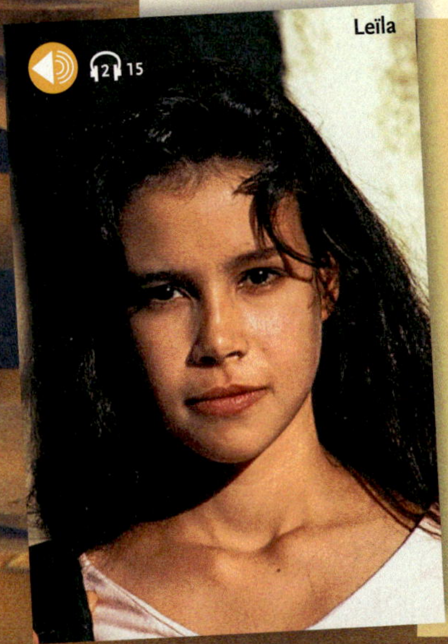

QUELQUES CHIFFRES

- *Le Maghreb francophone compte actuellement 60 millions d'habitants.*
- *90 % de la population et des activités sont concentrées sur les côtes.*
- *La plupart des habitants vivent en ville: 50 % de la population totale au Maroc, 54 % en Algérie et 67 % en Tunisie.*
- *Un Maghrébin sur trois a moins de 15 ans.*
- *Après l'arabe, le français est la deuxième langue d'enseignement.*

Alger, capitale de l'Algérie

Kashba, un village marocain au cœur de l'Atlas

La conquête du Maghreb par les Arabes au VIIe siècle

Carthage et ses vestiges romains, en Tunisie

Le Maroc: Essaouira et son Vieux-Port

5

Regardez la carte du Maghreb (→ hintere Umschlaginnenseite), lisez les textes et écoutez les documents sonores. C 68/1–5

1. *Qu'apprenez-vous sur Naziha, Leïla et Ibrahim et sur leurs pays?*
2. *Expliquez pourquoi la majorité des Maghrébins vivent sur la côte.*
3. «Un Maghrébin sur trois a moins de 15 ans.» *Qu'est-ce que cela veut dire?*
4. *De quel pays du Maghreb parle-t-on en ce moment dans les journaux, à la radio et à la télévision? Qu'en dit-on? Racontez en français.*

2 16–17 Le carnet de route de Noé

Après avoir passé le bac, Noé et Mathilde, frère et sœur jumeaux de 18 ans, sont partis avec leur copain Fazil en Tunisie, où Fazil a encore de la famille. Noé veut faire des études d'archéologie: il est surtout intéressé par les vestiges antiques, mais les jeunes profitent aussi de ce voyage pour connaître la vie des Tunisiens. Voici quelques extraits du carnet de route de Noé.

1

2

3

8 juillet

Nous avons trouvé un petit hôtel pas cher à Tunis. Je suis monté sur la terrasse en haut de la maison et j'ai regardé les minarets au soleil couchant. C'était magnifique et il y avait dans l'air un parfum extraordinaire: ça sentait le thé à la menthe et les épices. J'ai entendu l'appel du muezzin du minaret.
Bien que Fazil veuille retrouver ses cousins à Gabès dans le sud de la Tunisie le plus vite possible, nous irons visiter Sidi-Bou-Saïd demain. C'est une petite ville d'artistes sur la côte, pas loin de Tunis. Après-demain, sur la route de Gabès, nous nous arrêterons à Kairouan, dont on voudrait voir la grande mosquée, puis à El Djem, pour visiter le colisée.

11 juillet

On a accompagné Fazil chez ses cousins. Ses cousins, qui ne l'avaient jamais vu, nous ont reçus comme leurs propres enfants et nous allons rester quelques jours chez eux. Une hospitalité incroyable: ils font tout pour qu'on se sente bien, bien qu'ils ne soient pas riches du tout. Pendant ce séjour, nous sommes allés à un mariage. C'était incroyablement beau! Il y avait tout le village: des femmes aux vêtements verts, bleus, rouges, roses, dorés ..., des enfants joyeux, des musiciens, beaucoup de bruit ... c'était très animé. La cuisine était délicieuse avec des gâteaux au miel, aux amandes ... Pendant que les invités s'amusaient, la mariée était dans une autre pièce avec ses amies qui la préparaient. Quand elle est sortie, elle portait un costume très lourd, très beau, et beaucoup de bijoux. Elle était très calme, très belle: je me suis demandé ce qu'elle pensait, si elle était heureuse. Nous avons fait la fête jusqu'à ce que le jour se lève.

13 juillet

On a laissé Fazil chez ses cousins. Nous le retrouverons dans dix jours à Tunis. Nous sommes arrivés à Douz et, malgré la chaleur affreuse aujourd'hui, je trouve tout formidable.

Douz est une petite ville de 30 000 habitants au sud-est du Chott el Djerid. Elle vit du commerce des dattes, cultivées dans les oasis de la région. On en a mangé en visitant le souk ce matin: c'était délicieux.

La région de Douz est le pays des Bédouins, et des sloughis, les seuls chiens qui ont le droit d'entrer dans la tente d'un Bédouin. Douz est aussi un point de départ pour des excursions dans le Sahara. Il y a des chameaux et malheureusement beaucoup de 4x4 d'Européens qui vont polluer le désert. Mathilde les regardait avec envie, mais moi, je trouve ça nul d'aller polluer ce genre de paysage.

17 juillet

Il nous reste six jours jusqu'à notre départ. Nous en avons profité pour faire une excursion de trois jours dans le désert. Nous avons pris un guide. Un chameau portait nos sacs. Marcher dans les dunes, c'était génial ... Une vraie aventure! Le soir, nous avons fait notre lit dans le sable: j'avais peur des scorpions et des serpents mais le guide nous a expliqué qu'ils se cachaient plutôt sous les rochers. Nous avons donc fait notre lit dans le sable, loin des rochers.

19 juillet

Nous sommes maintenant à Hammamet. Nous passons beaucoup de temps sur la plage et, comme il fait très, très chaud, dans l'eau.

Je ferme les yeux et je revois tous les paysages, tous les visages rencontrés. Il nous reste encore quatre jours avant de rentrer, avant que la vie normale nous reprenne ...

4

5

6

7

Comprendre, analyser, commenter

1 **a** *Relevez dans le texte tous les endroits mentionnés et cherchez-les sur la carte de la Tunisie, p. 256.*

C 70/1 **b** *Regardez les photos. Quelle photo se rapporte à quelle partie du texte?*

DELF C 70/2 **c** *Retrouvez dans le texte ce que Noé a écrit sur les thèmes suivants:*

les habitants de la Tunisie	la nature / les animaux	les Européens

2 *D'après vous, qu'est-ce qui a marqué le plus Noé? Justifiez votre réponse.*

3 «Il y a … malheureusement beaucoup de 4x4 d'Européens qui vont polluer le désert.» *Comme le dit Noé (l. 36), le tourisme n'a pas que des aspects positifs. Qu'en pensez-vous? Justifiez votre réponse.* (→ Méthodes, p. 146/4)

Recherche

C 72/9 **4** *Qu'est-ce qui vous intéresse en Tunisie? Faites des recherches sur un endroit, une activité, une tradition, présenté dans le texte, p. 104–105. Présentez ce que vous avez trouvé à vos camarades.* (→ Méthodes, p. 141/4, p. 143/5)

Réviser les points cardinaux

5 *Prenez la carte de la Tunisie, p. 256, et faites des devinettes avec votre voisin/e.*

être situé/e *se trouver* au sud/nord de à l'est/l'ouest de
dans le nord / le sud / l'est / l'ouest près de pas loin de / sur la côte de au bord de

6 **a** *Traduisez les conjonctions* avant que, bien que, depuis que, dès que, jusqu'à ce que, pendant que, pour que, sans que. *Après quelles conjonctions faut-il utiliser le subjonctif?* (→ Repères, p. 93/7)

C 70/4
C 71/5
b ◐ *Formez les phrases en utilisant une conjonction de* **a** *et le subjonctif, s'il le faut.* (→ Repères, p. 113/2)

1. Les cousins de Fazil ont invité Mathilde et Noé [?] (ils / ne pas *avoir* beaucoup de place)
2. Ils font tout [?] (leurs invités / *se sentir* bien)
3. Fazil essaie d'apprendre quelques mots d'arabe à Mathilde et Noé [?] (les trois jeunes / *être* en Tunisie)
4. Mathilde et Noé s'ennuient un peu [?] (Fazil / *aller* à la mosquée avec son cousin)
5. Mathilde danse au mariage [?] (elle / *avoir* mal aux pieds)
6. Ses amies préparent longtemps la mariée [?] (elle / *pouvoir* entrer dans la salle de fête)
7. La mariée peut se présenter à son mari et aux invités [?] (les préparations / *être* terminé)

c *À vous. Formez une phrase avec chaque conjonction de* **a**. *Faites attention aux temps et aux modes.*

C 71/6 **7** **a** *Préposition ou conjonction? Complétez les phrases.* (→ Repères, p. 113/2)

avant/avant de *ou* avant que?
1. Je dois encore parler à Alexandre [?] il parte.
2. [?] partir pour la Tunisie, elle a appris un peu d'arabe.
3. [?] leur départ, les parents leur ont donné beaucoup de conseils.

depuis *ou* depuis que?
4. [?] le guide leur a tout expliqué, les touristes n'ont plus peur.
5. Mathilde se sentait bien en Tunisie [?] le premier jour.

pendant *ou* pendant que?
6. [?] leur séjour en Tunisie, Mathilde et Noé ont appris quelques mots d'arabe.
7. [?] les autres nageaient, Noé lisait sur la plage.

jusqu'à *ou* jusqu'à ce que?
8. Ils ont bavardé toute la nuit [?] il fasse jour.
9. Il leur reste encore une semaine [?] leur départ.

dès *ou* dès que?
10. [?] le début de l'excursion, Noé avait peur des scorpions et des serpents.
11. [?] il a compris que ces animaux se cachaient sous les rochers, il a pu dormir calmement.

b *À vous. Décrivez une de vos journées. Utilisez les conjonctions et les prépositions de* **a**.

8 *Infinitif, indicatif ou subjonctif? Terminez les phrases.* (→ Repères, p. 113/2)

1. Donne-lui le dictionnaire pour qu'il ___ .
2. Le professeur commence à parler avant que Julien ___ .
3. Dans le magasin, Louis a essayé tous les jeux avant de ___ .
4. Je trouve que ___ .
5. Attendez ici, s'il vous plaît, jusqu'à ce que ___ .
6. Il faut que tu m'expliques ce que ___ .

Vocabulaire et expression

C 70/3 C 71/7 **9** **a** *Faites un associogramme qui présente les différents aspects du Maghreb.* (→ Méthodes, p. 129/4)

b *Complétez votre associogramme par des mots que vous connaissez déjà ou que vous voulez connaître.*

Wortschatz individuell erweitern (→ Méthodes, p. 130/5)

Parler

C 71/8 **10** *Vous voulez faire un voyage en Tunisie avec une amie qui a de la famille en Tunisie. Préparez votre voyage, dites où vous aimeriez aller, ce que vous voudriez voir pendant votre séjour et justifiez vos choix. Utilisez les mots que vous avez trouvés dans l'exercice 9* **a** *et* **b**.

J'aimerais que ___ Je préférerais que ___ Je voudrais que ___ Il faut que ___ Bien que ___ Pour que ___	+ subjonctif

J'aimerais / On pourrait ___ Il vaut mieux ___ Ça nous permettra de ___ Il (ne) suffit (pas) de ___ Il faut aussi / Il nous faudra ___ Je (n') ai (pas) envie de ___	+ infinitif

On pourrait rester chez mes grands-parents à Gabès: la ville est super et on pourra aller à la plage tous les jours ...

Ah non, moi, je n'ai pas envie d'aller en Tunisie pour rester tout le temps sur la plage ...

Écouter

DELF **11** C 72/10

a 2 18 *Première écoute: dites si les phrases suivantes sont vraies ou fausses. Corrigez les phrases fausses.*

1. Azouz Begag n'a jamais vécu dans un vrai appartement. Il a toujours vécu dans un bidonville.[1]
2. Azouz Begag a quitté l'école après le brevet.
3. Ses livres parlent surtout des problèmes des jeunes d'origine maghrébine.
4. Un Beur, c'est un Maghrébin qui vit en France.
5. Azouz Begag a écrit vingt livres.
6. Azouz Begag trouve que c'est très important de lire.

1 **le bidonville** der Slum, das Elendsviertel

b *Deuxième écoute: notez les mots qui manquent dans vos cahiers.*

1. Ses parents sont venus d'Algérie en 1949. [?] dans un univers très dur, celui des bidonvilles [?] le confort d'un vrai appartement.
2. Dans tous ses livres, il défend les «Beurs», ces jeunes qui sont [?] en France, et ont une carte d'identité française mais [?] et sont pris entre deux cultures et entre tradition et modernisme.
3. Quand on me demande: qu'est-ce que vous faites pour l'intégration des immigrés? Je réponds: rien, je ne fais rien, mais quand [?] les parents, les enfants et tous ceux qui peuvent faire quelque chose, que lire c'est important, ce sera [?] à l'intégration.

5

Écrire – au choix

DELF **12**

a *Fazil écrit une lettre à ses cousins pour leur annoncer son arrivée. Il demande aussi s'il peut venir avec deux copains. Écrivez la lettre de Fazil.* (→ Méthodes, p. 147/5, p. 149/9)

DELF

b *Mathilde n'écrit pas de carnet de route mais une lettre à sa meilleure copine. Dans cette lettre, elle décrit ses impressions de son voyage en Tunisie. Écrivez la lettre de Mathilde.* (→ Méthodes, p. 147/5, p. 149/9)

Activité

13 *Relisez toutes les informations que vous avez sur la Tunisie. Faites une publicité d'une minute et demie pour la radio. Enregistrez-la. Vous pouvez parler des plages, des vestiges antiques, des souks, des gens, du désert, etc.*

→ Portfolio Dossier

Un conte maghrébin: Le sultan et le jardinier

Il était une fois un sultan qui avait une belle plantation de pêchers. Son jardinier découvrit un jour qu'un des pêchers faisait de très beaux fruits.

«Bientôt, dit-il au sultan, ces fruits seront mûrs et vous allez vous régaler.

– Surveille bien cet arbre, répondit le sultan. Souviens-toi que ces fruits sont les miens et dis-moi quand ils seront mûrs.»

Le jardinier surveilla donc l'arbre jour et nuit pour le protéger contre les voleurs et les oiseaux.

Mais quinze jours après, un aigle énorme arriva: il se posa sur la branche avec les plus beaux fruits. Celle-ci se cassa et les fruits tombèrent par terre.

Le jardinier, qui était très triste, alla informer le sultan. Celui-ci ne fut pas fâché contre lui. Il lui répondit: «Ne t'inquiète pas, cet aigle a privé cette branche de vie. Il paiera de la sienne.»

Quelques mois plus tard, en effet, le jardinier vit un grand serpent sur le même arbre. Cet animal était en train de dévorer l'aigle. Il alla en informer le sultan, qui lui répondit: «Ne t'inquiète pas, ce serpent a volé une vie. Il paiera de la sienne.»

Quelques semaines plus tard, notre jardinier était en plein travail quand il remarqua qu'il venait de couper la tête du serpent avec sa pelle. Comme le serpent était caché dans le sable, il ne l'avait pas vu. Il alla aussitôt en informer le sultan, qui lui répondit: «Tu as pris une vie, tu paieras de la tienne.»

Quelques jours passèrent et le jardinier ne pensait plus au serpent quand les gardes du sultan vinrent prévenir tous les hommes qui travaillaient dans la plantation que le harem du sultan allait se baigner dans la piscine. Tout le monde devait quitter la plantation, parce que personne n'avait le droit de voir ces femmes.

Tous les ouvriers s'en allèrent sauf le jardinier, qui n'avait pas entendu l'ordre du sultan. Il se reposait sous un arbre près de la piscine quand les femmes du harem sortirent du palais et vinrent dans sa direction. Le pauvre jardinier, craignant pour sa vie, monta vite dans l'arbre et se cacha dans ses branches. Mais l'une des femmes le remarqua et elle se mit à crier.

Toutes les femmes sortirent de l'eau, et, après s'être habillées le plus vite possible, partirent en courant.

Les gardes arrivèrent, enfermèrent le jardinier, et le sultan le condamna à mort.

Le lendemain matin, avant de le tuer, les gardes demandèrent au jardinier quel était son dernier vœu.

«Je veux parler au sultan, répondit-t-il. Je ne lui dirai que quelques mots.»

Quand le sultan fut là, le jardinier lui dit: «Vous me condamnez à mort bien que je sois innocent. Vous m'avez dit un jour que l'aigle, ayant cassé la branche, paierait de sa vie, que le serpent, ayant dévoré l'aigle, paierait de sa vie et que mon destin serait le leur, puisque j'avais tué le serpent. Vous venez de me condamner à mort injustement. Vous paierez ma vie de la vôtre. Votre destin sera le nôtre.»

En entendant ces mots, le sultan fut un peu en colère mais il libéra aussitôt le jardinier.

D'après: Abdelaziz El Aroui «Le sultan et le jardinier»

Comprendre, analyser, commenter

C 73/1 **1** *Décrivez les différentes étapes de ce conte au présent.*

Situation de départ: les beaux pêchers
Déroulement[1]: ___

1 **le déroulement** *hier:* der Handlungsablauf

2 **a** *Décrivez et analysez le comportement du jardinier. Utilisez:* d'abord, ensuite/puis/après, à la fin.

b *À la fin du conte, le sultan est en colère. Pourquoi?*

3 *Quelle pourrait être la morale de ce conte? Discutez.*

Découvrir

C 73/2 **4** **a** «Un aigle énorme **arriva**: il se **posa** sur la branche. Celle-ci se **cassa** et les fruits **tombèrent** par terre.» *Quel est l'infinitif de ces quatre formes verbales?*

b *Relisez le texte et relevez tous les verbes au passé simple. Notez-les et trouvez leur infinitif.* (→ Liste des verbes, p. 153)

c *Trouvez l'infinitif des formes verbales suivantes:* elle connut, il lut, il eut, nous fîmes, elle mit, nous prîmes, il put, je voulus, il vint, il dut, elle but, elle sut, il vit. (→ Liste des verbes, p. 153)

S'entraîner

5 *Racontez ce qui s'est passé après la mort du serpent (l. 34–51). Remplacez le passé simple par le passé composé.*

Dem passé simple in literarischen Texten entspricht in mündlichen Erzählungen das passé composé. (→ Repères, p. 114/4)

C 73/3
C 73/4 **6** *Remplacez les mots soulignés par des pronoms possessifs.* (→ Repères, p. 114/3)

1. Tu peux me donner un crayon? Je ne trouve plus <u>mon crayon</u>.
2. Mon portable ne marche plus. Est-ce que je peux utiliser <u>votre portable</u>?
3. Mais, écoute! Tes parents ne sont pas sévères. <u>Mes parents</u> sont beaucoup plus sévères.
4. Est-ce que c'est la veste de Marion? Non, <u>la veste de Marion</u> est noire.
5. Mets ta chaise près de <u>ma chaise</u>.
6. Vos parents sont là? <u>Nos parents</u> sont partis pour le week-end.
7. Mon frère est plus jeune que <u>ton frère</u>.
8. Ton exposé est vraiment long. <u>Mon exposé</u> est beaucoup plus court.
9. Votre dictionnaire est trop vieux. Utilisez <u>notre dictionnaire</u>.
10. Moi, j'ai pris mon sac. Mais <u>leurs sacs</u> sont restés dans la classe.

Vocabulaire et expression

7 **a** *Trouvez dans le texte les mots nouveaux qui correspondent aux définitions suivantes.* (→ Méthodes, p. 129/3)

1. C'est un titre donné à un «roi» musulman.
2. C'est un verbe qui veut dire «informer».
3. C'est quelqu'un qui travaille dans un jardin.
4. C'est le contraire de «donner».
5. C'est un autre mot pour dire «tout de suite».
6. C'est un mot de la famille de «gardien».

b *À vous. Définissez cinq mots que vous avez choisis dans les textes des séquences 1, p. 104–105 et 2, p. 110. Vos camarades devinent de quels mots il s'agit.*

Méthodes et stratégies

8 *Trouvez les mots français pour les arbres qui portent les fruits suivants. Utilisez un dictionnaire monolingue. Que remarquez-vous? Formulez la règle.*
⚠ *Il y a deux exceptions.*

cerise pomme
datte olive amande
marron vanille
orange

Das einsprachige Wörterbuch benutzen (→ Méthodes, p. 152/2)

Écouter

9 **a** *Cherchez dans un dictionnaire bilingue les mots suivants:* la peine, la récompense, la récolte. *Que veulent dire ces mots en allemand?*

DELF **b** 2 20 *Première écoute: qui fait quoi? Qui dit quoi?* (→ Méthodes, p. 131/1)

c *Deuxième écoute: racontez le conte en utilisant le passé composé et l'imparfait.*

d *Expliquez pourquoi le sultan s'amuse autant en écoutant les réponses de Nasreddin Hodja.*

Activité

C 76/9 **10** **a** *Décrivez la photo.* (→ Méthodes, p. 135/12)

b *Imaginez une histoire qui se passe dans le souk de Tunis: que cherchent ces jeunes filles?* (→ Méthodes, p. 148/7)

Repères

Vocabulaire thématique

1 Ein Land, einen Ort, eine Landschaft beschreiben

Geographie, Klima, Wirtschaft

(La Tunisie) couvre une superficie de (163 610) kilomètres carrés.
Sa capitale est (Tunis).
(C'est) au sud/nord/sud-ouest/nord-est/ à l'ouest / à l'est de (Tunis).
(C'est) dans le sud / le nord / l'est / l'ouest de la Tunisie.

C'est une ville	sur la côte. située sur la rive ouest de la rivière / au bord de ___ . pas loin de (Tunis).

C'est un village en pleine montagne / dans la banlieue de ___ .
Le pays est réputé pour (son climat agréable / ses plages de sable fin).
Il y fait une chaleur affreuse.
Ça sent (le thé à la menthe et les épices).
C'est un point de départ pour (des excursions dans le Sahara).
La région de (Douz) est le pays (des Bédouins / du vin / des fruits).
Il y a aussi (des usines) qui marquent le paysage.
La région vit du commerce (des dattes).
Les dattes sont cultivées dans (les oasis de la région).

Bevölkerung, Sprache

Le Maghreb compte 60 millions d'habitants.
90 % de la population est concentrée sur les côtes.
C'est une ville de 30 000 habitants.
La plupart des habitants vivent (en ville).
Après l'arabe, le français est la deuxième langue d'enseignement.
La majorité (des Maghrébins) pratiquent l'islam.

Geschichte

La région	a été habitée par (les Berbères). est une ancienne province romaine. a été colonisée par (les Français) au (XIXe siècle). a obtenu son indépendance en (1956).

La ville a été fondée en 814 av. J.-C.
(Les Arabes) ont apporté avec eux leur langue et leur religion.

5

Grammaire

2 Infinitiv oder „subjonctif"? Infinitif ou subjonctif?

Präposition + Infinitiv
Il nous reste encore trois jours **avant de rentrer**.
Les trois jeunes s'arrêtent à El Djem **pour visiter** le colisée.

Konjunktion + subjonctif
Il nous reste encore trois jours **avant que** la vie normale nous **reprenne**.
Les trois jeunes s'arrêtent à El Djem **pour que** Noé **puisse** visiter le colisée.

Präposition + Nomen
Il nous reste encore trois jours **jusqu'à notre départ**.

Il nous reste encore trois jours **jusqu'à ce que** nous **partions**.

⚠ *préposition*	*conjonction*
après	après que
pendant	pendant que
dès	dès que
depuis	depuis que
sans	sans que
pour	pour que
avant/avant de	avant que
jusqu'à	jusqu'à ce que
–	bien que

Nach welchen dieser Konjunktionen verwendet man den „subjonctif"?

3 Die Possessivpronomen Les pronoms possessifs

Singular		Plural	
le mien	la mienne	les miens	les miennes
le tien	la tienne	les tiens	les tiennes
le sien	la sienne	les siens	les siennes
le nôtre	la nôtre	les nôtres	
le vôtre	la vôtre	les vôtres	
le leur	la leur	les leurs	

Ergänze:

1. – Regarde, ce sont tes lunettes sur la table?
   – Non, ce ne sont pas ___ .
2. Ta mère est allemande? ___ aussi.
3. – C'est ton vélo?
   – Non, ___ est rouge.
4. – Ce manteau, vous êtes sûr que c'est ___ ?
   – Oui, je crois que c'est ___ .

4 Das passé simple (rezeptiv) Le passé simple

1. Die Bildung

			chanter	**finir**	**partir**	**attendre**
		je	chant**ai**	fin**is**	part**is**	attend**is**
chant~~er~~		tu	chant**as**	fin**is**	part**is**	attend**is**
fin~~ir~~	→	il	chant**a**	fin**it**	part**it**	attend**it**
part~~ir~~		nous	chant**âmes**	fin**îmes**	part**îmes**	attend**îmes**
attend~~re~~		vous	chant**âtes**	fin**îtes**	part**îtes**	attend**îtes**
		ils	chant**èrent**	fin**irent**	part**irent**	attend**irent**

2. Der Gebrauch

Mais quinze jours après, un aigle énorme **arriva**: il **se posa** sur la branche avec les plus beaux fruits. Celle-ci **se cassa** et les fruits **tombèrent** par terre. Le jardinier **alla** informer le sultan. Celui-ci ne **fut** pas fâché contre lui. Il lui **répondit** ___ .

Mais quinze jours après, un aigle énorme **est arrivé**: il **s'est posé** sur la branche avec les plus beaux fruits. Celle-ci **s'est cassée** et les fruits **sont tombés** par terre. Le jardinier **est allé** informer le sultan. Celui-ci n'**a** pas **été** fâché contre lui. Il lui **a répondu** ___ .

Vocabulaire

1 **a** *Trouvez le verbe qui manque dans chaque groupe de phrases. Complétez les phrases. Faites attention aux temps et aux modes.*

1. La famille de Fazil [?] les amis de Fazil comme leurs propres enfants.
   Pour son anniversaire elle [?] une lettre de sa meilleure copine.
2. Les jeunes ont dansé jusqu'à ce que le jour [?].
   Dans le désert, ils [?] à cinq heures du matin.
3. Quand ils [?] du cinéma, ils ont vu qu'il avait neigé.
   Frédéric et Martin [?] tous les week-ends.
   Elle [?] ses clés de son sac.
4. La couleur de ce tee-shirt [?] très bien avec la couleur de tes cheveux.
   D'habitude, les enfants [?] se coucher très tôt.
   Samedi, je [?] voir mes grands-parents.
   D'habitude, ils [?] en France pour faire du ski.
5. Ils ont [?] leurs lits dans le sable.
   Pour apprendre l'arabe elle a vraiment [?] des efforts.
   À Gabès, dans le sud de la Tunisie, il a [?] très chaud.
6. Noé [?] Fazil depuis l'école primaire.
   Ils veulent profiter de ce voyage pour [?] des Tunisiens.

b *Traduisez les phrases de* **a** *en allemand.*

2 ◐ *Complétez par un verbe qui convient.*

Avant de [?] de Gabès, Fazil a invité ses cousins à [?] à Paris. Deux de ses cousins [?] en décembre pendant les vacances de Noël. Dès qu'ils [?] à Paris, ils ont appelé leurs parents pour leur dire que le voyage [?] bien [?]. Après, ils [?] dans les rues de Paris.

Le lendemain, ils ont commencé leur visite: ils [?] sur la tour Eiffel, ils [?] dans la cathédrale de Notre-Dame et [?] dans les catacombes[1] de Paris. Pendant deux jours, ils ont [?] beaucoup de choses à Paris. Le soir, ils sont [?] avec Fazil, Mathilde, Noé et leurs copains. Ils se sont si bien amusés qu'ils ne sont [?] qu'après minuit. Avant de [?] en Tunisie, les cousins ont promis de [?] bientôt à Paris.

1 **les catacombes** *f. pl.* die Katakomben

5

S'entraîner

3 *Faites des mini-dialogues en utilisant les pronoms possessifs et les pronoms démonstratifs.* (→ Repères, p. 114/3)

stylos crayon livre
trousse lunettes
casquette guitare
appareil photo sac

Tu me passes ton dictionnaire? Je ne trouve plus le mien.

Je regrette. Ce n'est pas le mien, c'est celui d'Alex.

Réviser

4 *Complétez le texte par* chaque, plusieurs, tout *ou* toute/tous/toutes.

Le festival international du Sahara a lieu [?] année et il dure [?] jours.
C'est surtout une invitation à la rencontre de Douz et de sa population. En général, [?] les villages de la région y participent. [?] tribu[1] est représentée par un groupe folklorique de danse ou de musiciens. Vous pouvez admirer [?] les vêtements traditionnels des hommes et des femmes. Ils sont [?] très beaux.
Comme [?] année, le début du festival a lieu sur la place du 7 novembre. Dès le matin, vous pouvez y voir [?] spectacles. [?] jour on présente des danses et des chants populaires sur [?] les places et dans [?] les rues du village.

1 **la tribu** der Stamm, Stammesverband

5 *Répondez aux questions. Utilisez des pronoms (pronoms d'objet direct, pronoms d'objet indirect,* y *ou* en*).*

1. Est-ce que tu écoutes souvent la radio française?
2. Est-ce que tu aimes les serpents?
3. Est-ce que tu as déjà pensé à passer une année en France?
4. Est-ce que tu as envie d'une glace aux dattes?
5. Qu'est-ce que tu as rapporté comme souvenir des vacances à tes parents?
6. Est-ce que tu as écrit une carte postale à ton ami/e?
7. Est-ce que tu rêves de passer tes vacances au Maghreb?

Est-ce que tu écoutes souvent la radio française?

Oui, je l'écoute souvent.

6 **a** *Julie nous raconte sa randonnée au Maroc. Mettez les verbes entre parenthèses au passé composé, à l'imparfait ou au plus-que-parfait.*

C' *(être)* le dernier jour de notre randonnée. Tout *(se passer)* bien jusque-là. Il (ne pas / y *avoir*) d'accident, tout le monde *(marcher)* bien. Nous *(devoir)* encore passer une nuit au camping au pied de l'Atlas, et le lendemain tout le monde *(devoir)* rentrer à Marrakech et passer la dernière nuit à l'hôtel. Ahmed, le guide, et Omar, un jeune Berbère de 16 ou 17 ans, *(marcher)* devant, je les *(suivre)* quand nous *(entendre)* des cris. Quelqu'un *(crier)* que Mariette *(avoir)* un accident. Mariette *(coucher)* par terre. Elle *(tomber)* sur une tige[1] de laurier rose[2] coupée. Elle *(avoir)* un grand trou dans la jambe et *(saigner[3])* beaucoup. Nous *(soigner)* la plaie mais elle (ne plus / *pouvoir*) marcher. Finalement Ahmed et Omar l' *(porter)* jusqu'au prochain village. Là, il *(falloir)* trouver une voiture, ce qui (ne pas / *être*) évident dans un petit village de l'Atlas.
Finalement, on *(pouvoir)* transporter Mariette dans un petit hôpital où le médecin *(faire)* tout ce qu'il *(falloir)*. Nous *(attendre)* avec Ahmed dans le petit café du village. Il *(faire)* très chaud. Ahmed *(être)* crevé, il *(être)* pâle. Je lui *(offrir)* une boisson. Il *(boire)* mais (ne pas / *dire*) un mot, même pas merci. Je *(se dire)* qu'il *(détester)* les touristes ou les femmes qui *(faire)* ce genre de randonnées.
Le lendemain, nous *(préparer)* nos bagages. Il *(falloir)* marcher un peu avec nos sacs très lourds pour atteindre le car. J' *(voir)* Ahmed venir vers moi. Il *(prendre)* mon sac, et l' *(porter)* jusqu' au car. Quand le car *(partir)*, il m' *(faire)* un geste d'adieu.

1 **la tige** der Stängel 2 **le laurier rose** der Oleander 3 **saigner** bluten

b *Imaginez que ce soit le guide qui raconte cette aventure à un de ses amis. Réécrivez le texte.*

5

Écouter

DELF **7** **a** 2|21 *Première écoute: dites si c'est vrai ou faux. Corrigez les phrases fausses.* (→ Méthodes, p. 132/2)

1. La ville de Douz organise le festival international du Sahara.
2. Les spectateurs viennent de tous les pays du Maghreb.
3. Les sloughis font une course de 42,5 kilomètres.
4. En 1990, il y avait 80 participants au marathon des dromadaires.
5. Durant la soirée, les spectateurs exécutent des chants et des danses populaires.

b *Deuxième écoute: racontez en allemand ce que vous venez d'apprendre sur le festival international du Sahara.* (→ Méthodes, p. 150/1)

Écrire – au choix

8 **a** *Décrivez un pays que vous connaissez bien. Parlez de sa géographie, de son climat, de ses habitants et de leur langue, de son histoire, de sa culture, etc.* (→ Repères, p. 113/1; → Méthodes, p. 149/9)

b *Décrivez votre voyage de rêve. Où voudriez-vous aller? Avec qui? Que voudriez-vous voir/faire?* (→ Méthodes, p. 148/7, p. 149/9)

Jeu de rôle

9 *Vous voulez partir en vacances avec la famille d'un/e de vos copains/copines. Vos parents ne connaissent ni ce copain / cette copine ni ses parents. Ils ne sont pas d'accord. Vous essayez de les convaincre de vous laisser partir. Répartissez les rôles et jouez la scène.* (→ Méthodes, p. 141/3)

Recherche et présentation

10 *Choisissez un des trois pays du Maghreb francophone. Faites des recherches sur sa géographie, son économie, son histoire, sa culture, ses spécialités, ses personnes célèbres, sa musique. Présentez vos résultats à vos camarades.* (→ Repères, p. 113/1; → Méthodes, p. 141/4, p. 143/5)

Le Maghreb en direct

C 76/8 11 *Lisez la recette et préparez le gâteau aux amandes.*

GÂTEAU AUX AMANDES

Ingrédients

500 g	de farine
300 g	de sucre
1	yaourt
4	œufs
1 sachet	de levure chimique
1 sachet	de sucre vanillé
2 cuillères	d'eau de fleur d'oranger
1 verre	de lait
1/2 verre	d'huile d'olive
50 g	de beurre
100 g	d'amandes

Préparation

Faire fondre le beurre dans un plat qui aille au four. Mélanger la farine avec la levure et le sucre. Ajouter le sucre vanillé, l'huile d'olive et les œufs. Ajouter 50 g d'amandes écrasées et le yaourt puis le lait. Mélanger bien et ajouter l'eau de fleur d'oranger. Mettre l'ensemble dans le plat et, enfin, ajouter les 50 g d'amandes écrasées sur la pâte. Faire cuire une heure au four (thermostat 3 / 180°). Servir frais.

D'après: www.orientalement.com/c201-gateau-cake-aux-amandes---recette-tres-simple-.html

22 Faudel: Dis-moi

Dis-moi, comment faire pour comprendre tout ça
Eh toi, aujourd'hui ai-je encore le droit
De croire, en des choses qui n'existent pas
Dis-moi, comment faire pour comprendre tout ça

Il y a des moments, où je ne sais plus quoi penser
Ne pas s'égarer dans l'oubli,
Ne pas laisser le temps passer
Mais je vois tout se dégrader autour de moi
Sans aucun respect
Je me dis c'est comme ça, la vie est un long combat

Dis-moi, comment faire pour comprendre tout ça
Eh toi, est-ce qu'un jour le monde bougera
Voilà, pourquoi je voulais te dire cela la la la

«Comment répondre à tes questions
Les bas fonds s'assombrissent
Pires deviennent les mauvais garçons
Prévenir du pire, telle est ma mission
Question
Comptez-vous laisser les jeunes sans réponses
À leurs questions
Pas question

Nous nous méfions, trahison
Vous nous mentez aux élections
Nous nous méfions, répression
Vos gardes de la paix
Nous nous méfions
Hors de question
Que nous soyons jugés coupables
Pour votre manque d'attention
La jeunesse de ce pays est en ébullition»

Dis-moi, comment faire pour comprendre tout ça
Dis-moi, quel espoir a-t-on dans cette vie
Dis-moi, comment faire pour comprendre tout ça
Dis-moi, qui mêhédir elfim koulchi

Si tu n'as pas compris
Que la vie est un défi
Pour nous les jours se ressemblent
La souffrance nous fait survivre ensemble

Dis-moi, comment faire pour comprendre tout ça
Crois-moi, c'est l'amour qui nous sauvera
L'amour, c'est l'espoir qu'on a dans cette vie
Crois-moi, c'est l'amour qui nous sauvera
Gomli ...

6 **s'égarer** sich verlaufen 6 **l'oubli** *m.* die Vergessenheit 8 **se dégrader** sich verschlechtern 10 **le combat** der Kampf 15 **le bas fond** das Elendsviertel 15 **s'assombrir** düster werden 19 **compter sur** *hier:* beabsichtigen 22 **se méfier** misstrauisch sein 22 **la trahison** der Verrat 23 **mentir** lügen 24 **la répression** die Bestrafung 25 **le garde de la paix** le gendarme 27 **hors de** außer 28 **coupable** schuldig 29 **l'attention** *f.* die Aufmerksamkeit 30 **l'ébullition** *f.* das Aufwallen 34 **mêhédir elfim koulchi** *arab.:* niemand versteht etwas 36 **le défi** die Herausforderung 38 **la souffrance** das Leiden 40 **sauver** retten

a *Laquelle de ces trois phrases pourrait résumer ce texte?*

1. La vie n'est pas facile tous les jours mais ce n'est pas grave.
2. La vie est injuste mais il y a de l'espoir parce qu'on n'est pas seul.
3. La vie est un combat et à la fin, seuls les meilleurs gagnent.

b *À votre avis, à qui s'adressent les lignes 19–30?*

c 22 *Que pensez-vous de la chanson? À votre avis, la musique va-t-elle avec le message que veut faire passer la chanson?*

Approches littéraires

Garçon manqué

Je vais à l'école française. Je vais au lycée français. Je vais à l'Alliance française. Je vais au Centre culturel français. La France est encore là, rapportée et réduite, en minorité.

Je parle français. J'entends l'algérien. Mes vacances d'été sont françaises. Je suis sur la terre algérienne. Je cours sur le sable algérien.

J'entends la voix de mon père algérien. Je suis avec les enfants mixtes. Nous restons ensemble. Nous nous reconnaissons.

Je ne sais pas les familles algériennes. Je refuse les invitations des familles françaises. Leur regard. Leurs mots. Leur jugement. Leur Algérie française. Je parle avec des mots d'arabe intégrés à ma langue maternelle. Des incursions. Je ferme mes phrases par *hachma*.

J'ai deux passeports. Je n'ai qu'un seul visage apparent.

Les Algériens ne me voient pas. Les Français ne comprennent pas. Je construis un mur contre les autres. Les autres. Leurs lèvres. Leurs yeux qui cherchent sur mon corps une trace de ma mère, un signe de mon père. «Elle a le sourire de Maryvonne.» «Elle a les gestes de Rachid.» Être séparée toujours de l'un et de l'autre. Porter une identité de fracture. Se penser en deux parties. À qui je ressemble le plus? Qui a gagné sur moi? Sur ma voix? Sur mon visage? Sur mon corps qui avance? La France ou l'Algérie? […]

*

Qui serai-je en France? Où aller? Quels seront leurs regards? Être française, c'est être sans mon père, sans sa force, sans ses yeux, sans sa main qui conduit. Être algérienne, c'est être sans ma mère, sans son visage, sans sa voix, sans ses mains qui protègent. […]

«Tu n'es pas française.» «Tu n'es pas algérienne.»

Je suis tout. Je ne suis rien. Ma peau. Mes yeux. Ma voix. Mon corps s'enferme par deux fois.

Je reste avec ma mère. Je reste avec mon père. Je prends des deux. Je perds des deux. Chaque partie se fond à l'autre puis s'en détache. Elles s'embrassent et se disputent. C'est une guerre. C'est une union. C'est un rejet. C'est une séduction. Je ne choisis pas. Je vais et je reviens. Mon corps se compose de deux exils. Je voyage à l'intérieur de moi. Je cours, immobile. […]

Extrait de: Nina Bouraoui, Garçon manqué (2000)

2 **l'Alliance française** *französische Sprachschule* 4 **rapporter** *ici:* raconter 4 **réduire** ≠ augmenter 4 **en minorité** in der Minderheit 10 **se reconnaître** sich erkennen 11 **je ne sais pas** *ici:* je ne connais pas 12 **refuser** ne pas accepter 15 **l'incursion** *f.* der Abstecher (auf unbekanntes Gebiet) 16 **hachma** *arab.:* La honte! (Scham, Schande) 18 **apparent/e** sichtbar 22 **le corps** der Körper 25 **séparé/e** getrennt 26 **une identité de fracture** eine geteilte Identität 34 **conduire** *hier:* führen 39 **la peau** die Haut 44 **se fondre à qc** aufgehen in etw. 44 **se détacher de** sich lösen von 46 **le rejet** die Zurückweisung 47 **la séduction** die Verführung 48 **se composer de qc** sich zusammensetzen aus etw. 49 **à l'intérieur de qn/qc** ins Innere von jdm/etw. 49 **immobile** regungslos

Sujets d'étude

Lisez d'abord les informations sur les textes narratifs et les moyens stylistiques. (→ Méthodes, p. 137/1, p. 138/4)

1. *Retrouvez des informations sur la personne qui parle. S'agit-il d'un narrateur ou d'une narratrice? Qu'apprend-on sur sa famille et sur le pays dans lequel il/elle habite? Justifiez votre réponse à l'aide du texte.*
2. *Expliquez le problème central du narrateur / de la narratrice.*
3. *Maintenant, faites le portrait du narrateur / de la narratrice en parlant de sa situation.*
4. *Relisez le texte et retrouvez les moyens stylistiques par lesquels le narrateur / la narratrice exprime son conflit.*

L'auteur de ce roman est ___ .
Le sujet de ce texte est ___ .
Ce texte parle de ___ . / Dans ce texte, il est question de ___ .
le personnage (principal)
le narrateur / la narratrice
Le narrateur parle à la première personne du singulier.
Le problème du narrateur est ___ .
Le texte / Cet extrait présente le conflit entre / de ___ .
Le narrateur utilise des phrases courtes/longues / des affirmations / des interrogations.
Par la métaphore ___ / la comparaison ___ le narrateur exprime ___ .

Pour aller plus loin: Nina Bouraoui

Écrivain français, Nina Bouraoui est née en 1967 à Rennes, en Bretagne. Son père est algérien et sa mère bretonne, elle-même a passé sa jeunesse à Alger. Plus tard, Nina Bouraoui a vécu à Zurich et à Abu Dhabi, puis elle s'est installée à Paris où elle habite aujourd'hui encore.
Principalement, elle est auteur de romans, mais aussi de chansons: en 2007, elle en a écrit deux pour Céline Dion.
Pour son premier roman «La Voyeuse interdite», qui a paru en 1991, elle a reçu un prix littéraire, ainsi que pour «Mes mauvaises pensées» paru en 2005. Dans ses livres, Nina Bouraoui parle de son enfance algérienne et du déracinement culturel, mais aussi de l'amour lesbien, qui lui est un sujet très cher.

Monsieur le Président
Je vous fais une lettre
Que vous lirez peut-être
Si vous avez le temps
Je viens de recevoir
Mes papiers militaires
Pour partir à la guerre
Avant mercredi soir
Monsieur le Président
Je ne veux pas la faire
Je ne suis pas sur terre
Pour tuer des pauvres gens
C'est pas pour vous fâcher
Il faut que je vous dise
Ma décision est prise
Je m'en vais déserter
Depuis que je suis né
J'ai vu mourir mon père
J'ai vu partir mes frères
Et pleurer mes enfants
Ma mère a tant souffert
Qu'elle est dedans sa tombe
Et se moque des bombes
Et se moque des vers
Quand j'étais prisonnier
On m'a volé ma femme
On m'a volé mon âme
Et tout mon cher passé
Demain de bon matin
Je fermerai ma porte
Au nez des années mortes
J'irai sur les chemins
Je mendierai ma vie
Sur les routes de France
De Bretagne en Provence
Et je dirai aux gens:
Refusez d'obéir
Refusez de la faire
N'allez pas à la guerre
Refusez de partir
S'il faut donner son sang
Allez donner le vôtre
Vous êtes bon apôtre
Monsieur le Président
Si vous me poursuivez
Prévenez vos gendarmes
Que je n'aurai pas d'armes
Et qu'ils pourront tirer

Boris Vian, Le Déserteur (1954)

6 **les papiers militaires** *m. pl. hier:* der Einberufungsbefehl 15 **prendre une décision** eine Entscheidung treffen 16 **je m'en vais** *ici:* je vais 16 **déserter** desertieren 21 **tant** so viel, so sehr 22 **dedans** dans 22 **la tombe** das Grab 23 **se moquer de qc** *hier:* sich überhaupt nicht für etw. interessieren 24 **le ver** der Wurm 27 **l'âme** *f.* die Seele 29 **de bon matin** très tôt 30 **fermer la porte au nez de qn** jdm die Tür vor der Nase zumachen 32 **aller sur les chemins** partir 33 **mendier sa vie** ein Bettlerleben führen 37 **refuser de faire qc** ne pas accepter de faire qc 37 **obéir** gehorchen 41 **le sang** das Blut 43 **l'apôtre** *m.* der Apostel; **être bon apôtre** vorgeben, ein anständiger Mensch zu sein 48 **tirer** *hier:* schießen

Sujets d'étude

Lisez d'abord les informations sur les textes poétiques et les moyens stylistiques. (→ Méthodes, p. 137/2, p. 138/4)

a *Décrivez la structure du poème.*

b *Retrouvez des informations sur le moi lyrique: qui s'adresse à qui et à propos de quoi?*

c *Indiquez le thème principal de chaque strophe.*

d *Quel est le message du poème?*

e *Ce poème a été mis en musique. Quel genre de musique choisiriez-vous? Avec quels instruments?*

aggressif calme violent ___
Moi, j'en ferais du rap / du rock / ___ .
le rythme lent/rapide

le violon le piano la guitare
la percussion le saxophone la flûte
la trompette la batterie
l'accordéon *m.* les tambours *m. pl.* ___

f 2|23 *Maintenant, écoutez la chanson et dites ce que vous en pensez.*

La musique va bien/mal avec les paroles.
C'est trop triste/sentimental/joyeux/___ . Ça me plaît / ne me plaît pas.
J'aime bien / Je n'aime pas ce genre de musique.
J'aime bien / Je n'aime pas la voix du chanteur / de la chanteuse.
Les paroles sont faciles/difficiles à comprendre.

Pour aller plus loin: Boris Vian

Boris Vian est un écrivain français, né en 1920 dans une famille cultivée vivant en région parisienne. Bien qu'il soit mort très jeune (en 1959, à Paris, d'une crise cardiaque), il a vécu une vie riche et active. Grâce à ses talents multiples, Boris Vian n'est pas seulement auteur d'œuvres littéraires, dont le petit roman «L'Écume des jours» (paru en 1947) est certainement le texte le plus connu. Sorti d'une grande école d'ingénieur, il a travaillé entre autre comme ingénieur, puis, suite à une grande passion pour la musique, comme chanteur et trompettiste de jazz. Le poème «Le Déserteur», que

Boris Vian a écrit au début de la guerre d'Algérie, a fait scandale à l'époque. Le poème a été mis en musique et est devenu une chanson célèbre.

Le Dieu du carnage

Ferdinand, 11 ans, le fils d'Alain (avocat) et d'Annette Reille (conseillère en gestion de patrimoine) a blessé avec un bâton Bruno, 11 ans, le fils de Véronique (écrivain) et de Michel Houllié (commercial). Bruno a deux dents cassées. Les parents se rencontrent pour parler de problèmes d'assurance.

Les Houllié et les Reille, assis face à face. On doit sentir d'emblée qu'on est chez les Houllié et que les deux couples viennent de faire connaissance. Au centre, une table basse, couverte de livres d'art. Deux gros bouquets de tulipes dans des pots. Règne une atmosphère grave, cordiale et tolérante.

[...]

MICHEL: [...] On ne vous a rien proposé, café, thé, est-ce qu'il reste du clafoutis, Véro? Un clafoutis exceptionnel!

ALAIN: Un café serré, je veux bien.

ANNETTE: Un verre d'eau.

MICHEL: *(à Véronique qui va sortir)* Espresso pour moi aussi, chérie, et apporte le clafoutis. [...]

ALAIN: [...] Délicieux ... Au moins ça nous permet de découvrir une recette.

VÉRONIQUE: J'aurais préféré que mon fils ne perde pas deux dents à cette occasion.

ALAIN: Bien sûr, c'est ce que je voulais dire!

ANNETTE: Tu l'exprimes curieusement.

ALAIN: Pas du tout, je ... *(le portable vibre, il regarde l'écran)* Je suis obligé de prendre ... Oui, Maurice ... [...]

ANNETTE: Alain, sois un peu avec nous, s'il te plaît.

ALAIN: Oui, oui, j'arrive ... *(portable)* Serge? [...]

MICHEL: Servez-vous, servez-vous.

ALAIN: Merci. J'exagère. On disait quoi?

VÉRONIQUE: Qu'il aurait été plus agréable de se rencontrer en d'autres circonstances.

ALAIN: Ah oui, bien sûr. Donc, ce clafoutis, c'est votre mère?

MICHEL: C'est une recette de ma mère mais c'est Véro qui l'a fait.

VÉRONIQUE: Ta mère ne mélange pas les poires et les pommes!

MICHEL: Non. [...]

VÉRONIQUE: Et Ferdinand, qu'est-ce qu'il dit? Comment il vit la situation?

ANNETTE: Il ne parle pas beaucoup. Il est désemparé je crois.

VÉRONIQUE: Il réalise qu'il a défiguré son camarade?

ALAIN: Non. Non, il ne réalise pas qu'il a défiguré son camarade.

ANNETTE: Mais pourquoi tu dis ça? Ferdinand réalise bien sûr!

ALAIN: Il réalise qu'il a eu un comportement brutal, il ne réalise pas qu'il a défiguré son camarade.

VÉRONIQUE: Vous n'aimez pas le mot, mais le mot est malheureusement juste.

ALAIN: Mon fils n'a pas défiguré votre fils.

VÉRONIQUE: Votre fils a défiguré notre fils. Revenez ici à cinq heures, vous verrez sa bouche et ses dents.

MICHEL: Momentanément défiguré.

ALAIN: Sa bouche va dégonfler, quant à ses dents, s'il faut l'emmener chez le meilleur dentiste, je suis prêt à participer ...

MICHEL: Les assurances sont là pour ça. Nous, nous voudrions que les garçons se réconcilient et que ce genre d'épisode ne se reproduise pas.

ANNETTE: Organisons une rencontre.

MICHEL: Oui. Voilà.

VÉRONIQUE: En notre présence?

ALAIN: Ils n'ont pas besoin d'être coachés. Laissons-les entre hommes.

ANNETTE: Entre hommes, Alain, c'est ridicule. Cela dit, on n'a peut-être pas besoin d'être là. Ce serait mieux si on n'était pas là, non?

VÉRONIQUE: La question n'est pas qu'on soit là ou pas. La question est: souhaitent-ils se parler, souhaitent-ils s'expliquer?

MICHEL: Bruno le souhaite.

VÉRONIQUE: Mais Ferdinand?

ANNETTE: On ne va pas lui demander son avis.

VÉRONIQUE: Il faut que ça vienne de lui.

ANNETTE: Ferdinand se comporte comme un voyou, on ne s'intéresse pas à ses états d'âme. [...]

VÉRONIQUE: Alors, qu'est-ce qu'on décide?

ANNETTE: Est-ce que vous pourriez passer à la maison vers dix-neuf heures trente avec Bruno?

VÉRONIQUE: Dix-neuf heures trente? ... Qu'est-ce que tu en penses, Michel?

MICHEL: Moi ... Si je peux me permettre ...

ANNETTE: Allez-y.

MICHEL: Je pense que c'est plutôt Ferdinand qui devrait venir.

VÉRONIQUE: Oui, je suis d'accord.

MICHEL: Ce n'est pas à la victime de se déplacer.

VÉRONIQUE: C'est vrai.

ALAIN: À dix-neuf heures trente, je ne peux être nulle part, moi.

ANNETTE: Nous n'avons pas besoin de toi puisque tu ne sers à rien.

VÉRONIQUE: Quand même, ce serait bien que son père soit là.

ALAIN: *(portable vibre)* Oui mais alors pas ce soir, allô? [...]

VÉRONIQUE: Demain?

[...]

Extrait de: Yasmina Reza, Le Dieu du carnage (2006)

Le Dieu du carnage Der Gott des Gemetzels *Titel des Theaterstücks* 1 **la conseillère en gestion de patrimoine** die Vermögensberaterin 2 **le bâton** der Stock 4 **l'assurance** *f.* die Versicherung 5 **assis face à face** gegenüber sitzend 6 **d'emblée** tout de suite 9 **le bouquet de tulipes** der Tulpenstrauß 10 **régner** herrschen 10 **grave** sérieux 10 **cordial/e** herzlich 15 **le café serré** un café fort 20 **découvrir** *hier:* kennen lernen 34 **les circonstances** *f. pl.* die Umstände 39 **mélanger** mischen 43 **vivre** *hier:* erleben 45 **désemparé/e** hilflos 46 **réaliser** *hier:* begreifen 46 **défigurer** entstellen 62 **dégonfler** abschwellen 62 **quant à** ... was ... betrifft 64 **prêt/e** bereit 64 **participer** *hier:* sich an den Kosten beteiligen 67 **se reproduire** noch einmal passieren 74 **cela dit** pourtant 84 **le voyou** der Rowdy 84 **l'état d'âme** *m.* die Stimmung 97 **se déplacer** bouger 100 **nulle part** nirgendwo

Sujets d'étude

Lisez d'abord les informations sur les pièces de théâtre et les moyens stylistiques. (→ Méthodes, p. 138/3–4)

1. *Lisez les indications scéniques. Quels genres d'informations donnent-elles?*
2. *Regardez le début de la conversation (l. 12–41). Comment se comporte Michel? Et Véronique? Et Alain?*
3. *Maintenant, regardez la suite (l. 42–67). Que montre la discussion autour du mot* défigurer*?*
4. *Relisez la fin de l'extrait (l. 68–107). Qu'apprend-on sur la relation des Reille envers leur fils Ferdinand? Et sur la relation entre Alain et Annette?*
5. *À votre avis, comment la conversation entre les quatre personnages va-t-elle continuer? Justifiez votre réponse.*
6. *Choisissez un des personnages et caractérisez-le.*
7. *Préparez une lecture scénique de cet extrait et présentez-la en classe.*

Pour aller plus loin: Yasmina Reza

Née en 1959 à Paris d'une mère hongroise et d'un père mi-iranien, mi-russe. Auteur français de textes variés, son domaine principal est le théâtre. Avec beaucoup d'ironie, Yasmina Reza y met en scène des personnages qui révèlent dans des situations apparemment «normales» les points faibles de notre société. Quelques œuvres connues de Yasmina Reza sont «Art» (1994), «Trois versions de la vie» (2000) et «Le Dieu du carnage» (2006).

Méthodes

Auf den folgenden Seiten findest du eine Zusammenstellung der Lern- und Arbeitstechniken, die du in den drei Bänden von ***À plus!* Méthode intensive** geübt hast. Viele sind dir schon aus der 1. und 2. Fremdsprache sowie aus dem Deutschunterricht vertraut.

Wortschatz

1 Wörter erschließen

Wenn dir ein Wort „neu" erscheint, musst du nicht gleich im Wörterbuch nachschlagen. Mit ein paar einfachen Tricks kannst du die Bedeutung vieler französischer Wörter herausfinden.
Du kannst unbekannte Wörter erschließen ...

... mit Hilfe anderer Sprachen S. 17/1

Viele französische Wörter sind verwandt mit Wörtern aus Sprachen, die du schon kennst. Oft haben sie dieselbe oder aber eine ähnliche Bedeutung.

französisch	englisch	lateinisch	deutsch
la justice	the justice	iustitia	die Justiz

Was bedeuten die folgenden Wörter? Welche Wörter aus anderen Sprachen haben dir geholfen, die Bedeutung zu finden?
l'ambition, la valeur, l'outil, ambigu/ë, apte, fragile, rompre, briller, persuader, l'erreur

Merke Trotz dieser Verwandtschaften kann es Unterschiede in Aussprache, Schreibung, im Genus und manchmal auch in der Bedeutung geben!

⚠ Achte auf sogenannte „falsche Freunde" („faux amis").

le clavier (= Tastatur, Tasten eines Musikinstruments)	das Klavier (= le piano)

Manchmal deckt sich die Bedeutung der „faux amis" zumindest teilweise.

curieux/-euse (= 1. neugierig, 2. merkwürdig)	kurios (= merkwürdig)

Finde mit Hilfe der Liste chronologique *weitere* „faux amis".

... über Wortfamilien

Manchmal kennst du ein anderes Wort derselben Familie. An typischen Endungen kannst du außerdem die Wortart des unbekannten Wortes erkennen (→ Méthodes, p. 127–128). Beides hilft dir, seine Bedeutung zu erschließen.

la feuille → feuilleter
méchant/e → la méchanceté

... mit Hilfe des Kontextes

Die Bedeutung vieler Wörter lässt sich aus dem Textzusammenhang erschließen. Auch Abbildungen oder die Gestaltung des Textes können dir dabei helfen. (→ Méthodes, p. 132)

… mit Hilfe von Analogien S. 83/7

Manche Wörter werden nach ein und dem selben Muster gebildet. Kennst du eines dieser Wörter, kannst du auch die Bedeutung des oder der parallel aufgebauten Wörter ableiten.

▶ *Du kennst* belle-fille. *Leite nun die Bedeutung von* beau-père *ab.*

2 Die Bildung von Wörtern erkennen und neue Wörter bilden S. 96/8 und 9, S. 112/8

Vorsilben und Endungen

Es gibt Vorsilben oder Endungen, die für Nomen, Adjektive, Adverbien und Verben typisch sind. An ihnen kannst du erkennen, zu welcher Wortart ein Wort gehört. Hier findest du einige Beispiele:

Nomen	**-age**	le message, le village, l'avantage
	-ance	l'ambiance, la confiance
	-ant/-ante	le surveillant / la surveillante
	-ée	l'année, l'armée, l'assemblée
	-(e)rie	la boulangerie, la librairie, la charcuterie
	-ette	la casquette, l'assiette
	-eur/-euse	l'entraîneur / l'entraîneuse
	-ie	l'acrobatie, la colonie
	-ien/-ienne	le gardien / la gardienne, l'informaticien / l'informaticienne
	-ier/-ière	l'infirmier / l'infirmière, le chancelier / la chancelière
	-ion	l'impression, la solution, l'addition
	-ise	la bêtise, la chemise, la banquise
	-isme	l'absolutisme
	-ité	l'activité, l'actualité
	-ment	le changement, l'argument
	-teur/-trice	le moniteur / la monitrice, l'animateur / l'animatrice

An der Endung eines Nomens kannst du häufig auch erkennen, welches Genus das Nomen hat. Dieses Wissen hilft dir, Genusfehler zu erkennen.

maskulin	feminin	
-age	-ance	-ie
-isme	-ée	-ion
-ment	-(e)rie	-ise
	-ette	-ité

Adjektive	**-able**	agréable, adorable, incroyable
	-ain/-aine	souterrain/-aine, humain/-aine, prochain/-aine
	-aire	scolaire, littéraire, héréditaire
	-ais/-aise	anglais/-aise, français/-aise, camerounais/-aise
	-al/-ale	mondial/-ale, sentimental/-ale
	-ant/-ante	arrogant/-ante, méchant/-ante, constant/-ante
	-é/-ée	désolé/-ée, défavorisé/-ée, bronzé/-ée
	-eau/-el/-elle	beau/bel/belle, nouveau/nouvel/nouvelle
	-éen/-éenne	européen/-éenne
	-el/-elle	exceptionnel/-elle, actuel/-elle, naturel/-elle
	-ent/-ente	différent/-ente, content/-ente, évident/-ente
	-eux/-euse	dangereux/-euse, furieux/-euse, nombreux/-euse
	-ible	terrible, horrible, flexible
	-iel/-ielle	industriel/-ielle, superficiel/-ielle

▶

-ien/-ienne	algér**ien/-ienne**, anc**ien/-ienne**
-ier/-ière	régul**ier/-ière**, dern**ier/-ière**
-if/-ive	définit**if/-ive**, posit**if/-ive**
-in/-ine	maghréb**in/-ine**
-ique	class**ique**, magnif**ique**, écolog**ique**
-ois/-oise	québéc**ois/-oise**, bavar**ois/-oise**
-oire	provis**oire**
-un/-une	comm**un/-une**

⚠ Achte auf besondere Feminin- und Pluralformen:

blanc/blanche; sec/sèche
sentimental/e, sentimentaux/sentimentales; normal/e, normaux/normales;
égal/e, égaux/égales; mondial/e, mondiaux/mondiales

Du kannst das Gegenteil einiger Adjektive bilden, indem du das Präfix in- voranstellst:

humain/e – inhumain/e
utile – inutile
juste – injuste

⚠ in- wird zu im- vor b und p:
possible – impossible

⚠ in-/im- + Konsonant = [ɛ̃], z. B. injuste [ɛ̃ʒyst]
in- + Vokal = [in], z. B. inutile [inytil]

Adverbien

-ment	heureuse**ment**, seule**ment**, vrai**ment**, genti**ment**
-amment	cour**amment**, const**amment**
-emment	évid**emment**, différ**emment**
-ément	énorm**ément**, intens**ément**

⚠ Achte auf besondere Formen: bien, mieux, mal.

Verben

re- (= wieder-, zurück-): trouver → **re**trouver, venir → **re**venir
⚠ Es gibt auch verkürzte Formen, z. B. récrire, rappeler.

Deine Kenntnisse zur Wortbildung kannst du nutzen,
– wenn du ein französisches Wort im Wörterbuch nachschlagen möchtest (→ Méthodes, p. 150–151),
– um selbst neue Wörter abzuleiten.
Zur Sicherheit solltest du im Wörterbuch nachprüfen, ob es das von dir gebildete Wort tatsächlich gibt.

▶ *Du kennst* changer – le changement. *Bilde das Verb zu* le pressentiment, *das (reflexive!) Verb zu* le comportement *und das Nomen zu* commencer.

▶ *Von welchem Verb sind die folgenden Adjektive abgeleitet? Übersetze anschließend die Ausdrücke.*
un garçon dragueur, un père plaintif, une affiche lisible, une erreur explicable, une faute inévitable

Zusammengesetzte Nomen ◎ S. 83/7 und 8

Es gibt Nomen, die aus mehreren Wörtern zusammengesetzt sind.

la belle-fille	die Schwiegertochter
le petit nom	der Spitzname
le point commun	die Gemeinsamkeit
l'esprit d'équipe	der Teamgeist
la liberté d'expression	die Meinungsfreiheit
le recueil de loi	die Gesetzessammlung
l'ingénieur du son	der Toningenieur
le sac à dos	der Rucksack
la tartine au beurre	das Butterbrot

⚠ le verre **de** vin
das Glas Wein

le verre **à** vin
das Weinglas

⚠ Zusammengesetzte Nomen werden im Französischen häufig nach dem Muster Nomen + Präposition + Nomen gebildet. (Diese Präposition ist häufig de.) Im Deutschen entspricht dem **ein** Wort (le mode de vie – die Lebensart).
Auch die Bildung Nomen + Adjektiv ist häufig (les sciences politiques, le marché commun, l'ennemi héréditaire, la bombe atomique).

◗ *Wie heißt auf Französisch wohl „die Handtasche"?*

3 Wörter umschreiben ◎ S. 34/5, S. 112/7

Wenn dir beim Sprechen oder Schreiben ein Wort nicht einfällt, kannst du versuchen, das fehlende Wort zu umschreiben oder zu erklären, was es bedeutet.

Hier findest du einige Möglichkeiten zur Umschreibung:

C'est une personne / quelqu'un qui ___ .
C'est une chose / quelque chose que/qui/dont ___ .
C'est un endroit / un pays / un bâtiment / une pièce / un jour où ___ .
C'est un vêtement que/qui/dont ___ .
On l'utilise pour ___ .
C'est ce qui ___ . / C'est ce que ___ .
Ce mot veut dire ___ .
C'est un autre mot / un synonyme pour ___ .
C'est le contraire / un antonyme de ___ .
C'est un mot de la même famille que ___ .

M

4 Wortschatz lernen

Um dir Wörter besser merken zu können, solltest du sie in Gruppen anordnen und dann lernen bzw. wiederholen. Diese Strukturierung von Wortschatz kannst du nach verschiedenen Kriterien vornehmen:

Nach Sachgruppen ordnen ◎ S. 32/3, S. 40/10a, S. 59/8a, S. 64/11a, S. 108/9

Du kannst Wörter, die thematisch zusammengehören, auch zusammen lernen. Lege zu einem Oberbegriff eine fiche de vocabulaire an, auf der du alle Wörter und Ausdrücke zusammenträgst, die zum Thema gehören. Du verfügst jetzt schon über einen recht umfangreichen Wortschatz. Deshalb ist es sinnvoll, eine fiche de vocabulaire nicht nur als Liste zu führen, sondern sie zu **strukturieren**, z. B. nach Unterthemen, nach Wortarten, (Gegensatz-)Paaren, Wörtern derselben Wortfamilie etc. Es kann auch nützlich sein, Kollokationen (= ganze Wendungen) zu notieren, in denen ein Wort häufig verwendet wird. (→ Méthodes, p. 130)

<u>le temps</u>
il fait beau/mauvais
il fait chaud/froid
la neige / il neige
la pluie / il pleut
le soleil / il y a du soleil
le nuage
il gèle

◗ *Sammle alle Wörter und Ausdrücke, die zum jeweiligen Thema gehören.*
Dossier 1: la rentrée scolaire, la politique, la littérature; Dossier 2: l'histoire, la technique, le corps humain; Dossier 3: les études, les métiers; Dossier 4: la paix, la guerre, l'Europe; Dossier 5: le paysage, une ville maghrébine

▶

Nach Wortarten ordnen

Du kannst alle Verben, Nomen oder Adjektive als Untergruppen einer fiche de vocabulaire zusammenfassen.

Wortpaare bilden

Bei manchen Wörtern bietet es sich an, sie paarweise zu ordnen. Diese Wortpaare können auch Gegensatzpaare sein.

la ville – la campagne
naître – mourir
riche – pauvre

▶ *Bilde Gegensatzpaare mit den folgenden Wörtern:* l'inconvénient, gai/e, s'amuser.

Synonyme gemeinsam lernen ◎ S. 27/3

Lerne Wörter, die die gleiche oder eine ähnliche Bedeutung haben, gemeinsam. Beachte dabei, dass es selten zwei völlig synonyme Wörter gibt. Notiere dir deshalb den Verwendungskontext oder die Konnotation.

la grand-mère – *fam.* la mamie
lire – bouquiner (= schmökern)

Zu Wortfamilien ordnen

Fasse die Wörter, die zur selben Familie gehören, zusammen. Achte dabei auch darauf, wie die Wörter gebildet werden.

vivre – la vie – vivant/e – survivre
battre – le/la batteur/-euse – la batterie
se décider – la décision – décisif/-ive

▶ *Finde alle Wörter, die zur Wortfamilie* réagir *gehören.* (→ Liste alphabétique, p. 215)

In Kollokationen lernen ◎ S. 19/6

Damit du Wörter im Kontext richtig verwendest, ist es sinnvoll, dass du dir den ganzen Ausdruck (= Kollokation) einprägst, in dem ein Wort verwendet wird.

faire des études, suivre une formation, partir à la conquête, se révolter contre qn/qc

▶ *Du kennst verschiedene Möglichkeiten, Wortschatz zu strukturieren (s. oben). Finde weitere Kriterien, nach denen du Wortschatz ordnen kannst. Ordne dann eine der Sachgruppen* (→ Méthodes, p. 129/4) *nach diesen Kriterien.*

5 Wortschatz individuell erweitern ◎ S. 59/8b, S. 64/11b, S. 108/9

Um auszudrücken, was dir wichtig ist, reicht das in deinem Französischbuch angebotene Vokabular nicht immer aus. Erweitere deshalb eigenständig deinen Wortschatz dort, wo deine Interessensgebiete liegen. Auch hier ist es sinnvoll, themengebunden vorzugehen.

- Vergegenwärtige dir die Wörter und Ausdrücke aus dem entsprechenden Themenfeld, die du schon kennst, z. B. mittels einer Mind-Map oder einer Tabelle.
- Notiere dir möglichst immer einen Minikontext bzw. eine Kollokation, um dich an die richtige Verwendung des Wortes zu erinnern.

– Suche dir dann französische Texte zum Thema (in deinem Französischbuch, in französischen Lektüren, in Zeitschriften, im Internet) und schreibe die neuen Ausdrücke zum Thema heraus.
– Du kannst auch vom Deutschen ausgehen und dir überlegen, welche Wörter oder Ausdrücke aus diesem Themenfeld du nicht auf Französisch kennst. Schlage sie in einem (zweisprachigen) Wörterbuch nach. (→ Méthodes, p. 151)

Grammatik lernen S. 15/5

Wenn du Unsicherheiten oder Lücken in deinen Grammatikkenntnissen feststellst, kannst du dir ein persönliches Trainingsprogramm aufstellen.

Welches Kapitel bereitet dir Schwierigkeiten? Wo findest du die entsprechenden Informationen?
– im Schülerbuch: In den Repères des Bandes, in dem dieser Grammatikstoff neu eingeführt wurde, findet sich eine kurze Darstellung des jeweiligen grammatischen Phänomens;
– im Grammatikheft: Im Kapitel „Was du schon weißt" kannst du den Stoff der vorangegangenen Lernjahre nachschlagen; im Annexe des Grammatikheftes findest du ein Verzeichnis aller grammatischen Begriffe und Verweise auf die Kapitel des Grammatikheftes, in denen die Phänomene erläutert werden;
– in der Schulgrammatik: An deiner Schule kannst du eine französische Grammatik ausleihen. Sie bietet vertiefende und ausführliche Darstellungen grammatischer Phänomene;
– in den meisten Wörterbüchern, die meist ebenfalls einen Grammatikteil enthalten;
– in deinen eigenen Notizen. Führst du ein Grammatikheft oder eine Grammatikkartei?

Wie kannst du deine Lücken schließen?
– Lies dir die Erklärungen zu dem grammatischen Phänomen nochmals genau durch.
– Notiere dir die Beispielsätze aus den Repères sowie die Sätze aus den Texten im Schülerbuch, in denen das jeweilige Phänomen vorkommt, auf Karteikarten und präge sie dir ein. Evtl. gibt es einen besonders lustigen oder auffälligen Beispielsatz, der dir gut in Erinnerung bleibt, z. B. Si j'étais écrivain, j'aurais mal à la tête.
– Bilde neue französische Sätze nach diesem Muster. Wenn du dir unsicher bist, ob sie korrekt sind, frage z. B. deine/n Lehrer/in oder einen Muttersprachler.
– Manchmal kann dir folgende Methode helfen: Übersetze einige Beispielsätze ins Deutsche und schreibe sie auf. Übersetze diese Sätze zwei Tage später wieder ins Französische und vergleiche sie mit den Ausgangssätzen.
– Mache die Übungen in den Repères im Schülerbuch und vergleiche deine Lösungen mit denen im Grammatikheft. Mache außerdem die Übungen in den Bilans autocorrectifs im Carnet d'activités.
– Hast du in einer Übung im Bilan autocorrectif mehr als zwei Fehler gemacht, beachte die Hinweise im Carnet, S. 92. Mache die jeweilige Übung ggf. noch einmal.
– Arbeite mit einem Partner. Erklärt euch gegenseitig Grammatikstoff. Oft wird einem selbst etwas klarer, wenn man versucht es anderen zu erläutern.
– Fertige zu dem entsprechenden Grammatikstoff ein Lernplakat an. Tipps zur Erstellung eines solchen Plakats findest du auf S. 148/8.

M

Hören

1 Globales Hörverstehen S. 20/8a, S. 24/9a, S. 51/2, S. 59/10a, S. 87/9a, S. 112/9b

Beim Hören eines französischen Textes brauchst du nicht immer jedes Wort zu verstehen. Wichtig ist, dass du den Textinhalt im Großen und Ganzen erfasst. Dazu ein paar Tipps:
– Vor dem Hören: Lies dir die Aufgabenstellung gut durch. Ist in der Aufgabenstellung bereits eine Situation angedeutet, mache dir klar,
  – um welche Situation es sich handelt,
  – worum es in dem Gespräch gehen könnte,
  – wer spricht,
  – was die Personen in dieser Situation sagen könnten.

►

- Auch Hintergrundgeräusche (z. B. Verkehrslärm, Kinderlachen ...) oder der Ton, in dem jemand spricht (z. B. Wut, Freude, Überraschung), können dir wichtige Hinweise liefern.
- Um zu verstehen, worum es im Text insgesamt geht, können dir die sogenannten W-Fragen helfen (Wer? Wo? Wann? Was? Warum? Wie?).
- Notiere die wichtigen Informationen in Stichpunkten. Am besten trägst du sie in eine Tabelle ein (s. unten).
- Wenn du die Möglichkeit hast, einen Text mehrmals zu hören, dann konzentriere dich beim ersten Hören auf die Wörter oder Passagen, die du verstehst. Versuche beim nächsten Hören, auf diese „Verstehensinseln" aufzubauen und weitere Informationen zu entschlüsseln. Du wirst feststellen: Bei jedem Hören verstehst du mehr!

Notizen machen
- Notiere nur Stichwörter, schreibe keine ganzen Sätze.
- Notiere jede neue Information in eine neue Zeile. Benutze dabei Spiegelstriche.
- Kürze lange Wörter ab, lasse Artikel und Konjunktionen weg.
- Benutze Abkürzungen: p. ex. (par exemple), c-a-d (c'est-à-dire), bcp (beaucoup), –, +, =, ≠, → (für eine Folgerung). Du kannst dir auch eigene Abkürzungen ausdenken.
- Achte zunächst nicht auf die Orthographie eines Wortes. Korrigieren solltest du erst hinterher.
- Höre während des Schreibens weiter zu.

2 Selektives Hörverstehen

S. 24/7a, S. 35/8a, S. 46/1, S. 54/4, S. 63/9a, S. 74/7, S. 87/9b, S. 95/5, S. 100/1, S. 109/11a, S. 117/7a

Oft geht es darum, einem Hörtext nur ganz bestimmte Informationen zu entnehmen.
- Vor dem Hören: Lies dir die Fragestellung genau durch. Welche Informationen sollst du heraushören? Wenn die Fragestellung es nahelegt, bereite eine Tabelle vor, in die du die gesuchten Informationen später eintragen kannst.

Tabelle zu S. 8/1a:

	Gabriel et Paul	Raphaël et Lena
Où est-ce qu'ils sont allés?		
Qu'est-ce qu'ils ont vu/visité/fait?		

- Konzentriere dich dann beim Hören des Textes nur auf die für dich wichtigen Passagen.
- Mache dir beim Hören, wenn nötig, Notizen (s. oben).
- Trage die gesuchten Informationen in die Tabelle ein.

3 Detailgenaues Hörverstehen

S. 12/4, S. 16/9, S. 35/8b, S. 36/11a, S. 40/9a, S. 51/3, S. 59/10b, S. 109/11b, S. 112/9c

In manchen Situationen ist es wichtig, viele bzw. alle Einzelheiten zu verstehen (z. B. bei einer Bahnhofsdurchsage).
- Versuche beim ersten Hören, den Text global zu verstehen.
- Nutze dieses Globalverständnis, um bei jedem weiteren Anhören weitere Informationen zu erschließen.
- Notiere dir alle wichtigen Details, die du verstanden hast.
- Sind in einer Höraufgabe Sätze vorgegeben, vergleiche sie mit dem, was du verstanden hast.

Lesen

1 Texte über ihre Gestaltung erschließen

Noch bevor du einen Text komplett liest, kannst du bereits einige Vermutungen über seinen Inhalt anstellen.
- Verrät dir das Druckbild etwas über die Textsorte (Brief, Zeitungsbericht, Werbeanzeige/-prospekt, Gedicht, Dialog bzw. Theaterstück ...)?

- Liefert die visuelle Gestaltung des Textes Hinweise auf die Textgliederung (Sinnabschnitte, Zwischenüberschriften, erzählende bzw. dialogische Passagen, stichpunktartige Informationen bzw. ausführliche Beschreibungen ...)?
- Was sagt die Überschrift aus?
- Welche Informationen geben dir Fotos oder Illustrationen (evtl. mit Bildunterschriften)?

2 Globales Leseverstehen S. 12/1, S. 24/8, S. 75/a

Bei einer ersten Lektüre genügt es, den Text im Großen und Ganzen zu verstehen, ohne sich auf Einzelheiten zu konzentrieren. Überlege schon vor dem Lesen, was du bereits zum Thema des Textes weißt. Um nach der Lektüre zu überprüfen, ob du den Textinhalt global verstanden hast, können dir die W-Fragen helfen (Wer? Wo? Wann? Was? Warum? Wie?). Oder du stellst dir eine zusammenfassende Frage, z. B. Worum geht es in dem Text? Was ist die Kernaussage / das Hauptproblem / der zentrale Konflikt?

3 Selektives Leseverstehen S. 12/2, S. 75/b

Manchmal genügt es, einem geschriebenen Text nur bestimmte Informationen zu entnehmen.
Das erreichst du durch zielgerichtetes Lesen:
- Lies dir vor der Textlektüre die Fragestellung genau durch.
- Konzentriere dich dann beim Lesen nur auf die für dich wichtigen Passagen.

4 Detailgenaues Leseverstehen S. 12/3, S. 101/2

Manche Texte musst du in jedem Detail verstehen (z. B. einen zu unterschreibenden Vertrag).
- Gehe dabei von den Passagen aus, die du gut verstehst („Verstehensinseln bilden").
- Kläre dann Schritt für Schritt die noch fehlenden Teile. Versuche dabei, die Bedeutung jedes Satzes genau zu erschließen. Nutze dabei die Hilfen, die dir der Kontext bietet, oder eventuelle zusätzliche Informationsquellen (z. B. Illustrationen, Zwischenüberschriften o. Ä.). Zur Überprüfung deines Leseverständnisses kannst du versuchen, den Satz mit eigenen Worten auf Französisch auszudrücken. Bei besonders komplizierten Sätzen kann es dir helfen, den Satz ins Deutsche zu übersetzen.
- Evtl. musst du ein Wörterbuch zu Rate ziehen. (→ Méthodes, p. 150–151)

5 Texte über Schlüsselbegriffe erschließen

Versuche im Text Schlüsselbegriffe oder -sätze zu finden, die die wesentliche(n) Aussage(n) des Textes beinhalten. Überprüfe:
- Gibt es zentrale Begriffe, die immer wiederkehren (Schlüsselbegriffe)?
- Gibt es Sätze, die Textabschnitte zusammenfassen (oft am Anfang und am Ende eines Absatzes)?

6 Texte gliedern

Manchmal ist es für das Verständnis hilfreich, wenn du dir deutlich machst, in welche inhaltlichen Abschnitte sich der Text gliedern lässt. Dazu überlegst du, welche Überschriften du den einzelnen Abschnitten geben würdest. Du verdeutlichst dir damit zugleich, welche Themen oder Einzelaspekte jeweils angesprochen werden.

Le texte comprend ___ parties.
L'introduction / La partie principale / La conclusion/fin — va de la ligne ___ à la ligne ___ .
Le titre du premier paragraphe / de la première partie pourrait être ___ .

7 Textinhalte paraphrasieren S. 14/2, S. 22/1, S. 32/1, S. 34/2, S. 61/2, S. 66/1, S. 73/4b, S. 74/8

Du kannst dein Textverständnis überprüfen, indem du Inhalte mit eigenen Worten wiedergibst oder den Textinhalten vorgegebene Sätze zuordnest. Hilfen für die eigenständige Formulierung deines Textes bietet dir das einsprachige Wörterbuch. (→ Méthodes, p. 152)

8 Textinhalte visuell darstellen S. 18/2a, S. 42/1, S. 78/2

Zum genaueren Verständnis eines Textes ist es nützlich, die einzelnen Informationen nach bestimmten Oberbegriffen oder Kategorien zu ordnen, z. B. nach Informationen zu Personen, Aktivitäten, Argumenten. Die Textinformationen kannst du als Tabelle, als Mind-Map, als Diagramm o. Ä. darstellen.

Mind-Map zum Text S. 60–61:

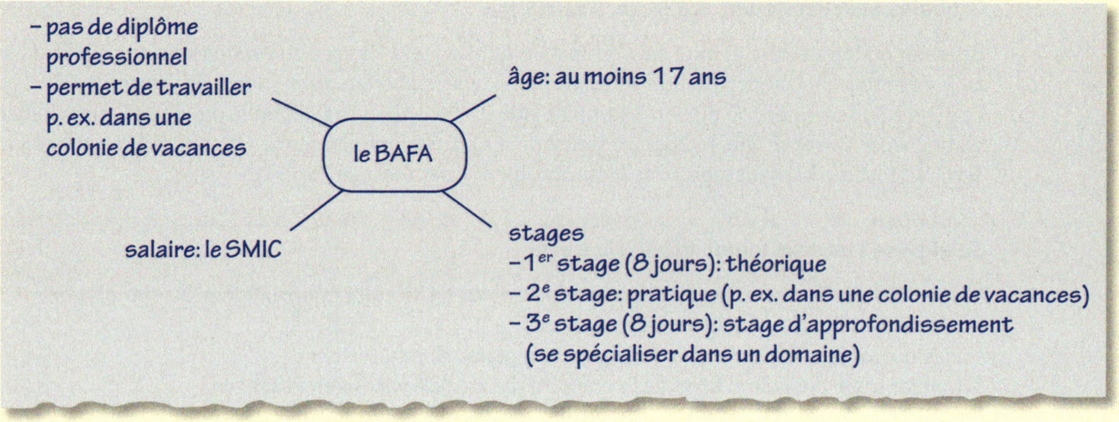

9 Textinhalte selbst erarbeiten S. 38/1, S. 55/1

Manchmal habt ihr die Aufgabe, euch Texte selbstständig zu erarbeiten. Hierfür gibt es verschiedene Vorgehensweisen:

„Placemat" (Methode nach Cathy und Norm Green) S. 38/1

Geht bei dieser Methode folgendermaßen vor:

1. Gruppenbildung: Teilt den Ausgangstext und eure Klasse in zwei Teile auf (A und B). Bildet dann Gruppen von drei oder vier Schülern/-innen.
2. Stillarbeit: Jede/r Schüler/in liest den Text zunächst für sich und notiert sich die wichtigsten inhaltlichen Informationen auf einem Blatt. Unbekannter Wortschatz kann bei Bedarf im chronologischen Vokabelverzeichnis nachgeschlagen werden.
3. Diskussion in französischer Sprache: Vergleicht nun eure Stichpunkte mit denen der anderen Gruppenmitglieder und einigt euch auf ein gemeinsames Ergebnis.
4. Informationsaustausch A–B: Nehmt euer Gruppenresultat und bildet nun paarweise gemischte Gruppen (ein bis zwei Schüler/innen von Gruppe A mit ein bis zwei Schülern/-innen von Gruppe B). Informiert und befragt euch gegenseitig über die Inhalte und das neue Vokabular eurer Texte.

Nous, on va vous parler de ___ . / Dans notre partie du texte, il y a des informations sur ___ .
Le personnage principal, (nom), habite à ___ / a ___ ans / va ___ / aime bien ___ / s'intéresse à ___ / ___ .
L'histoire se passe à/en/au(x) ___ .
On apprend d'abord que ___ . / Ensuite, le texte raconte que ___ . / Puis ___ . / Après ___ .
Le texte donne aussi des informations sur ___ .
À la fin (du texte), ___ .

„Lernen durch Lehren" (Methode nach Jean-Pol Martin) S. 55/1

Bei dieser Methode übernehmen Schüler/innen bzw. Schülergruppen die Rolle des Lehrers / der Lehrerin. Sollt ihr mit Hilfe dieser Methode einen Text erschließen, so könnt ihr in folgenden Schritten vorgehen:

1. Bildet Gruppen und erarbeitet euch den neuen Text(teil) mit Hilfe der Repères und des chronologischen Vokabelverzeichnisses.
2. Überlegt dann einen Einstieg in die Textarbeit mit euren Mitschülern/-innen: Wie könnt ihr das Interesse für den neuen Text(teil) wecken (Fragen, Zitat, Foto, Karikatur, Zeichnung, Lied ...)?
3. Wann und wie wollt ihr die neuen Vokabeln und evtl. die neue Grammatik einführen – bevor oder nachdem eure Mitschüler/innen den Text zum ersten Mal gelesen haben?
4. Wie wollt ihr den Text präsentieren (z. B. als Lesetext anhand des Buches, als Hörtext von der CD, als schrittweise aufgedeckten Text auf einer OHP-Folie, als Textpuzzle ...)?
5. Wie könnt ihr das Textverständnis eurer Mitschüler/innen überprüfen? (Fragen, Lückentexte, auf Textinformationen basierende Rollenspiele ...)

Tipp Verteilt die Aufgaben, die ihr bei der Durchführung eurer Präsentation übernehmen werdet, innerhalb eurer Gruppe. Denkt bei der Vorbereitung eures Auftritts auch an die euch zur Verfügung stehende Zeit. Bereitet euch auf Fragen eurer Mitschüler/innen vor, damit ihr ggf. flexibel reagieren könnt.

Aujourd'hui, on va vous présenter / vous parler de ___.
Parle plus fort, s'il te plaît.
Tu peux répéter, s'il te plaît?
Je n'ai pas compris ce que tu as dit.
Tu peux expliquer ce que tu veux dire?

10 Einen Text verstehen, analysieren und kommentieren

Aufgaben zum Erschließen von Texten folgen meist dem Dreischritt comprendre – analyser – commenter.

- Bei den Aufgaben zum Textverständnis (comprendre/compréhension du texte) sollst du nachweisen, dass du den Text verstanden hast. Du erkennst diese Aufgaben an Signalwörtern wie Retrouvez ___. / Résumez ___. / Quel/le ___? Hinweise für die Bearbeitung solcher Aufgaben findest du auf S. 144/1 sowie auf S. 145/2.
- Bei den Aufgaben zur Textanalyse (analyser/analyse du texte) sollst du Passagen des Textes erläutern. (→ Méthodes, p. 146/3)
- Bei den Aufgaben zur persönlichen Stellungnahme (commenter/commentaire personnel) sollst du deine eigene Meinung formulieren. (→ Méthodes, p. 139/2, p. 146/4)

⚠ Hinweise zum Erschließen von Hörtexten. (→ Méthodes, p. 131–132/1–3)

11 Das Französische als Brückensprache nutzen S. 67/8

Deine Französischkenntnisse können dir von großem Nutzen sein, um andere Sprachen zu verstehen. Dies gilt insbesondere für die anderen romanischen Sprachen, die mit dem Französischen eng verwandt sind (z. B. Spanisch, Italienisch, Portugiesisch, Rumänisch, Katalanisch, Rätoromanisch). Hier findest du viele Ähnlichkeiten in Wortschatz und Grammatik mit dem Französischen. Aber auch ein großer Anteil des englischen Wortschatzes stammt ursprünglich aus dem Französischen.
Merke Trotz der Verwandtschaft dieser Sprachen mit dem Französischen kann es bei manchen Wörtern Unterschiede in der Bedeutung geben.

12 Ein Bild beschreiben S. 40/11a, S. 51/4, S. 112/10a

- Definiere zunächst, um was für eine Art von bildlicher Darstellung es sich handelt (Foto, Zeichnung, Karikatur, Gemälde, Comic)?
- Beginne deine Beschreibung mit den auffälligsten Elementen des Bildes – sie befinden sich meist im Vordergrund und in der Mitte – und beschreibe anschließend die weniger auffälligen Elemente und den Hintergrund.

►

– Nach der Beschreibung folgt die Interpretation des Bildes: Was soll ausgedrückt werden? Wie wirkt das Bild? Was für ein Effekt soll erzielt werden? Du kannst hier auch deine eigene Meinung äußern.

Il s'agit | d'un tableau de ___. / d'un dessin. / d'une photo. / d'une caricature. / d'une bédé.

Au premier plan[1], / À l'arrière-plan[2], / Au centre, / À droite / À gauche, | se trouve ___. / il y a ___. / on voit ___. / on découvre ___.

L'homme/___ au milieu est ___.

La bédé raconte l'histoire de ___.
La (première) vignette[3] montre (Titeuf) qui (mange).

Ce tableau / Ce dessin / Cette photo | montre ___. / représente ___. / symbolise ___.

Ce que je trouve bizarre/drôle, / Ce qui me plaît, | c'est ___.

Le texte des bulles[4] est | drôle / plein d'humour. / écrit en français familier.

1 **au premier plan** im Vordergrund 2 **à l'arrière-plan** im Hintergrund 3 **la vignette** das einzelne Bild eines Comics
4 **la bulle** die Sprechblase

13 Eine Statistik auswerten S. 54/2, S. 96/7 und 8

– Gib zunächst an, was in der Statistik/Graphik dargestellt ist.
– Fasse dann die mit (Prozent-)Zahlen und Symbolen ausgedrückten Mengenverhältnisse in Worte. Dadurch machst du gleichzeitig Aussagen zu ihrer Bedeutung.

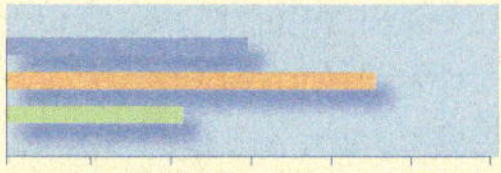

le diagramme à barres

le diagramme circulaire

1990	2000	2001
13.000	15.000	14.000

le tableau

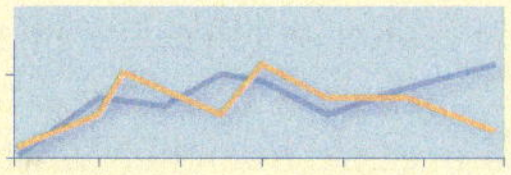

le graphique

Cette statistique montre que (la France accueille plus d'étudiants européens que l'Italie).
Ce tableau/diagramme présente un sondage sur (les métiers de rêve des jeunes Français) réalisé en (2008).

La moitié / Plus de la moitié / La plupart / La majorité / La minorité / (Presqu')Un tiers[1] / (À peu près) Les deux tiers / Un quart / Les trois quarts / Un cinquième / Quarante pour cents | des Français | trouvent / croient que ___. / s'identifient à ___. / déclarent que ___. / acceptent de ___. / préfèrent ___. / (ne) sont (pas) d'accord avec ___.

Un (Français) sur deux pense que ___.
Presque tous les Français / Quelques Français trouvent que ___.

Pour (dix) pour cent des jeunes, il est important de (bien gagner sa vie).

Le nombre de/d'(élèves) a augmenté[2]/diminué[3] de (18) pour cent depuis (2008).

Il y a une différence entre (2002) et (2008).

Cette augmentation/diminution concerne (les métiers techniques).

(L'Allemagne et la France) accueillent (plus de la moitié) des étudiants européens qui (font leurs études dans un autre pays de l'UE/___).

(0,3 %) des jeunes Européens qui font leurs études dans un autre pays de l'UE étudient (en Lituanie).

1 **le tiers** das Drittel 2 **augmenter de (18 %)** um (18 %) (an)steigen 3 **diminuer de (18 %)** um (18 %) sinken

Literarische Texte erschließen

Folgende Tipps können dir im Umgang mit literarischen Texten nützlich sein:
- Mit einer ersten globalen Lektüre (→ Méthodes, p. 133/2) verschaffst du dir zunächst einen Überblick über Thema und Inhalt, Gattung und Form des Textes: Worum geht es in dem Text? Um welche literarische Gattung (Prosa [= narrative Texte], Lyrik, Drama) handelt es sich?
- Lies den Text in einem zweiten Schritt detailgenau bzw. gezielt im Hinblick auf die in der Aufgabe formulierten Fragestellungen durch.
- Bei literarischen Texten stehen Form und Inhalt in engem Zusammenhang. Auffallende formale Aspekte können dir also Hinweise für die Deutung des Textes geben.

1 Narrative Texte erschließen S. 99/a-d, S. 121/1–4

Narrative Texte erzählen erfundene oder wahre Geschichten. Die bestimmenden Elemente eines Erzähltextes sind Handlungen, Figuren, Zeit und Raum, in denen sich die Handlung abspielt. Die wichtigsten narrativen Gattungen sind Roman, Erzählung und Kurzprosa (z. B. Kurzgeschichten, Anekdoten, Märchen, Fabeln usw.).

- Verschaffe dir zunächst einen Überblick über den Inhalt des Textes: zentrales Thema, Zeit und Ort, handelnde Personen, Situation, ggf. Konflikt und Lösung, Erzählperspektive (Wer erzählt?). Wenn möglich, gliedere den Text in Sinnabschnitte.
- Wenn du den Ich-Erzähler bzw. eine im Text vorkommende Figur charakterisieren sollst, so belege deine Charakteristik mit allen Informationen, die der Text enthält (z. B. Aussehen, Familie, Herkunft, Verhalten, Verhältnis zu anderen Figuren usw.). Diese Informationen können auch indirekt im Text enthalten sein. (→ Méthodes, p. 145/2)
- Untersuche dann die formalen und stilistischen Besonderheiten, die in Zusammenhang mit dem Inhalt und der Aussage des Textes stehen, und beschreibe ihre Wirkung und Funktion. (→ Méthodes, p. 138/4)

L'auteur de ce roman est ___ .
Le sujet de ce texte est ___ .
Ce texte parle de ___ . / Dans ce texte, il est question de ___ .
le personnage (principal)
le narrateur / la narratrice[1]
Le narrateur parle à la première personne du singulier.
Le problème du narrateur est ___ .
Le texte / Cet extrait présente le conflit entre/ de ___ .
Le narrateur utilise des phrases courtes/longues / des affirmations / des interrogations.
Par la métaphore ___ / la comparaison ___ le narrateur exprime ___ .

1 **le narrateur / la narratrice** der/die Erzähler/in

2 Lyrische Texte erschließen S. 123/1–4

Lyrische Texte sind sprachlich stark verdichtete Texte in Versform. Untergattungen sind u. a. Lieder und Gedichte.

Sieh dir zunächst die formalen Aspekte an:
- Besteht der Text aus **Strophen** (strophe/couplet)? Wenn ja, aus wie vielen **Versen** (vers) besteht eine Strophe? Die wichtigsten Versarten in der französischen Dichtung sind: Achtsilber, Zehnsilber und Alexandriner (12-Silber).
- Gibt es Reime?

Die wichtigsten **Reimformen**
- vokalischer Reim oder Assonanz: Die Assonanz ist eine Reimform, bei der der Vokal in der jeweils letzten Silbe eines Verses übereinstimmt, z. B. nature – plus.
- konsonantischer Reim oder Vollreim: Hier stimmen auch alle dem letzten betonten Vokal folgenden gesprochenen Konsonanten überein, z. B. pur – azur.

▶

– Wie lässt sich das **Reimschema**, also die Abfolge der Reime innerhalb einer Strophe, beschreiben?

Die verschiedenen **Reimschemata**
la rime continue: aaaaa
la rime suivie (Paarreim): aa bb cc dd
la rime croisée (Kreuzreim): abab
la rime embrassée (umarmender Reim): abba

la strophe / le couplet
le vers
la première/deuxième/___ strophe
Dans le premier/deuxième/___ couplet, ___.
Il s'agit d'une rime embrassée/___/___.
___ rime avec ___.
le style / les moyens stylistiques
Par la métaphore ___ / la comparaison ___ l'auteur exprime ___.
le moi lyrique

Kläre anschließend die grundsätzlichen inhaltlichen Aspekte:
- Was erfährst du über das „lyrische Ich" (moi lyrique)? Gibt es einen Adressaten des Textes? Was ist Thema des lyrischen Textes?
- Untersuche die einzelnen Strophen oder Sinnabschnitte im Hinblick auf ihre Aussage: Enthalten sie deskriptive, appellative, narrative bzw. argumentierende Strukturen?
- Die Botschaft eines lyrischen Textes kannst du erschließen, indem du auf auffällige Strukturen achtest (Bilder, Wiederholungen, ...). (s. unten, Wichtige Stilmittel erkennen)

3 Dramatische Texte erschließen S. 125/1–7

Dramatische Texte bestehen aus den Dialogen und ggf. Monologen der handelnden Figuren. Hinzu kommen häufig Regieanweisungen. Im Gegensatz zu narrativen Texten gibt es im Drama keinen Erzähler. Die Hauptgattungen des Dramas sind Komödie, Tragödie und Tragikomödie.

- Sieh dir zunächst die Regieanweisungen (indications scéniques) und ggf. den Vorspann an. Sie geben Aufschluss über Ort und Zeit und die handelnden Personen.
- Der erste Akt eines Dramas enthält meist die Exposition, d. h. den grundlegenden Konflikt, der im weiteren Verlauf des Dramas aufgelöst wird.
- Die Charaktere der Handelnden, ihre Standpunkte und ihre Beziehungen zu den anderen Personen kannst du aus den Dialogen (bzw. Monologen) sowie den Regieanweisungen erschließen.
- Beim szenischen Lesen (lecture scénique) eines dramatischen Textes wird der Text ausdrucksstark vorgetragen (bewusst eingesetzte Betonung, variable Lautstärke) und dadurch gleichzeitig interpretiert.

la pièce de théâtre / la tragédie / la comédie / la tragicomédie
la mise en scène[1] / le metteur en scène[2]
Dans les indications scéniques, on donne des informations sur le lieu, le temps et les personnages.
L'action a lieu / se passe à/en/dans ___.
La scène montre le conflit entre/de ___.
La relation entre les personnages / les couples est ___.
La relation de (Michel) envers[3] (Véronique) est ___.

1 **la mise en scène** die Inszenierung 2 **le metteur en scène** der Regisseur 3 **envers** gegenüber, zu

4 Wichtige Stilmittel erkennen S. 121/4

Die wichtigsten Stilmittel sind dir aus dem Deutschunterricht und dem Unterricht in den anderen Fremdsprachen bekannt; hier findest du ihre französischen Bezeichnungen. Denke immer daran, dass es wichtig ist, ein Stilmittel nicht nur zu benennen, sondern in einem zweiten Schritt seine Funktion bzw. seine Wirkung zu beschreiben.

Satzbau

lange Sätze – kurze Sätze	les phrases longues – les phrases courtes
Aussage – Frage – Ausruf	l'affirmation *f.* – l'interrogation *f.* – l'exclamation *f.*
unvollständiger Satz (Ellipse)	l'ellipse *f.*

Wichtige Stilfiguren

Metapher	la métaphore	Symbol	le symbole
Vergleich	la comparaison	Hyperbel	l'hyperbole *f.*
Antithese	l'antithèse *f.*	Personifikation	la personnification
Aufzählung	l'énumération *f.*	Klimax	le climax
Alliteration	l'allitération *f.*		

Sprechen

1 Gespräche

Um in Gesprächssituationen gut klarzukommen, solltest du dir die Redewendungen aus den Repères (Vocabulaire thématique) einprägen. Hilfestellung bieten auch die Dialoge aus dem Lehrbuch.

Hier findest du eine Zusammenstellung wichtiger Ausdrücke für häufige Gesprächssituationen:

nachfragen und um Erklärungen bitten
Pardon?
Je n'ai pas compris.
Je ne comprends pas la question.
Pas trop vite, s'il te plaît / s'il vous plaît.
Tu peux répéter, s'il te plaît? / Vous pouvez répéter, s'il vous plaît?
«___», qu'est-ce que ça veut dire?
Est-ce que ça veut dire «___»?
Tu peux / Vous pouvez épeler?
Tu peux m'aider?

über einen Film sprechen
C'est l'histoire de ___.
Les acteurs me plaisent beaucoup / jouent très bien / sont très bons.
C'est un film qu'on n'oublie pas.
Je n'aime pas ce genre de films.

Zeit gewinnen
Bon ben ...
Attends / Attendez (un peu / une minute).

telefonieren
Allô!?
C'est (Anna).

2 Diskutieren S. 32/5, S. 34/4, S. 42/3b, S. 95/6, S. 108/10

Eine Diskussion vorbereiten

- Überlege dir genau, wie das **Thema** lautet. Ein Brainstorming oder eine Sammlung von Assoziationen oder verwandten Themen kann eine nützliche Basis für das Finden von Argumenten sein.
- Was willst du in der Diskussion erreichen? Notiere dein **Diskussionsziel**.
- Notiere dir stichpunktartig die **Argumente** für deine Position. Kannst du sie mit konkreten **Beispielen** belegen?
- Überlege dir auch die Argumente, die dein Diskussionspartner vorbringen könnte. Wie wirst du auf diese reagieren? Überlege dir die **Gegenargumente**.
- Wahrscheinlich musst du deinem Gesprächspartner entgegenkommen, um ihn zu überzeugen. Überlege dir auch ein **Kompromissangebot**.
- Suche nach passenden **Redewendungen und Ausdrücken**.

Eine Diskussion führen

- Bleibe **sachlich** und **höflich**; andere Meinungen solltest du respektieren, auch wenn du sie nicht teilst.
- **Frage nach**, wenn du ein Argument nicht verstehst.

▶

- Lass die anderen **ausreden**.
- Sprich **klar und deutlich** und formuliere gut verständliche Sätze.

Hier findest du wichtige Redemittel, die du in einer Diskussion verwenden kannst:

seine Meinung äußern
Je pense/trouve/crois que ___ .
À mon avis, ___ .
Je suppose que ___ .
Je suis sûr/e que ___ .
Je ne suis pas très chaud/e (pour ce projet).
Il faut cerner le problème.
Un problème peut en cacher un autre.
Sans parler de ___ .

ablehnen
Ce n'est pas vrai. / C'est faux.
On ne peut pas comparer.
C'est impossible.
Je suis contre.
Ne généralise pas. / Il ne faut pas généraliser.
Tu compliques les choses.
Ce n'est pas un argument.
Parle pour toi!
On peut voir ça autrement.
Ce n'est pas une question de (courage).
Tu exagères.
Je ne veux plus discuter. / On ne discute plus.
Pas question.

etwas vorschlagen
On (ne) pourrait (pas) (changer de sujet).
___ . Qu'est-ce que tu en penses?

zustimmen
Tu as raison.
Je suis d'accord avec toi.
Je suis pour.
C'est vrai.
Bien sûr!
Pourquoi pas?
Ce n'est pas mal comme idée.

nachfragen
Qu'est-ce que tu penses de ___ ?
Qu'est-ce que ça veut dire?
Qu'est-ce que tu veux dire par là?
Je voudrais savoir si ___ .
À quoi penses-tu quand ___ ?
Tu peux expliquer ce que tu penses de ___ ?
Est-ce que tu crois que ___ ?

Eine strukturierte Debatte durchführen S. 20/10

Bei einer strukturierten Debatte (un débat structuré) treten zwei Teams gegeneinander an, die konträre Standpunkte zu einer Frage, einer (evtl. auch absurden) These oder einem Problem vertreten. Eine Jury entscheidet, welche Mannschaft überzeugender aufgetreten ist.

- Vorbereitung innerhalb eines Teams: Überlegt euch schlagkräftige Argumente für eure Position. Formuliert die Argumente aus. Verteilt die Sprecherrollen und übt euer Auftreten ein. Überlegt, welche Argumente das andere Team vorbringen könnte und überlegt euch, wie ihr auf diese reagieren könnt und ggf. auch, mit welchen Nachfragen ihr das andere Team verunsichern könnt.
- Ablauf: Die Debatte läuft nach vorher festgelegten Redezeiten in einem Dreierschritt ab:

1. Zwei Sprecher jedes Teams legen nacheinander in einem kurzen Eingangsstatement ihre Position dar.
2. Ein bis zwei weitere Sprecher jedes Teams führen abwechselnd ihre Argumente aus. Nach jedem Sprecher kann der Gegenseite ggf. kurz Gelegenheit gegeben werden, Zwischenfragen zu stellen.
3. Der jeweils letzte Sprecher fasst abschließend die Position seines Teams und die Hauptargumente zusammen.

- Rolle der Jury: Die Jury achtet auf die Einhaltung der Redezeiten. Sie protokolliert und bewertet die Debatte. Dabei bewertet sie neben der Sprache (Aussprache und Intonation, Grammatik, Wortschatz) die Gesprächsstrategien (Auftreten des Redners, Aufbau und Überzeugungskraft der Argumentation) und den Inhalt der Argumente (Nachvollziehbarkeit und Verständlichkeit, Wahl der Beispiele).

Beispiel für die Bewertung einer Debatte:

équipe A	langue	stratégie	contenu	points
Julia	(max. 10 pts)	(max. 5 pts)	(max. 5 pts)	(max. 20 pts)
Moritz	(max. 10 pts)	(max. 5 pts)	(max. 5 pts)	(max. 20 pts)
Simon	(max. 10 pts)	(max. 5 pts)	(max. 5 pts)	(max. 20 pts)
				(max. 60 pts)

Einen „Runden Tisch“ organisieren ◎ S. 59/11

Bei einer table ronde bringt jeder der vorher – evtl. mittels Rollenkarten – festgelegten Gesprächsteilnehmer seine eigenen Erfahrungen und Positionen ein; ein Moderator führt i. d. R. das Gespräch.
- Diskussionsteilnehmer: Überlegt euch vor der Diskussion genau, welche Person ihr verkörpern sollt. Welches sind ihre Ideen/Probleme/Argumente/Vorschläge?
- Moderator: Überlege dir vor der Diskussion, welche Personen an der Gesprächsrunde teilnehmen und wo Streitpunkte auftreten könnten. Achte während der Diskussion darauf, dass diese sachlich bleibt. Erteile auch solchen Personen das Wort, die eher zurückhaltend sind.

3 Rollenspiele ◎ S. 64/12, S. 67/7, S. 74/6, S. 83/9, S. 87/10b, S. 118/9

Willst du mit anderen ein Rollenspiel erarbeiten, beachte folgende Punkte.
- Überlege: Wen stellst du dar und was verlangt deine Rolle von dir?
- Mache dir einen Stichwortzettel.
- Überlege dir, was dein/e Dialogpartner antworten könnte/n. Bereite mögliche Antworten darauf vor.

Stichwortzettel zu S. 67/7a:

Karim	ses parents
– c'est un métier intéressant – je gagnerai beaucoup d'argent – je ferai la connaissance de beaucoup de gens intéressants – on pourra me voir à la télé – j'aime bien me présenter devant un public – …	– c'est difficile de faire sa carrière à la télé – ce n'est pas un métier que tu pourras faire pendant toute ta vie – l'argent, ce n'est pas tout – le monde des médias n'est pas sérieux – …

M

4 Präsentieren / Ein Referat halten ◎ S. 32/6, S. 36/11b, S. 43/7b, S. 74/8b, S. 90/7, S. 106/4, S. 118/10

Mit einer Präsentation bzw. einem Referat stellst du Inhalte vor, die deine Mitschüler/innen noch nicht kennen. Eine Präsentation sollte also informativ sein und das Interesse für das Thema wecken.

Die Präsentation / Das Referat vorbereiten

- Wähle ein Thema aus und überlege dir, welche inhaltlichen Aspekte dazugehören.
- Wenn ihr in der Gruppe arbeitet, so teilt euch die Unterpunkte auf. Besprecht alle folgenden Schritte gemeinsam.

Das Thema bearbeiten und strukturieren

- Sammle die Informationen zum Thema und werte sie aus (→ Méthodes, p. 143/5): Wähle diejenigen aus, die wichtig und interessant für deine Mitschüler/innen sind. Versuche, nicht zu viele Details anzugeben. Überlege auch, welches Anschauungsmaterial du verwenden willst (z. B. Fotos, Schemata, Tabellen …).
- Strukturiere deinen Vortrag:
  - Aus wie vielen Teilen soll er bestehen?
  - Womit soll begonnen, womit geendet werden?
  - Notiere dir stichpunktartig auf Französisch, was du zu jedem Unterpunkt sagen möchtest.
  - Bereite eine kurze Einleitung vor, die das Interesse der Zuhörer weckt.
  - Fertige eine Gliederung an, die du deinen Zuhörern als Übersicht geben kannst (z. B. als Handout mit Raum für Notizen).

▶

Den Vortrag vorbereiten

- Bereite die Erklärungen der unbekannten Wörter, die du verwenden wirst, vor.
- Wenn ihr in der Gruppe arbeitet, so teilt eure Rollen auf: Wer erklärt die Vokabeln, wer spricht worüber, wer zeigt was?
- Bereite dich auf eventuelle Fragen deiner Zuhörer vor (s. unten).
- Übe den Text laut vorzutragen, wenn möglich mit Zuhörern. Musst du noch etwas umformulieren, zusammenfassen, genauer ausführen? Ist die Dauer deines Vortrags angemessen?

Die Präsentation / Das Referat

- Teile deinen Mitschülern/-innen die Gliederung aus. Auch die Worterklärungen sollten schriftlich vorliegen (z. B. auf dem Handout, an der Tafel, auf Folie).
- Sprich laut, langsam, deutlich und so frei wie möglich.
- Halte Blickkontakt mit deinen Zuhörern.
- Fasse die wichtigsten Informationen am Ende jedes Teilkapitels zusammen und mache dann eine kleine Pause.
- Gib deinen Zuhörern entweder nach jedem Unterpunkt oder im Anschluss an den gesamten Vortrag die Gelegenheit, Fragen zum Thema zu stellen. Auf solche eventuellen Fragen solltest du vorbereitet sein.
- Um zu überprüfen, ob deine Mitschüler/innen deinen Vortrag gut verstanden haben, kannst du ihnen zum Abschluss einige Testfragen stellen oder ein Quiz durchführen.

Hier findest du wichtige Redemittel für deine Präsentation:

das Thema einführen
Aujourd'hui, je voudrais vous parler de ___.
Mon thème, c'est ___.
Est-ce que vous avez déjà entendu parler de ___?
Je voudrais vous présenter mon livre/groupe/artiste préféré.

den Vortrag strukturieren
D'abord ___.
Ensuite ___.
Enfin ___.
C'est-à-dire ___.
Par exemple ___.
Pour finir, j'aimerais dire que ___.

Bei der Beurteilung der Präsentation oder des Referats eurer Mitschüler/innen kann ein Evaluationsbogen nützlich sein. Ein Beispiel:

	oui	non	plus ou moins
La présentation était intéressante.	☐	☐	☐
Les présentateurs ont bien réparti les rôles.	☐	☐	☐
Ils ont bien expliqué les mots nouveaux.	☐	☐	☐
Les médias utilisés étaient bien choisis.	☐	☐	☐
Ils ont bien structuré la présentation.	☐	☐	☐
Ils ont utilisé un langage simple et des phrases courtes et claires.	☐	☐	☐
Ils ont mis en relief les informations les plus importantes.	☐	☐	☐
Ils ont gardé le contact avec nous pendant la présentation.	☐	☐	☐
Ils ont parlé lentement et clairement.	☐	☐	☐
Ils ont fait des pauses.	☐	☐	☐
Ils ont terminé leur présentation par une conclusion.	☐	☐	☐
Ils nous ont donné le temps de poser des questions.	☐	☐	☐

Ce que j'ai appris: ___

Ce que je n'ai pas compris: ___

Ein Buch vorstellen S. 25/1

Zur Präsentation eines Buchs gibt es mehrere Möglichkeiten:
- Du stellst deinen Mitschülern/-innen das Buch in einem mündlichen Vortrag vor.
- Du verfasst einen Text für die hintere Umschlagseite (la quatrième page de couverture).
- Du erstellst ein Lesebild (une affiche de lecture). (→ Méthodes, p. 148/8)

Dein Vortrag sollte folgende Informationen enthalten:
- Informationen über das Buch, den/die Autor/in, das Thema, die Hauptpersonen
- ein Resümee des Buchs (→ Méthodes, p. 144/1)
- deine Meinung zu dem Buch

J'ai lu (titre) de (nom de l'auteur).
C'est un livre / un roman qui parle de ___ . / C'est un livre sur ___ . / C'est l'histoire de/d'(une femme) qui ___ .
C'est une histoire d'amour entre ___ et ___ .
Le narrateur / La narratrice[1] est (un garçon / une jeune femme) qui ___ .
L'histoire a lieu / se passe à/au(x)/en/dans ___ .
Les personnages sont ___ . / Le personnage principal est (un jeune homme).
L'auteur / L'écrivain parle de problèmes actuels.
L'auteur montre bien la réalité.
C'est autobiographique.
Il y a des passages (fantastiques).
Il y a du suspense / de l'action.

J'aime ce livre parce que ___ .
J'ai trouvé ce livre intéressant/original/triste/drôle/exceptionnel/___ parce que ___ .
L'histoire est pleine de/d'(humour).
C'est facile à lire / bien écrit.
La lecture du texte est facile/difficile parce que ___ .
C'est un livre qui (me) touche.
Dès les premières lignes, les personnages te captivent.
On apprend plein de choses sur ___ .

1 **le narrateur** / **la narratrice** der/die Erzähler/in

5 Informationen sammeln und auswerten S. 32/6, S. 36/11b, S. 43/7a, S. 47/6b, S. 69/9a, S. 90/7, S. 106/4, S. 118/10

Informationen sammeln

Grenze das Thema genau ein. Welche Informationen gehören unbedingt dazu, welche gehen über das Thema hinaus und sind insofern unwichtig für deine Recherche?

Ein Brainstorming oder das Sammeln von Assoziationen zum Thema, z. B. mit Hilfe einer Mind-Map, kann dir wertvolle Hinweise für deine Informationssuche liefern.

Am besten benutzt du mehrere Quellen für deine Informationssuche:
- Enthält das Lehrbuch Informationen zum Thema (z. B. in Lektionstexten oder im Anhang)?
- Findest du weitere Informationen in Nachschlagewerken (z. B. Wörterbüchern, Enzyklopädien, Atlanten, Geschichtsbüchern ...) oder im Internet?
- Gibt es Personen oder Organisationen, die dir Auskünfte erteilen oder Informationsmaterial zur Verfügung stellen könnten?

Recherche im Internet
- Welche Suchbegriffe führen dich zu den für dich wichtigen Informationen?
- Suche evtl. über verschiedene Suchmaschinen: www.google.fr; www.yahoo.fr
- Sind die Seiten, die du gefunden hast, als verlässliche Quellen einzustufen? (Informationen, die du z. B. in Wikipedia gefunden hast, solltest du mit Hilfe einer weiteren Quelle absichern.)

▶

Informationsquellen
Nützliche Informationsquellen zu Frankreich sind z. B. Quid (quid.fr), Le Petit Larousse (Enzyklopädie), Francoscopie (jährlich erscheinendes Buch mit vielen Informationen und Daten zur aktuellen Situation in Frankreich). Auch in den französischen Kulturinstituten, Instituts français und Instituts franco-allemands, kann man vielfältige Informationen erhalten.
Aktuelle Informationen kannst du der Presse entnehmen. In Frankreich erscheinen z. B. Jugendzeitschriften wie Phosphore, Okapi, Le Monde des ados, überregionale Tageszeitungen wie Le Monde, Libération, Le Figaro, Regionalzeitungen wie Ouest-France, Le Provençal, Le Progrès und Wochenmagazine wie Le Nouvel Observateur, Marianne, L'Express, Le Point. Die meisten dieser Printmedien kannst du im Internet abrufen, ebenso viele Rundfunk- und Fernsehsender. Dazu gehören die öffentlich-rechtlichen Sender France 2, France 3, der deutsch-französische Sender Arte, aber auch private Sender. Informationen über andere französischsprachige Länder bekommst du über die dort erscheinenden Zeitungen und Zeitschriften und die dortigen Rundfunk- und Fernsehsender, aber auch über den internationalen frankophonen Sender TV5.

Informationen auswerten

- Mache dir Notizen zu deinem Thema. Wenn du Kopien benutzt, ist es hilfreich, die für dich wesentlichen Informationen farbig zu markieren.
- Notiere dir immer, wo du die Informationen gefunden hast.
- Ordne deine Notizen so, dass du sie weiterverwenden kannst – z. B. als Basis für ein Referat / eine Präsentation. Unterscheide dabei Wichtiges von Unwichtigem.
- Wenn du eine graphische Darstellung auswerten sollst (z. B. Tabelle, Diagramm), kann es dir helfen, mit deinen eigenen Worten auszudrücken, was darauf dargestellt ist. (→ Méthodes, p. 136/13)
- Liegt dir hingegen ein Text mit vielen Zahlen vor, kannst du versuchen, diese graphisch darzustellen.
- Hast du Informationen aus verschiedenen Quellen zum selben Thema gesammelt, ist es nützlich, diese nach Teilaspekten zu gruppieren (z. B. auf Karteikarten), zu vergleichen und zusammenzufassen.

Schreiben

Erinnere dich an die Schreibregeln, die du aus dem Deutschunterricht und dem Unterricht der anderen Fremdsprachen kennst (Textthema, Textsorte, Umfang des Textes, Tempus). Du kannst diese Regeln auf das Erstellen französischer Texte übertragen.
Beim Formulieren helfen dir die Redewendungen in den Repères (Vocabulaire thématique). Orientiere dich auch an den Lehrbuchtexten.

1 Ein Resümee schreiben S. 29/a, S. 81/1b

Ein Resümee enthält in knapper und sachlicher Form die wichtigsten Informationen des Ausgangstextes. Diese findest du, indem du
- bei einem erzählenden Text die W-Fragen stellst (Wer? Was? Wann? Wo? Wie? Warum?),
- bei einem informativen Text nach dem Textthema, den Hauptinformationen bzw. -argumenten und einer möglichen Schlussfolgerung fragst.

Folgende Regeln helfen dir beim Verfassen eines Resümees:
Ein Resümee
- ist immer deutlich kürzer als der Ausgangstext.
- beginnst du mit einem einleitenden Satz zum Thema des Ausgangstextes.
- verfasst du in der 3. Person Präsens.
- schreibst du mit eigenen Worten.
- enthält nur Fakten aus dem Text, keine direkte Rede, keine Zitate und keine eigene Wertung.

2 Eine Personenbeschreibung verfassen

S. 8/1c, S. 36/10 und 11b, S. 46/2b, S. 59/9, S. 125/6

Insbesondere für die Analyse literarischer Texte (→ Méthodes, p. 137–138) sind Personencharakteristiken wichtig. Auch dein Französischbuch enthält Figuren, die du charakterisieren kannst.

- Lies dir den Ausgangstext genau durch und notiere dir in gegliederter Form alle Informationen zum Aussehen, zum sozialen Umfeld (Familie, Freunde, Ausbildung/Beruf, Hobbys ...) sowie zum Charakter und Verhalten der Figur. Achtung: Diese Informationen sind manchmal auch indirekt im Text enthalten, z. B. in Äußerungen anderer über die Figur oder in Reaktionen, die die Figur zeigt.
- Beginne deine Personenbeschreibung mit grundlegenden Informationen über die Figur (z. B. Name, Alter, Wohnort).
- Beschreibe ihr Äußeres und ihr persönliches Umfeld.
- Gehe dann auf das Verhalten und den Charakter der Figur ein. Um deine Aussagen zu belegen, kannst du Zitate aus dem Ausgangstext anführen.
- Willst du über die Biographie einer Person (z. B. eines Politikers, eines Schriftstellers oder einer anderen Person der Zeitgeschichte) sprechen, musst du Informationen zu den Lebensdaten, dem (literarischen) Werk, dem politischen Engagement und anderen besonderen Leistungen geben.
- Verfasse deinen Text im Präsens.
- Stichpunktartig kannst du die Informationen zu einer Figur in einer fiche d'identité festhalten (S. 36/10). Diese kann Ausgangspunkt für eine ausformulierte Personenbeschreibung, aber auch Gedächtnisstütze für die weitere Arbeit mit einem Text sein.

Beispiel einer fiche d'identité zum Text S. 56:

Hannah Stein:
– jeune journaliste
– allemande
– bilingue (all./frç.)
– formation:
études de commerce en Allemagne
école de journalisme
stages en France (journaux, radio)
– travail actuel: magazine «Paris-Berlin»

Hier findest du Redemittel, um eine Person zu beschreiben:

über das Äußere einer Person sprechen
(Quelqu'un est) grand/petit/jeune/vieux/joli/blond/brun/fort/sportif/___ .
(Quelqu'un a l'air) sympa/content/triste/(mal)heureux/vexé/pâle/énervé/___ .

über Begabungen sprechen
(Quelqu'un est) fort en musique / arts plastiques / ___ .
(Quelqu'un est) doué en sport/foot/___ .
(Quelqu'un) réussit en langues/maths/___ .

über das Wesen/Verhalten einer Person sprechen
(Quelqu'un est) gentil/méchant/serviable/curieux/calme/adorable/sage/sévère/intelligent/___ .

über Hobbys sprechen
Il/Elle joue de la guitare / de la batterie / du saxo / de l'accordéon / ___ .
Il/Elle joue au volley / au basket / au tennis / au hockey sur glace / ___ .
Il/Elle fait de l'escalade / du yoga / du ski / du kayak / ___ .
Il/Elle va à la pêche.

über die Biographie einer Person sprechen
Il/Elle naît / est né/e en ___ / à ___ .
Il/Elle vit à/en ___ .
Il/Elle passe plusieurs/trois/___ années en/à ___ .
Il/Elle s'engage / se bat pour la tolérance / la paix / l'amitié franco-allemande / ___ .
Il/Elle crée/invente ___ .
Il/Elle écrit/publie des romans / contes / poèmes / pièces de théâtre / ___ .
En (2008), il/elle reçoit le Prix Goncourt/Nobel.
Il/Elle meurt / est mort/e en (1778).

M

3 Textinhalte erläutern

S. 12/3, S. 18/2b, S. 22/1b, S. 29/b, S. 34/3, S. 38/2 und 3, S. 40/10b, S. 42/2 und 3, S. 56/2, S. 66/2, S. 82/2 und 3, S. 85/3 und 4, S. 106/2, S. 111/2 und 3

Aufgaben, bei denen Textinhalte analysiert werden sollen, erkennst du meist an bestimmten Signalwörtern, z. B. Expliquez ___ / Analysez ___ / Comparez ___ / Pourquoi ___ ? Hier geht es nicht nur darum, dass du – wie bei Aufgaben zum Textverständnis (comprendre/compréhension) – Textinhalte mit eigenen Worten wiedergibst, sondern dass du in einem zweiten Schritt auch ihre Bedeutung erklärst oder Zusammenhänge aufzeigst. (→ Méthodes, p. 135/10)

Cela veut dire que ___.
Ce passage montre que ___.
L'auteur utilise beaucoup de comparaisons/___.
Le texte réussit à convaincre les lecteurs parce que ___.
L'objectif de cette phrase est ___.
Dans ce passage, l'auteur parle de ___ / il est question de ___.
À mon avis, ___.

4 Eine persönliche Stellungnahme verfassen

S. 14/3, S. 18/2c, S. 22/1c, S. 24/10, S. 29/c, S. 51/5b, S. 54/3, S. 61/4, S. 66/3, S. 78/3, S. 89/2, S. 106/3

In einem commentaire personnel sollst du zu einer Frage, einer These oder einem Problem persönlich Stellung nehmen, deine eigene Meinung formulieren und eigene Erfahrungen einbringen. Die Aufgaben enthalten häufig Aufforderungen wie: Donnez vos idées. / Justifiez votre opinion. / Qu'en pensez-vous?/ Êtes-vous d'accord? Bei manchen Aufgabenstellungen ist es notwendig, sich dabei auf den Ausgangstext zu beziehen, z. B. wenn es darum geht, vorgegebene Fakten mit deiner eigenen Situation zu vergleichen. Bei anderen Aufgaben kannst du relativ frei assoziieren und argumentieren. Folgende Hinweise können dir beim Verfassen eines commentaire personnel helfen:

- Brainstorming: Notiere dir zunächst stichpunktartig Argumente für und wider, bilde dir deine eigene Meinung und wähle dann die Argumente aus, die du für stichhaltig hältst.
- Aufbau: Mit einer knappen Einleitung (une introduction) führst du zum Thema hin. Im Hauptteil solltest du wenigstens drei Argumente oder Aspekte eines Themas ausführen. Mit einer kurzen conclusion am Ende bringst du deine Position zusammenfassend auf einen Punkt.
- Argumentation: Bemühe dich, logisch und nachvollziehbar zu argumentieren und deine Argumente, wenn möglich, mit einem Beispiel zu belegen. Besonders überzeugend wirkt dein commentaire, wenn du das wichtigste Argument als letztes ausführst.
- Sprache: Schreibe im Präsens. Dein Text wirkt flüssig und klar gegliedert, wenn du die Sätze durch entsprechende Ausdrücke verbindest.

D'abord, ___ / Pour commencer, ___ / Au début, ___.
Premièrement, ___. / Deuxièmement, ___. / Troisièmement, ___.
Ensuite ___ / De plus ___ / Il faut ajouter que ___.
Enfin, ___ / À la fin ___ / Finalement, ___.
Pourtant ___ / Mais ___ /Au contraire ___.
D'une part ___, d'autre part ___.
C'est pourquoi ___ / En général, ___ / À mon avis, ___.
Je crois/pense que + *ind.* / Je suppose que + *ind.*
Je ne crois/pense pas que + *subj.*
Je (ne) comprends (pas) que + *subj.*
___ probablement ___ /___ sûrement ___ / ___ vraiment ___
Bref ___. / En un mot ___. / En résumé, ___.
Pour terminer/finir/conclure ___.

5 Eine Postkarte / Einen Brief / Eine E-Mail schreiben ◎ S. 16/11, S. 69/9, S. 72/3b, S. 109/12

Marseille, le 18 décembre 2008 — *Datum*

Anrede: an einen Freund / eine Freundin	Cher Jérôme / Chère Nathalie,
an einen Erwachsenen, den du kennst	Cher Monsieur / Chère Madame,
an einen Unbekannten	Monsieur / Madame,
Beispiel für einen Brief an einen Freund / eine Freundin	Comment vas-tu? C'est bientôt Noël. Je vais passer les vacances chez ma tante. Je suis super content(e) parce que j'adore être avec mes cousins. Et toi, qu'est-ce que tu vas faire pendant les vacances de Noël?
Beispiel für einen Brief an das Fremdenverkehrsamt	Ma famille et moi, nous voulons passer nos vacances à Montréal / au Québec en juillet. Pourriez-vous nous envoyer des prospectus sur la ville et sa région / la région?
Du beendest den Brief an einen Freund / eine Freundin	(Grosses) Bises / Bisous
an einen Erwachsenen, den du kennst	Cordialement / Amicalement
an einen Unbekannten	Meilleures salutations
Du lässt Grüße an jemanden ausrichten	Donne/Passe le bonjour à tes parents / à Amélie.

Informationsmaterial über

- Paris:
  www.parisinfo.com
- Marseille:
  accueil@marseille.tourisme.com
- Québec:
  www.bonjourquebec.com
  qc.munich@mri.gouv.qc.ca
- Tunesien:
  www.tunisie.com
  www.tunisieinfo.com

Im Französischen steht in Adressen erst die Hausnummer, dann die Straße.

6 Eine Bewerbung schreiben ◎ S. 69/9c

Zu einem Bewerbungsschreiben gehören ein Lebenslauf mit Foto und ein begleitender Brief.

- Ein tabellarischer Lebenslauf nennt Angaben zur Person (Name, Geburtsdatum, Adresse, Familienstand), schulische und berufliche Bildung, berufliche oder berufsvorbereitende Erfahrungen (z. B. Praktika), weitere Kenntnisse (z. B. Sprachen, Computerkenntnisse), Freizeitaktivitäten. Das Modell eines CV (curriculum vitae) findest du auf S. 68.

▶

- Das Begleitschreiben beginnt mit dem Bezug auf eine Stellenanzeige, ein vorangegangenes Gespräch oder eine andere Form der Kontaktaufnahme. Anschließend erläuterst du knapp, warum du dich für die Tätigkeit interessierst und warum du dafür besonders geeignet bist. Ein Modell für eine solche lettre de motivation findest du auf S. 68.

7 Kreatives Schreiben S. 16/11, S. 28/7, S. 51/5a, S. 59/9, S. 72/3b, S. 112/10b, S. 117/8b

Eigentlich bist du beim Verfassen jeglichen Textes kreativ; du kreierst ja einen Text. Bei kreativem Schreiben im engeren Sinne geht es aber darum, dass du zu einer vorgegebenen Situation oder einem vorgegebenen Bild oder Text deine Phantasie walten lässt und Handlungen, Dialoge o. Ä. erfindest. Oft erkennst du solche Aufgaben am Signalwort Imaginez ... Manchmal geht es auch darum, einen Text aus einer anderen Perspektive oder in einer anderen Textsorte zu schreiben oder ein inhaltliches Detail zu variieren.
Beachte bei solchen Schreibaufgaben Folgendes:
- Nutze alle Informationen des Ausgangstextes, die für dein Thema bzw. die Aufgabenstellung nützlich sein können. Wenn es darum geht, sich in eine Figur hineinzuversetzen, überlege dir, wie diese sich fühlt, was sie denkt, wie sie reagiert. Notiere dazu deine eigenen Ideen und Assoziationen. Ordne deine Notizen und überlege dir, wie du deinen Text aufbauen möchtest.
- Berücksichtige beim Schreiben die Merkmale der verlangten Textsorte (z. B. Brief, Tagebucheintrag, Weblog, Streitgespräch).
- Alle diese Techniken helfen dir auch, wenn es darum geht, dich in eine Situation hineinzuversetzen, um eine Rolle zu spielen (vgl. S. 40/11b, S. 40/12).

8 Plakate erstellen S. 25/1, S. 43/7, S. 74/8b

Ein Informations-/Lernplakat erstellen

Bei der Gestaltung eines Informations- oder Lernplakats können dir folgende Tipps helfen:
- Wähle nur die wichtigsten Informationen aus; Details haben keinen Platz.
- Achte auf eine übersichtliche und eindrückliche Gesamtgestaltung und teile den Platz sinnvoll ein.
- Du kannst die wichtigen oder schwierigen Informationen farbig hervorheben.
- Sind Beispielsätze, Skizzen oder Bilder nützlich?
- Gibt es „Eselsbrücken“ oder andere Merkhilfen (Reime, Merksätze ...)?
- Schreibe groß und leserlich mit einem dicken Stift.

▶ *Fertige ein Lernplakat zum Bedingungssatz oder zum* gérondif *an.*

Ein Lesebild erstellen

Ein Lesebild (une affiche de lecture) kann Folgendes enthalten:
- Autor, Titel und Erscheinungsjahr des Buchs
- Hauptfiguren, Ort und Zeit der Handlung sowie eine kurze Inhaltsangabe
- evtl. kurze Textausschnitte oder Zitate
- eigene Meinung (Was hat dir (nicht) gefallen?)
- Leseempfehlung mit Begründung
- evtl. passende Illustrationen, Fotos ...

9 Fehler selbst korrigieren

S. 16/11, S. 28/7, S. 40/12, S. 46/2b, S. 51/5, S. 59/9, S. 69/9c, S. 72/3b, S. 97/9, S. 101/4, S. 109/12, S. 117/8

Wenn du einen französischen Text geschrieben hast, solltest du ihn Korrektur lesen. Die Chance, Fehler zu finden, ist größer, wenn du deinen Text mehrmals durchliest und bei jedem Durchlesen nur auf ein bestimmtes grammatisches Phänomen achtest. Aus den folgenden Vorschlägen kannst du dir eine persönliche „Fehlersuchliste" zusammenstellen.

1. Sind die Begleiter und Adjektive dem Genus und dem Numerus des Nomens angepasst?
   des livres
   cette fille
   les belles chansons
   toutes les idées

2. Hast du an die Apostrophierung bzw. die Veränderung des Begleiters oder Adjektivs vor Nomen mit Vokal oder stummem „h" gedacht?
   l'horloge
   mon adresse
   cet ordinateur
   son nouvel anorak

3. Stimmen die Verbformen mit ihren Subjekten überein?
   tu chantes
   ils voient

4. Hast du an die richtige Stellung der Adjektive gedacht?
   un pull **vert**
   une **belle** maison
   une histoire **vraie** – une **vraie** aventure

5. Stimmen die Pronomen in Genus und Numerus mit den Wörtern überein, die sie ersetzen?
   les oranges – Je **les** achète.

6. Satzbau: Hast du an die richtige Reihenfolge der Satzglieder (Subjekt – Verb – Ergänzung) und an den richtigen Platz der Pronomen gedacht?
   Lila parle à son frère.
   Elle **lui** donne le pain.
   On va **en** discuter.
   Je **te les** montre.

7. „Passé composé": Hast du das richtige Hilfsverb verwendet und die Regeln zur Angleichung des Partizips berücksichtigt?
   il **a** mangé
   elle **est** venue
   ils se **sont** levés
   Laura? Je **l'**ai vue hier.
   la robe **que** j'ai achetée

8. Hast du nach Zeitangaben, die das „passé composé" oder das „imparfait" auslösen, das entsprechende Tempus verwendet?
   Comme d'habitude, elle **lisait**.
   Tout à coup, son frère **est entré**.

9. Hast du nach den entsprechenden Auslösern den „subjonctif" verwendet?
   Il faut que tu **fasses** attention.
   Je suis **contente que** tu **viennes**.

M

Sprachmittlung

In deinem Buch gibt es Übungen mit diesem Zeichen . Dies sind sogenannte „Sprachmittlungsübungen". Hier geht es darum, den Inhalt des Textes sinngemäß in der anderen Sprache wiederzugeben. Du sollst also **nicht** wörtlich übersetzen.

►

1 Wiedergeben bzw. Zusammenfassen von Textinhalten: Französisch → Deutsch

S. 20/8b, S. 40/13a, S. 43/8, S. 117/7b

Hier sollst du den Inhalt eines französischen Textes auf Deutsch wiedergeben. (Dieser Text kann natürlich auch unbekannte Wörter enthalten.)

- Lies den Text durch bzw. höre ihn an. Mache dir mit Hilfe der W-Fragen (Wer? Wo? Wann? Was? Warum? Wie?) klar, worauf es in dem Text ankommt.
  Notiere dir eventuell die wichtigen Textinformationen stichpunktartig auf Deutsch.
- Formuliere dann auf Deutsch. Es geht dabei um eine Zusammenfassung der wichtigsten Textinhalte. Sei also nicht überrascht, wenn der deutsche Text (deutlich) kürzer ist als der französische Ausgangstext!
- Lies den französischen Text noch einmal durch bzw. wenn möglich, höre ihn nochmals an, um zu überprüfen, ob dein deutscher Text alle wichtigen Informationen enthält.

2 Wiedergeben bzw. Zusammenfassen von Textinhalten: Deutsch → Französisch

S. 20/8b, S. 90/6

Hier geht es darum, dass du die wichtigen Inhalte eines deutschen Textes ins Französische überträgst.

- Überlege dir, welche Informationen für deinen frankophonen Adressaten von Bedeutung sind bzw. sieh dir die Aufgabenstellung genau an.
- Gib diese Informationen sinngemäß wieder. Dabei geht es oft um eine zusammenfassende Wiedergabe der wichtigsten Textinhalte. Nur in Einzelfällen kann es notwendig sein, Ausdrücke oder (Teil-)Sätze wörtlich zu übersetzen.
- Lies den deutschen Ausgangstext noch einmal durch und überprüfe, ob dein französischer Text alle wichtigen Informationen enthält und sinnvoll aufgebaut ist.

3 „Dolmetschen“

S. 16/10, S. 18/3a, S. 63/10

In diesen Sprachmittlungsübungen geht es um die Wiedergabe einzelner Äußerungen in der jeweils anderen Sprache. Hierbei übernimmst du also die Rolle eines Dolmetschers.

- Mache dir klar, was die Person, für die du dolmetschst, sagen möchte.
- Übertrage dies sinngemäß ins Französische bzw. ins Deutsche.

Das Wörterbuch benutzen

1 Das zweisprachige Wörterbuch benutzen

Französisch – Deutsch

Ein Wörterbucheintrag enthält verschiedene Informationen, die man „entschlüsseln“ muss, um das Wörterbuch sinnvoll nutzen zu können. Dazu muss man auch einige Abkürzungen kennen. Die Bedeutung der Abkürzungen findest du im Abkürzungsverzeichnis am Anfang/Ende deines Wörterbuchs.

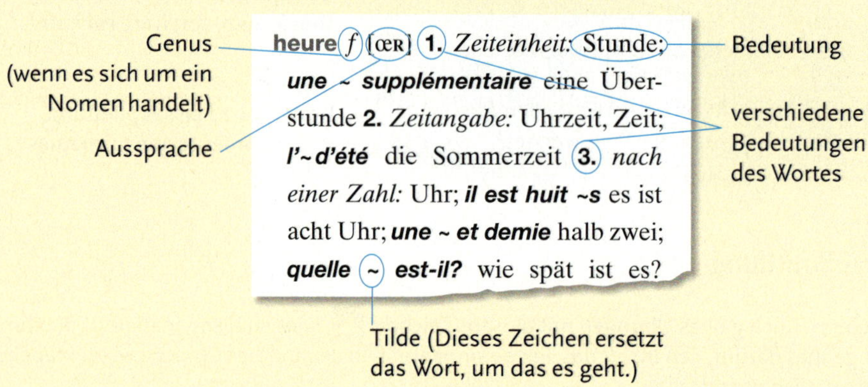

Weitere Hinweise für das Nachschlagen in einem französisch-deutschen Wörterbuch:
- Die Akzente und andere besondere Zeichen spielen für die Einordnung eines Wortes keine Rolle: „école“ steht also vor „être“, „ça“ steht vor „cantine“. Wörter, die mit „œ“ beginnen, findest du unter „o“.
- Identifiziere zunächst die Wortart des unbekannten Wortes (Nomen? Verb? Adjektiv?). Konjugierte Verbformen (z. B. ils prennent, elle a entendu), unregelmäßige Pluralformen eines Nomens (z. B. les animaux) musst du auf ihre Grundform (prendre, entendre, l'animal), feminine Adjektive (z. B. nouvelle) auf ihre maskuline Form (nouveau) zurückführen, damit du sie im Wörterbuch findest.
- Falls du Zweifel bei der Aussprache hast, achte auf die in eckigen Klammern angegebene Lautschrift.

Tipps:
- Ein Wort kann mehrere Bedeutungen haben. Deshalb ist es wichtig, dass du den Wörterbucheintrag immer ganz durchliest, um die Bedeutung zu finden, die in „deinen“ Kontext passt.
- Mehrteilige Ausdrücke sind manchmal nur unter einem der Teile eingetragen. Wenn du z. B. le mal du pays nicht unter „mal“ findest, dann schaue unter „pays“ nach.

Finde mit Hilfe des Wörterbuchs heraus, welche Bedeutung das unterstrichene Wort jeweils hat.
Dans ce match, notre équipe a <u>marqué</u> douze points.
Cette expérience m'a beaucoup <u>marqué</u>.
Avant de prêter un livre, je <u>marque</u> toujours mon nom dedans.
Le traité de Maastricht <u>marque</u> la naissance de l'Union européenne.

Finde mit Hilfe des Wörterbuchs die Bedeutung der folgenden mehrteiligen Ausdrücke:
la flûte traversière, la nuit blanche, crier quelque chose sur les toits, mettre son grain de sel

Deutsch – Französisch

S. 12/6

verschiedene Übersetzungen — Aussprache — französische Entsprechung — Genus — Tilde (Dieses Zeichen ersetzt das Wort, um das es geht.)

Uhr **1.** *(Turm-, Standuhr usw.)* l'horloge *f* [lɔʀlɔʒ] **2.** *(Armbanduhr, Taschenuhr)* la montre; ***deine ~ geht vor*** ta montre avance; ***ihre ~ geht fünf Minuten nach*** sa montre retarde <u>de</u> cinq minutes **3.** *Zeit:* l'heure ***wie viel ~ ist es?*** quelle heure est-il?; ***es ist ein ~*** il est une heure; ***um wie viel ~?*** à quelle heure?

Wenn du für ein deutsches Wort die französische Entsprechung nachschlägst, gelten folgende Regeln:
- Lies dir den Wörterbucheintrag vollständig durch und entscheide, welches der angegebenen französischen Wörter das passende ist. Beachte dabei Angaben wie *péj. (= péjoratif)*. Das bedeutet „abwertend“.
- Ist in deinem Wörterbuch die Aussprache des französischen Wortes nicht angegeben, nimm die Lautschrift im französisch-deutschen Teil des Wörterbuchs zu Hilfe.
- Passe das ausgewählte französische Wort in den Satz, den du formulieren möchtest, ein, d. h.:
  - bei Nomen: Bilde, wenn nötig, den Plural.
  - bei Verben: Bilde aus dem Infinitiv die passende Verbform.
  - bei Adjektiven: Gleiche sie dem Nomen an.

Tipps:
- Hast du eine der angegebenen französischen Entsprechungen für dein deutsches Wort ausgewählt, kannst du überprüfen, ob es sich um die passende handelt: Schlage einfach das französische Wort im französisch-deutschen Teil deines Wörterbuchs nach. Findest du dort das deutsche Wort, von dem du ausgegangen bist, wieder?
- Findest du ein zusammengesetztes Wort (z. B. Zimmermannslehre) nicht im Wörterbuch, suche unter den beiden Bestandteilen und bilde dann ein zusammengesetztes französisches Nomen (häufig nach dem Muster Nomen + de + Nomen).

Welche französischen Wörter entsprechen den unterstrichenen deutschen Ausdrücken?

Marie hat heute ein Tor geschossen.
Mach bitte das Tor zu!

Schreibst du mir eine Karte aus Spanien?
Der Spieler hat die rote Karte bekommen.
Hier ist deine Karte für das Konzert.

2 Das einsprachige Wörterbuch benutzen S. 112/8, S. 115/1

Ein einsprachiges Wörterbuch
- zeigt dir die korrekte Schreibung und Aussprache eines Wortes.
- gibt Beispiele für den Gebrauch eines Wortes (Kontext; Kollokationen).
- enthält Synonyme und Antonyme eines Wortes. Damit kannst du die genaue Bedeutung eines Wortes verstehen und in deinen eigenen Texten die Wiederholung des Wortes vermeiden.

In manchen Wörterbüchern sind die Einträge nach Wortfamilien geordnet.
Beispiel: Du suchst das Wort déshabiller. Wenn du es unter „d-" nicht findest, schaue unter einem Verb, einem Adjektiv oder einem anderen Wort derselben Wortfamilie nach (z. B. habiller, habit).

genre:
m. = masculin
f. = féminin

syn. = synonyme
contr. = contraire

catégorie grammaticale:
n. = nom/substantif
v. intr. = verbe intransitif
v. trans. = verbe transitif
adj. = adjectif
adv. = adverbe
prép. = préposition

lutte [lyt] n. f. 1. Effort fait par une personne, combat mené par un individu ou un groupe pour venir à bout d'un rival, d'un obstacle, d'un danger ou pour résister à une attaque: *La lutte contre un adversaire* (syn.: CONFLIT AVEC; contr.: ACCORD). – 2. Sport consistant à essayer de renverser et de maintenir à terre un adversaire. – 3. Opposition de deux ou plusieurs choses: *Des luttes d'intérêts* (syn.: CONFLIT) ◆ **lutter** [lyte] v. intr. Entrer en lutte avec quelqu'un ou quelque chose: *Les deux boxeurs ont lutté avec acharnement* (syn.: SE BATTRE). *Cesser de lutter* (syn.: RÉSISTER) ◆ **lutteur, lutteuse** n. 1. Personne qui pratique le sport de la lutte – 2. Personne qui fait preuve d'ardeur, de ténacité, d'énergie: *Tempérament de lutteur.*

Bestimme mit Hilfe eines einsprachigen Wörterbuchs für das Wort itinéraire
1. seine Wortart
2. ggf. das Genus
3. die Kontexte, in denen es verwendet wird
4. mit welchen Verben es stehen kann
5. Synonyme
6. andere Wörter derselben Familie

Suche im einsprachigen Wörterbuch
1. Synonyme von peur und battre
2. Antonyme von espoir, innocent
3. Wörter, die zur Wortfamilie von réchauffer, populaire, rondeur und philosophe gehören
4. das Genus von torse, sacrifice, haine, pendule
5. die Kontexte, in denen métis, usure verwendet werden

Les verbes **Die Verben**

Hier findest du die Konjugationen der Verben aus ***À plus!*** **Méthode intensive 1**, **2** *und* **3**.

⚠ (ê) *So gekennzeichnete Verben bilden das* passé composé *mit* être.

Les verbes auxiliaires «avoir» et «être» *Die Hilfsverben* „avoir" *und* „être"

infinitif	**avoir**		**être**	
présent	j'	ai	je	suis
	tu	as	tu	es
	il	a	il	est
	nous	avons	nous	sommes
	vous	avez	vous	êtes
	ils	ont	ils	sont
imparfait	j'	avais	j'	étais
futur simple	j'	aurai	je	serai
conditionnel	j'	aurais	je	serais
subjonctif	que j'	aie	que je	sois
	que tu	aies	que tu	sois
	qu'il	ait	qu'il	soit
	que nous	ayons	que nous	soyons
	que vous	ayez	que vous	soyez
	qu'ils	aient	qu'ils	soient
passé simple	j'eus, il eut, nous eûmes		je fus, il fut, nous fûmes	
impératif	**Aie. Ayons. Ayez.**		**Sois. Soyons. Soyez.**	
participe présent	ayant		étant	
participe passé	eu		été	

Les verbes réguliers en -er/-ir/-(d)re ***Die regelmäßigen Verben auf*** -er/-ir/-(d)re

infinitif	**regarder**	
présent	je	regard**e**
	tu	regard**es**
	il	regard**e**
	nous	regard**ons**
	vous	regard**ez**
	ils	regard**ent**
imparfait	je	regardais
futur simple	je	regarderai
conditionnel	je	regarderais
subjonctif	que je	regarde
passé simple	je regardai, il regarda, nous regardâmes	
impératif	Regarde. Regardons. Regardez.	
participe présent	regardant	
participe passé	regardé	

⚠ *Diese Verben auf* -er *bilden das* passé composé *mit* être: (ê)aller, (ê)arriver, (ê)entrer, (ê)monter, (ê)passer, (ê)rentrer, (ê)rester, (ê)retourner, (ê)tomber

⚠ *Diese Verben haben jeweils eine Besonderheit in der Schreibung:*

-cer: nous avançons, nous (re-)commençons, nous divorçons, nous finançons, nous lançons, nous renonçons

-ger: nous (nous) arrangeons, nous changeons, nous corrigeons, nous déménageons, nous dérangeons, nous échangeons, nous encourageons, nous nous engageons, nous jugeons, nous mangeons, nous nageons, il neigeait, nous partageons, nous rangeons, nous rédigeons, nous rongeons, nous voyageons

-yer: j'essaie, tu essaies, il essaie, nous essayons, vous essayez, ils essaient;
ebenso: appuyer, employer, (ê)s'ennuyer, nettoyer, payer

préférer: je préfère, tu préfères, il préfère, nous préférons, vous préférez, ils préfèrent;
ebenso: espérer, exagérer, (ê)s'inquiéter, intégrer, régler, repérer, répéter

acheter: j'achète, tu achètes, il achète, nous achetons, vous achetez, ils achètent;
ebenso: amener, emmener, geler, ((ê)se) lever

((ê)s')appeler: (je)/j'(m')appelle, tu (t')appelles, il (s')appelle, nous (nous) appelons, vous (vous) appelez, ils (s')appellent;
ebenso: jeter

protéger: je protège, tu protèges, il protège, nous protégeons, vous protégez, ils protègent

infinitif	**entendre**		**réagir**	
présent	j'	entend**s**	je	réagi**s**
	tu	entend**s**	tu	réagi**s**
	il	entend	il	réagi**t**
	nous	entend**ons**	nous	réagi**ssons**
	vous	entend**ez**	vous	réagi**ssez**
	ils	entend**ent**	ils	réagi**ssent**
imparfait	j'	entendais	je	réagi**ssais**
futur simple	j'	entendrai	je	réagirai
conditionnel	j'	entendrais	je	réagirais
subjonctif	que j'	entende	que je	réagisse
passé simple	j'entendis, il entendit, nous entendîmes		je réagis, il réagit, nous réagîmes	
impératif	Entends. Entendons. Entendez.		Réagis. Réagissons. Réagissez.	
participe présent	entendant		réagissant	
participe passé	entendu		réagi	
	ebenso: attendre, correspondre, défendre, dépendre, (ê)descendre, fondre, perdre, rendre, répondre, tendre, vendre		*ebenso:* agir, applaudir, choisir, finir, réfléchir, réussir, rougir	

Les verbes irréguliers ***Die unregelmäßigen Verben***

infinitif	**accueillir**		**(ê)aller**		**(ê)s'asseoir**	
présent	j'	accueille	je	vais	je m'	assieds
	tu	accueilles	tu	vas	tu t'	assieds
	il	accueille	il	va	il s'	assied
	nous	accueillons	nous	allons	nous nous	asseyons
	vous	accueillez	vous	allez	vous vous	asseyez
	ils	accueillent	ils	vont	ils s'	asseyent
imparfait	j'	accueillais	j'	allais	je m'	asseyais
futur simple	j'	accueillerai	j'	irai	je m'	assiérai
conditionnel	j'	accueillerais	j'	irais	je m'	assiérais
subjonctif	que j'	accueille	que j'	aille *aber:* que nous allions, que vous alliez	que je m'	asseye
passé simple	j'accueillis, il accueillit, nous accueillîmes		j'allai, il alla, nous allâmes		je m'assis, il s'assit, nous nous assîmes	
impératif	Accueille. Accueillons. Accueillez.		Va. Allons. Allez.		Assieds-toi. Asseyons-nous. Asseyez-vous.	
participe présent	accueillant		allant		s'asseyant	
participe passé	accueilli		allé/e		assis/e	

infinitif	**boire**		**connaître**		**conquérir**	
présent	je	bois	je	connais	je	conquiers
	tu	bois	tu	connais	tu	conquiers
	il	boit	il	connaît	il	conquiert
	nous	buvons	nous	connaissons	nous	conquérons
	vous	buvez	vous	connaissez	vous	conquérez
	ils	boivent	ils	connaissent	ils	conquièrent
imparfait	je	buvais	je	connaissais	je	conquérais
futur simple	je	boirai	je	connaîtrai	je	conquerrai
conditionnel	je	boirais	je	connaîtrais	je	conquerrais
subjonctif	que je	boive	que je	connaisse	que je	conquière
	aber: que nous buvions, que vous buviez				*aber:* que nous conquérions, que vous conquériez	
passé simple	je bus, il but, nous bûmes		je connus, il connut, nous connûmes		je conquis, il conquit, nous conquîmes	
impératif	Bois. Buvons. Buvez.		Connais. Connaissons. Connaissez.		Conquiers. Conquérons. Conquérez.	
participe présent	buvant		connaissant		conquérant	
participe passé	bu		connu		conquis	
			ebenso: disparaître, paraître			

infinitif	**construire**		**courir**		**croire**	
présent	je	construis	je	cours	je	crois
	tu	construis	tu	cours	tu	crois
	il	construit	il	court	il	croit
	nous	construisons	nous	courons	nous	croyons
	vous	construisez	vous	courez	vous	croyez
	ils	construisent	ils	courent	ils	croient
imparfait	je	construisais	je	courais	je	croyais
futur simple	je	construirai	je	courrai	je	croirai
conditionnel	je	construirais	je	courrais	je	croirais
subjonctif	que je	construise	que je	coure	que je	croie
					aber: que nous croyions, que vous croyiez	
passé simple	je construisis, il construisit, nous construisîmes		je courus, il courut, nous courûmes		je crus, il crut, nous crûmes	
impératif	Construis. Construisons. Construisez.		Cours. Courons. Courez.		Crois. Croyons. Croyez.	
participe présent	construisant		courant		croyant	
participe passé	construit		couru		cru	
	ebenso: conduire					

infinitif	**débattre**		**devoir**		**dire**	
présent	je	débats	je	dois	je	dis
	tu	débats	tu	dois	tu	dis
	il	débat	il	doit	il	dit
	nous	débattons	nous	devons	nous	disons
	vous	débattez	vous	devez	vous	**dites**
	ils	débattent	ils	doivent	ils	disent
imparfait	je	débattais	je	devais	je	disais
futur simple	je	débattrai	je	devrai	je	dirai
conditionnel	je	débattrais	je	devrais	je	dirais
subjonctif	que je	débatte	que je	doive ⚠ *aber:* que nous devions, que vous deviez	que je	dise
passé simple	je débattis, il débattit, nous débattîmes		je dus, il dut, nous dûmes		je dis, il dit, nous dîmes	
impératif	Débats. Débattons. Débattez.		*(selten verwendet)*		Dis. Disons. **Dites**.	
participe présent	débattant		devant		disant	
participe passé	débattu		d**û**		dit	
	ebenso: battre					

infinitif	**écrire**		**envoyer**		**faire**	
présent	j'	écris	j'	envo**i**e	je	fais
	tu	écris	tu	envo**i**es	tu	fais
	il	écrit	il	envo**i**e	il	fait
	nous	écrivons	nous	envoyons	nous	faisons [fəzɔ̃]
	vous	écrivez	vous	envoyez	vous	**faites**
	ils	écrivent	ils	envo**i**ent	ils	font
imparfait	j'	écrivais	j'	envoyais	je	faisais [fəzɛ]
futur simple	j'	écrirai	j'	enve**rr**ai	je	ferai
conditionnel	j'	écrirais	j'	enve**rr**ais	je	ferais
subjonctif	que j'	écrive	que j'	envo**i**e ⚠ *aber:* que nous envo**yi**ons, que vous envo**yi**ez	que je	fasse
passé simple	j'écrivis, il écrivit, nous écrivîmes		j'envoyai, il envoya, nous envoyâmes		je fis, il fit, nous fîmes	
impératif	Écris. Écrivons. Écrivez.		Envo**i**e. Envoyons. Envoyez.		Fais. Faisons. **Faites**.	
participe présent	écrivant		envoyant		faisant	
participe passé	écrit		envoyé		fait	
	ebenso: (ê)s'inscrire					

ANNEXE

infinitif	**falloir**		**fuir**		**introduire**	
présent			je	fuis	j'	introduis
			tu	fuis	tu	introduis
	il	faut	il	fuit	il	introduit
			nous	fuyons	nous	introduisons
			vous	fuyez	vous	introduisez
			ils	fuient	ils	introduisent
imparfait	il	fallait	je	fuyais	j'	introduisais
futur simple	il	faudra	je	fuirai	j'	introduirai
conditionnel	il	faudrait	je	fuirais	j'	introduirais
subjonctif	qu'il	faille	que je	fuie ⚠ *aber:* que nous fuyions, que vous fuyiez	que j'	introduise
passé simple	il fallut		je fuis, il fuit, nous fuîmes		j'introduisis, il introduisit, nous introduisîmes	
impératif	*(kein Imperativ)*		Fuis. Fuyons. Fuyez.		Introduis. Introduisons. Introduisez.	
participe présent	*(kein* participe présent*)*		fuyant		introduisant	
participe passé	fallu		fui		introduit	
					ebenso: traduire	

infinitif	**lire**		**mettre**		(ê)**mourir**	
présent	je	lis	je	mets	je	meurs
	tu	lis	tu	mets	tu	meurs
	il	lit	il	met	il	meurt
	nous	lisons	nous	mettons	nous	mourons
	vous	lisez	vous	mettez	vous	mourez
	ils	lisent	ils	mettent	ils	meurent
imparfait	je	lisais	je	mettais	je	mourais
futur simple	je	lirai	je	mettrai	je	mourrai
conditionnel	je	lirais	je	mettrais	je	mourrais
subjonctif	que je	lise	que je	mette	que je	meure ⚠ *aber:* que nous mourions, que vous mouriez
passé simple	je lus, il lut, nous lûmes		je mis, il mit, nous mîmes		je mourus, il mourut, nous mourûmes	
impératif	Lis. Lisons. Lisez.		Mets. Mettons. Mettez.		Meurs. Mourons. Mourez.	
participe présent	lisant		mettant		mourant	
participe passé	lu		mis		mort/e	
			ebenso: permettre, promettre			

infinitif	**(ê)naître**	**offrir**	**(ê)partir**
présent	je nais tu nais il naît nous naissons vous naissez ils naissent	j' offre tu offres il offre nous offrons vous offrez ils offrent	je pars tu pars il part nous partons vous partez ils partent
imparfait	je naissais	j' offrais	je partais
futur simple	je naîtrai	j' offrirai	je partirai
conditionnel	je naîtrais	j' offrirais	je partirais
subjonctif	que je naisse	que j' offre	que je parte
passé simple	je naquis, il naquit, nous naquîmes	j'offris, il offrit, nous offrîmes	je partis, il partit, nous partîmes
impératif	Nais. Naissons. Naissez.	Offre. Offrons. Offrez.	Pars. Partons. Partez.
participe présent	naissant	offrant	partant
participe passé	né/e	offert	parti/e
		ebenso: découvrir, ouvrir, souffrir	*ebenso:* dormir, sentir, (ê)se sentir, servir, (ê)sortir

infinitif	**(ê)se plaindre**	**plaire**	**pleuvoir**
présent	je me plains tu te plains il se plaint nous nous plaignons vous vous plaignez ils se plaignent	je plais tu plais il plaît nous plaisons vous plaisez ils plaisent	il pleut
imparfait	je me plaignais	je plaisais	il pleuvait
futur simple	je me plaindrai	je plairai	il pleuvra
conditionnel	je me plaindrais	je plairais	il pleuvrait
subjonctif	que je me plaigne	que je plaise	qu'il pleuve
passé simple	je me plaignis, il se plaignit, nous nous plaignîmes	je plus, il plut, nous plûmes	il plut
impératif	Plains-toi. Plaignons-nous. Plaignez-vous.	Plais. Plaisons. Plaisez.	*(kein Imperativ)*
participe présent	se plaignant	plaisant	pleuvant
participe passé	plaint/e	plu	plu
	ebenso: craindre	*ebenso:* (ê)se taire	

infinitif	**pouvoir**		**prendre**		**recevoir**	
présent	je	peux	je	prends	je	reçois
	tu	peux	tu	prends	tu	reçois
	il	peut	il	prend	il	reçoit
	nous	pouvons	nous	prenons	nous	recevons
	vous	pouvez	vous	prenez	vous	recevez
	ils	peuvent	ils	prennent	ils	reçoivent
imparfait	je	pouvais	je	prenais	je	recevais
futur simple	je	pourrai	je	prendrai	je	recevrai
conditionnel	je	pourrais	je	prendrais	je	recevrais
subjonctif	que je	puisse	que je ⚠ *aber:* que nous prenions, que vous preniez	prenne	que je ⚠ *aber:* que nous recevions, que vous receviez	reçoive
passé simple	je pus, il put, nous pûmes		je pris, il prit, nous prîmes		je reçus, il reçut, nous reçûmes	
impératif	*(kein Imperativ)*		Prends. Prenons. Prenez.		Reçois. Recevons. Recevez.	
participe présent	pouvant		prenant		recevant	
participe passé	pu		pris		reçu	
			ebenso: apprendre, comprendre			

infinitif	**rire**		**savoir**		**suffire**	
présent	je	ris	je	sais		
	tu	ris	tu	sais		
	il	rit	il	sait	il	suffit
	nous	rions	nous	savons		
	vous	riez	vous	savez		
	ils	rient	ils	savent		
imparfait	je	riais	je	savais	il	suffisait
futur simple	je	rirai	je	saurai	il	suffira
conditionnel	je	rirais	je	saurais	il	suffirait
subjonctif	que je	rie	que je	sache	qu'il	suffise
passé simple	je ris, il rit, nous rîmes		je sus, il sut, nous sûmes		il suffit	
impératif	Ris. Rions. Riez.		Sache. Sachons. Sachez.		*(kein Imperativ)*	
participe présent	riant		sachant		suffisant	
participe passé	ri		su		suffi	

infinitif	**suivre**		**vaincre**		^(ê)^**venir**	
présent	je	suis	je	vaincs	je	viens
	tu	suis	tu	vaincs	tu	viens
	il	suit	il	vainc	il	vient
	nous	suivons	nous	vainquons	nous	venons
	vous	suivez	vous	vainquez	vous	venez
	ils	suivent	ils	vainquent	ils	viennent
imparfait	je	suivais	je	vainquais	je	venais
futur simple	je	suivrai	je	vaincrai	je	viendrai
conditionnel	je	suivrais	je	vaincrais	je	viendrais
subjonctif	que je	suive	que je	vainque	que je	vienne ⚠ *aber:* que nous venions, que vous veniez
passé simple	je suivis, il suivit, nous suivîmes		je vainquis, il vainquit, nous vainquîmes		je vins, il vint, nous vînmes	
impératif	Suis. Suivons. Suivez.		Vaincs. Vainquons. Vainquez.		Viens. Venons. Venez.	
participe présent	suivant		vainquant		venant	
participe passé	suivi		vaincu		venu/e	
	ebenso: poursuivre		*ebenso:* convaincre		*ebenso:* (ê)devenir, obtenir, (ê)revenir, (ê)se souvenir, tenir	

infinitif	**vivre**		**voir**		**vouloir**	
présent	je	vis	je	vois	je	veux
	tu	vis	tu	vois	tu	veux
	il	vit	il	voit	il	veut
	nous	vivons	nous	voyons	nous	voulons
	vous	vivez	vous	voyez	vous	voulez
	ils	vivent	ils	voient	ils	veulent
imparfait	je	vivais	je	voyais	je	voulais
futur simple	je	vivrai	je	verrai	je	voudrai
conditionnel	je	vivrais	je	verrais	je	voudrais
subjonctif	que je	vive	que je	voie ⚠ *aber:* que nous voyions, que vous voyiez	que je	veuille
passé simple	je vécus, il vécut, nous vécûmes		je vis, il vit, nous vîmes		je voulus, il voulut, nous voulûmes	
impératif	Vis. Vivons. Vivez.		Vois. Voyons. Voyez.		*(selten verwendet)*	
participe présent	vivant		voyant		voulant	
participe passé	vécu		vu		voulu	
	ebenso: survivre		*ebenso:* prévoir			

ANNEXE

Die Angabe in Klammern zeigt dir an, in welchem Dossier / welcher Séquence der Begriff zum ersten Mal vorkommt: (→ D4/A) heißt zum Beispiel Dossier 4 / Approches.

Personen

Adenauer, Konrad (1876–1967)
Deutscher Politiker. Galt während der Nazizeit als Regimegegner und war kurz vor Kriegsende mehrere Monate in Gestapohaft. Er war von 1949 bis 1963 erster deutscher Bundeskanzler und setzte sich während seiner Amtszeit für den erfolgreichen Aufbau einer neuen Demokratie ein. Unterzeichnete 1963 zusammen mit → de Gaulle den → traité de l'Élysée. (→ D4/A)

d'Alembert, Jean [dalɑ̃bɛʀʒɑ̃] (1717–1783)
Französischer Mathematiker und Naturwissenschaftler, der als Autor bei der „Encyclopédie" von → Diderot mitwirkte. (→ D2/1)

d'Arc, Jeanne [daʀkʒan] (1412–1431)
Französische Nationalheldin. Während des Hundertjährigen Krieges (1337–1453) wurde Orléans 1429 unter ihrer Führung von der englischen Belagerung befreit. 1430 wurde sie gefangen genommen, den Engländern ausgeliefert und verbrannt. 1920 wurde sie heilig gesprochen. (→ D2/2)

Begag, Azouz [begagazuz] (geb. 1957)
Französischer Schriftsteller und Sozialwissenschaftler algerischer Herkunft. In seinen zahlreichen Jugendbüchern thematisiert Begag das Leben und die Integration von Migranten. (→ D5/1)

Bonaparte, Napoléon [bɔnapaʀtnapɔleɔ̃] (1769–1821)
Auf Korsika als Sohn einer Kleinadelsfamilie geboren. Von 1792 bis 1815 führte er Eroberungskriege gegen zahlreiche europäische Staaten („Napoleonische Kriege") und nahm einen Großteil Europas ein. Seine Herrschaft erstreckte sich zeitweise von Polen bis nach Rom. 1804 krönte er sich selbst zum Kaiser der Franzosen und führte den „Code civil" ein, das Gesetzbuch zum Zivilrecht. Seine Herrschaft endete 1815. (→ D2/A)

Bottero, Pierre [bɔteʀopjɛʀ] (geb. 1964)
Französischer Schriftsteller, arbeitete lange Zeit als Grundschullehrer. Er schrieb mehrere Jugendbücher und hatte großen Erfolg mit der Trilogie „La Quête d'Ewilan". (→ D1/3)

Briand, Aristide [bʀiɑ̃aʀistid] (1862–1932)
Zwischen 1909 und 1932 mehrfach Ministerpräsident und Außenminister Frankreichs. Er setzte sich für die Sicherheit Frankreichs und ein friedliches Zusammenleben mit Deutschland ein und unterzeichnete mit → Stresemann die Locarno-Verträge. Beide erhielten 1926 für ihre Friedensbestrebungen den → Prix Nobel de la paix. (→ D4/A)

Charlemagne [ʃaʀləmaɲ] **Karl der Große** (747–814)
Als König der Franken unternahm er zahlreiche Eroberungskriege, in denen er die anderen Völker christianisierte. Zeitweilig erstreckte sich das Frankenreich unter seiner Herrschaft von den Pyrenäen bis zur deutschen Ostseeküste und von der Bretagne bis ins heutige Tschechien und Kroatien. Er setzte eine Bildungsreform durch und ließ Schulen einrichten. Im Jahr 800 wurde Karl in Aachen zum Kaiser gekrönt. (→ D4/A)

Daguerre, Louis [dagɛʀlwi] (1787–1851)
Französischer Bühnenbildner und Kleinkünstler. Erfand zusammen mit → Niepce die Fotografie. Nach ihm wurde das Positivbild einer Fotografie, die Daguerreotypie, benannt. (→ D2/A)

Diderot, Denis [didəʀodəni] (1713–1784)
Französischer Schriftsteller, dessen großes Werk die „Encyclopédie" ist. Gemeinsam mit anderen Intellektuellen wie → d'Alembert, → de Montesquieu und → Voltaire schrieb er dieses umfassende Werk über die Wissenschaften und Künste. Es umfasst insgesamt 28 Bände. Die ersten Bände erschienen 1751, die letzten 1765. Diderot ist außerdem Verfasser von „Les pensées philosophiques" („Philosophische Überlegungen"). (→ D2/1)

El Aroui, Abdelaziz [ɛlaʀwiabdɛlazis] (1895–1971)
Tunesischer Dramaturg, Journalist und Chronist. El Aroui ist Verfasser zahlreicher Erzählungen, die jeden Sonntag bei Radio Tunis gesendet wurden und ein breites Publikum begeisterten. Eine seiner bekanntesten Erzählungen ist „Le sultan et le jardinier". (→ D5/2)

Fam, Nagui [famnagi] (geb. 1961)
Französischer Fernseh- und Radiomoderator, in Ägypten geboren. Wurde in den 1990er Jahren durch die TV-Quizsendung „Que le meilleur gagne" bekannt. Seit Dezember 2007 moderiert er die Sendung „N'oubliez pas les paroles". (→ D2/3)

Faudel [fodɛl] (geb. 1978)
Französischer Sänger und Schauspieler algerischer Herkunft. Faudel ist zurzeit einer der wichtigsten Vertreter algerischer Popmusik (Raï) in Frankreich. Bekannt geworden ist Faudel 1997 durch sein Album „Baïda". (→ D5/Prép)

Ferry, Jules [fɛʀiʒyl] (1832–1893)
Zwischen 1879 und 1885 mehrmals französischer Bildungs- und Außenminister. Ferry führte den kostenfreien Schulbesuch als allgemeine Pflicht ein und gründete die erste staatliche Schule für Mädchen. (→ D4/3)

Fuentès, Roland [fwɛntɛsʀɔlɑ̃] (geb. 1971)
Französischer Schriftsteller und Deutschlehrer. 2008 erschien sein aktueller Jugendroman „Un amour sur mesure". (→ D4/Prép)

de Gaulle, Charles [dəgolʃaʀl] (1890–1970)
1959–1969 Präsident der französischen Republik. 1940, während des Zweiten Weltkriegs, lebte er in England im Exil, von wo aus er den Widerstand (→ Résistance) gegen die deutsche Besatzung organisierte. Der größte Flughafen in Paris wurde nach ihm benannt. (→ D4/A)

Hulot, Nicolas [ylonikɔla] (geb. 1955)
Französischer Journalist. Er gilt derzeit als einflussreichster Umweltaktivist Frankreichs. 1990 gründete er eine nach ihm benannte Umweltstiftung. Er schrieb mehrere Bücher zum Thema Umweltschutz. (→ D2/3)

Lachaud, Denis [laʃodəni] (geb. 1964)
Französischer Schriftsteller und Regisseur, in Paris geboren. Er veröffentlichte bisher zwei Romane: „J'apprends l'allemand" und „La forme profonde". (→ D1/3)

Louis XIV [lwikatɔʀz] (1638–1715) **Ludwig XIV.**
Louis XIV, auch „le Roi-Soleil" („Sonnenkönig") genannt, regierte Frankreich von 1643 bis 1715 und war Vertreter des höfischen Absolutismus. Er veranlasste den Bau der Schlossanlage in → Versailles, wo er sich 1682 mit seinem Hof niederließ. Unter der Herrschaft von Louis XIV wurden die französischen Protestanten scharf verfolgt, viele verließen das Land und siedelten sich u. a. in Deutschland an. Louis XIV galt als Förderer von Kunst und Kultur. Zahlreiche Kunstschaffende standen in seinem Dienst, darunter → Molière und der italienische Musiker Lully. (→ D2/A)

Louis XVI [lwisɛz] (1754–1793) **Ludwig XVI.**
König Frankreichs von 1774 bis 1792, verheiratet mit Marie-Antoinette, einer Tochter der österreichischen Kaiserin Maria-Theresia. Louis XVI setzte die unter → Louis XIV begonnene Politik des Absolutismus fort, die durch die → Révolution française 1789 ihr Ende fand. Louis XVI und Marie-Antoinette wurden 1792 verhaftet und in der → Bastille eingekerkert. Nach einem Prozess, bei dem sie wegen Staatsverschwörung angeklagt wurden, starben beide 1793 durch die Guillotine. (→ D2/1)

les frères Lumière [lefʀɛʀlymjɛʀ]
Die Brüder Louis (1864–1948) und Auguste Lumière (1862–1954) erfanden den Cinematographen (einen Filmvorführapparat, Vorgänger für Kino und Fernsehen), für den sie zahlreiche Kurzfilme drehten. Ihnen ist auch die Entwicklung der Farbfotografie zu verdanken. (→ D2/A)

Molière [mɔljɛʀ] (eigtl. **Poquelin, Jean-Baptiste**) (1622–1673)
Bedeutender französischer Theaterautor, Schauspieler und Theaterdirektor, der vor allem durch seine Komödien bekannt wurde, in denen er die menschlichen Schwächen sowie die sozialen und politischen Probleme seiner Zeit satirisch darstellt.

Am Hofe von → Louis XIV war er Hofdichter und Hofschauspieler. Von Molière stammen u. a. die Theaterstücke „Le Malade imaginaire" („Der eingebildete Kranke") und „L'Avare" („Der Geizige"). (→ D2/Prat)

Monnet, Jean [mɔnɛʒɑ̃] (1888–1979)
Französischer Unternehmer und Politiker. Gründete 1951 zusammen mit → Schuman die erste Europäische Gemeinschaft, die → CECA, auch Montanunion genannt. (→ D4/A)

Monteil, Martine [mɔ̃tɛjmaʀtin] (geb. 1950)
Französische Staatsbeamtin, bekannt als Vorreiterin für Frauen in Führungsebenen. Nach verschiedenen hohen Positionen im französischen Polizei- und Justizwesen wurde sie im Juli 2008 zur Präfektin ernannt. (→ D3/1)

de Montesquieu [dəmɔ̃tɛskjø] **(Charles-Louis de Secondat, baron de La Brède et de Montesquieu)** (1689–1755)
Französischer Schriftsteller und Philosoph. Von ihm stammt das Werk „De l'Esprit des lois" („Vom Geist der Gesetze"), in dem das demokratische Prinzip der Gewaltenteilung dargelegt wird. (→ D2/1)

les frères de Montgolfier [lefʀɛʀdəmɔ̃gɔlfje]
Die Brüder Joseph Michel (1740–1810) und Jacques Étienne de Montgolfier (1745–1799) erfanden den Heißluftballon, der nach ihnen benannt wurde: die Montgolfiere. Am 4. Juni 1783 präsentierten sie den Aufstieg des ersten Heißluftballons in ihrer Geburtsstadt Annonay (bei Lyon). Der Flug dauerte zehn Minuten und der Ballon soll eine Höhe von über 2000 m erreicht haben. (→ D2/A)

Nothomb, Amélie [nɔtɔ̃ameli] (geb. 1966)
In Kobe (Japan) geboren. Die Tochter eines belgischen Diplomaten verbrachte ihre Kindheit in Asien. Zum Studium ging sie nach Europa. Sie lebt heute in Brüssel und hat mehrere Romane, u. a. „Hygiène de l'assassin" („Die Reinheit des Mörders") mit großem Erfolg veröffentlicht. Ihr autobiographischer Roman „Ni d'Ève ni d'Adam" (2007) spielt in Japan und erzählt die Liebesgeschichte zwischen ihr und ihrem japanischen Französisch-Schüler. (→ D1/3)

Niepce, Joseph Nicéphore [njɛpsʒɔzɛfnisefɔʀ] (1765–1833)
Französischer Erfinder der ersten lichtbeständigen Fotografie. Niepce arbeitete eng mit → Daguerre zusammen. Im Musée Nicéphore Niepce in Chalon-sur-Saône, der Heimatstadt von Niepce, ist der erste Fotoapparat der Welt aus dem Jahr 1820 ausgestellt. (→ D2/A)

Olivier, Adam [ɔlivjeadɑ̃] (geb. 1974)
Französischer Schriftsteller. Er hat Romane, Jugendbücher und Erzählungen veröffentlicht. Sein Roman „Je vais bien, ne t'en fais pas" („Keine Sorge, mir geht's gut") war in Frankreich ein Bestseller und wurde 2006 auch als Verfilmung ein Erfolg. Adams Erzählband „Passer l'hiver" („Am Ende des Winters") wurde mit dem Prix Goncourt de la nouvelle ausgezeichnet. Der Roman „À l'abri de rien" erschien 2007. (→ D1/3)

Pasteur, Louis [pastœʀlwi] (1822–1895)
Französischer Chemiker, Biologe, Mediziner und Bakteriologe. Er erfand ein Verfahren, um Lebensmittel keimfrei zu machen und so zu konservieren: das Pasteurisieren. Das 1887 von ihm gegründete Institut Pasteur ist heute eines der weltweit führenden Forschungszentren für Biologie und Medizin, mit Hauptsitz in Paris. (→ D2/A)

Rousseau, Jean-Jacques [ʀusoʒɑ̃ʒak] (1712–1778)
Französisch-schweizerischer Schriftsteller, Philosoph und Komponist, in Genf geboren. Er gehörte zu den bedeutendsten Vertretern der Aufklärung, sprach sich gegen die absolute Herrschaft von Staat und Kirche aus. (→ D2/2)

de Saint-Exupéry, Antoine [dəsɛ̃tɛksypeʀiɑ̃twan] (1900–1944)
Französischer Schriftsteller und Pilot, in Lyon geboren, kam 1944 bei einem Flugzeugabsturz ums Leben. Sein bekanntes Werk „Le Petit Prince" („Der kleine Prinz") wurde in über 140 Sprachen übersetzt. Seit 2000 ist der Flughafen von Lyon nach ihm benannt. (→ D1/1)

Sartre, Jean-Paul [saʀtʀəʒɑ̃pɔl] (1905–1980)
Französischer Schriftsteller und Philosoph. Engagierte sich während der Occupation in der → Résistance. Sartre zählt zu den Hauptvertretern des französischen Existenzialismus, dessen Grundgedanke darin besteht, dass jeder Mensch ein für sein Handeln und seine Werte verantwortliches Individuum ist. Sartre hatte auch als politischer Vordenker eine wichtige Rolle im politischen und intellektuellen Leben Frankreichs. (→ D2/1)

Schuman, Robert [ʃumanʀɔbɛʀ] (1886–1963)
Französischer Politiker, in Luxemburg geboren. 1947–1948 Ratspräsident Frankreichs. Sein politisches Ziel war nach den Erfahrungen des Zweiten Weltkrieges eine Europäische Gemeinschaft.
Ein Schritt hierzu war 1951 die → CECA. 1958 wurde Schuman erster Präsident des Europäischen Parlaments. (→ D4/A)

Stresemann, Gustav (1878–1929)
Deutscher Politiker. Reichskanzler zur Zeit der Weimarer Republik und Außenminister bis 1929. Setzte sich für eine friedliche Vermittlungspolitik zwischen Deutschland und Frankreich nach dem Ersten Weltkrieg ein. Zusammen mit seinem französischen Amtskollegen → Briand unterzeichnete er 1925 die Locarno-Verträge, in denen Deutschland u. a. seine Westgrenze anerkennt. Für ihren Einsatz erhielten beide 1926 den → Prix Nobel de la paix. (→ D4/A)

Voltaire [vɔltɛʀ] (eigtl. **Arouet, François Marie**) (1694–1778)
Französischer Schriftsteller und Philosoph des „siècle des Lumières". In seinen Erzählungen übt Voltaire Kritik an der Religion und der absolutistischen Monarchie. Sein Roman „Candide ou l'optimisme" („Candide oder der Optimismus") handelt von einem jungen Mann, der auf der Reise durch die Welt groteske Abenteuer erlebt und letztendlich erkennt, dass er sein Schicksal selbst in die Hand nehmen muss, um glücklich zu werden. (→ D2/A)

Zola, Émile [zɔlaemil] (1840–1902)
Zählt zu den großen französischen Schriftstellern des 19. Jhs. Er ist Verfasser des zwanzigbändigen Romanzyklus „Les Rougon-Macquart", der die sozialen Verhältnisse des ausgehenden 19. Jhs. beschreibt. Teil dieses Zyklus ist der Roman „Germinal" (erschienen 1885), der das Leben einer Bergarbeiterfamilie schildert. „Germinal" wurde 1993 mit Gérard Depardieu, Miou Miou und Renaud in den Hauptrollen verfilmt. Weitere große Romane Zolas sind „La Débâcle" („Der Zusammenbruch") und „L'Assommoir" („Der Totschläger"). (→ D2/2)

Französische Geografie

Albi [albi] 50 000 Einwohner
Stadt im Süden von Frankreich, in den Pyrenäen. Bedeutendes Bauwerk ist die Kathedrale Sainte-Cécile aus dem Jahr 1482. Sie ist mit bis zu 6 m Mauerdicke das größte Backsteingebäude der Welt. (→ D1/2)

l'Alsace *f.* [lalzas] **Elsass** 1 800 000 Einwohner
Gebiet im Osten Frankreichs, zwischen den Vogesen und dem Rhein. Straßburg (Strasbourg) ist die Hauptstadt der Region sowie Sitz des Europaparlaments und des Europarats. Das Elsass ist bekannt für seine Weine und seine gute Küche. Wie Teile der → Lorraine gehörte das Elsass 1871–1918 und 1940–1944 zum Deutschen Reich. (→ D4/A)

Besançon [bəzɑ̃sɔ̃] 120 000 Einwohner
Stadt im Osten Frankreichs. Mit einem Grünflächenanteil von 2400 Hektar zählt die Universitätsstadt Besançon zu den grünsten Städten Frankreichs. (→ D1/2)

Calais [kalɛ] 73 200 Einwohner
Französische Hafenstadt am Ärmelkanal, ca. 30 km von Englands Südküste entfernt. Calais ist zweitgrößter Passagierhafen Europas und zählt jährlich 30 Millionen Durchreisende. Von Coquelles bei Calais führt der Eurotunnel (Eisenbahntunnel) unter dem Ärmelkanal nach England. (→ D1/3)

Chamonix [ʃamɔni] 10 000 Einwohner
Bekannter Skiort im Departement Haute-Savoie, in der Region Rhône-Alpes. Der Ort liegt am Mont-Blanc, dem mit 4810 m höchsten Berg Westeuropas. 1924 fanden hier die ersten Olympischen Winterspiele statt. Im Sommer ist Chamonix ideal zum Bergwandern, Mountainbike-Fahren, Klettern oder Rafting. (→ D2/3)

Château-Thierry [ʃatotjeʀi] 15 000 Einwohner
Stadt nordöstlich von Paris am Fluss Marne. Geburtsort des französischen Fabeldichters Jean de la Fontaine. (→ D1/2)

Ferney-Voltaire [fɛʀnɛvɔltɛʀ] 9 000 Einwohner
Stadt im Departement Ain, in der Region Rhônes-Alpes nahe der Schweizer Grenze. Alterssitz von → Voltaire, weshalb die Stadt 1878 den Beinamen „Voltaire" erhielt. (→ D2/1)

le Jura [ləʒyʀa]
Gebirgskette im Osten Frankreichs, die sich bis in die Schweiz zieht. Außerdem Name eines französischen Departements mit 260 000 Einwohnern. (→ D4/1)

Lons-le-Saulnier [lɔ̃sləsɔnje] 20 000 Einwohner
Kurort im Osten Frankreichs, im Departement → Jura, und Partnerstadt von Offenburg. Rouget de Lisle, der 1792 die französische Nationalhymne komponierte, stammte aus Lons-le-Saulnier. (→ D4/1)

la Lorraine [lalɔʀɛn] **Lothringen** 2 340 000 Einwohner
Region im Osten Frankreichs, an Belgien, Luxemburg und Deutschland angrenzend. Wichtige Städte sind Nancy und Metz. Eine kulinarische Spezialität der Region ist die Quiche Lorraine. 1871–1918 und 1940–1944 gehörten → l'Alsace und ein Teil von Lothringen zum Deutschen Reich. (→ D4/A)

ANNEXE

la Lotharingie [lalɔtaʀɛ̃ʒi]
Teil des Frankenreiches, das 843 zwischen den drei Enkeln von → Charlemagne aufgeteilt wurde. Dieses mittlere Territorium, das sich von den Niederlanden bis nach Mittelitalien erstreckte, wurde von Lothar I. regiert. Auf dem Gebiet der Lotharingie liegt auch die heutige → Lorraine. (→ D4/A)

Melun [məlɛ̃] 37 500 Einwohner
Stadt an der Seine, südöstlich von Paris. 6 km östlich von Melun befindet sich das Schloss Vaux-le-Vicomte, das als kleinerer Vorgänger des Schlosses von → Versailles gilt. (→ D3/2)

Montceau-les-Mines [mɔ̃solemin] 20 700 Einwohner
Stadt im Osten Frankreichs in der Region Bourgogne (Burgund). Durch die Stadt fließt der 120 km lange „Canal du Centre", der den Atlantischen Ozean mit dem Mittelmeer verbindet. Bis 1981 war die Kohleförderung Hauptindustriezweig der Stadt. (→ D2/2)

Saint-Germain-en-Laye [sɛ̃ʒɛʀmɛ̃ɑ̃lɛ]
39 000 Einwohner
Stadt westlich von Paris in der Region Île-de-France mit bekanntem Renaissanceschloss. Die Eisenbahnstrecke Paris–Saint-Germain-en-Laye verband ab 1837 als erste Eisenbahnstrecke Frankreichs die beiden Städte Paris und Saint-Germain. Paris-Saint-Germain (PSG) ist heute ein bekannter französischer Fußballklub. (→ D2/2)

Rennes [ʀɛn] 210 000 Einwohner
Hauptstadt der französischen Region Bretagne im Nordwesten Frankreichs. Rennes ist mit rund 50 000 Studenten eine wichtige Universitätsstadt und durch seine zahlreichen Festivals bekannt, wie z. B. „Les Transmusicales". Jährlich findet in Rennes die Verleihung des → Prix Goncourt des lycéens statt. (→ D1/3)

Saint-Denis [sɛ̃dəni] 95 000 Einwohner
Stadt nördlich von Paris. In der Basilika von Saint-Denis liegen → Louis XIV, → Louis XVI und viele weitere Könige von Frankreich begraben. 1997 wurde das „Stade de France" gebaut, in dem 1998 das Finale der Fußball-WM und 2007 das der Rugby-WM stattfanden. (→ D1/2)

Versailles [vɛʀsaj] 95 000 Einwohner
Stadt 15 km westlich von Paris, die sich durch den Bau des Schlosses von Versailles von einem kleinen Marktplatz zu einer barocken Residenzstadt entwickelte und im 17. Jh. kulturelles sowie politisches Zentrum Frankreichs wurde. Das Schloss mit dem berühmten Spiegelsaal, erbaut unter → Louis XIV und Residenz der französischen Könige von 1682 bis zur → Révolution française 1789, diente als Vorbild für zahlreiche Barockschlösser in ganz Europa. Es ist UNESCO-Weltkulturerbe und wird jährlich von drei Millionen Menschen besucht. (→ D2/A)

Afrika und Maghreb

Alger [alʒe] **Algier** 3 Mio. Einwohner
Hauptstadt von Algerien, am Mittelmeer gelegen. Die Altstadt mit einer Festung (Kasbah) aus dem 16. Jh., der Großen Moschee aus dem 11. Jh. und vielen Palästen aus maurischer Zeit zählt zum UNESCO-Weltkulturerbe. (→ D5/A)

l'Algérie *f.* [lalʒeʀi] **Algerien** 32 Mio. Einwohner
Größtes Land des → Maghreb in Nordafrika am Mittelmeer. Hauptstadt ist → Alger. Ehemalige französische Kolonie (1830–1962). Der Algerienkrieg, in dessen Folge Algerien 1962 seine Unabhängigkeit erlangte, war der letzte Kolonialkrieg, den Frankreich führte. Der Krieg hatte auch in Frankreich selbst viele politische Gegner. Sprachen: Arabisch, Berbersprachen, Französisch. (→ D2/2)

l'Atlas *m.* [latlas]
2300 km lange Gebirgskette im Nordwesten Afrikas, die sich durch Marokko, Algerien und Tunesien zieht und in der viele Berber leben. Der mit 4167 m höchste Gipfel, der Toubkal, befindet sich in Marokko. (→ D5/A)

les Bédouins [lebedwɛ̃] **Beduinen**
Nomadische Wüstenbewohner in Nordafrika, Arabien und Syrien. Die Beduinen leben vorrangig von der Viehzucht (Kamele, Ziegen und Schafe). Sie sprechen Arabisch. (→ D5/1)

le Bénin [ləbenɛ̃] **Benin** 8,1 Mio. Einwohner
Staat in Westafrika. Ehemalige französische Kolonie (1851–1960). Politische Hauptstadt ist Porto Novo. Wirtschaftliche Hauptstadt und Regierungssitz ist Cotonou. Sprachen: Französisch und etwa 40 afrikanische Sprachen. (→ D3/1)

les Berbères [lebɛʀbɛʀ] **Berber**
Die Berber sind die Ureinwohner Nordafrikas. Der größte Teil der Berber lebt heute in Marokko und Algerien, aber auch in anderen Ländern Afrikas wie Niger, Mali und Libyen. (→ D5/A)

Carthage [kaʀtaʒ] **Karthago** 17 000 Einwohner
Nobler Vorort von → Tunis mit vielen historischen Kulturstätten aus der Zeit des alten Karthago. Im gut erhaltenen römischen Theater findet jedes Jahr im Sommer ein internationales Musikfestival statt. (→ D5/A)

le Chott el Djerid [ləʃɔteldʒeʀid]
In der tunesischen Wüste gelegener Salzsee, mit einer Länge von 200 km und einer Breite von 90 km der größte Nordafrikas. Die Salzkruste an der Oberfläche ist an manchen Stellen so dick, dass LKW darauf fahren können. Der See diente auch als Drehort für die „Star Wars“-Filme. (→ D5/1)

le Congo [ləkɔ̃go] **(la République du Congo) Kongo (Republik Kongo)** 3,9 Mio. Einwohner
Staat in Zentralafrika. Ehemalige französische Kolonie. Ab 1946 französisches Überseeterritorium, erlangte die Republik Kongo 1960 die Unabhängigkeit. Hauptstadt ist Brazzaville. Sprachen: Französisch und einige afrikanische Sprachen. (→ D3/1)

Douz [duz] 30 000 Einwohner
Oasenstadt im Süden von Tunesien. Bekannt als „Tor zur Sahara“. Douz war früher wichtiger Zwischenstopp für Karawanen in die Wüste. Jedes Jahr Ende Dezember wird das „Festival international du Sahara“ mit Theater, Folkloremusik und Kamelrennen ausgerichtet. (→ D5/1)

El Djem [ɛldʒɛm] 18 000 Einwohner
Zentraltunesische Stadt. Berühmt für das römische Amphitheater, in dem 35 000 Zuschauer Platz fanden. Heute wird es für Konzerte genutzt und diente auch als Drehort für den Film „Gladiator“ (2000). (→ D5/1)

Essaouira [ɛsawiʀa] 70 000 Einwohner
Marokkanische Hafenstadt am Atlantischen Ozean. Fischfang und Tourismus sind die Haupterwerbszweige. Die Altstadt (Medina) von Essaouira zählt zum UNESCO-Weltkulturerbe. (→ D5/A)

Gabès [gabɛs] 120 000 Einwohner
Größte südtunesische Stadt. Im Zweiten Weltkrieg stark zerstört. Einzigartig ist die Kombination aus Oase und Seehafen. Die Erwerbszweige der Stadt sind vielfältig: Fischerei, Obst- und Gemüseanbau, Tourismus, chemische Industrie und Erdölraffinerie. (→ D5/A)

Hammamet [amamɛt] 65 000 Einwohner
Anfang des 20. Jhs. unbedeutendes Fischerdorf, heute größter tunesischer Badeort, zwischen → Tunis und → Sousse. Aufgrund der kilometerlangen Sandstrände bei Touristen beliebtes Ausflugsziel. (→ D5/1)

Kairouan [kɛʀwan] 120 000 Einwohner
Stadt südwestlich von → Tunis und westlich von → Sousse. Wichtiges Zentrum der arabischen Kultur und des Islam in Nordafrika. Die Altstadt (Medina) zählt mit ihren Märkten, Moscheen und Sakralbauten zum UNESCO-Weltkulturerbe. (→ D5/1)

le Maghreb [ləmagʀɛb]
Region in Nordafrika zwischen Atlantik, Mittelmeer und der → Sahara. Zum Maghreb gehören → le Maroc, → l'Algérie und → la Tunisie, unter der Bezeichnung „Grand Maghreb“ auch Libyen und Mauretanien. Ursprünglich von Berbern besiedelt, eroberten im 2. Jh. v. Chr. die Römer das Gebiet, im 7. Jh. n. Chr. die Araber. 1830 begann die Kolonialisierung durch Frankreich; um 1960 erkämpften die Maghrebstaaten ihre heutige Unabhängigkeit. (→ D5/A)

le Maroc [ləmaʀɔk] **Marokko** 25 Mio. Einwohner
Nordafrikanischer Staat des → Maghreb zwischen Atlantik und Mittelmeer. Ehemalige französische Kolonie (1912–1956). Die politische Hauptstadt des Königreichs ist Rabat, die wirtschaftliche Casablanca. Sprachen: Arabisch, Berbersprachen, Französisch und Spanisch. (→ D5/A)

le Sahara [ləsaaʀa]
Weltgrößte Stein- und Sandwüste, ungefähr 26 mal so groß wie die Bundesrepublik Deutschland. Grenzt im Norden an den → Maghreb, im Süden an die Sahelzone. Ganz oder teilweise Saharastaaten sind Ägypten, Libyen, Mali, Niger, Tschad, Sudan, Mauretanien, Marokko, Algerien und Tunesien. (→ D5/1)

Sidi-Bou-Saïd [sidibusaid] 5 400 Einwohner
Malerischer tunesischer Ort 20 km nordöstlich von → Tunis. Seit Beginn des 20. Jhs. von vielen Künstlern besucht, so z. B. 1914 auch von den deutschen Malern Paul Klee und August Macke. Die Architektur in Sidi-Bou-Saïd ist durch maurische Baukunst geprägt. Typisch sind verzierte Paläste und im andalusischen Stil gebaute Häuser. (→ D5/1)

Sousse [sus] 173 000 Einwohner
Tunesische Hafenstadt. Die Altstadt (Medina) mit einer Festung (Kasbah) und Moscheen aus dem 9. Jh. gehört zum UNESCO-Weltkulturerbe. Als wichtiger Wirtschaftsfaktor hat sich neben der Nahrungsmittel verarbeitenden Industrie und der Textilindustrie auch der Tourismus etabliert. Sousse ist Partnerstadt von Braunschweig. (→ D5/A)

Tunis [tynis] 1 Mio. Einwohner
Hauptstadt von Tunesien, nah an der Mittelmeerküste im Norden des Landes gelegen. Die orientalische Altstadt (Medina) mit ihren zahlreichen Bauten aus dem 9. Jh. gehört zum UNESCO-Weltkulturerbe. Sie steht im Kontrast zur europäisch geprägten Neustadt, die während der Kolonialzeit angelegt wurde. Wirtschaftlich bedeutsam sind die Textilindustrie und der Tourismus. (→ D5/1)

la Tunisie [latynizi] **Tunesien** 23 Mio. Einwohner
Nordafrikanischer Staat am Mittelmeer mit der Hauptstadt → Tunis, ehemalige französische Kolonie (1881–1956). Zählt zu den Ländern des → Maghreb. Sprachen: Arabisch, Berbersprachen und Französisch. (→ D5/A)

Französische Geschichte und Politik

l'Assemblée nationale [lasɑ̃blenasjɔnal] (Nationalversammlung)
Kammer des französischen Parlaments mit Sitz in Paris. Die Abgeordneten der Nationalversammlung beschließen die Gesetze. Sie werden alle fünf Jahre gewählt. (→ D1/A)

la Bastille [labastij]
Ehemaliges Staatsgefängnis in Paris, erbaut 1370–1383 und Symbol des monarchistischen Absolutismus. Mit dem Sturm auf die Bastille am 14. Juli 1789 wurde die → Révolution française eingeleitet. Der 14. Juli ist noch heute der französische Nationalfeiertag. (→ D2/1)

la CECA [laseka]
Abkürzung für „Communauté européenne du charbon et de l'acier", „Europäische Gemeinschaft für Kohle und Stahl" (EGKS), auch Montanunion genannt. 1951 von Belgien, der Bundesrepublik Deutschland, Frankreich, Italien, Luxemburg und den Niederlanden gegründet. Die CECA ermöglichte allen Mitgliedsstaaten einen zollfreien Zugang zu Kohle und Stahl. (→ D4/A)

l'OFAJ [lɔfaʒ]
Abkürzung für „Office franco-allemand pour la jeunesse" (Deutsch-Französisches Jugendwerk, DFJW). Die Gründung der Organisation wurde 1963 im → traité de l'Élysée beschlossen. Das OFAJ hat einen Sitz in Berlin und einen in Paris. Es fördert mit vielfältigen kulturellen, sozialen und politischen Angeboten den Austausch zwischen deutschen und französischen Jugendlichen. (→ D4/A)

le PEJ [ləpeəʒi]
Abkürzung für „Parlement européen des jeunes". Französische Sektion des Europäischen Jugendparlaments, das ehrenamtlich von Schülerinnen und Schülern getragen wird. Jugendliche im Alter von 16 bis 22 Jahren haben die Möglichkeit, sich über europäische Themen auszutauschen. Das Europäische Jugendparlament gibt es auch in anderen Ländern, wie z. B. in Deutschland (EJP). (→ D1/2)

le Parlement européen [ləpaʀləmɑ̃øʀɔpeɛ̃] **Europaparlament**
Vertretung der Mitgliedsländer der Europäischen Union mit Sitz in Straßburg. Arbeitsorte sind außerdem Brüssel und Luxemburg. Das Parlament wird alle fünf Jahre neu gewählt. (→ D1/2)

le Prix Nobel de la paix [ləpʀinɔbɛldəlapɛ]
Nach dem schwedischen Industriellen Alfred Nobel benannter Preis, der seit 1901 an Personen verliehen wird, die sich besonders für den Frieden in der Welt einsetzen. 1926 erhielten → Stresemann und → Briand den Friedensnobelpreis für ihre Bemühungen um den Frieden zwischen Deutschland und Frankreich. (→ D4/A)

le lycée Henri IV [ləliseɑ̃ʀikatʀ]
Berühmte Eliteschule in Paris, im Stadtviertel Quartier Latin. Viele bekannte Persönlichkeiten waren Schüler des 1795 gegründeten Lycées, darunter der Philosoph → Sartre. (→ D2/2)

la Résistance [laʀezistɑ̃s]
Französische Widerstandsbewegung zur Zeit der deutschen Besatzung im Zweiten Weltkrieg. Die Partisanengruppen, die sich in Wäldern und wenig bevölkerten Gebieten versteckten, um von dort aus die deutschen Truppen zu bekämpfen, wurden Maquis genannt (nach le maquis: Buschwald). Der spätere Präsident der französischen Republik (1959–1969) → de Gaulle engagierte sich von seinem englischen Exil aus für die Résistance. (→ D4/A)

la Révolution française [laʀevɔlysjɔ̃fʀɑ̃sɛz]
die Französische Revolution
Ereignisse in Frankreich zwischen 1789 und 1799, bei denen es zur Ablösung der Monarchie durch die Republik kam. Am 14. Juli 1789 stürmte der dritte Stand (Bürger, Handwerker und Bauern) die → Bastille, das Symbol des alten Regimes. Er forderte politische Rechte ein und wollte die Privilegien von Adel und Geistlichen abschaffen. Das Motto der Französischen Revolution „Liberté, égalité, fraternité!" („Freiheit, Gleichheit, Brüderlichkeit!") spiegelt sich auch in der Erklärung der Menschenrechte 1789 wider. Die Französische Revolution war ein wichtiges Signal für alle fortschrittlichen Kräfte in Europa. (→ D2/A)

le siècle des Lumières [ləsjɛklədelymjɛʀ]
Bezeichnung für das 18. Jahrhundert, das im Zeichen der Aufklärung stand. Die Philosophen dieses Jahrhunderts regten zu einem neuen Denken an, das die Befreiung von Vorurteilen jeglicher Art und den Fortschritt der menschlichen Gesellschaft anstrebte. Diese Ideen waren wegbereitend für die → Révolution française. Bekannte Vertreter der Aufklärung waren → Voltaire, → Diderot, → Rousseau und, in Deutschland, Immanuel Kant. (→ D2/A)

le SMIC [ləsmik]
Abkürzung für „Salaire minimum interprofessionnel de croissance". Gesetzlich festgelegter Mindestlohn in Frankreich, der allen Vollzeitbeschäftigten einen monatlichen Mindestlohn garantiert. Er wird jedes Jahr neu festgesetzt. Im Juli 2008 betrug er 1308,91 Euro brutto. (→ D3/2)

le traité de l'Élysée [lətʀɛtedəlelize]
Vertrag, der 1963 zwischen dem französischen Präsidenten → de Gaulle und dem deutschen Bundeskanzler → Adenauer geschlossen wurde. Auch bekannt unter dem Namen „Traité de l'amitié franco-allemande". Der Vertrag besiegelte die freundschaftliche Zusammenarbeit zwischen beiden Ländern. Darauf basierend wurden zahlreiche Schul- und Städtepartnerschaften gegründet sowie das → OFAJ ins Leben gerufen. (→ D4/A)

le traité de Maastricht [lətʀɛtedəmastʀiʃt]
Am 7. Februar 1992 von den Mitgliedsstaaten der Europäischen Wirtschaftsgemeinschaft (Deutschland, Belgien, Frankreich, Italien, Luxemburg, Niederlande, Dänemark, Irland, Großbritannien, Griechenland, Spanien, Portugal) unterzeichnet. Mit dem Vertrag wurde die → Union européenne (UE) gegründet. Er sah außerdem die Schaffung einer Wirtschafts- und Währungsunion sowie die Einführung einer gemeinsamen Währung vor. Auch das Reisen innerhalb der EU wurde einfacher. (→ D4/A)

le traité de Rome [lətʀɛtedəʀɔm]
Vertrag zur Gründung der Europäischen Wirtschaftsgemeinschaft, am 25. März 1957 von Belgien, Deutschland, Frankreich, Italien, Luxemburg und den Niederlanden unterzeichnet. Eine Erweiterung dieses Vertrags stellt der → traité de Maastricht dar. (→ D4/A)

le traité de Verdun [lətʀɛtedəvɛʀdɛ̃]
Durch den Vertrag von Verdun vom 8. August 843 wurde das Fränkische Reich von → Charlemagne in drei Gebiete geteilt: in Westfranken (entspricht etwa dem heutigen Frankreich), Ostfranken (ungefähr heutiges Deutschland) und die dazwischen liegende → Lotharingie. (→ D4/A)

l'Union européenne (UE) [lynjɔ̃øʀɔpeɛn]
Europäischer Staatenverbund, seit 2007 mit 27 Mitgliedsstaaten. Er basiert auf der Europäischen Gemeinschaft (Zusammenarbeit u. a. im Wirtschafts-, Forschungs- und Umweltsektor), einer gemeinsamen Außen- und Sicherheitspolitik sowie der Zusammenarbeit in Justizangelegenheiten. Die EU fördert z. B. Bildungsprogramme für Auslandsstudien und hat den Euro eingeführt. Jeder EU-Bürger ist frei in der Wahl des Mitgliedslandes, in dem er leben und arbeiten möchte. (→ D4/A)

Sonstiges

le BAFA [ləbafa]
Abkürzung für „Brevet d'aptitude aux fonctions d'animateur en accueils collectifs de mineurs". Qualifikation, die Voraussetzung ist, um gelegentliche Tätigkeiten im Bereich Kinder- und Jugendbetreuung in Ferien- und Freizeiteinrichtungen ausüben zu dürfen. Für den Erwerb des BAFA müssen Jugendliche mindestens 17 Jahre alt sein. Sie erhalten für diese Arbeit den gesetzlichen Mindestlohn (→ SMIC). (→ D3/2)

l'Entraide allemande [lɑ̃tʀɛdalmɑ̃d]
Deutsches Sozialwerk in Frankreich, das in Frankreich lebenden Deutschen Hilfe und Unterstützung bietet. Das deutsche Sozialwerk organisiert deutsch-französische Jugendbegegnungen in Deutschland und Frankreich, wie z. B. Sommersprachreisen. Es vermittelt außerdem Au-pair-Stellen und Praktikumsplätze. (→ D3/3)

la ligue des droits de l'Homme [laligdedʀwadəlɔm]
Französische Liga für Menschenrechte, die gegen Ungerechtigkeit und Intoleranz kämpft. (→ D2/A)

Médecins du monde [medsɛ̃dymɔ̃d]
Humanitäre Hilfsorganisation, 1980 von französischen Ärzten gegründet. Sie leistet in Frankreich und weltweit Hilfestellung für bedürftige Menschen. (→ D3/1)

Médecins sans frontières [medsɛ̃sɑ̃fʀɔ̃tjɛʀ]
Humanitäre Hilfsorganisation, 1971 von französischen Ärzten gegründet. Sie unterstützt hilfsbedürftige Menschen in Krisensituationen, wie z. B. Naturkatastrophen, Krieg oder Armut. 1999 erhielt die Organisation den → Prix Nobel de la paix für ihre hervorragende humanitäre Arbeit auf der ganzen Welt. In Deutschland ist die Organisation unter dem Namen „Ärzte ohne Grenzen" bekannt. (→ D3/1)

l'observatoire de Buthiers [lɔbsɛʀvatwaʀdəbytje]
Astronomisches Observatorium in dem Ort Buthiers, 70 km südlich von Paris. Es verfügt über sieben bewegliche Teleskope mit Durchmessern von 20 bis 60 cm. (→ D1/1)

Paris-Berlin [paʀibɛʀlɛ̃]
Monatlich erscheinende deutsch-französische Zeitschrift, die aus den Bereichen Politik, Wirtschaft, Gesellschaft, Kultur und Bildung berichtet. Sie erscheint sowohl in Deutschland als auch in Frankreich in französischer Sprache. Auflage: 30 000 Exemplare. (→ D3/1)

la Police judiciaire (PJ) [lapɔlisʒydisjɛʀ(peʒi)]
Bezeichnung für die Kriminalpolizei in Frankreich. Das „Institut d'études judiciaires" ist eine Schule, die Studenten für die Prüfungen zum Beruf des Polizisten vorbereitet. Die „École nationale supérieure de la police" bildet junge Polizisten zu Kommissaren aus. Diese Hochschule befindet sich in der Nähe von Lyon. (→ D3/1)

le Prix Goncourt des lycéens [ləpʀigɔ̃kuʀdeliseɛ̃]
Seit 1988 bestehender Literaturpreis, der von Schülern an das beste erzählerische Werk in französischer Sprache vergeben wird. Gymnasialschüler aus Frankreich, der Schweiz, Belgien und Québec lesen ausgewählte Romane und ermitteln den Preisträger. Die alljährliche Preisverleihung findet in → Rennes statt. Der Preis ist angelehnt an den eigentlichen „Prix Goncourt", benannt nach den Schriftsteller-Brüdern Edmond und Jules de Goncourt. (→ D1/3)

le Progrès [ləpʀɔgʀɛ]
Französische Tageszeitung. Der Hauptsitz der Redaktion ist Lyon. Das Blatt erscheint in Regionalausgaben in sechs Departements. (→ D4/3)

Robinson Crusoé [ʀɔbɛ̃sɔ̃kʀyzoe]
Französischer Titel des englischen Abenteuerromans „Robinson Crusoe" von Daniel Defoe (erschienen 1719). Erzählt wird die Geschichte des Seemanns Robinson Crusoe, der als Schiffbrüchiger 28 Jahre auf einer einsamen Insel verbringt und dort Freundschaft mit einem Inselbewohner schließt, den er „Freitag" nennt. (→ D2/2)

Tokio Hotel
Junge deutsche Musikband aus Magdeburg. Ihr erster Song „Durch den Monsun" (2005) war sofort ein großer Erfolg. Tokio Hotel geben in ganz Europa und den USA Konzerte und tragen dazu bei, dass in Frankreich viele Schüler Deutsch lernen wollen. (→ D4/2)

l'UCPA [lysepea]
Abkürzung für „Union nationale des Centres sportifs de Plein Air". Französische Organisation, die sich auf Outdoor-Sportaktivitäten spezialisiert hat. Die UCPA bietet über 40 Aktivitäten in mehr als 90 Sportzentren an. Pro Jahr nehmen mehr als eine viertel Million junger Sportinteressierte die Angebote wahr. (→ D3/3)

Liste chronologique des mots **Chronologische Wortliste**

Symbole und Abkürzungen

~ bezeichnet die Lücke, in die das neue Wort einzusetzen ist.
~[1] Die Fußnote zeigt dir an, dass du auf die Angleichung des Wortes achten musst. Die richtige Lösung findest du auf einem grauen Streifen am Ende jeder Séquence.
⚠ Hier musst du besonders gut aufpassen.
≠ Gegenteil von
le ~ die ~ Vergleiche mit dem deutschen Artikel.
▶ Vergleiche mit bereits bekannten Wörtern.
→ Les verbes, p. 153 zeigt dir an, dass du in Les verbes, S. 153, die Konjugation des Verbs findest.
(ê) So gekennzeichnete Verben bilden das passé composé mit être.

etw. etwas	*f.* féminin (feminin)	*pron.* pronom (Pronomen)
jdm/jdn jemandem/jemanden	*m.* masculin (maskulin)	*inf.* infinitif (Infinitiv)
f. feminin (weiblich)	*pl.* pluriel (Plural)	*adj.* adjectif (Adjektiv)
m. maskulin (männlich)	*qc* quelque chose (etwas)	*adv.* adverbe (Adverb)
umg. umgangssprachlich	*qn* quelqu'un (jemand)	*conj.* conjonction (Bindewort)
Pers. Person	*angl.* anglais (englisch)	*prép.* préposition (Präposition)
Sg. Singular	*lat.* latin (lateinisch)	*fam.* familier (umgangssprachlich)
Pl. Plural		

Lerntipp

Viele Wörter kannst du verstehen, wenn du dir überlegst, ob du ein ähnlich lautendes Wort aus einer anderen Sprache kennst. Lege dir deshalb ein mehrsprachiges Vokabelheft an, in dem du solche ähnlich lautenden Wörter sammelst. Manchmal schreiben sich diese Wörter aber anders oder man spricht sie anders aus. Markiere in deinem Vokabelheft also auch immer die Unterschiede, die du beachten musst.

DOSSIER 1 *La rentrée*

Approches: Tout commence, tout recommence

le journal [ləʒuʀnal] / ⚠ **les journaux**	die Zeitung	Je lis le ~ tous les jours.
le classeur [ləklasœʀ]	der Ordner	Marc oublie toujours son ~ au lycée.
le dessin [lədesɛ̃] ▶ dessiner	das Zeichnen	Michèle adore le ~.
le crayon [ləkʀɛjɔ̃]	der Bleistift	Marine a encore perdu son ~!
le surligneur [ləsyʀliɲœʀ]	der Textmarker	Il faut que j'achète un ~ bleu.
la trousse [latʀus]	das Federmäppchen	Julien a une ~ super.
la session [lasɛsjɔ̃] *angl.* session	die Sitzung	Le président a ouvert la nouvelle ~.
l'assemblée [lasɑ̃ble] *f.*	die Versammlung	L'~ du jeudi a lieu dans une heure.
national/e [nasjɔnal] *adj.* / ⚠ **nationaux** *angl.* national	national, National- *in Verbindung mit einem Nomen*	À Paris, j'ai visité l'Assemblée ~[1].
le/la député/e [lə/ladepyte] *angl.* deputy	der/die Abgeordnete	À Paris, notre classe a pu rencontrer un ~ de l'Assemblée nationale.

faire sa rentrée [fɛʀsaʀɑ̃tʀe]	*hier:* die Arbeit/Geschäfte nach der Sommerpause wieder aufnehmen *auch:* wieder mit der Schule anfangen	Les acteurs de théâtre ~[2] en septembre.
la nouveauté [lanuvote] ▶ nouveau, la nouvelle	*hier:* die Neuerscheinung	Ce livre fait partie des ~[3] de la rentrée.
littéraire [liteʀɛʀ] *adj.* ▶ la lettre *angl.* literary *lat.* litterarius	literarisch, Literatur- *in Verbindung mit einem Nomen*	Nathan n'est pas très ~, il préfère les sciences.

Vergleiche: littéraire = literarisch

1 nationale 2 font leur rentrée 3 nouveautés

SÉQUENCE 1

Préparer la lecture

le lycée général [ləliseʒeneʀal] *lat.* lyceum	*allgemeinbildende Schule, entspricht der gymnasialen Oberstufe*	Simon va dans un ~.
le lycée professionnel [ləlisepʀɔfɛsjɔnɛl]	das berufliche Gymnasium	Demain, Camille rentre au ~: elle a le trac.
la première [lapʀəmjɛʀ] ▶ premier	*die vorletzte Klasse im* lycée, *entspricht etwa der 11. Klasse im Gymnasium*	Ma sœur entre en ~ cette année.
la terminale [latɛʀminal]	*Abschlussklasse im* lycée	Noémie est en ~: elle va bientôt passer le bac.

Enfin au lycée! – Le blog de Claire

le départ [ledepaʀ]	der Start, der Beginn	Le ~ de la course à velo est place Victor Hugo.
(ê)**s'habiller** [sabije]	sich ankleiden	Ma cousine Odile met toujours trois heures pour ~.
plus de qc [plys] *adv.*	mehr	Pourriez-vous acheter ~ viande la prochaine fois?

Merke: mehr Zeit = plus de temps

le soin [ləswɛ̃]	*hier:* die Sorgfalt	Nicolas prend bien ~ de son poisson: il lui donne à manger régulièrement.
l'habitude [labityd] *f.*	die Angewohnheit	Je n'ai pas l'~ d'arriver en retard le matin au travail.
idiot/e [idjo/idjɔt] *adj.* ≠ intelligent/e *angl.* idiot	blöd, doof, dumm	Ils sont arrivés en retard à la gare: leur train était déjà parti. C'est ~!

neuf/neuve [nœf/nœv] *adj.* ▶ la nouveauté, nouveau, la nouvelle *angl.* new, *lat.* nova	neu	Ce vélo est-il ~?

> *Unterscheide: Die Adjektive* neuf *und* nouveau *sind Synonyme. Allerdings kommt* neuf *nur zur Anwendung, wenn von einer ungebrauchten Sache die Rede ist.*
>
> *Beispiel:* J'ai un nouveau pull *(früher hatte ich diesen Pulli nicht)*, mais il n'est pas neuf *(der Pulli gehörte bis jetzt meinem Bruder, er wurde also schon getragen)*.

les fringues [lefʀɛ̃g] *f. pl. fam.*	die Klamotten	Mélanie et Justin adorent acheter des ~.
aller à qn [ale]	*hier:* jdm stehen	Tu trouves vraiment que cette jupe me ~[1]? Elle n'est pas trop étroite?

> *Merke:* aller à qn = jdm stehen
> aller avec = zusammenpassen

l'acné [lakne] *f.* *angl.* acne	die Akne	Certains jeunes ont de l'~, d'autres pas.
(ê)**s'arranger** [saʀɑ̃ʒe]	*hier:* sich bessern *wird wie* changer *konjugiert*	Ne te fais pas de souci, ça va vite ~.
bronzé/e [bʀɔ̃ze] *adj.* ≠ pâle	braun, (sonnen)gebräunt	Paul était en vacances à la mer: il est très ~.
survivre à qc [syʀvivʀ] ▶ vivre, la vie, vivant *angl.* to survive *lat.* supervivere	etw. lebend überstehen, überleben *wird wie* vivre *konjugiert*	Comment ~ trente heures de cours par semaine?
décisif/-ive [desizif/desiziv] *adj.* ▶ (ê)se décider	entscheidend, ausschlaggebend	Parle-lui pendant la récréation, c'est le moment ~.
prendre de bonnes/ mauvaises habitudes [pʀɑ̃dʀdəbɔnzabityd/ pʀɑ̃dʀdəmovɛzabityd] ▶ (ê)s'habituer, l'habitude *f.*	gute/schlechte Gewohnheiten annehmen	Jérôme ~ parfois ~[2].
l'énergie [leneʀʒi] *f.* *angl.* energy	die Energie	Bertrand a beaucoup d'~: il n'est jamais fatigué.
régulier/-ière [ʀegylje/ʀegyljɛʀ] *adj.* ▶ la règle *angl.* regular	regelmäßig	Le travail ~ permet de réussir.
l'astronomie [lastʀɔnɔmi] *f.* *angl.* astronomy *lat.* astronomia	die Astronomie	Sandrine aimerait faire des études d'~.
(ê)**s'inscrire à qc** [sɛ̃skʀiʀ]	sich zu etw. anmelden *wird wie* écrire *konjugiert*	Ils ne veulent pas ~ notre club de volley.
l'espace [lɛspas] *m.* *angl.* space, *lat.* spatium	das All	Parfois, je rêve que je peux nager dans l'~.

l'étoile [letwal] *f.*	der Stern	Tu connais le nom de cette ~?
l'observatoire [lɔbsɛʀva-twaʀ] *m.* *angl.* observatory	das Observatorium, die Stern-warte	Mon oncle travaille dans un ~ en Espagne.
le télescope [ləteleskɔp] *angl.* telescope	das Fernrohr, das Teleskop	Cyril voudrait un ~ pour Noël.
faire des recherches [fɛʀdeʀəʃɛʀʃ] ▶ la recherche, chercher	forschen	Mon grand frère ~[3] en maths.
faire du piano [fɛʀdypjano]	Klavier spielen	Connais-tu quelqu'un qui ~[4]?
le piano [ləpjano] *angl.* piano	das Klavier	Mes parents veulent absolument acheter un ~.
le conservatoire [ləkɔ̃sɛʀva-twaʀ] *angl.* conservatory	das Konservatorium, die Musik-hochschule	Catherine prend des cours de chant au ~.
rare [ʀaʀ] *adj.* *angl.* rare	selten	Il est ~ de voir des chamois dans ces montagnes.
déclarer [deklaʀe] *angl.* to declare	erklären, kundtun	Leur enfant a ~[5] qu'il ne voulait plus partir en vacances avec eux.
double [dubl] *adj.* ▶ redoubler *angl.* double	Doppel- *in Verbindung mit einem Nomen*	Nous écrivons nos devoirs sur une feuille ~.
les loisirs [lelwaziʀ] *m. pl.*	die Freizeitbeschäftigungen	Ils ne travaillent plus: ils ont beaucoup de temps pour leurs ~.
l'amitié [lamitje] *f.* ▶ l'ami/e *lat.* amicitia	die Freundschaft	Gérard a une grande ~ pour Fabrice.
bref [bʀɛf] *adv.* *angl.* brief	kurz gesagt, mit einem Wort	~, il faut qu'on trouve une solution.
la bouche [labuʃ] *lat.* bucca	der Mund	Ouvrez la ~ et dites «aaah».

le visage

1 va 2 prend (…) de bonnes/mauvaises habitudes 3 fait des recherches 4 fait du piano 5 déclaré

La rentrée du Parlement européen des jeunes

le parlement [ləparləmɑ̃] ▶ parler *angl.* parliament	das Parlament	En France, le ~ se trouve à Paris.
européen/ne [øʀɔpeɛ̃/øʀɔpeɛn] *adj.* *angl.* European	europäisch, Europa- *in Verbindung mit einem Nomen*	Son oncle connaît très bien la politique ~[1].
l'Européen/ne [løʀɔpeɛ̃/løʀɔpeɛn] *angl.* European	der/die Europäer/in	Les ~[2] s'entendent bien.
débattre qc / de qc [debatʀ] *angl.* to debate	(über) etw. diskutieren, debattieren über etw. → Les verbes, p. 157	De quoi allons-nous ~ pendant la prochaine session?
l'actualité [laktɥalite] *f.*	das Zeitgeschehen	Pour suivre l'~, il faut écouter la radio.
l'initiative [linisjativ] *f.* *angl.* initiative	die Initiative	Est-ce que vous avez signé notre ~?
rédiger qc [ʀediʒe] *lat.* redigere	etw. verfassen *wird wie* changer *konjugiert*	Qui est-ce qui va ~ notre initiative?
la résolution [laʀezɔlysjɔ̃] *angl.* resolution	die Resolution	Je suis contre cette ~.
intégrer qc dans/à qc [ɛ̃tegʀe] *angl.* to integrate	*hier:* etw. einbeziehen, einbinden in eine Sache *wird wie* préférer *konjugiert*	Nous pourrions ~ leurs idées à notre résolution.
chaque [ʃak]	jede/jeder/jedes	~ lycée peut envoyer sa candidature.
rassembler (des lycées) [ʀasɑ̃ble] ▶ l'assemblée *f.*	*hier:* (Gymnasien) zusammenbringen	La session d'aujourd'hui va ~ des lycées de tous les pays européens.
la candidature [lakɑ̃didatyʀ] ▶ le candidat *angl.* candidacy *lat.* candidatus	die Bewerbung	J'aimerais participer à ce concours mais je ne sais pas à qui envoyer ma ~.
sélectionner [selɛksjɔne] *angl.* to select	auswählen	L'entraîneur ~[3] les meilleurs nageurs.

Das participe passé *eines Verbes kann wie ein Adjektiv verwendet werden.*

Exemple: Les nageurs selectionnés participeront aux Jeux olympiques.

représenter qn/qc [ʀəpʀezɑ̃te] ▶ présenter *angl.* to represent	jdn/etw. vertreten	Les députés ~[4] leur région à l'Assemblée nationale.

Je te présente Manon.

Il représente la France.

la communication [lakɔmynikasjɔ̃] *angl.* communication *lat.* communicatio	die Kommunikation	Ils ne se comprennent pas: ils ont un problème de ~.
créer qc [kʀee] *angl.* to create *lat.* creare	etw. schaffen, kreieren	Comment ~ une bonne ambiance? Il faut écouter les autres et savoir rigoler.
l'esprit [lɛspʀi] *m.* *angl.* spirit *lat.* spiritus	der Geist	Ce politicien était l'~ de son pays.
la commission [lakɔmisjɔ̃] *angl.* commission	*hier:* der Ausschuss	Ma mère travaille dans une ~ pour la culture.
la position [lapozisjɔ̃] *angl.* position	der Standpunkt, die Ansicht	Je ne comprends pas sa ~.
commun/e [kɔmɛ̃/kɔmyn] *adj.* *angl.* common *lat.* communis	gemeinsam	Avec Sophie, on a un ancêtre ~.
voter qc [vɔte] *angl.* to vote	etw. verabschieden	Hier, la commission a décidé de ne pas ~ d'initiative.

voter qc = etw. verabschieden
voter pour qn/qc = jdn/etw. wählen

sérieux/-euse [seʀjø/seʀjøz] *adj.* *angl.* serious	ernst, ernsthaft	Mon frère n'est pas très ~, il fait tout le temps la fête.
l'aventure [lavɑ̃tyʀ] *f.* *angl.* adventure	das Abenteuer	Cette ~ était vraiment exceptionnelle!
les transports [letʀɑ̃spɔʀ] *m. pl.* *angl.* transport	das Transportwesen	Luc s'intéresse au domaine des ~.
défendre qc/qn [defɑ̃dʀ] *angl.* to defend *lat.* defendere	*hier:* etw./jdn verteidigen *wird wie* entendre *konjugiert*	Juliette ~[5] toujours ses amis.
le milieu [ləmiljø]	*hier:* das Umfeld	Alain vient d'un ~ assez pauvre.
social/e [sɔsjal] *adj.* / ⚠ **sociaux**	sozial, Gesellschafts- *in Verbindung mit einem Nomen*	Le racisme est un problème ~.
[(ê)]**s'ouvrir à qn** [suvʀiʀ]	sich jdm anvertrauen	Elle a enfin décidé de ~ son frère.
le système (politique) [ləsistɛm] *angl.* system	das (politische) System	Nous avons étudié le ~ politique de la France en cours d'histoire.
rassurer qn [ʀasyʀe] ≠ faire peur *angl.* to reassure	jdn beruhigen	Ce que tu dis me ~[6].

1 européenne 2 Européens 3 sélectionne 4 représentent 5 défend 6 rassure

Le Prix Goncourt des lycéens

le prix [ləpʀi] *angl.* price	*hier:* der Preis *eines Wettbewerbs*	Bravo, vous avez gagné le premier ~!
le/la lycéen/ne [ləliseɛ̃/laliseɛn] ▶ le lycée	der/die Gymnasiast/in	Un ~, c'est un élève du lycée.
le roman [ləʀɔmɑ̃]	der Roman	As-tu lu ce ~?
suisse [sɥis] *adj.* *angl.* swiss	Schweizer, schweizerisch	J'adore le chocolat ~.
recevoir qc de qn [ʀəsəvwaʀ] ≠ donner	etw. von jdm bekommen → Les verbes, p. 160	Elle a ~[1] une lettre de son corres allemand.
vers la mi-(septembre) [vɛʀlami]	gegen Mitte (September)	Nous partons en vacances ~ septembre.
le commentaire [ləkɔ-mɑ̃tɛʀ] *angl.* comment	der Kommentar	Hector a écrit un ~ sur le dernier roman d'Amélie Nothomb dans son blog.
l'auteur [lotœʀ] *m.* ⚠ *Es gibt nur die männliche Form!* *angl.* author, *lat.* auctor	der/die Autor/in	Connaissez-vous l'~ de ce livre?
le/la lauréat/e [ləloʀea/laloʀeat] *angl.* laureate, *lat.* laureatus	der/die Preisträger/in	Ils n'ont toujours pas de ~ pour leur concours.
le marathon [ləmaʀatɔ̃] *angl.* marathon	der Marathon	Grégoire participe chaque année à un ~.
dès que [dɛkə] *conj.*	sobald	Nous t'appellerons ~ nous arriverons.
être en train de + *inf.* [ɛtʀɑ̃tʀɛ̃]	gerade dabei sein, etw. zu + *Inf.*	Je ~[2] écrire une lettre à mes parents.
venir de + *inf.* [vəniʀ]	gerade etw. getan haben	Thomas ~[3] ranger sa chambre.

Il est en train de faire les courses.

Il vient de faire les courses.

À l'abri de rien [alabʀidə-ʀjɛ̃]	Vor nichts geschützt *als Buchtitel*	
complètement [kɔ̃plɛtmɑ̃] *adv.* *angl.* completely	völlig	J'ai ~ oublié de rendre le CD à Marc.
déprimant/e [depʀimɑ̃/depʀimɑ̃t] *adj.* *angl.* depressing	deprimierend	Tania trouve ce film ~.

le choc [ləʃɔk] *angl.* shock	der Schock	Quand j'ai vu Nathalie, j'ai eu un ~: elle avait des bottes rouges.
le suspense [ləsyspɛns] *angl.* suspense	die Spannung	Denis ne supporte pas le ~, il a tout de suite peur.
perdre les pédales [pɛʀdʀ-lepedal] *fam.*	völlig durchdrehen *umg.*	Jean a complètement ~[4]: il donne des cours de chant à son canari.
mener une vie + *adj.* [məneynvi]	ein + *Adj.* Leben führen	Je ne veux pas ~ ennuyeuse.
(ê)**s'ennuyer** [sɑ̃nɥije] ≠ (ê)s'amuser ► ennuyeux/-euse	sich langweilen *wird wie* essayer *konjugiert*	J'avais peur de ~[5] chez ma tante.
le/la sans-papiers [lə/lasɑ̃-papje] ⚠ *unveränderlich*	*Person ohne Aufenthalts-genehmigung, illegaler Migrant*	Ma mère a aidé un ~ qui habitait dans notre quartier.
la misère [lamizɛʀ] *angl.* misery, *lat.* miseria	das Elend, die Armut	Les sans-papiers vivent souvent dans la ~.
la violence [lavjɔlɑ̃s] *angl.* violence, *lat.* violentia	die Gewalt	Dans certaines régions, il y a beaucoup de ~.
la nourriture [lanuʀityʀ]	das Essen	Tout le monde a besoin de ~ pour vivre.
l'écrivain [lekʀivɛ̃] *m.* ⚠ *Es gibt nur die männliche Form!* ► écrire	der/die Schriftsteller/in	Je connais un ~ très célèbre.
actuel/le [aktɥɛl] *adj.* ► l'actualité *f.* *angl.* actual	aktuell, derzeitig	Le problème des transports est très ~.
Tu en es où? [tyɑ̃nɛu]	Wie weit bist du?	
Ni d'Ève ni d'Adam [nidɛvnidadɑ̃]	Weder von Eva noch von Adam *als Buchtitel*	
en entier [ɑ̃nɑ̃tje]	ganz	Pierre ne lit jamais les livres ~.
autobiographique [otobiɔ-gʀafik] *adj.* *angl.* autobiographical	autobiographisch	Hélène vient de lire un livre ~ sur un acteur français.
le/la Japonais/e [ləʒapɔnɛ/laʒapɔnɛz] *angl.* Japanese	der/die Japaner/in	Son copain est un ~ de Tokyo.
dès [dɛ] *prép.*	(schon) ab, seit	Nous commençons les cours de guitare ~ ce soir.

Unterscheide: André joue au hockey **dès** le mois de janvier.
Il a commencé à adorer le hockey **dès que** ses parents lui ont offert des patins à glace.

la ligne [laliɲ]	*hier:* die Zeile	Dès les premières ~[6], on peut voir si un roman est bon.

la ligne:

die Zeile

die Linie

die (Bus-)Linie

le personnage [ləpɛʀsɔnaʒ] ▶ la personne	die Figur	Mon ~ de bédé préféré, c'est Mickey Mouse.

⚠ «faux ami»: *Das Wort* la figure *gibt es auch im Französischen und zwar mit zahlreichen Bedeutungen. Aber es kann nicht benutzt werden, um eine in einem literarischen Werk dargestellte Person zu bezeichnen.*

captiver qn [kaptive] *angl.* captivate *lat.* captivare	jdn fesseln	Elle déteste lire: même l'auteur le plus intéressant n'arrive pas à la ~.
le passage [ləpasaʒ] ▶ passer *angl.* passage	*hier:* die Passage *Abschnitt eines Buches*	Dans ce ~, le héros découvre les vestiges d'un château.
fantastique [fɑ̃tastik] *adj.* ≠ nul/le *angl.* fantastic	fantastisch, wunderbar	Il a réussi son examen, c'est ~!
le Japon [ləʒapɔ̃] ▶ le/la Japonais/e *angl.* Japan	Japan	Êtes-vous déjà allés au ~?
le bouquin [ləbukɛ̃] *fam.*	das Buch, der Schmöker	N'oublie pas de prendre ton ~.

1 reçu 2 suis en train d' 3 vient de 4 perdu les pédales 5 m'ennuyer 6 lignes

DOSSIER 2 Regards sur l'histoire

Approches: Hier et aujourd'hui

le Roi-Soleil [ləʀwasɔlɛj]	der Sonnenkönig *Bezeichnung des französischen Königs Ludwig XIV.*	Le ~ vivait à Versailles.
le roi / la reine [ləʀwa/laʀɛn] *lat.* rex/regina	der/die König/in	Louis XIV était ~ de France de 1643 à 1715.
le soleil [ləsɔlɛj] *angl.* sun *lat.* sol	die Sonne	Le ~? C'est l'étoile la plus importante pour la vie sur terre!
la tolérance [latɔleʀɑ̃s] *angl.* tolerance *lat.* tolerantia	die Toleranz	Pour moi, la ~ est très importante.
le mode de vie [ləmɔddəvi]	die Lebensweise	La tolérance, c'est accepter et comprendre d'autres ~[1].
politique [pɔlitik] *adj.* ▶ la politique, le/la politicien/ne *angl.* political *lat.* politicus	politisch	Manon ne s'intéresse pas à la vie ~.
l'époque [lepɔk] *f.*	die Zeit, die Epoche	À notre ~, tout le monde a un ordinateur.
l'absolutisme [lapsɔlytism] *m.* *angl.* absolutism	der Absolutismus	L'~ est un système politique.

acceptable [aksɛptabl] *adj.* ▶ accepter *angl.* acceptable *lat.* acceptabilis	akzeptabel	Le racisme n'est pas ~.
la façon [lafasɔ̃]	die Art	Les jeunes ont une autre ~ de vivre que leurs parents.
l'Europe [løʀɔp] *f.* ▶ européen/ne *angl.* Europe, *lat.* Europa	Europa	
le/la philosophe [le/lafilɔzɔf] *angl.* philosoph *lat.* philosophus	der/die Philosoph/in	Est-ce que tu connais le nom d'un ~ qui commence par V?
la liberté [libɛʀte] *angl.* liberty, *lat.* libertas	die Freiheit	Mes parents sont cool: ils me laissent beaucoup de ~.
le mot-clé [ləmokle]	das Schlüsselwort, das Stichwort	«Liberté» est le ~ de notre système politique.
appeler qc [apəle] *lat.* appellare	*hier:* etw. ... nennen	Il faut ~ les choses par leur nom!
le siècle des Lumières [ləsjɛkldelymjɛʀ] ▶ la lumière	das Zeitalter der Aufklärung	Le ~ a marqué l'histoire de l'Europe.
le siècle [ləsjɛkl] *lat.* saeculum	das Jahrhundert	Nous vivons au XXIe ~.
l'un/e des ... [lɛ̃de/lynde]	eine/r/s der ...	La France est l'~ plus grands pays d'Europe.
(ê)**naître (en 1992)** [nɛtʀ]	(1992) geboren werden, zur Welt kommen	En quelle année es-tu ~[2]?
libre [libʀ] *adj.* ▶ la liberté *lat.* liber	frei	«Enfin ~!»: voilà ce qu'il a dit quand il est sorti de prison.
égal/e [egal] *adj.* / ⚠ **égaux** *angl.* equal, *lat.* aequalis	ebenbürtig, gleich(berechtigt)	Toutes les personnes sont ~[3] quand elles ont les mêmes droits.
les droits de l'homme [ledʀwadəlɔm] *m. pl.* ▶ le droit, l'homme *m.*	die Menschenrechte	En cours d'histoire, on a parlé de la Déclaration des ~.
la révolution [laʀevɔlysjɔ̃] ▶ la révolte *angl.* revolution	die Revolution	Une grande révolte peut devenir une ~.
l'étape [letap] *f.*	der Abschnitt	Rentrer au lycée, c'est une ~ importante dans la vie des jeunes.
la République [laʀepyblik]	die Republik *hier: wichtige Phase der Französischen Revolution*	
introduire qc (dans qc) [ɛ̃tʀɔdɥiʀ] *angl.* to introduce *lat.* introducere	*hier:* etw. (in etw.) einführen → Les verbes, p. 158	Dans chaque dossier, on ~[4] des mots nouveaux.

le gramme [ləgʀam] *angl.* gramm	das Gramm	1000 ~[5] font un kilo.
[(ê)]**partir à la conquête de qc** [paʀtiʀalakɔ̃kɛt]	einen Eroberungsfeldzug unternehmen	Jacques Cartier est ~[6] Québec au XVIe siècle.
la conquête [lakɔ̃kɛt] *angl.* conquest *lat.* conquisitio	die Eroberung	La ~ de l'espace intéresse beaucoup mon cousin: il adore l'astronomie.
l'empire [lɑ̃piʀ] *m.* ▶ l'empereur *m.* *angl.* empire, *lat.* imperium	das Reich	L'~ romain était très grand.
aller de … jusqu'à … [aledə…ʒyska]	*hier:* sich von … bis … erstrecken	L'Allemagne ~ la mer du Nord ~[7] Alpes.
réformer qc [ʀefɔʀme] *angl.* to reform *lat.* reformare	etw. reformieren	Fabienne a proposé de ~ le système scolaire: elle veut huit semaines de vacances en plus!
l'administration [ladministʀasjɔ̃] *f.* *angl.* administration *lat.* administratio	*hier:* der Verwaltungsapparat	Napoléon a réformé l'~ de la France.
la justice [laʒystis] *angl.* justice, *lat.* iustus	*hier:* das Justizsystem, die Rechtsprechung	Il a aussi réformé la ~.
le Code civil [ləkɔdsivil] *angl.* civil code	*von Napoleon eingeführtes bürgerliches Gesetzbuch*	La Déclaration des droits de l'homme est l'ancêtre du ~.
le recueil (de lois) [ləʀəkœj]	die (Gesetzes-)Sammlung	Luc a un ~ de poèmes sur ses étagères.
la loi [lalwa] *angl.* law, *lat.* lex	das Gesetz	À l'Assemblée nationale, les députés votent des ~[8].
moderne [mɔdɛʀn] *adj.* ≠ ancien/ne *angl.* modern *lat.* modernus	modern	Le portable est quelque chose de ~.
nombreux/-euse [nɔ̃bʀø/nɔ̃bʀøz] *adj.* *angl.* numerous *lat.* numerosus	zahlreich	De ~ spectateurs étaient venus encourager leur équipe de foot.
la Prusse [lapʀys] *angl.* Prussia	Preußen	
l'Autriche [lotʀiʃ] *f.* *angl.* Austria	Österreich	
la Suède [lasɥɛd] *angl.* Sweden	Schweden	
la Russie [laʀysi] *angl.* Russia	Russland	
battre qn/qc [batʀ] ▶ débattre	jdn/etw. besiegen, schlagen *wird wie* débattre *konjugiert*	Quand est-ce que l'équipe allemande de foot a ~[9] la France la dernière fois?
industriel/le [ɛ̃dystʀijɛl] *adj.* *angl.* industrial	industriell	La France et l'Allemagne sont des pays ~[10].

le/la paysan/ne [ləpeizɑ̃/lapeizan] ▶ le pays	der Bauer / die Bäuerin	Le frère de Paul est ~.
la campagne [lakɑ̃paɲ] ≠ la ville	das Land	Les paysans vivent à la ~.
l'usine [lyzin] *f.*	die Fabrik	Dans l'~ qu'on voit de chez moi, on construit des voitures.
l'ouvrier/-ière [luvʀije/luvʀijɛʀ]	der/die (Fabrik-)Arbeiter/in	Le père de Jeanne est ~ dans une usine.
(ê)**mourir de qc** [muʀiʀ] ≠ vivre ▶ la mort *lat.* morior	an etw. sterben → Les verbes, p. 158	Il est ~[11] une maladie rare.
la fatigue [lafatig] ▶ fatigué/e	die Müdigkeit, die Erschöpfung	Quand on a beaucoup marché, on sent la ~ dans les jambes.
le ballon [ləbalɔ̃] ▶ la balle *angl.* balloon	*hier:* der Heißluftballon	Je rêve de monter un jour dans un ~.
la photographie [lafɔtoɡʀafi] ▶ la photo *angl.* photography	die Fotografie	La ~ a fait de grands progrès depuis le XIXe siècle.
la méthode [lametɔd]	die Methode	J'ai une bonne ~ pour apprendre les mots nouveaux.
conserver qc [kɔ̃sɛʀve] *lat.* conservare	*hier:* etw. haltbar machen	Aujourd'hui, on peut ~ le lait sans problème.

1 modes de vie 2 né/e 3 égales 4 introduit 5 grammes 6 parti à la conquête du 7 va de (...) jusqu'aux 8 lois 9 battu 10 industriels 11 mort d'

SÉQUENCE 1

Préparer la lecture

enfermer qn/qc [ɑ̃fɛʀme] ▶ fermer	*hier:* jdn/etw. einsperren	Il ne faut pas ~ le chien dans la voiture.

Elle ferme la porte.

Elle enferme son chien.

avoir de bonnes raisons (de/pour + *inf.* qn/qc) [avwaʀdəbɔnʀɛzɔ̃]	gute Gründe haben (jdn/etw. zu + *Inf.*)	Il faut ~ pour mettre quelqu'un en prison.
la raison [laʀɛzɔ̃] *angl.* reason	*hier:* der Grund	Tu veux savoir pourquoi je reste à la maison? Il pleut, voilà la ~!
insolent/e [ɛ̃sɔlɑ̃/ɛ̃sɔlɑ̃t] *adj.* *angl.* insolent, *lat.* insolentia	frech, unverschämt	Maxime est gentil, mais il est parfois très ~.

Les idées de Voltaire

à la frontière avec qc [alafʀɔ̃tjɛʀavɛk]	an der Grenze zu etw.	Kehl est une ville ~ la France.
la frontière [lafʀɔ̃tjɛʀ]	die Grenze	Pour les sans-papiers, passer la ~ n'est pas facile.
la Suisse [lasɥis] ▶ suisse *angl.* Switzerland	die Schweiz	
juger qc/qn [ʒyʒe] ▶ la justice *angl.* to judge	etw./jdn beurteilen *wird wie* changer *konjugiert*	Nous devons ~ cette histoire: elle est mauvaise.
bien porter son nom [bjɛ̃pɔʀtesɔ̃nɔ̃]	seinen Namen zu Recht tragen	Le siècle des Lumières ~[1].
riche en qc [ʀiʃ] *adj.* ≠ pauvre *angl.* rich	reich an etw.	Ce gâteau est ~ chocolat!
le salon [ləsalɔ̃]	*hier:* der (literarische) Salon	As-tu déjà participé à un ~ littéraire?
la philosophie [lafilɔzɔfi] ▶ le/la philosophe *angl.* philosophy *lat.* philosophia	die Philosophie	Dans certains lycées allemands, la ~ est une matière scolaire.
l'économie [lekɔnɔmi] *f.* *angl.* economy	die Wirtschaft	Les questions d'~ intéressent beaucoup les hommes politiques.
la montgolfière [lamɔ̃gɔlfjɛʀ]	der Heißluftballon	La couleur de cette ~ me plaît beaucoup.
depuis [dəpɥi] *adv.*	seitdem	J'ai vu Lucas il y a trois mois. ~, on ne s'est plus parlés.
(ê)**se battre pour qn/qc** [səbatʀpuʀ]	für jdn/etw. kämpfen	Il faut ~ la liberté.
le jugement [ləʒyʒmɑ̃] ▶ juger, la justice *angl.* judgement *lat.* iudicium	das Urteil	Le ~ aura lieu demain.
exiler qn [ɛgzile] *angl.* to exile	jdn verbannen	Dans certains pays, on ~[2] encore des politiciens.
l'Angleterre [lɑ̃glətɛʀ] *f.* ▶ l'anglais *angl.* England	England	
l'égalité [legalite] *f.* ▶ égal/e *angl.* equality *lat.* aequalitas	die Gleichheit	L'~ entre les hommes est quelque chose de très important.

Das Motto der französischen Republik lautet:

Liberté, Égalite, Fraternité
= Freiheit, Gleichheit, Brüderlichkeit

2

ANNEXE

la liberté d'expression [libɛʀtedɛkspʀɛsjɔ̃]	*hier:* die Meinungsfreiheit	La ~ est un droit de l'homme.
l'exil [legzil] *m.* ▶ exiler *angl.* exile *lat.* exilium	das Exil	Les parents de Natasha vivent en ~ depuis huit ans.
la cour [lakuʀ]	*hier:* der königliche Hof	J'aurais aimé vivre à la ~ de Louis XIV.

le cours

la cour

la cour

le retour [ləʀətuʀ] ≠ le départ	die Rückkehr	Le ~ de vacances est toujours dur.
fuir (qn/qc) [fɥiʀ] *lat.* fugere	(vor jdm/etw.) fliehen → Les verbes, p. 158	Ils sont partis en exil pour ~ la violence de leur pays.
nécessaire [nesesɛʀ] *adj.* *angl.* necessary *lat.* necessarius	nötig	On peut faire les courses plus tard si tu penses que c'est ~.
prévoir qc [pʀevwaʀ] *lat.* praevidere	etw. voraussehen *wird wie* voir *konjugiert*	Il est impossible de ~ toutes les réponses à ces questions.
prudent/e [pʀydɑ̃/pʀydɑ̃t] *adj.* *lat.* prudens	vorsichtig	Il faut être ~ quand on traverse une rue.
plaisanter [plɛzɑ̃te]	scherzen, Spaß machen	Notre prof de français ~[3] souvent.
la plume [laplym] *lat.* pluma	*hier:* die Schreibfeder	À notre époque, on n'utilise plus de ~ pour écrire.
le conte [ləkɔ̃t]	die Erzählung *auch:* das Märchen	Beaucoup de jeunes français ont lu un ~ de Voltaire.
cultiver qc [kyltive] *angl.* to cultivate *lat.* cultivare	etw. anbauen, etw. pflegen	Dans notre jardin, on ~[4] des pommes de terre.
par là [parla]	*hier:* damit	Que voulez-vous dire ~?
développer qc [devlɔpe]	etw. entwickeln, etw. entfalten	Il a ~[5] son amitié avec Jeanne.
le talent [lətalɑ̃] *angl.* talent *lat.* talentum	das Talent	Ce jeune auteur a beaucoup de ~.
personnel/le [pɛʀsɔnɛl] *adj.* ▶ la personne	persönlich	Rachida a une histoire ~[6] très intéressante.
utile (à qn/qc) [ytil] *adj.* *lat.* utilis	(etw./jdm) nützlich	Quand on veut être ~ aux autres, on essaie de les aider.
la justice [laʒystis] ▶ juger, le jugement *angl.* justice *lat.* iustitia	*hier:* die Gerechtigkeit	Il faut se battre pour la ~!

le/la ministre [lə/laministʀ] ► l'administration *f.* *angl.* minister, *lat.* minister	der/die Minister/in	Le ~ de la culture s'intéresse beaucoup au théâtre.
souffrir (de qc) [sufʀiʀ] *angl.* suffer	leiden (an etw.) *wird wie* offrir *konjugiert*	Mon chien est malade: il ~[7] de fortes douleurs.

1 porte bien son nom 2 exile 3 plaisante 4 cultive 5 développé 6 personnelle 7 souffre

SÉQUENCE 2

La vie des enfants au XIXe siècle

Paul

le latin [ləlatɛ̃] *angl.* Latin, *lat.* latinus	Latein	Le ~ était la langue des Romains.
[(ê)]**s'asseoir** [saswaʀ]	sich hinsetzen → Les verbes, p. 155	Aujourd'hui les élèves ~[1] tout de suite quand ils entrent dans leur classe.
le grec [ləgʀɛk] *angl.* Greek, *lat.* graecus	Griechisch	Le ~ est encore plus vieux que le latin.
la salle de cours [lasaldəkuʀ]	der Unterrichtsraum	Une ~ est une salle de classe.
le cheveu [ləʃəvø] / ⚠ **les cheveux**	das Haar	Ta copine a les ~[2] blonds ou bruns?

Merke:

les cheveux *m. pl.*

les poils m. pl. [lepwal]

la gouvernante [laguvɛʀnɑ̃t]	die Gouvernante, die Erzieherin	À notre époque, il n'y a plus beaucoup de ~[3].
rouler [rule] *angl.* to roll	*hier:* fahren	Le TGV ~[4] très vite.
le kilomètre-heure [ləkilomɛtʀœʀ]	der Stundenkilometer	Le TGV roule à 350 ~[5].
dont [dɔ̃] *pron.*	*hier:* auf den	
l'étude [letyd] *f.* ► faire des études *angl.* study	das Studium, das Lernen	L'~ du grec est très difficile.
apprendre qc par cœur [apʀɑ̃dʀparkœʀ]	etw. auswendig lernen	Je dois ~ un poème de Victor Hugo ~.
le texte [lətɛkst] *angl.* text	der Text	Je dois lire un ~ de Voltaire pour mon cours de français.
depuis que [dəpɥikə] *conj.*	seit	~ tu fais des efforts, tu as de bonnes notes.
coloniser qc [kɔlɔnize] *angl.* to colonize	etw. besiedeln, kolonisieren	~ un pays, c'est contre les droits de l'homme!

le/la sauvage [lə/lasovaʒ] *angl.* savage	der/die Wilde	
la civilisation [lasivilizasjɔ̃] *angl.* civilization	die Zivilisation	Chaque époque a connu des ~[6] différentes.
tuer (qn/qc) [tɥe]	(jdn/etw.) töten	~ quelqu'un est contre la loi.
le crime [ləkrim] *angl.* crime, *lat.* crimen	das Verbrechen	Battre des enfants est un ~.
(ê)**se révolter contre qn/qc** [səʀevɔlte] ▶ la révolte, la révolution	gegen jdn/etw. revoltieren, sich gegen jdn/etw. auflehnen	Les jeunes ~ souvent ~[7] leurs parents.
le/la juge [lə/laʒyʒ] ▶ juger, le jugement, la justice *angl.* judge, *lat.* iudex	der/die Richter/in	Pour devenir ~, il faut faire des études de droit.
l'Asie [lazi] *f.* *angl.* Asia	Asien	
aller aux mains de qn [aleomɛ̃də]	jdm in die Hände fallen	Je n'ai plus faim, mais ces gâteaux sont excellents ... et si je ne prends pas ce dernier gâteau, il ~[8] Félix ...
l'Anglais/e [lɑ̃glɛ/lɑ̃glɛz] ▶ l'Angleterre *f.*, l'anglais	der/die Engländer/in	Les ~ sont très drôles.

Antoinette

la mine [lamin] *angl.* mine, *lat.* mina	die Mine, die Grube	Le travail dans la ~ est très dur.
tirer [tiʀe]	ziehen	Quand quelqu'un ne va pas assez vite, on le ~[9] par la main.
pieds nus [pjeny] *m. pl.* ▶ le pied	barfuß	Avec mes copains, on adore courir ~ sur la plage.
nu/e [ny] *adj.*	nackt	Regarde, il nage ~ dans le lac!
regretter qc [ʀəgʀɛte]	etw. vermissen *auch:* etw. bedauern	Le chat de Marion est mort l'année dernière. Elle continue de le ~.
le morceau [ləmɔʀso] / ⚠ **les morceaux**	das Stück	Donne-moi encore un ~ de gâteau, s'il te plaît.
le wagonnet [ləvagɔnɛ]	die Lore	Le ~ est une petite voiture de transport.
la galerie [lagalʀi]	*hier:* der Stollen, der unterirdische Gang	Cette ~ est très étroite.
pousser qn/qc [puse] ≠ tirer *angl.* to push	jdn/etw. (vorwärts)schieben, jdn/etw. stoßen	Ce matin dans le métro, quelqu'un a ~[10] Géraldine: elle est tombée.

Ils tirent.

Elle pousse.

regarder autour de soi [ʀəgaʀdeotuʀdəswa]	sich umschauen	~, c'est ce qu'il faut faire pour découvrir le monde.

autour de moi/toi/lui/nous/vous   autour d'elle/elles/eux

le coup [ləku]	der Schlag	On m'a donné un ~ dans le dos.
le pic [ləpik]	die Spitzhacke	Pour travailler dans une mine, on a besoin d'un ~.
respirer (qc) [ʀɛspiʀe] *lat.* respirare	atmen, etw. einatmen	~ le parfum de la forêt, c'est génial.
le charbon [ləʃaʀbɔ̃] *lat.* carbo	die Kohle	Aller chercher le ~ dans les mines, ce n'est pas un travail facile.
le seau [ləso] / ⚠ **les seaux**	der Eimer	Les enfants utilisent un ~ pour faire des châteaux de sable.
le bras [ləbʀa] / ⚠ **les bras** *lat.* bracchium	der Arm	Christophe fait du tennis: son ~ droit est bien plus gros que son ~ gauche.
le sou [ləsu]	der Groschen	Ma grand-mère dit souvent «un ~ est un ~»!
de moins [dəmwɛ̃]	weniger	Ma sœur a trois ans ~ que moi.
le ventre [ləvɑ̃tʀ] *lat.* venter	der Bauch	J'ai mal au ~ parce que j'ai trop mangé à la cantine.

le corps

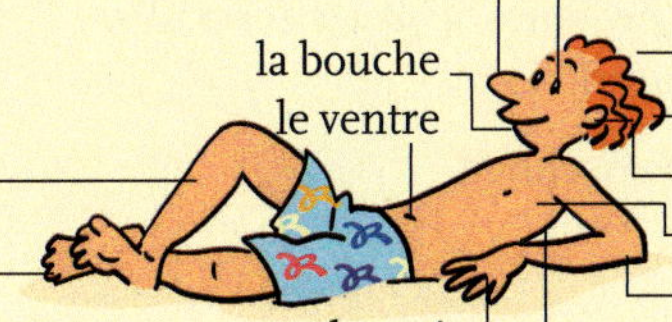

gratuit/e [gʀatɥi/gʀatɥit] *adj.* *lat.* gratuitus	kostenlos	Rien n'est ~ dans la vie!
l'air [lɛʀ] *m.* *angl.* air, *lat.* aer	die Luft	Quand je respire l'~ de la mer, je me sens tout de suite en vacances.

1 s'asseyent 2 cheveux 3 gouvernantes 4 roule 5 kilomètres-heure 6 civilisations 7 se révoltent (...) contre 8 ira aux mains de 9 tire 10 poussé

SÉQUENCE 3

Un siècle mouvementé

mouvementé/e [muvmɑ̃te] *adj.*	bewegt	Les explorateurs ont une vie très ~[1].
l'enquête [lɑ̃kɛt] *f.*	die Ermittlung, *hier:* die Umfrage	Si on veut savoir ce que les gens pensent, il faut faire une ~.
l'évènement [levɛnmɑ̃] *m.* *angl.* event, *lat.* eventum	das Ereignis	L'~ sportif de cette année? Les Jeux olympiques d'hiver!

mondial/e [mɔ̃djal] *adj.* / ⚠ **mondiaux** ▶ le monde *lat.* mundus	Welt- *in Verbindung mit einem Nomen*	Cet évènement est un évènement ~.
comparer (qc avec qc) [kɔ̃paʀe] *angl.* to compare *lat.* comparare	(etw. mit etw.) vergleichen	Avant d'acheter quelque chose, il faut ~ les prix.
le continent [ləkɔ̃tinɑ̃] *angl.* continent	der Kontinent	Combien y a-t-il de ~[2] sur la terre? Cinq ou six?
impliquer qc/qn [ɛ̃plike]	etw./jdn involvieren, verwickeln	Le cousin de Noé est en prison. Il est ~[3] dans une histoire de crime.
l'arme [laʀm] *f.* *lat.* arma	die Waffe	À ton avis, quelle est l'~ la plus dangereuse?
terrible [teʀibl] *adj.* *angl.* terrible *lat.* terribilis	furchterregend, schrecklich	Lisa m'a raconté une histoire vraiment ~!
la bombe [labɔ̃b] *angl.* bomb	die Bombe	Pour moi, chaque ~ est une horreur.
atomique [atɔmik] *adj.* *angl.* atomic	atomar, Atom- *in Verbindung mit einem Nomen*	
faire disparaître [fɛʀdispaʀɛtʀ]	*hier:* vernichten	Avec la bombe atomique on pourrait ~ tout ce qu'il y a sur la terre.
disparaître [dispaʀɛtʀ] *angl.* disappear	verschwinden *wird wie* connaître *konjugiert*	Mon portable a ~[4], je ne le trouve plus.
l'humanité [lymanite] *f.* ▶ humain *angl.* humanity	die Menschheit	L'~, c'est l'ensemble des hommes.
le visage [ləvizaʒ] *lat.* visus	das Gesicht	Cette actrice a un beau ~.

⚠ *«faux ami»:*

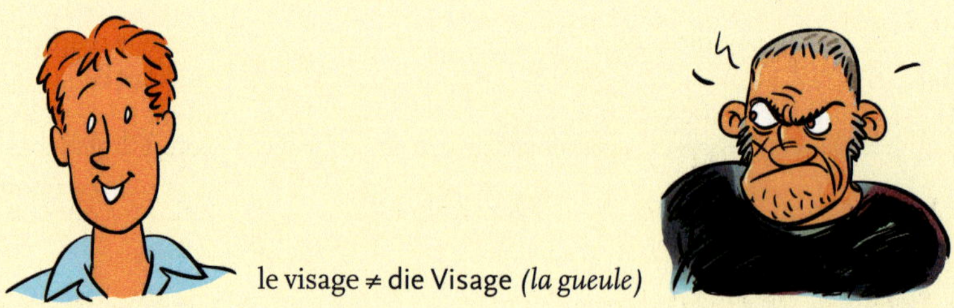

le visage ≠ die Visage *(la gueule)*

la réconciliation [laʀekɔ̃siljasjɔ̃]	die Versöhnung	En ce moment, je fais tout pour la ~ de Paul et de Valérie. Ce n'est pas facile.
la chute [laʃyt]	der Fall	
le mur [ləmyʀ] *lat.* murus	die Mauer	Depuis la chute du ~ de Berlin, il n'y a plus qu'une Allemagne.
pacifique [pasifik] *adj.* *lat.* pacificus	friedlich	Il faut toujours essayer de trouver une solution ~ aux problèmes.

prospère [pʀɔspɛʀ] *adj.* *angl.* prosperous	*hier:* blühend	En ce moment, notre économie est très ~.
caractériser qc/qn [kaʀak-teʀize]	etw./jdn kennzeichnen	Ce qui ~[5] cet homme, c'est son humour.
la partie [lapaʀti] *angl.* part *lat.* pars	*hier:* der Teil	C'est seulement une ~ du problème.
le flux migratoire [ləfly-migʀatwaʀ] *lat.* fluxus	die Einwanderungswelle	
l'inverse [lɛ̃vɛʀs] *m.*	das Gegenteil	Mais tu n'as rien compris! C'est l'~ qu'il fallait faire!
ancien/ne [ɑ̃sjɛ̃/ɑ̃sjɛn] *adj.* ≠ neuf, nouveau ▶ l'ancêtre *m./f.* *angl.* ancient	*hier:* ehemalige/r/s, frühere/r/s	Notre voiture est l'~[6] voiture de mes grands-parents.
l'industrie [lɛ̃dystʀi] *f.* ▶ industriel/le *angl.* industry	die Industrie	Beaucoup de gens travaillent dans l'~.
la pollution [lapɔlysjɔ̃] *angl.* pollution	die Umweltverschmutzung	La ~ est l'un des plus grands problèmes de l'humanité.
la fonte [lafɔ̃t] ▶ fondre	das (Ab-)Schmelzen	La ~ des neiges a lieu au printemps.
le glacier [ləglasje] ▶ la glace *angl.* glacier	der Gletscher	La fonte des ~[7] va changer le paysage.

VOCABULAIRE DES DOCUMENTS SONORES

le métier [ləmetje]	der Beruf	Choisir un ~, ce n'est pas toujours facile.
la médecine [lamedsin] *angl.* medicine *lat.* medicina	die Medizin	La ~ aide les gens malades.
le vaccin [ləvaksɛ̃]	die Impfung	J'ai toujours peur quand on doit me faire un ~.
la technique [latɛknik] *angl.* technique	die Technik	Florent ne comprend rien à la ~ moderne.
Il y a tout un monde! [iljatutɛ̃mɔ̃d]	Dazwischen liegen Welten!	~ entre ma vie et celle de mes grands-parents.
l'informatique [lɛ̃fɔʀma-tik] *f.*	die Informatik	L'~ est une science très intéressante.
communiquer (avec qn) [kɔmynike] ▶ la communication *angl.* to communicate	(mit jdm) kommunizieren	Le portable nous permet de ~ tout le temps avec nos amis.
la poste [lapɔst] *angl.* post office	die Post	Je dois porter cette lettre à la ~ avant trois heures!

1 mouvementée 2 continents 3 impliqué 4 disparu 5 caractérise 6 ancienne 7 glaciers

Approches: Moi, je voudrais devenir ...

le maître nageur / la maître nageuse [ləmɛtʀnaʒœʀ/lamɛtʀnaʒøz] ▶ nager, la natation	der/die Bademeister/in	Le ~, c'est le surveillant de la piscine.
l'ingénieur du son [lɛ̃ʒenjœʀdysɔ̃] *m.* *angl.* sound engineer	der/die Toningenieur/in	L'~ travaille pour la radio.
le/la reporter [lə/laʀəpɔʀtɛʀ] *angl.* reporter	der/die Reporter/in	Marc est ~: il voyage beaucoup.
l'avocat/e [lavoka/lavokat] *lat.* advocatus	der Anwalt / die Anwältin	Mon ~ me défend bien.
le pompier / la femme pompier [ləpɔ̃pje/lafampɔ̃pje]	der Feuerwehrmann / die Feuerwehrfrau	Quand la maison brûle, il faut appeler les ~[1].
le/la puériculteur/-trice [ləpɥeʀikyltœʀ/lapɥeʀikyltʀis]	der/die Krippenerzieher/in *auch:* die Säuglings-/Kinderkrankenschwester	Les enfants aiment chanter avec leur ~.
le/la bachelier/-ière [ləbaʃəlje/labaʃəljɛʀ] ▶ le baccalauréat, le bac	der/die Abiturient/in	Mon frère est ~ depuis l'année dernière.
la génération [laʒeneʀasjɔ̃] *lat.* generatio	die Generation	Jean-Jacques est de la ~ de mes parents.
le/la concepteur/-trice multimédia [ləkɔ̃sɛptœʀ-/lakɔ̃sɛptʀismyltimedja]	der/die Multimediadesigner/in	Je déteste les ordinateurs: je ne voudrais pas devenir ~.
le/la pilote d'avion [lə/lapilɔtdavjɔ̃] *angl.* pilot	der/die Pilot/in	Un ~ doit toujours rester calme.
le/la guide de haute montagne [lə/lagiddəotmɔ̃taɲ] ▶ le guide, la montagne *angl.* mountain guide	der/die Hochgebirgsführer/in	~: c'est sûrement un métier génial.
le médecin / la femme médecin [ləmedsɛ̃/lafammedsɛ̃] ▶ la médecine *lat.* medicus	der Arzt / die Ärztin	Quand on est malade, il faut aller voir le ~.
l'interprète [lɛ̃tɛʀpʀɛt] *m./f.* *angl.* interpreter	der/die Dolmetscher/in	Pour devenir ~, il faut s'intéresser aux langues.
l'informaticien/ne [lɛ̃fɔʀmatisjɛ̃/lɛ̃fɔʀmatisjɛn] ▶ l'informatique *f.*	der/die Informatiker/in	Le frère de Laurie est ~: il l'aide toujours quand elle a des problèmes avec son ordinateur.

le/la militaire [lə/lamilitɛʀ] *lat.* miles	der/die Berufssoldat/in	En France, tous les soldats sont des ~[2].
le/la sportif/-ive professionnel/le [ləspɔʀtif/laspɔʀtivpʀɔfɛsjɔnɛl] ▶ sportif/-ive, le sport	der/die Berufssportler/in	Les joueurs des grands clubs de foot sont tous des ~[3].
l'animateur/-trice (télé/radio) [lanimatœʀ/lanimatʀis(tele/radjo)] ▶ animé/e	der/die (Fernseh-/Radio-) Moderator/in	Je ne comprends pas bien cet ~ anglais: il parle beaucoup trop vite.
l'enseignant/e [lɑ̃sɛɲɑ̃/lɑ̃sɛɲɑ̃t]	der/die Lehrer/in	Mon père est ~: il adore son métier.
l'assistant/e social/e [lasistɑ̃-/lasistɑ̃tsɔsjal]	der/die Sozialarbeiter/in	Certaines personnes ont besoin d'un ~.
le mannequin [ləmankɛ̃] ⚠ *Es gibt nur die männliche Form.*	das Model	Une femme qui veut être ~ doit être grande.
le/la photographe [lə/lafɔtogʀaf] ▶ la photographie, la photo, l'appareil photo *m.*	der/die Fotograf/in	Jeanne est allée chez un ~: il a fait de très belles photos.
l'architecte [laʀʃitɛkt] *m./f.* *angl.* architect *lat.* architectus	der/die Architekt/in	Tu sais quel ~ a construit ce beau bâtiment?
le/la secrétaire [lə/lasəkʀe-tɛʀ]	der/die Sekretär/in	Ma sœur est ~ chez un avocat.
le/la journaliste [lə/laʒuʀnalist] ▶ le journal *angl.* journalist	der/die Journalist/in	Je connais un ~ qui travaille pour la télévision allemande.

Écouter

dépendre de qc/qn [depɑ̃dʀ] *angl.* to depend on something/somebody *lat.* dependere	von etw./jdm abhängen *wird wie* entendre *konjugiert*	Je ne veux plus ~ mes parents.
le point fort [ləpwɛ̃fɔʀ]	die Stärke	Mon ~, c'est le sport.
l'imagination [limaʒinasjɔ̃] *f.* ▶ imaginer *angl.* imagination *lat.* imaginatio	die Einbildungskraft, die Fantasie	L'auteur de ce roman a beaucoup d'~.
le/la traducteur/-trice [lətʀadyktœʀ/latʀadyktʀis] *angl.* traducer *lat.* traductor	der/die Übersetzer/in	Le ~ de ce texte s'est trompé plusieurs fois.

3

ANNEXE

le/la boucher/-ère [ləbuʃe/labuʃɛʀ] *angl.* butcher	der/die Fleischer/in, der/die Metzger/in	Je connais un ~ qui vend de la bonne viande.
reprendre qc [ʀəpʀɑ̃dʀ] ► prendre	*hier:* etw. übernehmen	Bientôt, je vais ~ la librairie de mon père.

1 pompiers 2 militaires 3 sportifs professionnels

SÉQUENCE 1

À chacun son métier

chacun/e [ʃakɛ̃/ʃakyn]	jede/r/s	Tu vois ces jeunes, là-bas? Je connais ~ d'eux.
le portrait [ləpɔʀtʀɛ] *angl.* portrait	das Porträt *hier:* die Personenbeschreibung	Je trouve que le ~ de ce politicien est trop positif.
soigner qn [swaɲe] ► le soin	jdn pflegen	Ma mère me ~[1] quand je suis malade.
le Samu social [ləsamysɔsjal]	*Organisation, die Obdachlosen medizinische und psychologische Betreuung bietet*	
accueillir qn/qc [akœjiʀ]	jdn/etw. empfangen, aufnehmen → Les verbes, p. 155	En France, on nous ~[2] toujours bien.
le/la Sans domicile fixe [lə/lasɑ̃dɔmisilfiks], **le/la SDF** [lə/laɛsdeɛf] *fam.*, ⚠ *unveränderlich*	der/die Obdachlose	Le Samu social aide les ~.
celui, celle, ceux, celles [səlɥi/sɛl/sø/sɛl]	der(jenige), die(jenige), die(jenigen)	
après avoir/être + *participe passé* [apʀɛzavwaʀ/apʀɛzɛtʀ]	nachdem	~[3] réfléchi longtemps, il a décidé de venir en vacances avec nous.
suivre des études [sɥivʀədezetyd] ► les études *f. pl.*	studieren	Après le bac, je veux ~ de médecine.
suivre [sɥivʀ]	folgen → Les verbes, p. 161	Ce chien me ~[4] depuis hier.
l'infirmier/-ière [lɛ̃fiʀmje/lɛ̃fiʀmjɛʀ]	der/die Krankenpfleger/in	L'~ soigne les malades.
l'hôpital [lɔpital] *m.* *angl.* hospital	das Krankenhaus	Hier, je suis allé voir mon copain à l'~.
le Bénin [ləbenɛ̃]	Benin	
le Congo [ləkɔ̃go]	Kongo	
l'Afghanistan [lafganistɑ̃] *m.*	Afghanistan	
le salaire [ləsalɛʀ] *angl.* salary	der Lohn, das Gehalt	Je cherche un travail pour lequel on me paie un bon ~.

servir à qc [sɛʀviʀ] ▶ le serveur / la serveuse, le service *angl.* to serve *lat.* servire	zu etw. dienen	Les langues ~[5] communiquer.
le fric [ləfʀik] *fam.*	die Kohle *umg. für* Geld	Le samedi, je distribue des prospectus pour gagner un peu de ~.
la formation [lafɔʀmasjɔ̃] ▶ former *lat.* formatio	*hier:* die Ausbildung	Sans ~ professionnelle il est très difficile de trouver un travail.
sur concours [syʀkɔ̃kuʀ] ▶ le concours *lat.* concursus	mit einer Aufnahmeprüfung	On entre à l'école d'infirmier ~.
une fois ... [ynfwa]	wenn man erst einmal ... ist	~ SDF, ce n'est pas facile de trouver un travail.
l'humanitaire [lymanitɛʀ] *m.* ▶ humain/e, l'humanité *f.*	der Bereich der Hilfsorganisationen	J'aimerais travailler dans l'~.
le/la flic [lə/laflik] *fam.*	der Bulle *umg. für* Polizist/in	Ne roule pas trop vite, il y a des ~[6] partout ici.
la police judiciaire, la PJ *fam.* [lapɔlisʒydisjɛʀ/lapeʒi] ▶ la police	die Kriminalpolizei	Pour travailler à la ~, il faut passer un concours.
le/la petit-fils/petite-fille [ləpətifis/lapətitfij] ▶ le fils, la fille	der/die Enkel/in	Mes grands-parents ont deux ~[7]: mon cousin et moi.
le policier / la femme policier [ləpɔlisje/lafampɔlisje] ▶ la police, la PJ	der/die Polizist/in	Le ~ m'a posé beaucoup de questions.
le/la criminel/le [lə/lakʀiminɛl] ▶ le crime *angl.* criminal *lat.* criminalis	der/die Verbrecher/in	La police a cherché longtemps ce ~.
poursuivre qn [puʀsɥivʀ] ▶ suivre	jdn verfolgen *wird wie* suivre *konjugiert*	Deux policiers ont ~[8] le criminel.
arrêter qn [aʀɛte]	*hier:* jdn festnehmen	Puis ils ont réussi à l'~.
le bandit [ləbɑ̃di] *fam.*	der/die Gauner/in	Attrapez ce ~! Il vient de me voler mon sac!
blesser qn [blɛse]	jdn verletzen	Je me suis ~[9] en jouant au foot.
pourtant [puʀtɑ̃] *adv.*	dennoch, trotzdem, doch	Cet homme est très gentil; ~ je ne l'aime pas.
faire peur à qn [fɛʀpœʀ] ▶ la peur	jdm Angst machen	Ce bruit me ~[10].

le contraire [ləkɔ̃tʀɛʀ] ► contre *angl.* contrary *lat.* contrarius	das Gegenteil	La guerre est le ~ de la paix.

au contraire [okɔ̃tʀɛʀ] im Gegenteil

horrible [ɔʀibl] *adj.* ► l'horreur *f.* *angl.* horrible *lat.* horribilis	grauenhaft	Aujourd'hui à la radio, le journaliste a parlé d'un crime ~.
responsable [ʀɛspɔ̃sabl] *adj.* *angl.* responsable	verantwortlich	Qui est ~ de cette action?
le/la commissaire de police [lə/lakɔmisɛʀdəpɔlis]	der/die Polizeikommissar/in	Le ~ pose beaucoup de questions pour trouver le criminel.
le master [ləmastœʀ] *angl.* master, *lat.* magister	der Master *Universitätsabschluss*	
le droit [lədʀwa]	*hier:* die Rechtswissenschaft, Jura	Marc fait des études de ~.
le diplôme [lədiplom] *lat.* diploma	das Diplom	Quand on réussit un examen, on reçoit un ~.
les sciences politiques [lesjɑ̃spɔlitik] *f. pl.* *angl.* science	die Politikwissenschaft, die Politologie	
l'Institut d'études judiciaires [lɛ̃stitydetydʒydisjɛʀ]	*das Institut für rechtswissenschaftliche Studien*	
l'École nationale supérieure [lekɔlnasjɔnalsypeʀjœʀ]	die Verwaltungshochschule	
le magazine [ləmagazin] *angl.* magazine	die Zeitschrift	Mon ~ préféré, c'est «Phosphore».

Unterscheide:

le magazine = die Zeitschrift

le magasin = das Geschäft

traiter qc [tʀɛte] *angl.* to treat, *lat.* tractare	etw. behandeln *Thema*	On a souvent ~[11] le racisme en classe.
de plus en plus de qc [dəplyzɑ̃plys]	mehr und mehr von etw.	Je me fais ~ souci pour mon frère: il est toujours malade.
l'université [lynivɛʀsite] *f.* *angl.* university *lat.* universitas	die Universität	Après le bac, je vais faire mes études à l'~ de Strasbourg.
l'article [laʀtikl] *m.* *angl.* article, *lat.* articulus	*hier:* der (Zeitungs-)Artikel	J'ai lu un ~ très intéressant sur les Jeux olympiques.
bilingue [bilɛ̃g] *adj.* ► la langue *angl.* bilingual	zweisprachig	Au Québec, les gens sont ~[12].

le journalisme [ləʒuʀnalism] ▶ le journal, le/la journaliste *angl.* journalism	der Journalismus	J'adorerais travailler dans le ~.
la radio [laʀadjo]	*hier:* der Hörfunk	J'ai fait un stage d'un mois à la ~: ça ne m'a pas plu.
finir par + *inf.* **qc** [finiʀ]	*hier:* schaffen etw. zu + *Inf.*	On ~ toujours ~[13] trouver une solution.
la chance [laʃɑ̃s] *angl.* chance	die Chance, die Gelegenheit	Il est doué: il faut lui donner sa ~.
tout simplement [tusɛ̃pləmɑ̃]	ganz einfach	Pour devenir médecin, il faut ~ travailler dur!
faire un essai [fɛʀɛ̃nesɛ] ▶ essayer, l'essai *m.*	*hier:* eine Probezeit absolvieren	Avant d'avoir ce travail, il faut ~ de trois mois.
le chiffre [ləʃifʀ]	die Zahl	Je n'ai pas mes lunettes: je n'arrive pas à lire ces ~[14]. Est-ce que tu peux m'aider?
employer [ɑ̃plwaje] ▶ l'employé/e *angl.* to employ	einstellen, beschäftigen	Cette entreprise ~[15] 300 personnes.

1 soigne 2 accueille 3 Après avoir 4 suit 5 servent à 6 flics 7 petits-fils 8 poursuivi 9 blessé/e 10 fait peur 11 traité 12 bilingues 13 finit (...) par 14 chiffres 15 emploie

SÉQUENCE 2

Clémentine et le BAFA

le BAFA, brevet d'aptitude aux fonctions d'animateur [ləbafa/bʀəvɛdaptitydofɔ̃ksjɔ̃danimatœʀ]	*Zertifikat, das zur Betreuung von Kindern und Jugendlichen berechtigt*	
obtenir qc (de qn) [ɔbtəniʀ] *angl.* to obtain *lat.* obtinere	etw. (von jdm) bekommen *wird wie* venir *konjugiert*	Je dois travailler dur pour ~ le bac.
Pâques [pɑk] *f. pl.*	Ostern	Pendant les vacances de ~, je vais faire un stage d'escalade.
financer qc [finɑ̃se]	finanziell unterstützen, finanzieren	Souvent, les parents ~[1] les études de leurs enfants.
durer [dyʀe] *lat.* durare	dauern	Combien de temps ~[2] les vacances de Pâques?
du côté de [dykote] *prép.*	in der Nähe von	La poste est ~ la gare.
(ê)**s'occuper de qc/qn** [sɔkype] *lat.* occupare	sich mit etw./jdm beschäftigen	Quand est-ce que tu ~[3] tes devoirs?
théorique [teɔʀik] *adj.* *angl.* theoretical *lat.* theoricus	theoretisch *hier:* theoretisch orientiert	C'est une question ~.

3

ANNEXE

l'organisateur/-trice [lɔʀganizatœʀ/lɔʀganizatʀis] ▶ l'organisation *f.*	der/die Organisator/in	Tu connais l'~ de ce concert?
le comportement [ləkɔ̃pɔʀtəmɑ̃]	das Verhalten	Son ~ est drôle.
la règlementation [laʀɛgləmɑ̃tasjɔ̃] ▶ la règle, régler	die (gesetzliche) Regelung	Une certaine ~ de la vie scolaire est nécessaire.
la sécurité [lasekyʀite] *angl.* security, *lat.* securitas	die Sicherheit	La question de ~ est devenue très importante.
le/la participant/e [ləpaʀtisipɑ̃/lapaʀtisipɑ̃t] ▶ participer *lat.* particeps	der/die Teilnehmer/in	Il y a toujours beaucoup de ~[4] au marathon de Berlin.
pratique [pʀatik] *adj.* *angl.* practical *lat.* practicus	praktisch *hier:* praxisorientiert	Ce sac est très ~.
la colonie de vacances, la colo *fam.* [lakɔlɔnidəvakɑ̃s/lakɔlo] ▶ la colonie, les vacances *f. pl.*	das Ferienlager	Est-ce que tu fais une ~ cet été?
l'animateur/-trice [lanimatœʀ/lanimatʀis] ▶ animé/e	*hier:* der/die Jugendleiter/in	Pendant les grandes vacances, je vais travailler comme ~.
éviter [evite] *lat.* evitare	verhindern	Il faut ~ la catastrophe.
l'inconvénient [lɛ̃kɔ̃venjɑ̃] *m.* ≠ l'avantage *m.*	der Nachteil, das Schlimme (daran)	L'~ de ce voyage, c'est qu'il coûte cher.
à part ça [apaʀsa]	ansonsten	J'ai des problèmes en maths, mais ~ j'ai des bonnes notes dans toutes les matières.
l'approfondissement [lapʀɔfɔ̃dismɑ̃] *m.* ▶ profond/e	die Vertiefung	
(ê)**se spécialiser dans qc** [səspesjalize] *angl.* to specialize in something	sich auf etw. spezialisieren	Après trois ans d'études, on peut ~ le droit international.
mettre qc au point [mɛtʀopwɛ̃]	etw. entwickeln	On a ~[5] un nouveau système de communication.
le jeu de piste [ləʒødəpist] / ⚠ **les jeux de piste** ▶ le jeu, la piste	die Schnitzeljagd	Les élèves adorent faire des ~[6].
le curriculum vitae, le CV [ləkyʀikylɔmvite/ləseve]	der Lebenslauf	Est-ce que tu as déjà écrit ton ~?

le SMIC, le Salaire minimum interprofessionnel de croissance [ləsmik/ ləsalɛʀminimɔmɛ̃tɛʀpʀɔfɛsjɔnɛldəkʀwasɑ̃s]	*der gesetzlich garantierte Mindestlohn*	Quand on gagne seulement le ~, on ne gagne pas beaucoup.
l'addition [ladisjɔ̃] *f.* *lat.* additum	*hier:* die Rechnung	Je t'invite: c'est moi qui paie l'~.

1 financent 2 durent 3 t'occupes de 4 participants 5 mis au point 6 jeux de piste

SÉQUENCE 3

Est-ce que tu as peur de l'avenir?

douter (de qc) [dute] *lat.* dubitare	etw. bezweifeln	Je ne ~[1] pas de son amitié.
réussir sa vie [ʀeysiʀsavi] ▶ la réussite	sein Leben meistern	~, ce n'est pas toujours facile.
[(ê)]**se plaindre (de qc/qn)** [səplɛ̃dʀ] *lat.* plangere	sich (über etw./jdn) beklagen → Les verbes, p. 159	Je ne ~[2] pas du tout de ma vie.
un jour [ɛ̃ʒuʀ] ▶ le jour, la journée	*hier:* eines Tages	~, tu comprendras mes arguments.
craindre (qc/qn) [kʀɛ̃dʀ]	befürchten, (etw./jdn) fürchten *wird wie* plaindre *konjugiert*	Beaucoup de gens ~[3] le chômage.
le malheur [ləmalœʀ] ▶ mal, malheureux/-euse	das Unglück	Il m'est arrivé un petit ~: j'ai perdu mon portable.
prendre qc du bon côté [pʀɑ̃dʀədybɔ̃kote]	etw. von seiner guten Seite nehmen	Il faut essayer de ~ la vie ~.
évident/e [evidɑ̃/evidɑ̃t] *adj.*	offensichtlich, klar	Cet élève a fait des progrès ~[4] en français.
écologique [ekɔlɔʒik] *adj.*	ökologisch	Prendre l'avion, ce n'est pas très ~.
le terrorisme [lətɛʀɔʀism]	der Terrorismus	Tout le monde a peur du ~.
l'épidémie [lepidemi] *f.* *lat.* epidemia	die Epidemie	Après la catastrophe, on craint une ~.
la retraite [laʀətʀɛt]	die Rente	Mon père va bientôt prendre sa ~.
l'objectif [lɔbʒɛktif] *m.* *angl.* objective	das Ziel	Mon ~ est de devenir ingénieur du son.
naturel/le [natyʀɛl] *adj.* ▶ la nature *angl.* natural *lat.* naturalis	natürlich, Natur- *in Verbindung mit einem Nomen*	Moi, je préfère une vie ~[5].
augmenter [ɔgmɑ̃te] *lat.* augmentare	zunehmen	Les prix ~[6] chaque année.
agir [aʒiʀ] *lat.* agere	handeln *wird wie* réagir *konjugiert*	On a assez discuté: maintenant il faut ~.

entre autre [ɑ̃tʀɔtʀ]	unter anderem	Je ne joue plus avec vous. ~ parce que vous trichez.
l'environnement [lɑ̃viʀɔnmɑ̃] *m.* *angl.* environment	die Umwelt	Il faut toujours faire attention à l'~.
le hasard [ləazaʀ]	der Zufall	Parfois, on profite d'un heureux ~.

par hasard *adv.* = zufällig

à la place de qc/qn [alaplas]	statt, an Stelle von etw./jdm	
la part [lapaʀ] *angl.* part *lat.* pars	der Anteil	Quelle est ta ~ dans ce projet?
(ê)**se prendre la tête pour qc/qn** [səpʀɑ̃dʀəlatɛt] *fam.*	sich Sorgen machen um etw./jdn	Je ~ toujours ~[7] rien.
l'étranger [letʀɑ̃ʒe] *m.*	*hier:* das Ausland	Je serais curieuse de vivre à l'~.
perfectionner qc [pɛʀfɛksjɔne]	etw. vervollkommnen	Je veux passer un an en France pour ~ mon français.
divorcer [divɔʀse] ≠ (ê)se marier *angl.* to divorce	sich scheiden lassen	Quelle catastrophe: mes parents veulent ~.

tomber amoureux

se marier

se disputer

divorcer

optimiste [ɔptimist] *adj.* *angl.* optimistic *lat.* optimus	optimistisch	Je ne partage pas ton avis ~.
l'émission [lemisjɔ̃] *f.*	die Sendung	Je n'aime pas cette ~.
suffire [syfiʀ] *lat.* sufficere	genügen, ausreichen → Les verbes, p. 160	Tout cela ne ~[8] pas.
((ê)se) former [(sə)fɔʀme] ▶ la formation *lat.* formare	(sich) ausbilden (lassen)	Dans cette université, on ~[9] surtout des ingénieurs.
(ê)**s'informer sur qc** [sɛ̃fɔʀme] *angl.* to inform oneself	sich über etw. informieren	Je vais ~[10] le métier de journaliste.
faire + *inf.* **qn** [fɛʀ] *lat.* facere	jdn + *Inf.* lassen, zum + *Inf.* bringen	Il ne faut pas ~ souffrir les animaux.

1 doute 2 me plains 3 craignent 4 évidents 5 naturelle 6 augmentent 7 me prends (...) la tête pour 8 suffit 9 forme 10 m'informer sur

DOSSIER 4 La France, l'Allemagne et l'Europe

Approches: Des ennemis héréditaires?

l'ennemi/e [lɛnmi] ≠ ami/e *angl.* enemy *lat.* inimicus	der/die Feind/in	Cet homme politique a beaucoup d'~[1].
héréditaire [ereditɛʀ] *adj.* *lat.* hereditarius	erblich, Erb- *in Verbindung mit einem Nomen*	Pendant longtemps, les Français et les Allemands se sont vus comme ennemis ~[2].
l'occupation [lɔkypasjɔ̃] *f.* ▶ occuper *angl.* occupation *lat.* occupatio	die Besatzung	L'~ de la France par les Allemands a duré quatre ans.
l'entrée (dans) [lɑ̃tʀe] *f.* ▶ entrer	*hier:* der Beitritt (zu)	L'~ de la Pologne dans l'UE a eu lieu en 2004.
le traité [lətʀɛte] *lat.* tractatus	das Abkommen, der Vertrag	Un ~ est un contrat entre plusieurs pays.
(ê)**se partager qc** [səpaʀtaʒe]	etw. untereinander aufteilen	Les ouvriers ~[3] le travail.
envahir qc [ɑ̃vaiʀ] *angl.* to invade *lat.* invadere	etw. überfallen	En 1939, l'Allemagne a ~[4] la Pologne.
la troupe [latʀup]	die Truppe	Les ~[5] de Napoléon ont envahi toute l'Europe.
conquérir [kɔ̃keʀiʀ] *angl.* to conquer *lat.* conquirere	erobern → Les verbes, p. 156	Il voulait ~ le monde.
(ê)**entrer en qc** [ɑ̃tʀeɑ̃] ▶ entrer, rentrer, la rentrée *angl.* to enter, *lat.* intrare	in etw. eintreten, hineingehen	En 1914, la France et l'Allemagne sont ~[6] guerre.
la Première Guerre mondiale [lapʀəmjɛʀgɛʀ-mɔ̃djal]	der Erste Weltkrieg	La ~ a duré quatre ans.
vaincre qn/qc [vɛ̃kʀ] *lat.* vincere	jdn/etw. besiegen → Les verbes, p. 161	On a ~[7] l'équipe adverse.
le Prix Nobel [ləpʀinɔbɛl]	der Nobelpreis	Willy Brandt a reçu le ~ en 1971.
le gouvernement [ləgu-vɛʀnəmɑ̃] ▶ la gouvernante	die Regierung	Après les élections, on a formé un nouveau ~.
l'armistice [laʀmistis] *m.*	der Waffenstillstand	L'~ n'est pas toujours la fin de la guerre.
occuper qc [ɔkype] ▶ l'occupation *f.* *angl.* to occupy *lat.* occupare	*hier:* etw. besetzen	Après la Seconde Guerre mondiale, l'Allemagne est ~[8].
l'armée [laʀme] *f.* ▶ l'arme *f.* *angl.* army	die Armee	Mon frère est militaire: il travaille dans l'~.

4

ANNEXE

collaborer [kɔlabɔʀe] *lat.* collaborare	zusammenarbeiten	~ avec d'autres lycées permet de faire de beaux projets.
nazi/e [nazi] *adj.*	Nazi- *in Verbindung mit einem Nomen*	
la résistance [laʀezistɑ̃s] *angl.* resistance	der Widerstand	Les gens qui travaillaient pour la ~ avaient beaucoup de courage.
la conséquence [lakɔ̃sekɑ̃s] *angl.* consequence *lat.* consequentia	die Konsequenz	Cette mauvaise note en maths va avoir une ~: je vais redoubler la seconde.
les Alliés [lezalje] *m. pl.*	die Alliierten	Les ~ ont gagné la guerre.
l'Américain/e [lameʀikɛ̃/lameʀikɛn]	der/die Amerikaner/in	La chanteuse Pink est ~[9].
le/la Russe [lə/laʀys] ▶ la Russie	der Russe / die Russin	Le premier homme qui est allé dans l'espace était un ~.
les années (50) [lezane] *f. pl.* ▶ l'an *m.*, l'année *f.*	die (50er) Jahre	Mon oncle est né dans les ~ 50.
la Communauté européenne [lakɔmynoteøʀɔpeɛn]	die Europäische Gemeinschaft	En 1957, six pays faisaient partie de la ~.
l'acier [lasje] *m.* *lat.* aciarium	der Stahl	Est-ce que tu sais comment on fait de l'~?
le pas [ləpɑ] / ⚠ **les pas** *lat.* passus	der Schritt	J'ai appris de nouveaux ~ à mon cours de danse.
le marché commun [ləmaʀʃekɔmɛ̃]	*hier:* der Europäische Binnenmarkt	L'économie profite du ~.
la coopération [lakoɔpeʀasjɔ̃]	die Zusammenarbeit	La ~ entre les pays d'Europe fait la force de l'Europe.
le/la chancelier/-ière [ləʃɑ̃səlje/laʃɑ̃səljɛʀ] *angl.* chancellor	der/die Kanzler/in	Konrad Adenauer était le premier ~ allemand après la guerre.
à partir de [apaʀtiʀ]	ab	~ demain, je vais courir tous les jours.
la date [ladat] *angl.* date	das Datum	Le 3 octobre 1990 est une ~ importante pour l'Allemagne.
jumeler [ʒymle] ▶ jumeau/-elle	*hier:* durch eine Städtepartnerschaft verbinden	Est-ce que tu sais avec quelle ville française ta ville est ~[10]?
l'Office franco-allemand pour la jeunesse (OFAJ) [lɔfisfʀɑ̃koalmɑ̃puʀlaʒœnɛs/ɔfaʒ] *m.*	Deutsch-Französisches Jugendwerk (DFJW)	
l'office [lɔfis] *m.* *lat.* officium	das Amt	
la naissance [lanɛsɑ̃s] ▶ naître *lat.* nascentia	die Geburt, die Entstehung	Quelle est ta date de ~?
l'Union européenne (UE) [lynjɔ̃øʀɔpeɛn/yə] *f.*	die Europäische Union (EU)	Est-ce que tu connais tous les pays qui font partie de ~?

le pilier [ləpilje] *lat.* pila	die Säule, der Pfeiler	La France et l'Allemagne sont les ~[11] de l'Europe.
unir [yniʀ]	*hier:* vereinen *wird wie* réagir *konjugiert*	Les deux Allemagnes sont ~[12] depuis 1990.

1 ennemis 2 héréditaires 3 se partagent 4 envahi 5 troupes 6 entrées en 7 vaincu 8 occupée 9 Américains 10 jumelée 11 piliers 12 unies

SÉQUENCE 1

Pierrot, mon héros

1

aîné/e [ɛne] *adj.*	älteste/r *wird immer in Verbindung mit* le frère *oder* la sœur *verwendet.*	Quel âge a ta sœur ~[1]?
la ferme [lafɛʀm] *angl.* farm	der Bauernhof	Les paysans vivent dans une ~.

la campagne

le petit nom [ləpətinɔ̃]	*hier:* der Spitzname	
ça fait ringard [safɛʀɛ̃gaʀ]	*hier:* es klingt altmodisch	
rimer (avec qc) [ʀime]	sich (auf etw.) reimen	«Bonjour» ~[2] avec «toujours».
peu après (qc) [pøapʀɛ]	kurz nach (etw.), kurz danach	~ le début du match, mon équipe a marqué un but.
autrefois [otʀəfwa] *adv.*	damals, früher	~, il n'y avait pas de voitures.
ne … ni … ni … [nə…ni…ni]	weder … noch …	Je ~ connais ~ Lyon ~ Marseille.
ou alors [ualɔʀ] *adv.*	es sei denn, oder aber	Jean a deux heures de retard: il a manqué son train, ~ il est malade.
le souvenir [ləsuvəniʀ]	die Erinnerung	J'ai de bons ~[3] de mon séjour en France.
juste [ʒyst] *adv.*	*hier:* nur	J'ai faim: j'ai mangé ~ une pomme ce matin.
un jour où [ɛ̃ʒuʀu] ▶ le jour, la journée	eines Tages, als	~ j'étais très en retard, j'ai pris la voiture de mon père.
la pipe [lapip]	die Pfeife	Aujourd'hui, peu de gens fument la ~.
bizarre [bizaʀ] *adj.*	seltsam, merkwürdig	C'est ~, mais j'ai rêvé de toi cette nuit!
bête [bɛt] *adj.*	*hier:* albern, dämlich	C'est ~, mais j'ai peur dans le noir.
la Forêt-Noire [lafɔʀɛnwaʀ]	der Schwarzwald	La ~ est dans le sud de l'Allemagne.
jeter qc (par terre) [ʒəte]	etw. (auf den Boden) werfen *wird wie* appeler *konjugiert*	Dans la nature, il ne faut rien ~ par terre.

hurler [yʀle]	brüllen, schreien	~ ne sert à rien, il faut réfléchir!
traduire (qc à qn) [tʀadɥiʀ] ▶ le/la traducteur/-trice *lat.* traducere	(jdm etw.) übersetzen *wird wie* introduire *konjugiert*	Est-ce que tu peux me ~ ce mot?
bouleverser qn [bulvɛʀse]	jdn erschüttern	Cette histoire nous a ~[4].
avoir les larmes aux yeux [avwaʀlelaʀmozjø] ▶ la larme, l'œil *m.* les yeux	Tränen in den Augen haben	J'étais très triste: j'~[5].

2

au bout de qc [obu]	nach etw. *zeitlich*	~ quelques minutes, il est reparti.
ni … ni … ne … [ni…ni…ne]	weder … noch … *beim Subjekt*	C'est dommage: ~ Anaïs ~ Maxime ~ peuvent aller au cinéma avec moi, ce soir.
la belle-fille [labɛlfij] / **le beau-fils** [ləbofis]	die Schwiegertochter / der Schwiegersohn	La femme du fils c'est la ~.
le fromage [ləfʀɔmaʒ] *lat.* formaticus	der Käse	Est-ce que tu aimes le ~?
la charcuterie [laʃaʀkytʀi]	*hier:* die Wurstwaren, der Aufschnitt	En Allemagne, beaucoup de gens mangent de la ~ au petit-déjeuner.
le sac à dos [ləsakado] ▶ le sac, le dos	der Rucksack	Qu'est-ce que tu portes dans ton ~?
le linge [ləlɛ̃ʒ] *lat.* lineus	die Wäsche	Ce ~ sur la chaise, il est à toi ou à ta sœur?
propre [pʀɔpʀ] *adj.* ≠ sale	*hier:* sauber	Est-ce que tu as les mains ~[6]?
les provisions [lepʀovizjɔ̃] *f. pl.* *lat.* provisio	Lebensmittel(vorrat)	Avant de partir en voyage, il faut préparer des ~.
(ê)**s'inquiéter** [sɛ̃kjete] ▶ inquiet/inquiète *lat.* inquietare	sich beunruhigen, sich Sorgen machen *wird wie* préférer *konjugiert*	Il ne faut pas ~, tout va bien se passer.
bavard/e [bavaʀ/bavaʀd] *adj.*	schwatzhaft	Je ne connais personne d'aussi ~ que mon frère!
être plongé/e dans qc [ɛtʀəplɔ̃ʒe]	*hier:* in etw. vertieft sein	Quand je me réveille, le matin, je ~ encore souvent ~[7] mes rêves.
éviter qn/qc [evite] *lat.* evitare	jdn/etw. meiden, jdm/etw. aus dem Wege gehen, ausweichen	J'ai l'impression qu'il m'~[8].
tu penses bien que … [typɑ̃sbjɛ̃kə]	du kannst dir denken, dass …	~ je m'en fous de ce que dit mon frère!
la pause [lapoz]	die Pause	T'es crevé, fais une ~!
drôle [dʀol] *adj.*	*hier:* seltsam, merkwürdig	Ce chanteur a une ~ de voix!
je n'étais pas là depuis une heure quand … [ʒənetɛpaladəpɥiynœʀkɑ̃]	ich war noch keine Stunde dort, als …	

curieux/-euse [kyʀjø/kyʀjøz] *adj.* *lat.* curiosus	*hier:* seltsam	Il a la ~[9] habitude de poser toujours les mêmes questions.
le pressentiment [ləpʀesɑ̃timɑ̃]	die Ahnung, das Vorgefühl	Parfois, on a le ~ d'un danger.
la truite [latʀɥit] *lat.* tructa	die Forelle	La ~ est un poisson délicieux.
aboyer [abwaje]	bellen *wird wie* essayer *konjugiert*	Je n'aime pas les chiens qui ~[10].
le cauchemar [ləkoʃmaʀ] ≠ le rêve	der Alptraum	La nuit dernière, j'ai fait un ~.
le camion [ləkamjɔ̃]	der Lastwagen	Ce ~ roule beaucoup trop vite! C'est dangereux!

les moyens de transport

l'ordre [lɔʀdʀ] *m.* *lat.* ordo	*hier:* der Befehl	Range tes affaires! C'est un ~!
nous/vous/eux deux [nu/vu/ødø]	wir/ihr/Sie/sie beide	~[11] seuls connaissent la réponse.
le doute [lədut] ▶ douter	der Zweifel	Sur ce point, je n'ai pas de ~.

sans doute = wahrscheinlich

le tas [ləta] / ⚠ **les tas**	der Haufen	Fais attention à ce ~ de pierres!
le bois [ləbwa] / ⚠ **les bois**	das Holz	C'est une belle table en ~.
le couteau [ləkuto] / ⚠ **les couteaux** *lat.* cultellus	das Messer	Ce ~ coupe mal.
sale [sal] *adj.*	*hier:* widerlich	Cet homme a une ~ tête.
roux/rousse [ʀu/ʀus] *adj.* *lat.* russus	rothaarig	J'aime bien tes cheveux ~.
à voix basse [avwabas]	leise	Pourquoi est-ce que tu me parles ~?
bouger [buʒe]	sich bewegen	Il est très stressé: il ne peut pas rester sans ~!
le/la camarade [lə/lakamaʀad]	der/die Kamerad/in	
soupirer [supiʀe] *lat.* suspirare	seufzen	Tu ~[12] parce que tu regrettes quelque chose?
le son [ləsɔ̃] ▶ sonner *lat.* sonus	*hier:* der Klang	J'aime le ~ de ta voix.

la suite [lasɥit] ▶ suivre	*hier:* die Fortsetzung	Tu connais la ~ de l'histoire?
le trou [lətʀu]	das Loch	Tu as un ~ à ta veste.
le placard [ləplakaʀ]	der Wandschrank	Prends les couverts dans ~.

les meubles

la fourchette [lafuʀʃɛt] *lat.* furca	die Gabel	Je viens encore de faire tomber ma ~!
la cuillère [lakɥijɛʀ]	der Löffel	Donne-moi une petite ~, s'il te plaît.
le calendrier [ləkalɑ̃dʀije] *angl.* calendar *lat.* calendarium	der Kalender	Regarde la date sur le ~.

Traditionell kommen in Frankreich jedes Jahr Anfang Dezember die Briefträger mit Kalendern für das nächste Jahr in alle Haushalte. Der Preis ist nicht festgelegt, man gibt ihnen dafür, was man für angemessen hält. Es gibt eine Ausgabe für jedes Departement, mit vielen praktischen Tipps für Zuhause, mit Notrufnummern und einigen regionalen Stadtplänen.

le calendrier des postes

le bol [ləbɔl]	die Trinkschale	Au petit-déjeuner, les Français boivent le café dans un ~.
le café au lait [ləkafeolɛ]	der Milchkaffee	Le matin, je bois toujours un bol de ~.
l'assiette [lasjɛt] *f.*	der Teller	Tu me passes ton ~, s'il te plaît?
la tartine [lataʀtin]	die bestrichene Brotscheibe	J'ai faim, je vais manger une ~ de miel.
le maquis [ləmaki] / ⚠ **les maquis**	der Buschwald *auch: Name der französischen Widerstandsorganisation im Zweiten Weltkrieg*	
appuyer sur qc [apɥije]	auf etw. drücken *wird wie* essayer *konjugiert*	N'~[13] pas trop, tu vas le casser.
le bouton [ləbutɔ̃]	*hier:* die Taste	Le ~ de mon ordinateur est cassé.
le lecteur CD [ləlɛktœʀ-sede]	der CD-Player	Mon ~ est cassé: mes parents vont m'en offrir un nouveau pour mon anniversaire.

1 aînée 2 rime 3 souvenirs 4 bouleversés/-ées 5 avais les larmes aux yeux 6 propres 7 suis (...) plongé/e dans 8 évite 9 curieuse 10 aboient 11 Eux deux 12 soupires 13 appuie

SÉQUENCE 2

Préparer la lecture

la bière [labjɛʀ]	das Bier	Je n'aime pas la ~, je préfère le coca.
la Bavière [labavjɛʀ]	Bayern	La ~ est dans le sud de l'Allemagne.
travailleur/-euse [tʀavajœʀ/tʀavajøz] *adj.* ▶ travailler, le travail	fleißig	Il faut être ~ si on veut réussir dans la vie.
discipliner [disipline]	disziplinieren	Dans mon groupe, tout le monde est ~[1].
le feu vert/rouge [ləføvɛʀ/ləføʀuʒ]	die grüne/rote Ampel	Il est très dangereux de traverser au ~[2].
romantique [ʀɔmɑ̃tik] *adj.* ▶ le roman	romantisch	J'ai vu un film ~.
draguer qn [dʀage]	jdn anmachen	Ça ne plaît pas à tout le monde de se faire ~.
faire confiance à qn [fɛʀkɔ̃fjɑ̃s]	jdm (ver)trauen	Est-ce que je peux lui ~?
arrogant/e [aʀɔgɑ̃/aʀɔgɑ̃t] *adj.* *lat.* arrogans	arrogant	Ce garçon a l'air ~.
la blague [lablag]	der Witz	Je ne trouve pas que cette ~ soit drôle.

Une discussion franco-allemande: tous ces clichés ...

le cliché [ləkliʃe]	*hier:* das Klischee	Je ne comprends pas ce ~. Pour moi, ce n'est pas vrai.
le micro-trottoir [ləmikʀo-tʀɔtwaʀ]	die Passantenbefragung	Quand on fait un ~, on pose des questions aux gens.
commenter qc [kɔmɑ̃te] ▶ le commentaire *lat.* commentari	etw. kommentieren, besprechen	Est-ce que quelqu'un veut ~ cela?
franchement [fʀɑ̃ʃmɑ̃] *adv.*	*hier:* ehrlich gesagt	~, je ne crois pas à ton histoire.
lourd/e [luʀ/luʀd] *adj.*	*hier:* schwerfällig	Aujourd'hui, tu es un peu ~.
avoir de l'esprit [avwaʀ-dəlɛspʀi]	geistreich sein	C'est un écrivain qui ~ beaucoup ~[3].
être individualiste [ɛtʀɛ̃di-vidɥalist]	ein Individualist sein	Pour travailler en groupe, il ne faut pas ~ trop ~.
superficiel/le [sypɛʀfisjɛl] *adj.* *lat.* superficialis	oberflächlich	Ce garçon est un peu ~.
respecter qn/qc [ʀɛspɛkte]	jdn/etw. respektieren	Il faut ~ les droits des autres.
mépriser qn/qc [mepʀize] ≠ respecter	jdn/etw. verachten	Il ne faut jamais ~ quelqu'un.
l'idée toute faite [lidetutfɛt] *f.*	die vorgefasste Meinung	Ce que tu dis, c'est une ~.

4

ANNEXE

lentement [lɑ̃tmɑ̃] *adv.*	langsam	Parlez plus ~, s'il vous plaît, je ne vous comprends pas.
avouer (qc) [avue] *lat.* advocare	(etw.) eingestehen, zugeben	Il a enfin ~[4]: c'est lui qui a piqué mon sac.
conduire qc [kɔ̃dɥiʀ] ▶ le permis de conduire *lat.* conducere	etw. fahren *wird wie* construire *konjugiert*	Tu sais ~ une voiture?
le préjugé [ləpʀeʒyʒe] ▶ le juge, le jugement, juger	das Vorurteil	Il y a des gens qui sont pleins de ~[5].
vérifier qc [veʀifje] *lat.* verificare	etw. überprüfen	Pour ne pas faire de fautes, il faut relire et ~ son texte plusieurs fois.
correspondre à qc [kɔʀɛs-pɔ̃dʀ] ▶ le/la correspondant/e	etw. entsprechen *wird wie* entendre *konjugiert*	Mon correspondant ne ~[6] pas du tout à ce que je m'imaginais.
la réalité [laʀealite]	die Realität, die Wirklichkeit	Tes idées sont loin de la ~.
la boisson [labwasɔ̃] ▶ boire *lat.* bibitio	das Getränk	Quelle est ta ~ préférée?

les boissons

probablement [pʀɔba-bləmɑ̃] *adv.* *angl.* probably	wahrscheinlich	Il est ~ trop tard pour faire quelque chose.
avoir les moyens de + *inf.* [avwaʀlemwajɛ̃]	sich etw. finanziell leisten können	Je n'~ pas ~[7] partir en vacances.
le sandwich [ləsɑ̃dwitʃ] *angl.* sandwich	das Sandwich	Tu veux mon ~?
le recyclage [ləʀəsiklaʒ] *angl.* recycling	die Wiederverwertung	L'industrie du ~ est devenue une industrie importante.
avoir la vie dure [avwaʀla-vidyʀ]	*hier:* zählebig sein	Les préjugés ~ souvent ~[8].
d'une part ... d'autre part ... [dynpaʀ...dotʀəpaʀ]	einerseits ... andererseits ...	J'hésite: ~, je voudrais aller à ce concert, mais ~, c'est le jour de l'anniversaire de ma mère.
la vérité [laveʀite] *lat.* veritas	die Wahrheit	Dis-moi la ~: est-ce que tu as triché?
l'origine [lɔʀiʒin] *f.* *angl.* origin, *lat.* origo	*hier:* der Ursprung	On ne connaît pas l'~ de ce mot.
historique [istɔʀik] *adj.* ▶ l'histoire *f.* *angl.* historical *lat.* historicus	historisch	J'aime les vieux films avec leurs costumes ~[9].

le mouton [ləmutɔ̃]	das Schaf	Le soir, pour m'endormir, je compte les ~[10].

⚠ *Das weibliche Gegenstück zu* le mouton *ist* la brebis.

inversement [ɛ̃vɛʀsəmɑ̃] *adv.* ▶ l'inverse *m.*	umgekehrt	
éviter de + *inf.* **qc/qn** [evite]	vermeiden etw./jdn zu + *Inf.*	Il faut ~ provoquer Julien.
la différence [ladifeʀɑ̃s] ▶ différent/e *angl.* difference *lat.* differentia	der Unterschied	Il y a une grande ~ de taille entre nous.
le point commun [ləpwɛ̃kɔmɛ̃]	die Gemeinsamkeit	Il y a beaucoup de ~[11] entre toi et moi.
le/la Berlinois/e [ləbɛʀlinwa/labɛʀlinwaz]	der/die Berliner/in	Longtemps, les ~ de l'ouest ont vécu comme dans une île.
le/la Parisien/ne [ləpaʀizjɛ̃/lapaʀizjɛn]	der/die Pariser/in	En général, les ~[12] sont stressés.
bavarois/e [bavaʀwa/bavaʀwaz] *adj.*	bayerisch	J'adore les beaux paysages ~.
convaincre qn (de qc) [kɔ̃vɛ̃kʀ] ▶ vaincre *angl.* to convince *lat.* convincere	jdn (von etw.) überzeugen *wird wie* vaincre *konjugiert*	Malgré mes bons arguments, je n'ai pas réussi à le ~.

1 discipliné 2 feu rouge 3 a (...) d'esprit 4 avoué 5 préjugés 6 correspond 7 ai (...) les moyens de 8 ont (...) la vie dure 9 historiques 10 moutons 11 points communs 12 Parisiens

SÉQUENCE 3

Le programme Voltaire

grâce à qc/qn [gʀɑs] *lat.* gratia	dank etw./jdm	~ tes conseils, j'ai trouvé un boulot.
le/la Lyonnais/e [ləljɔnɛ/laljɔnɛz]	der/die Lyoner/in	Les frères Lumière sont des ~ connus.
prononcer [pʀɔnɔ̃se] *angl.* to pronounce *lat.* pronuntiare	aussprechen	Le verbe «~» n'est pas difficile à ~.
la passion [lapasjɔ̃] *angl.* passion *lat.* passio	die Leidenschaft	Beaucoup de jeunes ont une ~ pour l'informatique.
vachement [vaʃmɑ̃] *fam. adv.* ▶ la vache	tierisch *umg.*, sehr	Ce film est ~ drôle.
déprimer [depʀime] ▶ déprimant/e	deprimieren	Pourquoi est-ce que tu es ~[1]?

4

ANNEXE

au début [odeby]	am Anfang	~ j'avais des gros problèmes en anglais.
bien que [bjɛ̃kə] *conj.*	obwohl	Je te comprends, ~ je ne sois pas d'accord avec toi.
plutôt [plyto] *adv.*	eher	Je suis ~ bonne en allemand.
le mal du pays [ləmaldypei]	das Heimweh	Quand je suis loin de chez moi, j'ai parfois le ~.
énormément [enɔʀmemɑ̃] *adv.* ▶ énorme *angl.* enormously	riesig, sehr	On a ~ ri quand on a regardé ce film.
constamment [kɔ̃stamɑ̃] *adv.* *angl.* constantly	ständig	Julie m'énerve parce qu'elle parle ~.
jusqu'à ce que [ʒyskaskə] *conj.*	bis	Reste là ~ je revienne!
pour que [puʀkə] *conj.*	damit	Je t'explique tout cela ~ tu puisses réagir s'il le faut.
étonner qn [etɔne] *lat.* attonare	jdn erstaunen	Cette nouvelle m'~[2] beaucoup.
désormais [dezɔʀmɛ] *adv.*	von nun an	~ il faut travailler plus dur.
alors que [alɔʀkə] *conj.*	*hier:* während, wogegen	Il a téléphoné ~ j'étais en train de me doucher.
surveiller qn/qc [syʀvɛje] ▶ le/la surveillant/e	jdn/etw. überwachen, beaufsichtigen	Le moniteur ~[3] son groupe.
intensément [ɛ̃tɑ̃semɑ̃] *adv.*	intensiv	J'ai réfléchi ~ à ton problème, mais je n'ai pas encore trouvé de solution.
confortable [kɔ̃fɔʀtablə] *adj.* *angl.* comfortable	komfortabel, gemütlich	Cette chaise est très ~.
les pâtes [lepɑt] *f. pl.*	Nudeln	Tout le monde aime les ~.
couramment [kuʀamɑ̃] *adv.*	*hier:* fließend	Quand on passe longtemps à l'étranger, on arrive à parler plus d'une langue ~.
avant que [avɑ̃kə] *conj.*	bevor	Réfléchis bien ~ tu fasses une bêtise.
apprécier qc/qn [apʀesje] *lat.* appretiare	etw./jdn zu schätzen wissen	J'~[4] beaucoup ton courage.
conseiller qc à qn [kɔ̃seje] ▶ le conseil *lat.* consiliari	jdm etw. empfehlen	«~ qc à qn», c'est donner un conseil à quelqu'un.
l'expérience [lɛkspeʀjɑ̃s] *f.* *lat.* experientia	die Erfahrung	Mon stage dans une usine a été une ~ très utile.
évidemment [evidamɑ̃] *adv.* ▶ évident/e	selbstverständlich, natürlich	~, j'aurais préféré gagner le match.
Si c'était à refaire … [siseteaʀəfɛʀ]	Wenn ich es noch einmal zu tun hätte …	~, je serais plus prudent.

1 déprimé/e 2 étonne 3 surveille 4 apprécie

Approches: Trois pays maghébins: le Maroc, l'Algérie, la Tunisie

maghrébin/e [magʀebɛ̃/magʀebin] *adj.*	aus dem Maghreb, maghrebinisch	Samir est ~: ses parents viennent du Maroc.
la Tunisie [latynizi]	Tunesien	Beaucoup de touristes passent leurs vacances en ~.
le Maghreb [ləmagʀɛb]	der Maghreb	Le ~ est au nord-ouest de l'Afrique.
le/la Berbère [ləbɛʀbɛʀ]	der/die Berber/in	Les ~[1] vivent dans l'Atlas.
l'Arabe [laʀab] *m./f.* ▶ l'arabe *angl.* Arab	der/die Araber/in	En 711, les ~[2] ont envahi l'Espagne.
[(ê)]**se coucher** [səkuʃe]	*hier:* untergehen	Le soleil ~[3] à l'ouest.
l'islam [lislam] *m.*	der Islam	L'~ est une religion.
la majorité [lamaʒɔʀite] *angl.* majority *lat.* maioritas	die Mehrheit	La ~ des Maghrébins apprennent le français.
le/la Maghrébin/e [ləmagʀebɛ̃/lamagʀebin] ▶ le Maghreb, maghrébin/e	der/die Einwohner/in des Maghreb	
pratiquer qc [pʀatike] *angl.* to practise	praktizieren, ausüben	~ un sport est très important.
la colonie [lakɔlɔni] ▶ coloniser *angl.* colony *lat.* colonia	die Kolonie	En Afrique, il y a beaucoup d'anciennes ~[4] françaises.
jusque dans [ʒyskədɑ̃] *prép.*	*etwa:* noch bis	On a cherché notre chat ~ la cave du voisin: on ne l'a pas retrouvé.
francophone [fʀɑ̃kofɔn] *adj.* ▶ la France, le français	französischsprachig	Il y a des régions ~[5] sur tous les continents.
l'habitant/e [labitɑ̃/labitɑ̃t] ▶ habiter *angl.* inhabitant	der/die Einwohner/in	On appelle «Parisiens» les ~[6] de Paris.
concentrer [kɔ̃sɑ̃tʀe] *angl.* to concentrate	konzentrieren	Tous les efforts sont ~[7] sur l'aide aux victimes de la catastrophe.
la plupart de [laplypaʀ]	die meisten	La ~ mes amis aiment la musique pop.
total/e [tɔtal] *adj.* *angl.* total *lat.* totalis	total, Gesamt- *in Verbindung mit einem Nomen*	Quel est le prix ~ de cet ordinateur?
l'enseignement [lɑ̃sɛɲəmɑ̃] *m.* ▶ l'enseignant/e	der Unterricht, das Bildungswesen	Aujourd'hui, l'~ des langues commence plus tôt.

l'océan [loseɑ̃] *m.* *angl.* ocean *lat.* oceanus	der Ozean	J'adore cet ~: je pourrais le regarder pendant des heures.

atlantique [atlɑ̃tik] *adj.* *angl.* atlantic	atlantisch	L'océan ~ sépare l'Europe des États-Unis.
l'indépendance [lɛ̃depɑ̃dɑ̃s] *f.* *angl.* independence	die Unabhängigkeit	Mon frère voudrait avoir plus d'~, mais mes parents ne sont pas d'accord.
la géologie [laʒeɔlɔʒi] *angl.* geology	die Geologie	La ~ s'occupe surtout de l'étude des pierres.
l'excursion [lɛkskyʀsjɔ̃] *f.* *angl.* excursion *lat.* excursio	der Ausflug	Demain, nous ferons une ~ dans la montagne.
le désert [lədezɛʀ] *angl.* desert *lat.* deserta	die Wüste	Le Sahara est le plus grand ~ du monde.
baptiser qn/qc [batize] *angl.* to baptize *lat.* baptizare	jdn/etw. taufen *hier:* mit einem Namen versehen	On m'a ~[8] d'un petit nom qui fait ringard et que je n'aime pas du tout: Fifi.
réputé/e [ʀepyte] *adj.* ▶ la réputation	geschätzt	Le sud de la France est ~ pour son bon climat.
agréable [agʀeabl] *adj.*	angenehm	Il fait un temps très ~ aujourd'hui.
le sable [ləsabl] *lat.* sabulum	der Sand	Les enfants adorent jouer dans le ~.
fin/e [fɛ̃/fin] *adj.* *angl.* fine *lat.* finis	fein	J'adore me balader sur des plages de sable ~.
le hobby [ləɔbi] *angl.* hobby	das Hobby	Quels sont tes ~[9]?
la province [lapʀɔvɛ̃s] *angl.* province *lat.* provincia	die Provinz	Je viens de lire un article de journal sur une ~ chinoise.
avant Jésus-Christ, av. J.-C. [avɑ̃ʒezykʀi(st)]	vor Christus	Les vestiges de cette ville datent de 120 ~.

1 Berbères 2 Arabes 3 se couche 4 colonies 5 francophones 6 habitants 7 concentrés 8 baptisé/e 9 hobbys

SÉQUENCE 1

Le carnet de route de Noé

le carnet de route [ləkaʀnedəʀut]	das Reisetagebuch	Julie a écrit un ~ pendant son voyage aux États-Unis.
le carnet [ləkaʀnɛ]	das Heft	J'ai perdu mon ~ neuf!
l'archéologie [laʀkeɔlɔʒi] *f.* *angl.* archeology	die Archäologie	L'~ fait des recherches sur les vestiges d'anciennes cultures.
le/la Tunisien/ne [lətynizjɛ̃/latynizjɛn]	der/die Tunesier/in	Les ~[1] sont les habitants de la Tunisie.
la terrasse [latɛʀas] *angl.* terrace	die Terrasse	En été, on mange souvent sur notre ~.
le minaret [ləminaʀɛ]	das Minarett	
le parfum [ləpaʀfɛ̃]	der Duft, der Geruch	Dans ce jardin, il y a un ~ très agréable.
extraordinaire [ɛkstʀaɔʀdinɛʀ] *adj.* *angl.* extraordinary *lat.* extraordinarius	außergewöhnlich	Je vais vous raconter une aventure ~.
sentir qc [sɑ̃tiʀ]	*hier:* etw. riechen *wird wie* partir *konjugiert*	J'adore ~ le parfum de ma grand-mère.
la menthe [lamɑ̃t] *lat.* mentha	die Minze	Tu veux un bonbon à la ~?
l'épice [lepis] *f.* *lat.* species	das Gewürz	On a mis beaucoup trop d'~[2] dans cette sauce!
l'appel [lapɛl] *m.* ▶ appeler	der (Auf-)Ruf	
le muezzin [ləmɥedzin]	der Muezzin (Gebetsrufer)	J'entends l'appel du ~ .
l'artiste [laʀtist] *m./f.* *angl.* artist *lat.* artista	der/die Künstler/in	Picasso était un ~ très célèbre.
après-demain [apʀɛdmɛ̃] *adv.*	übermorgen	~, nous ferons une excursion.
la mosquée [lamɔske]	die Moschee	La ~ de Kairouan a de très jolis minarets.
le colisée [ləkɔlize]	das Kolosseum (Amphitheater)	Le ~ d'El Djem est très grand.
recevoir qn [ʀəsəvwaʀ] *angl.* to receive *lat.* recipere	*hier:* jdn empfangen → Les verbes, p. 160	Le directeur du lycée a ~[3] les délégués de classe.
l'hospitalité [lɔspitalite] *f.* *angl.* hospitality *lat.* hospitalitas	die Gastfreundschaft	Je vous remercie de votre ~.
le mariage [ləmaʀjaʒ] ▶ (ê)se marier *angl.* marriage	die Hochzeit	Le ~ de mon frère aîné était une grande fête.
doré/e [dɔʀe] *adj.*	goldfarben	Ma sœur vient de s'acheter des bottes ~[4]: je les trouve très moches.

le/la musicien/ne [ləmyzisjɛ̃/lamyzisjɛn] ▶ la musique *angl.* musician	der/die Musiker/in	Quels sont tes ~[5] préférés?
le miel [ləmjɛl] *lat.* mel	der Honig	Tu veux une tartine de ~?
l'amande [lamɑ̃d] *f.* *lat.* amandula/amygdala	die Mandel	J'adore le chocolat aux ~[6].
le/la marié/e [lə/lamaʀje] ▶ le mariage, (ê)se marier	der Bräutigam, die Braut	Tout le monde a admiré la jolie ~[7].
le costume [ləkɔstym]	das Kostüm	Ce ~ est très beau.
le bijou [ləbiʒu] / ⚠ **les bijoux**	der Schmuck	Ces ~[8] sont beaux mais affreusement chers.
(ê)**se lever** [səlǝve] ≠ (ê)se coucher *lat.* levare	*hier:* anbrechen (Tag)	Il commence à faire clair: le jour ~[9].
la datte [ladat]	die Dattel	Mon copain était en Tunisie: il m'a ramené des ~[10].

Unterscheide:

la datte

la date

l'oasis [lɔazis] *f.* / ⚠ **les oasis** *angl.* oasis, *lat.* oasis	die Oase	Les ~ se trouvent dans le désert.
le souk [ləsuk]	*arabischer Markt*	
le/la Bédouin/e [ləbedwɛ̃/labedwin]	der Beduine / die Beduinin	Les ~[11] vivent dans le désert.
le sloughi [ləslugi]	der Beduinenhund	Le ~ de Rachid court très vite.
la tente [latɑ̃t] *angl.* tent *lat.* tentus	das Zelt	Au camping, on a couché sous une ~.

Unterscheide:

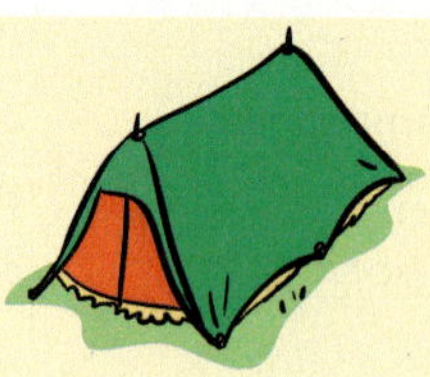

la tente (das Zelt)

la tante (die Tante)

le point de départ [ləpwɛ̃-dədepaʀ] *angl.* point of departure	der Ausgangspunkt	On a bien choisi le ~ de notre excursion.
le chameau [ləʃamo] / ⚠ **les chameaux** *lat.* camelus	das Kamel	Les Bédouins traversent le désert avec leurs ~[12].
le 4x4 [ləkatkat]	der Geländewagen	Avec ce ~, on passe partout.

polluer qc [pɔlɥe] *angl.* to pollute *lat.* polluere	etw. verschmutzen (Umwelt)	Les voitures ~[13] l'air.
la dune [ladyn] *angl.* dune	die Düne	Cette ~ est très grande: de loin, on dirait une montagne.
le scorpion [ləskɔʀpjɔ̃] *angl.* scorpion, *lat.* scorpio	der Skorpion	Le ~ est un animal dangereux.
le serpent [ləsɛʀpɑ̃] *lat.* serpens	die Schlange	J'ai toujours peur quand je vois un ~, même s'ils ne sont pas tous dangereux.
le rocher [ləʀɔʃe]	der Felsen	Dans le désert, il y a beaucoup de ~[14].

1 Tunisiens 2 épices 3 reçu 4 dorées 5 musiciens 6 amandes 7 mariée 8 bijoux 9 se lève 10 dattes 11 Bédouins 12 chameaux 13 polluent 14 rochers

SÉQUENCE 2

Un conte maghrébin: Le sultan et le jardinier

le sultan [ləsyltɑ̃]	der Sultan	
le/la jardinier/-ière [ləʒaʀdinje/laʒaʀdinjɛʀ] ► le jardin	der/die Gärtner/in	Le ~ s'occupe du jardin.
Il était une fois … [iletɛtynfwa]	Es war einmal …	«~», c'est la phrase par laquelle commencent tous les contes.
la plantation [laplɑ̃tasjɔ̃] *lat.* plantatio	die Plantage	Il y a beaucoup d'arbres dans cette ~.
le pêcher [ləpɛʃe]	der Pfirsichbaum	Ce ~ est malade: il n'a pas eu de fleurs au printemps.
(ê)**se régaler de qc** [ʀegale]	etw. genießen *Essen*	Je vais ~[1] d'un bon morceau de gâteau.
jour et nuit [ʒuʀenɥi]	Tag und Nacht	À l'hôpital, il y a des gens travaillant ~.
protéger qc/qn [pʀɔteʒe] *angl.* to protect *lat.* protegere	etw./jdn (be)schützen → Les verbes, p. 154	Il faut ~ l'environnement.
le/la voleur/-euse [ləvɔlœʀ/lavɔløz] ► voler	der/die Dieb/in	La police a arrêté le ~.
l'oiseau [lwazo] *m.* / ⚠ **les oiseaux**	der Vogel	J'aime les ~[2] qui chantent.
l'aigle [lɛgl] *m.* *angl.* eagle, *lat.* aquila	der Adler	L'~ est un très grand oiseau.
informer qn de/sur qc [ɛ̃fɔʀme] *angl.* to inform *lat.* informare	jdn über etw. informieren	Je vais vous ~ sur votre voyage.
fâcher qn [fɑʃe]	jdn verärgern	J'espère que tu n'es pas ~[3].
priver qn de qc [pʀive] *lat.* privare	*hier:* jdm etw. nehmen, rauben	Cet arbre devant la fenêtre nous ~[4] de lumière.

en effet [ɑ̃nefɛ]	in der Tat, tatsächlich	~, tu as raison.
dévorer qc [devɔʀe] *angl.* to devour *lat.* devorare	etw. verschlingen	Le chien ~[5] sa viande.
voler qc [vɔle] *lat.* volare	etw. stehlen *hier:* rauben	On lui a ~[6] son portable.
la pelle [lapɛl] *lat.* pala	die Schaufel	Ce matin, j'avais besoin de la ~, mais je ne l'ai pas trouvée.
aussitôt [osito] *adv.*	sofort	Il faut réagir ~.
le garde [ləgaʀd] ▶ le/la gardien/ne *angl.* gardien	der Wächter	Les ~[7] du parc ne nous ont pas laissés entrer.
prévenir qn [pʀevəniʀ] *lat.* praevenire	jdn benachrichtigen, warnen *wird wie* venir *konjugiert*	Marion est tombée, elle est chez le médecin: il faut ~ ses parents.
le harem [ləaʀɛm] *angl.* harem	der Harem	
[(ê)]**s'en aller** [sɑ̃nale]	weggehen	Il est déjà tard, je dois ~[8].
sauf [sof] *prép.*	außer	J'ai répondu à toutes les questions ~ à une.
condamner qn à qc [kɔ̃dane] *angl.* to condem to *lat.* condemnare	jdn zu etw. verurteilen	On a ~[9] le voleur à deux ans de prison.
le vœu [ləvø] / ⚠ **les vœux** *lat.* votum	der Wunsch *hier:* der Wille	Quel est ton ~ le plus cher?
innocent/e [inɔsɑ̃/inɔsɑ̃t] *adj.* *angl.* innocent *lat.* innocens	unschuldig	On ne peut pas condamner cet homme: il est ~.
le destin [lədɛstɛ̃] *angl.* destiny	das Schicksal	Crois-tu au ~?
puisque [pɥisk] *conj.*	da (ja)	~[10] il pleut, je ne sors pas.
libérer qn/qc [libeʀe] ▶ la liberté *angl.* to liberate *lat.* liberare	jdn/etw. freilassen, befreien *wird wie* préférer *konjugiert*	On a ~[11] cet homme après cinq ans de prison.

1 me régaler 2 oiseaux 3 fâché/e 4 prive 5 dévore 6 volé 7 gardes 8 m'en aller 9 condamné 10 Puisqu' 11 libéré

Hier findest du alle Wörter, die du in ***À plus!* 3 Méthode intensive *Charnières*** lernst, sowie den Wortschatz von ***À plus!* 1** und **2 Méthode intensive**.

Grundschrift: obligatorischer Wortschatz
kursiv: fakultativer Wortschatz
Die Zahl hinter dem Pfeil zeigt dir an, in welchem Dossier / welcher Séquence das Wort zum ersten Mal vorkommt: 3/A heißt z. B. Dossier 3, Approches.
In rot ist angegeben, auf welchen Seiten du die Konjugation des jeweiligen Verbs findest.

A

à [a] *prép.* in
à cause de [akozdə] wegen
à côté de [akotedə] *prép.* neben
à la fin (de qc) [alafɛ̃] am Ende (einer Sache)
à la fois [alafwa] gleichzeitig, zugleich
à la frontière avec qc [alafʀɔ̃tjɛʀavɛk] an der Grenze zu → 2/1
à la mode [alamɔd] modisch
à la place de qc/qn [alaplas] statt, an Stelle von etw./jdm → 3/3; **à leur place** [alœʀplas] an ihrer Stelle
à part ça [apaʀsa] ansonsten → 3/2
à partir de [apaʀtiʀ] ab → 4/A
à peine [apɛn] *adv.* kaum
À plus! [aplys] Bis später!
à voix basse [avwabɑs] leise → 4/1
aboyer [abwaje] bellen *wird wie essayer konjugiert* → 4/1
l' **abrivado** [labʀivado] *m.* der Stierkampf
absolument [absɔlymɑ̃] *adv.* unbedingt
l' **absolutisme** [lapsɔlytism] *m.* der Absolutismus → 2/A
l' **accent** [laksɑ̃] *m.* der Akzent
acceptable [aksɛptabl] *adj.* akzeptabel → 2/A
accepter qn/qc / de + *inf.* [aksɛpte] jdn/etw. akzeptieren / akzeptieren zu + *Inf.*, jdn/etw. gelten lassen
accompagner qn/qc [akɔ̃paɲe] jdn/etw. begleiten
l' **accordéon** [lakɔʀdeɔ̃] *m.* das Akkordeon
accueillir qn/qc [akœjiʀ] jdn/etw. empfangen, aufnehmen → p. 155 → 3/1
acheter qc [aʃte] etw. kaufen → p. 154
l' **acier** [lasje] *m.* der Stahl → 4/A
l' **acné** [lakne] *f.* die Akne → 1/1
l' **acrobatie** [lakʀɔbasi] *f.* die Akrobatik
l' **acteur/l'actrice** [laktœʀ/laktʀis] der/die Schauspieler/in
l' **action** [laksjɔ̃] *f.* die Aktion
l' **activité** [laktivite] *f.* die Aktivität
l' **actualité** [laktɥalite] *f.* das Zeitgeschehen → 1/2
actuel/le [aktɥɛl] *adj.* aktuell, derzeitig → 1/3
l' **addition** [ladisjɔ̃] *f.* die Rechnung → 3/2
l' **administration** [ladministʀasjɔ̃] *f.* der Verwaltungsapparat → 2/A
admirer qc [admiʀe] etw. bewundern
adorable [adɔʀabl] *adj.* süß, entzückend
adorer qc [adɔʀe] etw. lieben, etw. sehr lieben; **adorer + *inf.*** etw. sehr gerne + *Inf.*
l' **adresse** [ladʀɛs] *f.* die Adresse
adverse [advɛʀs] *adj.* gegnerisch
l' **affaire** [lafɛʀ] *f.* das Schnäppchen; **les affaires** [lezafɛʀ] *f. pl.* die Sachen
affreusement [afʀøzəmɑ̃] *adv.* furchtbar
affreux/-euse [afʀø/afʀøz] *adj.* furchtbar
l' **Afghanistan** [lafganistɑ̃] *m.* Afghanistan → 3/1
l' **Afrique** [lafʀik] *f.* Afrika
l' **âge** [lɑʒ] *m.* das Alter; **Tu as quel âge?** [tyakɛlɑʒ] Wie alt bist du?
agir [aʒiʀ] handeln *wird wie réagir konjugiert* → 3/3
agréable [agʀeabl] *adj.* angenehm → 5/A
aider qn [ɛde] jdm helfen
l' **aigle** [lɛgl] *m.* der Adler → 5/2
ailleurs [ajœʀ] *adv.* woanders
aimer qc [ɛme] etw. lieben, etw. mögen; **aimer bien qc** [ɛmebjɛ̃] etw. gerne mögen; **aimer + *inf.*** etw. gerne + *Inf.*
aîné/e [ɛne] *adj.* älteste/r *wird immer in Verbindung mit* le frère *oder* la sœur *verwendet* → 4/1
l' **air** [lɛʀ] *m.* die Luft → 2/2
ajouter qc [aʒute] etw. hinzufügen
l' **Algérie** [lalʒeʀi] *f.* Algerien
l' **Allemagne** [lalmaɲ] *f.* Deutschland
l' **allemand** [lalmɑ̃] *m.* Deutsch *Sprache*
^(ê)^**aller à** [ale] gehen, fahren → p. 155; ^(ê)^**aller à qn** jdm stehen → 1/1; ^(ê)^**aller aux mains de qn** [aleomɛ̃də] jdm in die Hände fallen → 2/2; ^(ê)^**aller (bien/mal)** (gut/schlecht) laufen; ^(ê)^**aller avec qc** [aleavɛk] zusammenpassen; ^(ê)^**aller de … jusqu'à …** [aledə…ʒyska] sich von … bis … erstrecken → 2/A; ^(ê)^**aller se coucher** [alesəkuʃe] schlafen gehen; ^(ê)^**aller voir qn** [alevwaʀ] jdn besuchen; ^(ê)^**s'en aller** [sɑ̃nale] weggehen → 5/2
les **Alliés** [lezalje] *m. pl.* die Alliierten → 4/A
Allô! [alo] Ja, bitte? *am Telefon*
allumer qc [alyme] etw. einschalten; ^(ê)^**s'allumer** angehen
alors [alɔʀ] *adv.* also; **alors que** [alɔʀkə] während, wogegen → 4/3
l' **amande** [lamɑ̃d] *f.* die Mandel → 5/1
l' **ambiance** [lɑ̃bjɑ̃s] *f.* die Stimmung; **Bonjour l'ambiance!** [bɔ̃ʒuʀlɑ̃bjɑ̃s] Na toll!
amener qn/qc [amne] jdn/etw. mitbringen
l' **Américain/e** [lameʀikɛ̃/lameʀikɛn] der/die Amerikaner/in → 4/A
l' **ami/e** [lami] der/die Freund/in
l' **amitié** [lamitje] *f.* die Freundschaft → 1/1
l' **amour** [lamuʀ] *m.* die Liebe
amoureux/-euse [amuʀø/amuʀøz] *adj.* verliebt; **être amoureux de qn** in jdn verliebt sein
^(ê)^**s'amuser** [samyze] sich amüsieren, Spaß haben
l' **an** [lɑ̃] *m.* das Jahr
l' **ancêtre** [lɑ̃sɛtʀ] *m./f.* der/die Vorfahr/in, der/die Ahn/in
ancien/ne [ɑ̃sjɛ̃/ɑ̃sjɛn] *adj.* ehemalige/r/s, frühere/r/s → 2/3
l' **ange** [lɑ̃ʒ] *m.* der Engel
l' **anglais** [lɑ̃glɛ] *m.* Englisch *Sprache*
l' **Anglais/e** [lɑ̃glɛ/lɑ̃glɛz] der/die Engländer/in → 2/2
l' **Angleterre** [lɑ̃glətɛʀ] *f.* England → 2/1
l' **animal** [lanimal] *m.* / ⚠ **les animaux** das Tier
l' **animateur/-trice** [lanimatœʀ/lanimatʀis] der/die Jugendleiter/in → 3/2; **l'animateur/-trice (télé/radio)** [lanimatœʀ/lanimatʀistelerɑdjo] der/die (Fernseh-/Radio-) Moderator/in → 3/A
animé/e [anime] *adj.* belebt
l' **année** [lane] *f.* das Jahr; **l'année dernière** [lanedɛʀnjɛʀ] *f.* letztes Jahr; **l'année scolaire** [laneskɔlɛʀ] *f.* das Schuljahr; **les années (50)** [lezane] *f. pl.* die (50er) Jahre → 4/A
l' **anniversaire** [lanivɛʀsɛʀ] *m.* der Geburtstag
l' **annonce** [lanɔ̃s] *f.* die Anzeige, das Inserat
annoncer qc (à qn) [anɔ̃se] (jdm) etw. mitteilen, etw. ankündigen *wird wie avancer konjugiert*
l' **anorak** [lanɔʀak] *m.* der Anorak

ANNEXE

antique [ɑ̃tik] *adj.* antik
l' **appareil photo** [lapaʀɛjfɔto] *m.* der Fotoapparat
l' **appartement** [lapaʀtəmɑ̃] *m.* die Wohnung
l' **appel** [lapɛl] *m.* der (Auf-)Ruf → 5/1
appeler qn [aple] jdn rufen → p. 154; **appeler qc** [apəle] etw. ... nennen → 2/A; [(ê)]**s'appeler** [saple] heißen; **Tu t'appelles comment?** [tytapɛlkɔmɑ̃] Wie heißt du?
l' **appétit** [lapeti] *m.* der Appetit
applaudir (qn/qc) [aplodiʀ] (jdm/etw.) Beifall klatschen, applaudieren *wird wie* **réagir** *konjugiert*
apporter qc à qn [apɔʀte] jdm etw. (mit-)bringen
apprécier qc/qn [apʀesje] etw./jdn zu schätzen wissen → 4/3
apprendre qc [apʀɑ̃dʀ] etw. lernen *wird wie* prendre *konjugiert;* **apprendre qc par cœur** [apʀɑ̃dʀparkœʀ] etw. auswendig lernen → 2/2; **apprendre à** + *inf.* lernen etw. zu + *Inf.*
[(ê)]**s'approcher de qn/qc** [sapʀɔʃe] sich jdm/etw. nähern
l' **approfondissement** [lapʀɔfɔ̃dismɑ̃] *m.* die Vertiefung → 3/2
appuyer sur qc [apɥije] auf etw. drücken *wird wie* essayer *konjugiert* → 4/1
après [apʀɛ] *prép.* danach, nach; **après avoir/être** + *participe passé* [apʀɛzavwaʀ/apʀɛzɛtʀ] nachdem → 3/1
après-demain [apʀɛdmɛ̃] *adv.* übermorgen → 5/1
l' **après-midi** [lapʀɛmidi] *m./f.* der Nachmittag
l' **aquarium** [lakwaʀjɔm] *m.* das Aquarium
l' **arabe** [laʀab] *m.* Arabisch *Sprache*
l' **Arabe** [laʀab] *m./f.* der/die Araber/in → 5/A
l' **arbitre** [laʀbitʀ] *m./f.* der/die Schiedsrichter/in
l' **arbre** [laʀbʀ] *m.* der Baum
l' **archéologie** [laʀkeɔlɔʒi] *f.* die Archäologie → 5/1
l' **architecte** [laʀʃitɛkt] *m./f.* der/die Architekt/in → 3/A
arctique [aʀktik] *adj.* arktisch
l' **arène** [laʀɛn] *f.* die Arena
l' **argent** [laʀʒɑ̃] *m.* das Geld; **l'argent de poche** [laʀʒɑ̃dəpɔʃ] *m.* das Taschengeld
l' **argument** [laʀgymɑ̃] *m.* das Argument
l' **arme** [laʀm] *f.* die Waffe → 2/3
l' **armée** [laʀme] *f.* die Armee → 4/A
l' **armistice** [laʀmistis] *m.* der Waffenstillstand → 4/A
l' **armoire** [laʀmwaʀ] *f.* der Schrank
[(ê)]**s'arranger** [saʀɑ̃ʒe] sich bessern *wird wie* changer *konjugiert* → 1/1
l' **arrêt** [laʀɛ] *m.* die Haltestelle
arrêter (qc / de + *inf.* qc) [aʀɛte] (mit etw.) aufhören / aufhören (etw. zu + *Inf.*); **arrêter qn** jdn festnehmen → 3/1; [(ê)]**s'arrêter (de + *inf.*)** [saʀɛte] stehen bleiben, aufhören (zu + *Inf.*)
[(ê)]**arriver** [aʀive] ankommen; passieren, vorkommen; [(ê)]**arriver à** + *inf.* qc schaffen, etw. zu + *Inf.;* [(ê)]**arriver à qc** etw. schaffen; [(ê)]**arriver en retard** [aʀiveɑ̃ʀətaʀ] zu spät kommen; **Ça peut arriver.** [sapøaʀive] Das kann vorkommen. **Ce qui devait arriver arrive.** [səkidəvɛaʀiveaʀiv] Es kommt, wie es kommen musste.
arrogant/e [aʀɔgɑ̃/aʀɔgɑ̃t] *adj.* arrogant → 4/2
l' **article** [laʀtikl] *m.* der (Zeitungs-)Artikel → 3/1
l' **artiste** [laʀtist] *m./f.* der/die Künstler/in → 5/1
les **arts plastiques** [lezaʀplastik] *m. pl.* der Kunstunterricht
l' **Asie** [lazi] *f.* Asien → 2/2
l' **assemblée** [lasɑ̃ble] *f.* die Versammlung → 1/A
[(ê)]**s'asseoir** [saswaʀ] sich hinsetzen → p. 155 → 2/2
assez (de) [ase] *adv.* genug; ziemlich
l' **assiette** [lasjɛt] *f.* der Teller → 4/1
l' **assistant/e social/e** [lasistɑ̃/lasistɑ̃tsɔsjal] der/die Sozialarbeiter/in → 3/A
l' **association** [lasɔsjasjɔ̃] *f.* die Vereinigung, der Verband
l' **astronomie** [lastʀɔnɔmi] *f.* die Astronomie → 1/1
l' **atelier** [latəlje] *m.* die Werkstatt, das Atelier
atlantique [atlɑ̃tik] *adj.* atlantisch → 5/A
atomique [atɔmik] *adj.* atomar, Atom- *in Verbindung mit einem Nomen* → 2/3
attendre qn/qc [atɑ̃dʀ] auf jdn/etw. warten *wird wie* entendre *konjugiert;* **attendre de voir (si)** [atɑ̃dʀdəvwaʀ] abwarten und schauen, (ob); **attendre qc** etw. erwarten, mit etw. rechnen
Attention! [atɑ̃sjɔ̃] Achtung!
attraper qn/qc [atʀape] jdn/etw. fangen
au bout de qc [obu] nach etw. *Zeit* → 4/1
au coin de [okwɛ̃də] in der Ecke von
au début [odeby] am Anfang → 4/3
au moins [omwɛ̃] mindestens
au moment où [omɔmɑ̃u] in dem Moment als, gerade als
au (nord-est) de qc [o] (nordöstlich) von etw.
Au revoir! [ɔʀəvwaʀ] Auf Wiedersehen!
au-dessus de qc/qn [odəsydə] über etw./jdn/jdm
augmenter [ɔgmɑ̃te] zunehmen → 3/3
aujourd'hui [oʒuʀdɥi] *adv.* heute
auquel/à laquelle/auxquels/auxquelles [okɛl/alakɛl/okɛl/okɛl] welcher/welches/welche *in Verbindung mit der Präposition* à
aussi [osi] *adv.* auch; **aussi** + *adj.* so + *Adj.;* **aussi grand que** [osigʀɑ̃kə] so groß wie
aussitôt [osito] *adv.* sofort → 5/2
autant [otɑ̃] *adv.* so viel
l' **auteur** [lotœʀ] *m.* der/die Autor/in → 1/3
autobiographique [otobiɔgʀafik] *adj.* autobiographisch → 1/3
l' **automne** [lotɔn] *m.* der Herbst
l' **autorisation** [lɔtɔʀizasjɔ̃] *f.* die Erlaubnis
autre [otʀ] *adj.* anderer/andere/anderes
l' **autre** [lotʀ] *m./f.* der/die andere
autrefois [otʀəfwa] *adv.* damals, früher → 4/1
autrement [otʀəmɑ̃] *adv.* anders
l' **Autriche** [lotʀiʃ] *f.* Österreich → 2/A
avaler qc [avale] etw. schlucken; **avaler de travers** [avaledətʀavɛʀ] sich verschlucken
avancer [avɑ̃se] vorankommen → p. 154
avant [avɑ̃] *prép.* vor *zeitlich;* **avant Jésus-Christ, av. J.-C.** [avɑ̃ʒezykʀi(st)] vor Christus, v. Chr. → 5/A; **avant que** [avɑ̃kə] *conj.* bevor → 4/3
l' **avantage** [lavɑ̃taʒ] *m.* der Vorteil
avec [avɛk] *prép.* mit
l' **avenir** [lavniʀ] *m.* die Zukunft
l' **aventure** [lavɑ̃tyʀ] *f.* das Abenteuer → 1/2
l' **avenue** [lavny] *f.* die Allee
l' **avion** [lavjɔ̃] *m.* das Flugzeug
l' **avis** [lavi] *m.* / ⚠ **les avis** die Meinung; **à mon avis ...** [amɔ̃navi] meiner Meinung nach ...
l' **avocat/e** [lavoka/lavokat] der Anwalt / die Anwältin → 3/A
avoir [avwaʀ] haben → p. 153; **avoir besoin de qc** [avwaʀbəzwɛ̃] etw. brauchen; **avoir besoin de** + *inf.* etw. + *Inf.* müssen; **avoir chaud** [avwaʀʃo] jdm warm/heiß sein; **avoir confiance en qn / dans qc** [avwaʀkɔ̃fjɑ̃s] jdm/etw. vertrauen, Vertrauen in jdn/etw. haben; **avoir**

cours [avwarkuʀ] Unterricht haben; **avoir de bonnes raisons (de/pour + *inf.* qn/qc)** [avwaʀdəbɔnʀɛzɔ̃] gute Gründe haben (jdn/etw. zu + *Inf.*) → 2/1; **avoir de l'esprit** [avwaʀdəlɛspʀi] geistreich sein → 4/2; **avoir des idées noires** [avwaʀdezidenwaʀ] düstere Gedanken haben; **avoir envie de qc / de + *inf.*** [avwaʀɑ̃vi] Lust haben auf etw. / zu + *Inf.*; **avoir froid** [avwaʀfʀwa] jdm kalt sein, frieren; **avoir honte de qc/qn / de + *inf.*** [avwaʀɔ̃t] sich schämen für etw./jdn / zu + *Inf.*; **avoir l'air (de)** [avwaʀlɛʀ] aussehen (wie); **avoir la vie dure** [avwaʀlavidyʀ] zählebig sein → 4/2; **avoir le droit de + *inf.*** [avwaʀlədʀwa] das Recht haben, zu + *Inf.*; **avoir l'impression de + *inf.*** [avwaʀlɛ̃pʀesjɔ̃] den Eindruck haben, zu + *Inf.*; **avoir les larmes aux yeux** [avwaʀlelaʀmozjø] Tränen in den Augen haben → 4/1; **avoir les moyens de + *inf.*** [avwaʀlemwajɛ̃] sich etw. finanziell leisten können → 4/2; **avoir lieu** [avwaʀljø] stattfinden; **avoir mal (à)** [avwaʀmal] Schmerzen haben, wehtun; **avoir mal au cœur** [avwaʀmalokœʀ] Übelkeit empfinden; **avoir peur de qc / de + *inf.*** [avwaʀpœʀ] Angst haben vor etw. / Angst haben, zu + *Inf.*; **avoir raison de + *inf.*** [avwaʀɛzɔ̃] Recht haben zu + *Inf.*
avouer (qc) [avue] (etw.) zugeben, eingestehen → 4/2
avril [avʀil] April

B

le **bac** [ləbak] *fam.*, **le baccalauréat** [ləbakalɔʀea] das Abi, das Abitur
le/la **bachelier/-ière** [ləbaʃəlje/labaʃəljɛʀ] der/die Abiturient/in → 3/A
le **BAFA** [ləbafa] / **le brevet d'aptitude aux fonctions d'animateur** [ləbʀəvɛdaptitydofɔ̃ksjɔ̃danimatœʀ] *Zertifikat, das zur Betreuung von Kindern und Jugendlichen berechtigt* → 3/2
la **balade** [labalad] der Spaziergang; die Fahrt, die Tour
⁽ᵉ⁾**se balader** [səbalade] spazieren gehen
le **balcon** [ləbalkɔ̃] der Balkon
la **balle** [labal] der Ball
le **ballon** [ləbalɔ̃] der Heißluftballon → 2/A
la **bande dessinée** [labɑ̃desine], **la bédé** [labede] *fam.* der Comic
le **bandit** [ləbɑ̃di] *fam.* der/die Gauner/in → 3/1
la **banlieue** [labɑ̃ljø] die Vorstadt
la **banque** [labɑ̃k] die Bank
la **banquise** [labɑ̃kiz] das Packeis
baptiser qn/qc [batize] jdn/etw. taufen, mit einem Namen versehen → 5/A
la **basilique** [labazilik] die Basilika
le **basket** [ləbaskɛt] das Basketballspiel; **la basket** [labaskɛt] der Turnschuh, der Sportschuh
la **basse** [labɑs] der elektrische Bass
le **bateau** [ləbato] / ⚠ **les bateaux** das Boot, das Schiff
le **bâtiment** [ləbɑtimɑ̃] das Gebäude
la **batterie** [labatʀi] das Schlagzeug
le/la **batteur/-euse** [ləbatœʀ/labatøz] der/die Schlagzeuger/in
battre qn/qc [batʀ] jdn/etw. besiegen, schlagen *wird wie* débattre *konjugiert* → 2/A; ⁽ᵉ⁾**se battre pour qn/qc** [səbatʀpuʀ] für jdn/etw. kämpfen → 2/1
bavard/e [bavaʀ/bavaʀd] *adj.* schwatzhaft → 4/1
bavarois/e [bavaʀwa/bavaʀwaz] *adj.* bayerisch → 4/2
la **Bavière** [labavjɛʀ] Bayern → 4/2
beau(x)/bel/belle(s) [bo/bɛl] *adj.* schön; **Il fait beau.** [ilfɛbo] Es ist schönes Wetter.
beaucoup (de) [boku] *adv.* viel/e
la **bédé** [labede] *fam.* / **la bande dessinée** [labɑ̃dədesine] der Comic
le/la **Bédouin/e** [ləbedwɛ̃/labedwin] der Beduine / die Beduinin → 5/1
la **belle-fille / le beau-fils** [labɛlfij/ləbofis] die Schwiegertochter / der Schwiegersohn → 4/1
ben [bɛ̃] äh, naja
le **Bénin** [ləbenɛ̃] Benin → 3/1
le/la **Berbère** [lə/labɛʀbɛʀ] der/die Berber/in → 5/A
berk *fam.* [bɛʀk] igitt
le/la **Berlinois/e** [ləbɛʀlinwa/labɛʀlinwaz] der/die Berliner/in → 4/2
bête [bɛt] *adj.* albern; dämlich → 4/1
la **bêtise** [labetiz] die Dummheit
le **beurre** [ləbœʀ] die Butter
la **bibliothèque** [labiblijɔtɛk] die Bibliothek
bien [bjɛ̃] *adv.* gut; wohl; ganz
bien après [bjɛ̃napʀɛ] lange nach
bien que [bjɛ̃kə] *conj.* obwohl → 4/3
bien sûr [bjɛ̃syʀ] natürlich; **bien sûr que (non)** [bjɛ̃syʀkə] natürlich (nicht)
bientôt [bjɛ̃to] *adv.* bald
Bienvenue! [bjɛ̃vny] Willkommen!
la **bière** [labjɛʀ] das Bier → 4/2
le **bijou** [ləbiʒu] / ⚠ **les bijoux** der Schmuck → 5/1
bilingue [bilɛ̃g] *adj.* zweisprachig → 3/1
le **billet** [ləbijɛ] der Fahrschein, die Fahrkarte
la **biologie** [labiɔlɔʒi] die Biologie
le **biscuit** [ləbiskɥi] der Keks
le **bistrot** [ləbistʀo] *fam.* die Kneipe
bizarre [bizaʀ] *adj.* merkwürdig; seltsam → 4/1
la **blague** [lablag] der Witz → 4/2
blanc/ ⚠ blanche [blɑ̃/blɑ̃ʃ] *adj.* weiß
blesser qn [blɛse] jdn verletzen → 3/1
bleu/e [blø] *adj.* blau
le **blog** [ləblɔg] der Blog
blond/e [blɔ̃/blɔ̃d] *adj.* blond
le **blouson** [ləbluzɔ̃] die Jacke
le **bocal** [ləbɔkal] / ⚠ **les bocaux** das Glas
boire qc [bwaʀ] etw. trinken → p. 156
le **bois** [ləbwa] / ⚠ **les bois** das Holz → 4/1
la **boisson** [labwasɔ̃] das Getränk → 4/2
le **bol** [ləbɔl] die Trinkschale → 4/1
la **bombe** [labɔ̃b] die Bombe → 2/3
bon/ne [bɔ̃/bɔn] *adj.* gut
Bon anniversaire! [bɔnanivɛʀsɛʀ] Alles Gute zum Geburtstag!
bon ben [bɔ̃bɛ̃] na dann
le **bonbon** [ləbɔ̃bɔ̃] der/das Bonbon
Bonjour! [bɔ̃ʒuʀ] Guten Tag! Guten Morgen!
le **bord** [ləbɔʀ] das Ufer; **au bord de** [obɔʀdə] am Ufer der/des + *Flussname*, an der/dem + *Flussname*
la **botte** [labɔt] der Stiefel
la **bouche** [labuʃ] der Mund → 1/1
le/la **boucher/-ère** [ləbuʃe/labuʃɛʀ] der/die Metzger/in, der/die Fleischer/in → 3/A Exercice 4
la **boucherie** [labuʃʀi] die Metzgerei, die Fleischerei
la **boucle** [labukl] der Ring; **la boucle d'oreille** [labukldɔʀɛj] der Ohrring
bouger [buʒe] sich bewegen → 4/1
la **boulangerie** [labulɑ̃ʒʀi] die Bäckerei
bouleverser qn [bulvɛʀse] jdn erschüttern → 4/1
le **boulot** [ləbulo] *fam.* der Job
le **bouquin** [ləbukɛ̃] *fam.* das Buch, der Schmöker *umg.* → 1/3
bousculer qn [buskyle] jdn (an)stoßen, jdn schubsen
la **bouteille** [labutɛj] die Flasche
le **bouton** [ləbutɔ̃] der Pickel; die Taste → 4/1
la **branche** [labʀɑ̃ʃ] der Ast
braquer qc [bʀake] *fam.* etw. überfallen, etw. ausrauben
le **bras** [ləbʀa] / ⚠ **les bras** der Arm → 2/2
bravo [bʀavo] bravo

ANNEXE

bref [bʀɛf] *adv.* kurz gesagt, mit einem Wort → 1/1
le **brevet** [ləbʀəvɛ] *Diplom nach dem* Collège, *entspricht dem mittleren Schulabschluss*
bronzé/e [bʀɔ̃ze] *adj.* braun, (sonnen)gebräunt → 1/1
le **bruit** [lebʀɥi] der Lärm
brûler qn [bʀyle] jdn (ver)brennen; **brûler qc** etw. anzünden
brun/e [bʀɛ̃/bʀyn] *adj.* dunkelhaarig
la **brute** [labʀyt] der Grobian, der brutale Mensch
la **bûche de Noël** [labyʃdənɔɛl] *Weihnachtskuchen in Form eines Holzscheits*
le **buffet** [ləbyfe] das Büffet
le **bulletin** [ləbyltɛ̃] das Zeugnis
le **bureau** [ləbyʀo] / ⚠ **les bureaux** das Büro
le **bus** [ləbys] / ⚠ **les bus** der Bus *in der Stadt*
le **but** [ləbyt] das Tor; das Ziel

C

ça [sa] das, das da; **ça fait** [safɛ] das macht, das kostet; **Ça peut arriver.** [sapøaʀive] Das kann vorkommen.; **Ça va?** [sava] Wie geht's?
la **cabine téléphonique** [lakabintelefɔnik] die Telefonzelle
le **cabinet dentaire** [ləkabinɛdɑ̃tɛʀ] die Zahnarztpraxis
cacher qc [kaʃe] etw. verbergen, etw. verstecken
le **cadeau** [ləkado] / ⚠ **les cadeaux** das Geschenk; **Elle ne fait pas de cadeaux.** [ɛlnəfɛpadəkado] Sie schenkt einem nichts.
le **café** [ləkafe] der Kaffee; **le café au lait** [ləkafeolɛ] der Milchkaffee → 4/1
la **cage** [lakaʒ] der Käfig
le **cahier** [ləkaje] das Heft
la **caisse** [lakɛs] die Kasse
la **calanque** [lakalɑ̃k] die Felsbucht
calculer [kalkyle] rechnen
le **calendrier** [ləkalɑ̃dʀije] der Kalender → 4/1
calme [kalm] *adj.* ruhig
[(ê)]**se calmer** [səkalme] sich beruhigen
le/la **camarade** [lə/lakamaʀad] der/die Mitschüler/in; der/die Kamerad/in → 4/1
camerounais/e [kamʀunɛ/kamʀunɛz] *adj.* aus Kamerun
le **camion** [ləkamjɔ̃] der Lastwagen → 4/1
la **campagne** [lakɑ̃paɲ] das Land → 2/A
le **camping** [ləkɑ̃piŋ] das Zelten; der Zeltplatz, der Campingplatz
le **Canada** [ləkanada] Kanada
le **canapé** [ləkanape] das Sofa
le **canari** [ləkanaʀi] der Kanarienvogel
le/la **candidat/e** [ləkɑ̃dida/lakɑ̃didat] der/die Bewerber/in
la **candidature** [lakɑ̃didatyʀ] die Bewerbung → 1/2
le **canon à neige** [ləkanɔ̃anɛʒ] die Schneekanone
la **cantine** [lakɑ̃tin] die Kantine
la **capitale** [lakapital] die Hauptstadt
captiver qn [kaptive] jdn fesseln → 1/3
car [kaʀ] *conj.* denn, weil
le **car** [ləkaʀ] der Reisebus
caractériser qc/qn [kaʀakteʀize] etw./jdn kennzeichnen → 2/3
le **caribou** [ləkaʀibu] das Karibu
le **carnaval** [ləkaʀnaval] der Karneval
le **carnet** [ləkaʀnɛ] das Heft → 5/1; **le carnet de route** [ləkaʀnɛdəʀut] das Reisetagebuch → 5/1
le **carreau** [ləkaʀo] / ⚠ **les carreaux** das Karo; **à carreaux** [akaʀo] *adj.* kariert
les **cartes** [lekaʀt] *f. pl.* die (Spiel-)Karten; **la carte postale** [lakaʀtpɔstal] die Postkarte
le **cas** [ləkɑ] / ⚠ **les cas** der Fall
la **casquette** [lakaskɛt] die Schirmmütze, das Basecap
casser qc [kase] etw. zerbrechen, etw. kaputt machen
le/la **casseur/-euse** [ləkasœʀ/lakasøz] der/die Randalierer/in
la **cata** [lakata] *fam.*, **la catastrophe** [lakatastʀɔf] die Katastrophe
la **cathédrale** [lakatedʀal] die Kathedrale
le **cauchemar** [ləkoʃmaʀ] der Alptraum → 4/1
la **cave** [lakav] der Keller
le **CD** [ləsede] / ⚠ **les CD** die CD
le **CDI** [ləsedei] das Informations- und Dokumentationszentrum
ce [sə] / **cet** [sɛt] / **cette** [sɛt] / **ces** [se] dieser, diese, dieses, diese
ce que [səkə] was
ce qui [səki] was
célèbre [selɛbʀ] *adj.* berühmt
celui [səlɥi] / **celle** [sɛl] / **ceux** [sø] / **celles** [sɛl] der(jenige), die(jenige), die(jenigen) → 3/1
le **centime** [ləsɑ̃tim] der Cent
la **centralisation** [lasɑ̃tʀalizasjɔ̃] die Zentralisierung
le **centre** [ləsɑ̃tʀ] das Zentrum; **le centre-ville** [ləsɑ̃tʀvil] das Stadtzentrum
la **cerise** [lasəʀiz] die Kirsche
cerner qc [sɛʀne] etw. erfassen
certain/e [sɛʀtɛ̃/sɛʀtɛn] *adj.* gewisser, gewisse, gewisses; **certains/-es** *adj.* manche (Leute)
c'est [sɛ] das ist; **ce sont** [səsɔ̃] das sind; **C'est clair.** [sɛklɛʀ] Das ist klar.; **C'est la galère!** [sɛlagalɛʀ] *fam.* Es ist die Hölle!; **c'est raté** [sɛʀate] es ist vorbei
c'est-à-dire (que) [sɛtadiʀ] das heißt (also) (dass)
chacun/e [ʃakɛ̃/ʃakyn] jeder, jede, jedes → 3/1
la **chaise** [laʃɛz] der Stuhl
la **chaleur** [laʃalœʀ] die Hitze
chaleureux/-euse [ʃalœʀø/ʃalœʀøz] *adj.* warmherzig
la **chambre** [laʃɑ̃bʀ] das Schlafzimmer
le **chameau** [ləʃamo] / ⚠ **les chameaux** das Kamel → 5/1
le **chamois** [ləʃamwa] / ⚠ **les chamois** die Gemse
le **champ** [ləʃɑ̃] das Feld
le/la **champion/ne** [ləʃɑ̃pjɔ̃/laʃɑ̃pjɔn] der/die Meister/in, der Champion
la **chance** [laʃɑ̃s] das Glück, die Chance; die Gelegenheit → 3/1
le/la **chancelier/-ière** [ləʃɑ̃səlje/laʃɑ̃səljɛʀ] der/die Kanzler/in → 4/A
le **changement** [ləʃɑ̃ʒəmɑ̃] der Wechsel, die Veränderung
changer [ʃɑ̃ʒe] sich ändern → p. 154; **changer qc** etw. wechseln; **changer (de qc)** umsteigen
la **chanson** [laʃɑ̃sɔ̃] das Lied
le **chant** [ləʃɑ̃] das Lied *klassische Musik*
chanter (qc) [ʃɑ̃te] (etw.) singen
le/la **chanteur/-euse** [ləʃɑ̃tœʀ/laʃɑ̃tøz] der/die Sänger/in; **le/la chanteur/-euse d'opéra** [ləʃɑ̃tœʀ/laʃɑ̃tøzdɔpeʀa] der/die Opernsänger/in
chaque [ʃak] jede/jeder/jedes → 1/2
le **charbon** [ləʃaʀbɔ̃] die Kohle → 2/2
la **charcuterie** [laʃaʀkytʀi] die Metzgerei, die Fleischerei; die Wurstwaren, der Aufschnitt → 4/1
la **chasse** [laʃas] die Jagd
le **chat** [ləʃa] die Katze
le **château** [ləʃɑto] / ⚠ **les châteaux** das Schloss
chaud/e [ʃo/ʃod] *adj.* warm, heiß; **il fait chaud** [ilfɛʃo] es ist warm, heiß
la **chaussure** [laʃosyʀ] der Schuh
le **chemin** [ləʃəmɛ̃] der Weg
la **chemise** [laʃəmiz] das Hemd
cher/-ère [ʃɛʀ] *adj.* teuer; lieber/liebe *Briefanfang*
chercher qc [ʃɛʀʃe] etw. suchen; **aller/venir chercher qn/qc** [aleʃɛʀʃe/vəniʀʃɛʀʃe] jdn/etw. abholen; **chercher qn du regard** [ʃɛʀʃedyʀəgaʀ] nach jdm Ausschau halten
le **cheval** [ləʃəval] / ⚠ **les chevaux** das Pferd
le **cheveu** [ləʃəvø] / ⚠ **les cheveux** das (Kopf-)Haar → 2/2

chez [ʃe] *prép.* bei; **chez moi** [ʃemwa] bei mir (zu Hause)
le/la **chien/ne** [ləʃjɛ̃/laʃjɛn] der Hund / die Hündin
le **chiffre** [ləʃifʀ] die Zahl → 3/1
la **chimie** [laʃimi] die Chemie
la **Chine** [laʃin] China
les **chips** [leʃips] *f. pl.* die (Kartoffel-)Chips
le **choc** [ləʃɔk] der Schock → 1/3
le **chocolat** [ləʃɔkɔla] die Schokolade
choisir qc [ʃwaziʀ] etw. aussuchen, etw. auswählen *wird wie* réagir *konjugiert*
le **chômage** [ləʃomaʒ] die Arbeitslosigkeit
choqué/e [ʃɔke] *adj.* schockiert
la **chose** [laʃoz] die Sache, das Ding
chouette [ʃwɛt] *adj. fam.* toll
chut [ʃyt] Pst! Still!
la **chute** [laʃyt] der Fall → 2/3
le **ciel** [ləsjɛl] der Himmel
le **cinéma** [ləsinema] / le **ciné** [ləsine] *fam.* das Kino
la **cité** [lasite] die Siedlung
la **civilisation** [lasivilizasjɔ̃] die Zivilisation → 2/2
le **clafoutis** [ləklafuti] / ⚠ **les clafoutis** der Clafoutis *süßer Auflauf mit Obst*
clair/e [klɛʀ] *adj.* klar, hell
la **classe** [laklas] die Klasse; das Klassenzimmer; **la classe de neige** [laklasdənɛʒ] die Klassenfahrt zum Wintersport
le **classeur** [ləklasœʀ] der Ordner → 1/A
classique [klasik] *adj.* klassisch
la **clé** [lakle] der Schlüssel
le **cliché** [ləkliʃe] das Klischee → 4/2
le/la **client/e** [ləklijɑ̃/laklijɑ̃t] der Kunde / die Kundin
le **climat** [ləklima] das Klima
le **club (de volley)** [ləklœb] der (Volleyball-)Verein
le **club-vidéo** [ləklœbvideo] der Videoclub
le **coca** [ləkɔka] die Cola
le **Code civil** [ləkɔdsivil] *von Napoleon eingeführtes bürgerliches Gesetzbuch* → 2/A
le **cœur** [ləkœʀ] das Herz; **avoir mal au cœur** [avwaʀmalokœʀ] Übelkeit empfinden
le **coin** [ləkwɛ̃] der Winkel, die Ecke
la **colère** [lakolɛʀ] der Ärger, die Wut
le **colisée** [ləkɔlize] das Kolosseum (Amphitheater) → 5/1
collaborer [kɔlabɔʀe] zusammenarbeiten → 4/A
le **collège** [ləkɔlɛʒ] das Collège
la **colline** [lakɔlin] der Hügel
la **colonie** [lakɔlɔni] die Kolonie → 5/A; **la colonie de vacances** [lakɔlɔnidəvakɑ̃s] / **la colo** [lakɔlo] *fam.* das Ferienlager → 3/2
coloniser qc [kɔlɔnize] etw. kolonisieren, besiedeln → 2/2
combien (de) [kɔ̃bjɛ̃] *adv.* wie viel
comme [kɔm] *conj.* da; wie, als; **comme ça** [kɔmsa] so; *adj.* + **comme tout** [kɔmtu] super- + *Adj.*
commencer (par qc) [kɔmɑ̃se] (mit etw.) anfangen, (mit etw.) beginnen *wird wie* avancer *konjugiert;*
commencer à + *inf.* beginnen etw. zu + *Inf.*
comment [kɔmɑ̃] *adv.* wie
le **commentaire** [ləkɔmɑ̃tɛʀ] der Kommentar → 1/3
commenter qc [kɔmɑ̃te] etw. kommentieren, besprechen → 4/2
le **commerce** [ləkomɛʀs] der Handel, das Geschäft
le/la **commercial/e** [lə/lakɔmɛʀsjal] / ⚠ **les commerciaux** der/die kaufmännische Angestellte
le/la **commissaire de police** [lə/lakɔmisɛʀdəpɔlis] der/die Polizeikommissar/in → 3/1
le **commissariat** [ləkɔmisaʀja] die Polizeidienststelle
la **commission** [lakɔmisjɔ̃] der Ausschuss → 1/2
commun/e [kɔmɛ̃/kɔmyn] *adj.* gemeinsam → 1/2
la **Communauté européenne** [lakɔmynoteøʀɔpeɛn] die Europäische Gemeinschaft → 4/A
la **communication** [lakɔmynikasjɔ̃] die Kommunikation → 1/2
communiquer (avec qn) [kɔmynike] (mit jdm) kommunizieren → 2/3
comparer (qc avec qc) [kɔ̃paʀe] (etw. mit etw.) vergleichen → 2/3
complètement [kɔ̃plɛtmɑ̃] *adv.* völlig → 1/3
le **compliment** [ləkɔ̃plimɑ̃] das Kompliment
compliquer qc [kɔ̃plike] etw. komplizierter machen
le **comportement** [ləkɔ̃pɔʀtəmɑ̃] das Verhalten → 3/2
composter qc [kɔ̃pɔste] etw. entwerten
comprendre qc/qn [kɔ̃pʀɑ̃dʀ] etw./jdn verstehen *wird wie* prendre *konjugiert*
compter [kɔ̃te] zählen
concentrer [kɔ̃sɑ̃tʀe] konzentrieren → 5/A
le/la **concepteur/-trice multimédia** [lə/lakɔ̃sɛptœʀ/lakɔ̃sɛptʀismyltimedja] der/die Multimediadesigner/in → 3/A
le **concert** [ləkɔ̃sɛʀ] das Konzert
le **concours** [ləkɔ̃kuʀ] / ⚠ **les concours** der Wettbewerb; die Aufnahmeprüfung
condamner qn à qc [kɔ̃dane] jdn zu etw. verurteilen → 5/2
conduire qc [kɔ̃dɥiʀ] etw. fahren *wird wie* construire *konjugiert* → 4/2
la **confiance** [lakɔ̃fjɑ̃s] das Vertrauen; **avoir confiance en qn / dans qc** [avwaʀkɔ̃fjɑ̃s] jdm/etw. vertrauen, Vertrauen in jdn/etw. haben
confortable [kɔ̃fɔʀtablə] *adj.* gemütlich, komfortabel → 4/3
le **Congo** [ləkɔ̃go] Kongo → 3/1
connaître qc/qn [kɔnɛtʀ] etw./jdn kennen → p. 156
conquérir [kɔ̃keʀiʀ] erobern → p. 156 → 4/A
la **conquête** [lakɔ̃kɛt] die Eroberung → 2/A
le **conseil** [ləkɔ̃sɛj] der Rat
conseiller qc à qn [kɔ̃seje] jdm etw. empfehlen → 4/3
la **conséquence** [lakɔ̃sekɑ̃s] die Konsequenz → 4/A
le **conservatoire** [ləkɔ̃sɛʀvatwaʀ] das Konservatorium, die Musikhochschule → 1/1
conserver qc [kɔ̃sɛʀve] etw. haltbar machen → 2/A
constamment [kɔ̃stamɑ̃] *adv.* ständig → 4/3
la **construction** [lakɔ̃stʀyksjɔ̃] der Bau
construire qc [kɔ̃stʀɥiʀ] etw. aufbauen → p. 156
le **conte** [ləkɔ̃t] die Erzählung, das Märchen → 2/1
content/e [kɔ̃tɑ̃/kɔ̃tɑ̃t] *adj.* zufrieden
contester qc [kɔ̃tɛste] etw. in Frage stellen, etw. bestreiten
le **continent** [ləkɔ̃tinɑ̃] der Kontinent → 2/3
continuer (de + *inf.*) [kɔ̃tinɥe] weitermachen; weitergehen
le **contraire** [ləkɔ̃tʀɛʀ] das Gegenteil → 3/1
le **contrat** [ləkɔ̃tʀa] der Vertrag
contre [kɔ̃tʀ] *prép.* gegen
convaincre qn (de qc) [kɔ̃vɛ̃kʀ] jdn (von etw.) überzeugen *wird wie* vaincre *konjugiert* → 4/2
cool [kul] *adj. fam.* ⚠ *unveränderlich* cool
la **coopération** [lakɔɔpeʀasjɔ̃] die Zusammenarbeit → 4/A
le/la **copain/copine** [ləkɔpɛ̃/lakɔpin] der/die Freund/in
le **cornichon** [ləkɔʀniʃɔ̃] die Essiggurke
le/la **corres** [lə/lakoʀɛs] *fam.* / **le/la correspondant/e** [ləkoʀɛspɔ̃dɑ̃/lakoʀɛspɔ̃dɑ̃t] der/die Austauschpartner/in, der/die Brieffreund/in

ANNEXE

correspondre à qc [kɔʀɛspɔ̃dʀ] etw. entsprechen *wird wie* entendre *konjugiert* → 4/2
corriger (qc) [kɔʀiʒe] (etw.) korrigieren *wird wie* changer *konjugiert*
le **costume** [ləkɔstym] das Kostüm → 5/1
la **côte** [lakot] die Küste
(ê)**se coucher** [səkuʃe] sich ins Bett legen; untergehen *Sonne* → 5/A
la **couleur** [lakulœʀ] die Farbe
le **coup** [ləku] der Schlag → 2/2
couper qc [kupe] etw. schneiden; **couper l'appétit (à qn)** [kupelapeti] (jdm) den Appetit verderben
la **cour** [lakuʀ] der Hof; der königliche Hof → 2/1
le **courage** [ləkuʀaʒ] der Mut; **avoir le courage de** + *inf.* [avwaʀləkuʀaʒ] den Mut haben etw. zu + *Inf.*
couramment [kuʀamɑ̃] *adv.* fließend → 4/3
le **courant** [ləkuʀɑ̃] die Strömung
courir [kuʀiʀ] laufen → p. 156
le **cours** [ləkuʀ] die Unterrichtsstunde, der Unterricht
la **course** [lakuʀs] der Lauf, das Rennen
les **courses** [lekuʀs] *f. pl.* die Einkäufe
court/e [kuʀ/kuʀt] *adj.* kurz
le **couscous** [ləkuskus] der/das Kuskus/Couscous
le/la **cousin/e** [ləkuzɛ̃/lakuzin] der/die Cousin/e
le **couteau** [ləkuto] / ⚠ **les couteaux** das Messer → 4/1
coûter [kute] kosten; **Ils coûtent combien?** [ilkutkɔ̃bjɛ̃] Wie teuer sind sie?
couvert/e de (neige) [kuvɛʀ/kuvɛʀt] *adj.* (schnee-)bedeckt
le **couvert** [ləkuvɛʀ] das Besteck; **mettre le couvert** [mɛtʀələkuvɛʀ] den Tisch decken
la **craie** [lakʀɛ] die Kreide
craindre (qc/qn) [kʀɛ̃dʀ] befürchten, (etw./jdn) fürchten *wird wie* plaindre *konjugiert* → 3/3
craquer pour qn [kʀakepuʀ] *fam.* für jdn schwärmen
le **crayon** [ləkʀɛjɔ̃] der Bleistift → 1/A
créer qc [kʀee] etw. schaffen, kreieren → 1/2
la **crème** [lakʀɛm] die Sahne; die Salbe
la **crêpe** [lakʀɛp] die Crêpe
le **crétin** [ləkʀetɛ̃] *fam.* der Dummkopf, die dumme Kuh
crevé/e [kʀəve] *adj.* todmüde, kaputt
crier [kʀije] schreien
le **crime** [ləkʀim] das Verbrechen → 2/2
le/la **criminel/le** [lə/lakʀiminɛl] der/die Verbrecher/in → 3/1
croire (qn/qc) [kʀwaʀ] (jdm/etw.) glauben → p. 156
la **cuillère** [lakɥijɛʀ] der Löffel → 4/1
la **cuisine** [lakɥizin] die Küche; die Kochkunst
cultiver qc [kyltive] etw. anbauen, etw. pflegen → 2/1
la **culture** [lakyltyʀ] die Kultur
curieux/-euse [kyʀjø/kyʀjøz] *adj.* neugierig; seltsam → 4/1
le **CV** [ləseve] / **le curriculum vitae** [ləkyʀikyləmvite] der Lebenslauf → 3/2

D

d'abord [dabɔʀ] *adv.* zuerst
d'accord [dakɔʀ] einverstanden
d'ailleurs [dajœʀ] außerdem, übrigens
dangereux/-euse [dɑ̃ʒəʀø/dɑ̃ʒəʀøz] *adj.* gefährlich
dans [dɑ̃] in; **dans l'ensemble** [dɑ̃lɑ̃sɑ̃bl] im Ganzen; **dans (l'est) de qc** im (Osten) von etw.
danser [dɑ̃se] tanzen
la **date** [ladat] das Datum → 4/A
la **datte** [ladat] die Dattel → 5/1
le **dauphin** [ləd ofɛ̃] der Delphin
de [də] *prép.* aus; von; **de ... à** [də...a] von ... bis; **de là-haut** [dəlao] von dort oben
de temps en temps [dətɑ̃zɑ̃tɑ̃] von Zeit zu Zeit, ab und zu
de toute façon [dətutfasɔ̃] jedenfalls, sowieso
débattre qc / de qc [debatʀ] (über) etw. diskutieren, über etw. debattieren → p. 157 → 1/2
(ê)**se débrouiller** [sədebʀuje] zurechtkommen, sich zu helfen wissen
le **début** [lədeby] der Anfang; **début (août)** [deby] Anfang (August)
déchirer qc [deʃiʀe] etw. zerreißen
(ê)**se décider** [sədeside] sich entscheiden
décisif/-ive [desizif/desiziv] *adj.* entscheidend, ausschlaggebend → 1/1
la **déclaration** [ladeklaʀasjɔ̃] die Erklärung; **faire une déclaration** [fɛʀyndeklaʀasjɔ̃] eine Vermisstenanzeige aufgeben
déclarer [deklaʀe] erklären, kundtun → 1/1
décorer qc [dekɔʀe] etw. schmücken, etw. dekorieren
découvrir qc [dekuvʀiʀ] etw. entdecken *wird wie* offrir *konjugiert*
défavorisé/e [defavɔʀize] *adj.* benachteiligt
défendre qc/qn [defɑ̃dʀ] etw./jdn verteidigen *wird wie* entendre *konjugiert* → 1/2
définitif/-ive [definitif/definitiv] *adj.* endgültig, definitiv
dehors [dəɔʀ] *adv.* draußen
déjà [deʒa] *adv.* schon
le/la **délégué/e de classe** [lə/ladelegedəklas] der/die Klassensprecher/in
délicieux/-euse [delisjø/delisjøz] *adj.* köstlich, lecker
demain [dəmɛ̃] *adv.* morgen
demander qc (à qn) [dəmɑ̃de] (jdn) etw. fragen
déménager [demenaʒe] aus-/um-/wegziehen *wird wie* changer *konjugiert*
demi/e [dəmi] *adj.* halb; **la demi-heure** [ladəmiœʀ] die halbe Stunde; **le demi-frère** [lədəmifʀɛʀ] / **la demi-sœur** [ladəmisœʀ] der Halbbruder / die Halbschwester
la **dent** [ladɑ̃] der Zahn
le/la **dentiste** [lə/ladɑ̃tist] der Zahnarzt / die Zahnärztin
d'entre vous [dɑ̃tʀəvu] von Ihnen/euch
le **départ** [lədepaʀ] der Start, der Beginn → 1/1
le **département** [lədepaʀtəmɑ̃] das Departement
dépendre de qc/qn [depɑ̃dʀ] von etw./jdm abhängen *wird wie* entendre *konjugiert* → 3/A Exercice 4
le **dépliant** [ləd eplijɑ̃] der Prospekt
déprimant/e [depʀimɑ̃/depʀimɑ̃t] *adj.* deprimierend → 1/3
déprimer [depʀime] deprimieren → 4/3
depuis [dəpɥi] *adv.* seitdem → 2/1; **depuis que** [dəpɥikə] *conj.* seit → 2/2
le/la **député/e** [lə/ladepyte] der/die Abgeordnete → 1/A
déranger qn/qc [deʀɑ̃ʒe] jdn/etw. stören *wird wie* changer *konjugiert*
dernier/-ière [dɛʀnje/dɛʀnjɛʀ] *adj.* letzter, letzte, letztes; voriger, vorige, voriges
derrière [dɛʀjɛʀ] *prép.* hinter
dès [dɛ] *prép.* (schon) ab; seit → 1/3; **dès que** [dɛkə] *conj.* sobald → 1/3
des fois [defwa] *fam.* manchmal
(ê)descendre [desɑ̃dʀ] aussteigen, hinuntergehen *wird wie* entendre *konjugiert;* (ê)**descendre (un fleuve)** flussabwärts fahren, hinunterfahren
la **descente** [ladesɑ̃t] die Fahrt (flussabwärts), die Abfahrt
le **désert** [lədezɛʀ] die Wüste → 5/A
désolé/e [dezɔle] *adj.*: **Je suis désolé/e.** [ʒəsɥidezɔle] Es tut mir

leid.; **être désolé/e de** + *inf.* bedauern etw. zu + *Inf.*
désormais [dezɔʀmɛ] *adv.* von nun an → 4/3
le **dessert** [lədesɛʀ] das Dessert, der Nachtisch
le **dessin** [lədesɛ̃] das Zeichnen → 1/A
dessiner qc [desine] etw. zeichnen
le **destin** [lədɛstɛ̃] das Schicksal → 5/2
détester qc [detɛste] etw. hassen, nicht mögen; **détester** + *inf.* nicht gerne + *Inf.*
devant [dəvɑ̃] *prép.* vor *räumlich*
développer qc [devlɔpe] etw. entwickeln, etw. entfalten → 2/1
(ê)**devenir** [dəvniʀ] werden *wird wie* venir *konjugiert*
la **devise** [ladəviz] das Motto, die Devise
devoir + *inf.* [dəvwaʀ] müssen, sollen + *Inf.* → p. 157
les **devoirs** [ledəvwaʀ] *m. pl.* die Hausaufgaben
dévorer qc [devɔʀe] etw. verschlingen → 5/2
la **différence** [ladifeʀɑ̃s] der Unterschied → 4/2
différent/e [difeʀɑ̃/difeʀɑ̃t] *adj.* anderer, andere, anderes; verschieden
difficile [difisil] *adj.* schwierig, schwer
le **dimanche** [lədimɑ̃ʃ] der Sonntag, sonntags
la **dinde** [ladɛ̃d] die Pute; **la dinde aux marrons** [ladɛ̃domaʀɔ̃] *eine mit Kastanien gefüllte Pute*
le **dîner** [lədine] das Abendessen
la **diplomatie** [ladiplomasi] die Diplomatie
le **diplôme** [lədiplom] das Diplom → 3/1
dire qc (à qn) [diʀ] (jdm) etw. sagen → p. 157; **Ça vous dit quelque chose?** [savudikɛlkəʃoz] Könnt ihr damit etwas anfangen?; **Dis toujours!** [dituʒuʀ] Na sag doch!; **Qu'est-ce que ça veut dire?** [kɛskəsavødiʀ] Was bedeutet das?
le/la **directeur/-trice** [lədiʀɛktœʀ/ladiʀɛktʀis] der/die Direktor/in; **le/la directeur/-trice commercial/e** [lediʀɛktœʀkɔmɛʀsjal/ladiʀɛktʀiskɔmɛʀsjal] der/die Geschäftsführer/in
la **direction** [ladiʀɛksjɔ̃] die Richtung
discipliner [disipline] disziplinieren → 4/2
la **discussion** [ladiskysjɔ̃] die Diskussion; das Gespräch
discuter (de qc) [diskyte] (über etw.) diskutieren, sich (über etw.) unterhalten
disparaître [dispaʀɛtʀ] verschwinden *wird wie* connaître *konjugiert* → 2/3
(ê)**se disputer (avec qn)** [sədispyte] sich (mit jdm) streiten
disperser (des hommes / des animaux) [dispɛʀse] (Menschen/Tiere) auseinandertreiben
la **dispute** [ladispyt] der Streit
distribuer qc [distʀibye] etw. verteilen
divorcer [divɔʀse] sich scheiden lassen → 3/3
le/la **documentaliste** [lə/ladokymɑ̃talist] der/die Bibliothekar/in *in der Schule*
le **domaine** [lədɔmɛn] der Bereich
donner qc à qn [dɔne] jdm etw. geben
dont [dɔ̃] auf den → 2/2
doré/e [dɔʀe] *adj.* goldfarben → 5/1
dormir [dɔʀmiʀ] schlafen *wird wie* partir *konjugiert*
le **dos** [lədo] / ⚠ **les dos** der Rücken
double [dubl] *adj.* Doppel- *in Verbindung mit einem Nomen* → 1/1
doucement [dusmɑ̃] *adv.* langsam; leise
(ê)**se doucher** [səduʃe] duschen
doué/e [dwe] *adj.* begabt
la **douleur** [ladulœʀ] der Schmerz
le **doute** [lədut] der Zweifel → 4/1
douter (de qc) [dute] etw. bezweifeln → 3/3
draguer qn [dʀage] jdn anmachen → 4/2
le **drapeau** [lədʀapo] / ⚠ **les drapeaux** die Fahne, die Flagge
dribbler qn [dʀible] an jdm vorbeidribbeln
le **droit** [lədʀwa] das Recht; die Rechtswissenschaft, Jura → 3/1; **les droits de l'homme** [ledʀwadəlɔm] *m. pl.* die Menschenrechte → 2/A; **avoir le droit de** + *inf.* das Recht haben zu + *Inf.*
à droite [adʀwat] rechts
drôle [dʀol] *adj.* lustig, komisch; merkwürdig, seltsam → 4/1
du côté de [dykote] in der Nähe von → 3/2
la **dune** [ladyn] die Düne → 5/1
d'une part ... d'autre part ... [dynpaʀ... dotʀəpaʀ] einerseits ... andererseits ... → 4/2
duquel/de laquelle/desquels/desquelles [dykɛl/dəlakɛl/dekɛl/dekɛl] welcher/welches/welche *in Verbindung mit der Präposition* de
dur/e [dyʀ] *adj.* hart; schwierig
durer [dyʀe] dauern → 3/2
le **DVD** [lədevede] / ⚠ **les DVD** die DVD

E

l' **eau** [lo] *f.* das Wasser
l' **échange** [leʃɑ̃ʒ] *m.* der Austausch
échanger qc (contre qc) [eʃɑ̃ʒe] etw. (gegen etw.) tauschen, etw. austauschen, etw. umtauschen *wird wie* changer *konjugiert*
l' **échec** [leʃɛk] *m.* das Scheitern
l' **école** [lekɔl] *f.* die Schule; **l'école primaire** [lekɔlpʀimɛʀ] *f.* die Grundschule; **l'École nationale supérieure** [lekɔlnasjɔnalsypeʀjœʀ] *f.* die Verwaltungshochschule → 3/1; **la grande école** [lagʀɑ̃dekɔl] die Hochschule
écologique [ekɔlɔʒik] *adj.* ökologisch → 3/3
l' **économie** [lekɔnɔmi] *f.* die Wirtschaft → 2/1
écouter qc/qn [ekute] etw. anhören, jdm zuhören
écrire (qc à qn) [ekʀiʀ] (jdm etw.) schreiben → p. 157; **écrire comme un chat** [ekʀiʀkɔmɛ̃ʃa] unsauber schreiben
l' **écriteau** [lekʀito] *m.* / ⚠ **les écriteaux** das Schild
l' **écrivain** [lekʀivɛ̃] *m.* der/die Schriftsteller/in → 1/3
l' **éducation civique** [ledykasjɔ̃sivik] *f.* die Sozialkunde, die Gemeinschaftskunde
l' **effort** [lɛfɔʀ] *m.* die Anstrengung
égal/e [egal] *adj.* / ⚠ **égaux** gleich, ebenbürtig → 2/A
l' **égalité** [legalite] *f.* die Gleichheit → 2/1
l' **église** [legliz] *f.* die Kirche
l' **élection** [lelɛksjɔ̃] *f.* die Wahl
l' **élégance** [lelegɑ̃s] *f.* die Eleganz
l' **élève** [lelɛv] *m./f.* der/die Schüler/in
embrasser qn [ɑ̃bʀase] jdn küssen
l' **émission** [lemisjɔ̃] *f.* die Sendung → 3/3
emmener qn [ɑ̃məne] jdn mitnehmen *wird wie* acheter *konjugiert*
l' **empereur/l'impératrice** [lɑ̃pəʀœʀ/lɛ̃peʀatʀis] der/die Kaiser/in
l' **empire** [lɑ̃piʀ] *m.* das Reich → 2/A
l' **emploi** [lɑ̃plwa] *m.* die (Arbeits-)Stelle; **l'emploi du temps** [lɑ̃plwadytɑ̃] *m.* der Stundenplan
l' **employé/e** [lɑ̃plwaje] der/die Angestellte
employer [ɑ̃plwaje] beschäftigen; einstellen → 3/1
emprunter qc (à qn) [ɑ̃pʀɛ̃te] (jdm) etw. ausleihen
en [ɑ̃] *prép.* in; **en vacances** [ɑ̃vakɑ̃s] im Urlaub, in den Ferien; **en ce moment** [ɑ̃səmɔmɑ̃] zurzeit, gerade; **en effet** [ɑ̃nefɛ] tatsächlich, in der Tat → 5/2; **en entier** [ɑ̃nɑ̃tje] ganz → 1/3; **en face (de)** [ɑ̃fas] *prép.*

ANNEXE

gegenüber (von); **en fait** [ɑ̃fɛt] eigentlich; **en général** [ɑ̃ʒeneʀal] normalerweise, im Allgemeinen; **en noir** [ɑ̃nwaʀ] in schwarz; **en plein/e** [ɑ̃plɛ̃/ɑ̃plɛn] mitten im / in der; **en tout cas** [ɑ̃tuka] auf jeden Fall
en [ɑ̃] *pron.* davon; von dort
encore [ɑ̃kɔʀ] *adv.* noch
encourager qn (à + *inf.*) [ɑ̃kuʀaʒe] jdn anfeuern, jdn ermutigen (etw. zu + *Inf.*) *wird wie* changer *konjugiert*
l' **endroit** [lɑ̃dʀwa] *m.* der Ort
l' **énergie** [leneʀʒi] *f.* die Energie → 1/1
énerver qn [eneʀve] jdn nerven, jdn ärgern
l' **enfant** [lɑ̃fɑ̃] *m./f.* das Kind
enfermer qn/qc [ɑ̃fɛʀme] jdn/etw. einsperren → 2/1
enfin [ɑ̃fɛ̃] *adv.* endlich
(ê)**s'engager (pour/contre qc)** [sɑ̃gaʒe] sich für/gegen etw. engagieren *wird wie* changer *konjugiert*
l' **ennemi/e** [lɛnmi] der/die Feind/in → 4/A
(ê)**s'ennuyer** [sɑ̃nɥije] sich langweilen *wird wie* essayer *konjugiert* → 1/3
ennuyeux/-euse [ɑ̃nɥijø/ɑ̃nɥijøz] *adj.* langweilig
énorme [enɔʀm] *adj.* riesig
énormément [enɔʀmemɑ̃] *adv.* riesig, sehr → 4/3
l' **enquête** [lɑ̃kɛt] *f.* die Umfrage; die Ermittlung → 2/3
l' **enseignant/e** [lɑ̃sɛɲɑ̃/lɑ̃sɛɲɑ̃t] der/die Lehrer/in → 3/A
l' **enseignement** [lɑ̃sɛɲəmɑ̃] *m.* das Bildungswesen, der Unterricht → 5/A
ensemble [ɑ̃sɑ̃bl] *adv.* zusammen
l' **ensemble** [lɑ̃sɑ̃bl] *m.* das Ganze
ensuite [ɑ̃sɥit] *adv.* anschließend
entendre qc/qn [ɑ̃tɑ̃dʀ] etw./jdn hören → p. 155; (ê)**s'entendre (bien/mal) avec qn** [sɑ̃tɑ̃dʀavɛk] sich mit jdm (gut/schlecht) verstehen
l' **enthousiasme** [lɑ̃tuzjasm] *m.* die Begeisterung
l' **entraînement** [lɑ̃tʀɛnmɑ̃] *m.* das Training
entraîner qn/qc [ɑ̃tʀɛne] jdn/etw. fortschwemmen, mit sich reißen
l' **entraîneur/-euse** [lɑ̃tʀɛnœʀ/lɑ̃tʀɛnøz] der/die Trainer/in
entre [ɑ̃tʀ] *prép.* zwischen
entre autre [ɑ̃tʀɔtʀ] unter anderem → 3/3
l' **entree (dans)** [lɑ̃tʀe] *f.* der Beitritt (zu) → 4/A
l' **entreprise** [lɑ̃tʀəpʀiz] *f.* das Unternehmen, die Firma
(ê)**entrer** [ɑ̃tʀe] hineingehen; (ê)**entrer en qc** in etw. eintreten → 4/A; (ê)**entrer en (classe de troisième)** in (die dritte Klasse) kommen
envahir qc [ɑ̃vaiʀ] etw. überfallen → 4/A
l' **envie** [lɑ̃vi] *f.* die Lust; **avoir envie de + *inf.*** Lust haben etw. zu + *Inf.*
l' **environnement** [lɑ̃viʀɔnmɑ̃] *m.* die Umwelt → 3/3
envoyer qc (à qn) [ɑ̃vwaje] (jdm) etw. schicken, etw. verschicken → p. 157
Épèle. [epɛl] Buchstabiere.
l' **épice** [lepis] *f.* das Gewürz → 5/1
l' **épicerie** [lepisʀi] *f.* der Lebensmittelladen
l' **épidémie** [lepidemi] *f.* die Epidemie → 3/3
l' **époque** [lepɔk] *f.* die Epoche, die Zeit → 2/A
l' **épreuve** [lepʀœv] *f.* die Aufgabe
l' **E.P.S** [ləpeɛs] *f.* / **l'éducation physique et sportive** [ledykasjɔ̃fizikespɔʀtiv] *f.* der Sportunterricht
épuisé/e [epɥize] *adj.* erschöpft
l' **équipe** [lekip] *f.* die Mannschaft, das Team
l' **érable** [leʀabl] *m.* der Ahorn
l' **escalade** [lɛskalad] *f.* das Klettern *Sportart*
l' **espace** [lɛspas] *m.* das All → 1/1
l' **espagnol** [lɛspaɲɔl] *m.* Spanisch *Sprache*
l' **espèce** [lɛspɛs] *f.* die Art, die Sorte; **Espèce de crétin!** [ɛspɛsdəkʀetɛ̃] *fam.* Du Dummkopf! *umg.*
espérer qc [ɛspeʀe] etw. hoffen *wird wie* préférer *konjugiert*
l' **espoir** [lɛspwaʀ] *m.* die Hoffnung
l' **esprit** [lɛspʀi] *m.* der Geist → 1/2
l' **essai** [lesɛ] *m.* der Versuch
essayer qc [esɛje] etw. anprobieren; etw. versuchen → p. 154; **essayer de + *inf.*** versuchen zu + *Inf.*
l' **est** [lɛst] *m.* der Osten
est-ce que ... [ɛskə] *wird nicht übersetzt; zeigt dir an, dass es sich um eine Frage handelt*
et [e] *conj.* und; **Et alors?** [ealɔʀ] Na und?
l' **étape** [letap] *f.* der Abschnitt → 2/A
les **États-Unis** [lezetazyni] *m. pl.* die Vereinigten Staaten
l' **été** [lete] *m.* der Sommer
l' **étoile** [letwal] *f.* der Stern → 1/1
étonner qn [etɔne] jdn erstaunen → 4/3
l' **étranger** [letʀɑ̃ʒe] *m.* das Ausland → 3/3
être [ɛtʀ] sein → p. 153; **être à l'heure** [ɛtʀalœʀ] pünktlich sein; **être à table** [ɛtʀatabl] bei Tisch sitzen; **être assis/e** [ɛtʀasi/ɛtʀasiz] sitzen; **être au chômage** [ɛtʀoʃomaʒ] arbeitslos sein; **être chaud/e pour qc / pour + *inf.*** [ɛtʀəʃo/ɛtʀəʃod] *fam.* überzeugt sein, sich mit der Idee anfreunden, etw. zu + *Inf.*; **être couvert/e de (neige)** [ɛtʀkuvɛʀ/kuvɛʀt] (schnee-)bedeckt sein; **être dans les nuages** [ɛtʀdɑ̃lenɥaʒ] verträumt sein; **être désolé/e de + *inf.*** [ɛtʀdezɔle] bedauern etw. zu + *Inf.*; **être d'origine (française)** [ɛtʀdoʀiʒin] (französischer) Herkunft sein; **être en colère** [ɛtʀɑ̃kɔlɛʀ] wütend sein; **être en train de + *inf.*** [ɛtʀɑ̃tʀɛ̃] gerade dabei sein, etw. zu + *Inf.* → 1/3; **être en voyage** [ɛtʀɑ̃vwajaʒ] auf Reisen sein; **être fier/fière (de)** [ɛtʀəfjɛʀ] stolz sein (auf); **être fort/e à/en/dans qc** [ɛtʀfɔʀ/ɛtʀfɔʀt] in etw. gut sein, in etw. begabt sein; **être individualiste** [ɛtʀɛ̃dividɥalist] ein Individualist sein → 4/2; **être nul/le (en)** [ɛtʀnyl] eine Null sein (in); **être occupé/e** [ɛtʀɔkype] beschäftigt sein; **être plongé/e dans qc** [ɛtʀəplɔ̃ʒe] in etw. vertieft sein → 4/1; **être situé/e** [ɛtʀsitɥe] liegen, sich befinden; **être vert/e de jalousie** [ɛtʀvɛʀdəʒaluzi/ ɛtʀvɛʀtdəʒaluzi] grün vor Neid sein
étroit/e [etʀwa/etʀwat] *adj.* eng
l' **étude** [letyd] *f.* das Lernen; das Studium → 2/2, **les études** [lezetyd] *f. pl.* das Studium; **faire des études (de qc)** [fɛʀdezetyd] (etw.) studieren
l' **euro** [løʀo] *m.* der Euro
l' **Europe** [løʀɔp] *f.* Europa → 2/A
européen/ne [øʀɔpeɛ̃/øʀɔpeɛn] *adj.* europäisch, Europa- *in Verbindung mit einem Nomen* → 1/2
l' **Européen/ne** [løʀɔpeɛ̃/løʀɔpeɛn] der/die Europäer/in → 1/2
l' **évènement** [levɛnmɑ̃] *m.* das Ereignis → 2/3
évidemment [evidamɑ̃] *adv.* selbstverständlich, natürlich → 4/3
évident/e [evidɑ̃/evidɑ̃t] *adj.* klar, offensichtlich → 3/3
éviter [evite] verhindern → 3/2; **éviter qn/qc** jdn/etw. meiden, jdm/etw. aus dem Wege gehen, ausweichen → 4/1; **éviter de + *inf.* qc/qn** vermeiden etw./jdn zu + *Inf.* → 4/2
exagérer qc [ɛgzaʒeʀe] etw. übertreiben *wird wie* préférer *konjugiert*
l' **examen** [lɛgzamɛ̃] *m.* die Prüfung
l' **exception** [lɛksɛpsjɔ̃] *f.* die Ausnahme
exceptionnel/le [ɛksɛpsjɔnɛl] *adj.* außergewöhnlich, Ausnahme- *oder* Sonder- *in Verbindung mit einem Nomen*
exceptionnellement [ɛksɛpsjɔnɛlmɑ̃] *adv.* ausnahmsweise

l' **excursion** [lɛkskyʀsjɔ̃] *f.* der Ausflug → 5/A
(ê)**s'excuser / excuser qn/qc** [sɛkskyze] sich / jdn/etw. entschuldigen
l' **exemple** [lɛgzɑ̃pl] *m.* das Beispiel; **par exemple** [paʀɛgzɑ̃pl] zum Beispiel
l' **exercice** [lɛgzɛʀsis] *m.* die Übung, die Hausaufgabe
l' **exil** [lɛgzil] *m.* das Exil → 2/1
exiler qn [ɛgzile] jdn verbannen → 2/1
exister [ɛgziste] existieren
l' **expérience** [lɛkspeʀjɑ̃s] *f.* die Erfahrung → 4/3
expliquer qc (à qn) [ɛksplike] (jdm) etw. erklären
l' **explorateur/-trice** [lɛksplɔʀatœʀ/lɛksplɔʀatʀis] der/die Entdecker/in
explorer qc [ɛksplɔʀe] etw. erforschen
l' **exposé** [lɛkspoze] *m.* das Referat
l' **exposition** [lɛkspozisjɔ̃] *f.* die Ausstellung
extraordinaire [ɛkstʀaɔʀdinɛʀ] *adj.* außergewöhnlich → 5/1

F

fâcher qn [fɑʃe] jdn verärgern → 5/2
facile [fasil] *adj.* leicht, einfach
la **façon** [lafasɔ̃] die (Lebens-)Art → 2/A
faillir + *inf.* [fajiʀ] fast + *Inf.*, beinahe + *Inf.* *wird nur im passé composé gebraucht*
la **faim** [lafɛ̃] der Hunger; **avoir faim** [avwaʀfɛ̃] hungrig sein
faire qc [fɛʀ] etw. tun, etw. machen → p. 157; **faire attention à qc** [fɛʀatɑ̃sjɔ̃] auf etw. aufpassen, auf etw. achten; **faire confiance à qn/qc** [fɛʀkɔ̃fjɑ̃s] jdm/etw. (ver)trauen → 4/2; **faire de la luge** [fɛʀdəlalyʒ] Schlitten fahren, rodeln; **faire des bêtises** [fɛʀdebetiz] Dummheiten machen; **faire des études** [fɛʀdezetyd] studieren; **faire des progrès (en)** [fɛʀdepʀɔgʀɛ] Fortschritte (in) machen; **faire des recherches** [fɛʀdeʀəʃɛʀʃ] forschen → 1/1; **faire disparaître** [fɛʀdispaʀɛtʀ] vernichten → 2/3; **faire du (44)** die (Schuh-)Größe (44) haben; **faire du camping** [fɛʀdykɑ̃piŋ] zelten; **faire du piano** [fɛʀdypjano] Klavier spielen → 1/1; (ê)**se faire du souci** [səfɛʀdysusi] sich Sorgen machen; **faire la connaissance de qn** [fɛʀlakɔnɛsɑ̃s] jdn kennen lernen; **faire la cuisine** [fɛʀlakɥizin] kochen; **faire la fête** [fɛʀlafɛt] feiern, Party machen; **faire les courses** [fɛʀlekuʀs] einkaufen *Lebensmittel;* **faire les magasins** [fɛʀlemagazɛ̃] shoppen, einkaufen; **faire partie de qc** [fɛʀpaʀti] zu etw. gehören, etw. angehören; **faire peur à qn** [fɛʀpœʀ] jdm Angst machen → 3/1; **faire plaisir à qn** [fɛʀpleziʀ] jdm eine Freude bereiten; **faire qc exprès** [fɛʀɛkspʀɛ] etw. mit Absicht tun; **faire rigoler qn** [fɛʀʀigɔle] jdn zum Lachen bringen; **faire sa pub** [fɛʀsapyb] für sich selbst Werbung machen; **faire sa rentrée** [fɛʀsaʀɑ̃tʀe] die Arbeit/Geschäfte nach der Sommerpause wieder aufnehmen; wieder mit der Schule anfangen → 1/A; **faire son maximum** [fɛʀsɔ̃maksimɔm] sein Bestes geben; **faire tout son possible** [fɛʀtusɔ̃pɔsibl] sein Möglichstes tun; **faire un/des effort/s** [fɛʀɛ̃nefɔʀ/fɛʀdezɛfɔʀ] sich anstrengen; **faire un essai** [fɛʀɛ̃nesɛ] eine Probezeit absolvieren → 3/1; **faire une balade** [fɛʀynbalad] einen Spaziergang machen; **faire une déclaration** [fɛʀyndeklaʀasjɔ̃] eine Vermisstenanzeige aufgeben; **faire une descente** [fɛʀyndesɑ̃t] ab(wärts)-fahren; **faire une scène** [fɛʀynsɛn] eine Szene machen; **faire** + *inf.* **qn** jdn + *Inf.* lassen, jdn zum + *Inf.* bringen → 3/3; **ça fait** [safɛ] das macht, das kostet; das klingt nach, das wirkt wie; **il fait beau** [ilfɛbo] es ist schönes Wetter; **il fait chaud** [ilfɛʃo] es ist heiß/warm
falloir [falwaʀ]: **il faut qc** [ilfo] man braucht etw. → p. 158; **il faut** + *inf.* man muss + *Inf.;* **il faut bien (que)** [ilfobjɛ̃] man muss wohl; **il lui faut** [ilɥifo] er braucht
la **famille** [lafamij] die Familie
fantastique [fɑ̃tastik] *adj.* fantastisch, wunderbar → 1/3
la **farine** [lafaʀin] das Mehl
la **fatigue** [lafatig] die Müdigkeit, die Erschöpfung → 2/A
fatigué/e [fatige] *adj.* müde
la **faute** [lafot] die Schuld
faux/fausse [fo/fos] *adj.* unecht, falsch
féliciter qn de qc [felisite] jdm zu etw. gratulieren
la **femme** [lafam] die (Ehe-)Frau
la **fenêtre** [lafənɛtʀ] das Fenster
la **ferme** [lafɛʀm] der Bauernhof → 4/1
fermer qc [fɛʀme] etw. schließen
le **festival** [ləfɛstival] das Festival
fêter qc [fɛte] etw. feiern
la **fête** [lafɛt] die Party, das Fest; **faire la fête** [fɛʀlafɛt] feiern, Party machen
le **feu** [ləfø] / ⚠ **les feux** das Feuer; **le feu d'artifice** [ləfødaʀtifis] das Feuerwerk; **le feu de forêt** [ləfødəfɔʀɛ] der Waldbrand; **le feu vert/rouge** [ləføvɛʀ/ləføʀuʒ] die grüne/rote Ampel → 4/2
la **feuille** [lafœj] das Blatt
(ê)**se ficher de qn/qc** [səfiʃe] *fam.* jd/etw. ist einem egal
filer [file] *fam.* abhauen *umg.*
le **filet** [ləfilɛ] das Netz
la **fille** [lafij] das Mädchen; die Tochter
le **film** [ləfilm] der Film
filmer qc [filme] etw. filmen
le **fils** [ləfis] / ⚠ **les fils** der Sohn
fin/e [fɛ̃/fin] *adj.* fein → 5/A
la **fin** [lafɛ̃] das Ende
finalement [finalmɑ̃] *adv.* schließlich, letztendlich
financer qc [finɑ̃se] etw. finanzieren, finanziell unterstützen → 3/2
finir qc [finiʀ] etw. beenden *wird wie réagir konjugiert;* **finir l'année par un concert** [finiʀlanepaʀɛ̃kɔ̃sɛʀ] das Jahr mit einem Konzert abschließen; **finir par** + *inf.* **qc** schaffen etw. zu + *Inf.* → 3/1
(ê)**se fixer** [səfikse] sich festlegen
le **flamant** [ləflamɑ̃] der Flamingo
le **fleuve** [ləflœv] der Fluss
flexible [flɛksibl] *adj.* flexibel
le/la **flic** [lə/laflik] *fam.* der Bulle *umg.* → 3/1
flipper [flipe] *fam.* ausflippen *umg.*
le **flux migratoire** [ləflymigʀatwaʀ] die Einwanderungswelle → 2/3
la **fois** [lafwa] / ⚠ **les fois** das Mal; **une fois ...** [ynfwa] wenn man erst einmal ... ist → 3/1
fonctionner [fɔ̃ksjɔne] in Betrieb sein, funktionieren
fonder qc [fɔ̃de] etw. gründen
fondre [fɔ̃dʀ] schmelzen *wird wie entendre konjugiert*
la **fonte** [lafɔ̃t] das (Ab-)Schmelzen → 2/3
le **foot** [ləfut] Fußball *Sportart*
la **force** [lafɔʀs] die Kraft
la **forêt** [lafɔʀɛ] der Wald; **la Forêt-Noire** [lafɔʀɛnwaʀ] der Schwarzwald → 4/1
la **formation** [lafɔʀmasjɔ̃] die Ausbildung → 3/1
former qc [fɔʀme] etw. gründen; **((ê)se) former** [(sə)fɔʀme] (sich) ausbilden (lassen) → 3/3
formidable [fɔʀmidabl] *adj.* hervorragend, toll
le **formulaire** [ləfɔʀmylɛʀ] das Formular
fort/e (en) [fɔʀ/fɔʀt] *adj.* stark (in)
la **forteresse** [lafɔʀtəʀɛs] die Festung
le **forum** [ləfɔʀɔm] das Forum; **le forum de discussion** [ləfɔʀɔmdədiskysjɔ̃] das Diskussionsforum
le **fou / la folle** [ləfu/lafɔl] der/die Verrückte

fou(x)/fol/folle(s) (de) [fu/fɔl/fɔl] *adj.* verrückt (nach)
la **foule** [laful] die Menschenmenge
la **fourchette** [lafuʀʃɛt] die Gabel → 4/1
la **fourrure** [lafuʀyʀ] der Pelz
(ê)**se foutre de qn/qc** [səfutʀ] *fam.* auf jdn/etw. pfeifen *umg.*
la **fraise** [lafʀɛz] die Erdbeere
le **français** [ləfʀɑ̃sɛ] Französisch *Sprache*
la **France** [lafʀɑ̃s] Frankreich
franchement [fʀɑ̃ʃmɑ̃] *adv.* ehrlich gesagt → 4/2
franco-allemand/e [fʀɑ̃koalmɑ̃/fʀɑ̃koalmɑ̃d] *adj.* deutsch-französisch
francophone [fʀɑ̃kɔfɔn] *adj.* französischsprachig → 5/A
le/la **francophone** [lə/lafʀɑ̃kɔfɔn] der/die Französischsprachige
frapper [fʀape] anklopfen
freiner qn/qc [fʀɛne] jdn/etw. zurückhalten, bremsen
le **frère** [ləfʀɛʀ] der Bruder; **les frères et sœurs** [lefʀɛʀesœʀ] die Geschwister
le **fric** [ləfʀik] *fam.* die Kohle *umg.* → 3/1
les **fringues** [lefʀɛ̃g] *f. pl. fam.* die Klamotten → 1/1
froid/e [fʀwa/fʀwad] *adj.* kalt; **il fait froid** [ilfɛfʀwa] es ist kalt; **avoir froid** [avwaʀfʀwa] jdm ist kalt
le **fromage** [ləfʀɔmaʒ] der Käse → 4/1
la **frontière** [lafʀɔ̃tjɛʀ] die Grenze → 2/1; **à la frontière avec qc** [alafʀɔ̃tjɛʀavɛk] an der Grenze zu etw. → 2/1
le **fruit** [ləfʀɥi] die Frucht; **les fruits** [lefʀɥi] das Obst; **le fruit de la passion** [ləfʀɥidəlapasjɔ̃] die Passionsfrucht
fuir (qn/qc) [fɥiʀ] (vor jdm/etw.) fliehen → p. 158 → 2/1
fumer (qc) [fyme] (etw.) rauchen
fun [fœn] *adj.* ⚠ *unveränderlich* lustig, amüsant
furieux/-euse [fyʀjø/fyʀjøz] *adj.* wütend

G

gagner qc [gaɲe] verdienen *Geld*; etw. gewinnen; **gagner sa vie** [gaɲesavi] seinen Lebensunterhalt verdienen
gai/e [gɛ] *adj.* fröhlich, heiter
la **galerie** [lagalʀi] der Stollen, der (unterirdische) Gang → 2/2
le/la **gamin/e** [ləgamɛ̃/lagamin] *fam.* der kleine Junge / das kleine Mädchen
le **garage** [ləgaʀaʒ] die Garage
le **garçon** [ləgaʀsɔ̃] der Junge
le **garde** [ləgaʀd] der Wächter → 5/2
garder qc [gaʀde] etw. behalten, etw. aufbewahren
le/la **gardien/ne** [ləgaʀdjɛ̃/lagaʀdjɛn] der/die Hausmeister/in
la **gare** [lagaʀ] der Bahnhof
le **gâteau** [ləgɑto] / ⚠ **les gâteaux** der Kuchen
gâter qn [gɑte] jdn verwöhnen
à gauche [agoʃ] links
geler [ʒəle] frieren *wird wie* acheter *konjugiert*
le/la **gendarme** [lə/lagɑ̃daʀm] der/die Polizist/in
généraliser [ʒeneʀalize] verallgemeinern
la **génération** [laʒeneʀasjɔ̃] die Generation → 3/A
génial/e [ʒenjal] *adj.* / ⚠ **géniaux** toll
le **genre** [ləʒɑ̃ʀ] die Art; das Genre; das Genus, das Geschlecht
les **gens** [leʒɑ̃] *m. pl.* die Leute
gentil/le [ʒɑ̃ti/ʒɑ̃tij] *adj.* nett
la **géo** [laʒeo] *fam.* / **la géographie** [laʒeogʀafi] die Geographie, die Erdkunde
la **géologie** [laʒeolɔʒi] die Geologie → 5/A
le **ghetto** [ləgɛto] das Ghetto
la **glace** [laglas] das Eis; **le hockey sur glace** [ləɔkɛsyʀglas] Eishockey
le **glacier** [ləglasje] der Gletscher → 2/3
le **goût** [ləgu] der Geschmack
la **gouvernante** [laguvɛʀnɑ̃t] die Erzieherin, die Gouvernante → 2/2
le **gouvernement** [ləguvɛʀnəmɑ̃] die Regierung → 4/A
grâce à qc/qn [gʀɑs] dank etw./jdm → 4/3
le **gramme** [ləgʀam] das Gramm → 2/A
grand/e [gʀɑ̃/gʀɑ̃d] *adj.* groß; **la grande école** [lagʀɑ̃dekɔl] die Hochschule; **pas grand-chose** [pɑgʀɑ̃ʃoz] nicht viel
la **Grande-Bretagne** [lagʀɑ̃dbʀətaɲ] Großbritannien
la **grand-mère** [lagʀɑ̃mɛʀ] die Großmutter
le **grand-père** [ləgʀɑ̃pɛʀ] der Großvater
les **grands-parents** [legʀɑ̃paʀɑ̃] *m. pl.* die Großeltern
le **gratte-ciel** [ləgʀatsjɛl] / ⚠ **les gratte-ciel** der Wolkenkratzer
gratuit/e [gʀatɥi/gʀatɥit] *adj.* kostenlos → 2/2
le **grec** [ləgʀɛk] Griechisch *Sprache* → 2/2
gris/e [gʀi/gʀiz] *adj.* grau
gronder qn [gʀɔ̃de] mit jdm schimpfen
gros/se [gʀo/gʀos] *adj.* groß, dick
grosses bises [gʀosbiz] viele Grüße und Küsse *Briefende*
le **groupe** [ləgʀup] die Gruppe
la **guerre** [lagɛʀ] der Krieg
le **guide** [ləgid] der Reiseführer *Buch;* **le/la guide** [lə/lagid] der/die (Reise-)Führer/in *Person;* **le/la guide de haute montagne** [lə/lagiddəotmɔ̃taɲ] der/die Hochgebirgsführer/in → 3/A
la **guitare** [lagitaʀ] die Gitarre

H

(ê)**s'habiller** [sabije] sich ankleiden → 1/1
l' **habitant/e** [labitɑ̃/labitɑ̃t] der/die Einwohner/in → 5/A
l' **habitation à loyer modéré** *f.* [labitasjɔ̃alwajemɔdeʀe] *siehe auch* le HLM *staatlich subventionierte Wohnung*
habiter [abite] wohnen
l' **habitude** [labityd] *f.* die Angewohnheit → 1/1
(ê)**s'habituer à qc/qn** [sabitɥe] sich gewöhnen an etw./jdn
le **haïku** [ləaiku] der Haiku
le **handball** [ləɑ̃dbal] Handball *Sportart*
le **harem** [ləaʀɛm] der Harem → 5/2
le **hasard** [ləazaʀ] der Zufall → 3/3
Hé! [e] Hey! *Ausruf*
l' **herbe** [lɛʀb] *f.* das Gras
héréditaire [eʀeditɛʀ] *adj.* erblich, Erb- *in Verbindung mit einem Nomen* → 4/A
le **héros** [ləeʀo] / **l'héroïne** [leʀoin] *f.* der/die Held/in
hésiter (à + *inf.*) [ezite] zögern (etw. zu + *Inf.*)
l' **heure** [lœʀ] *f.* die Stunde; **la demi-heure** [la dəmiœʀ] die halbe Stunde; **le quart d'heure** [ləkaʀdœʀ] die Viertelstunde; **Il est quelle heure?** [ilɛkɛlœʀ] Wie viel Uhr ist es?; **À quelle heure?** [akɛlœʀ] Um wie viel Uhr?; **C'est l'heure!** [sɛlœʀ] Es ist Zeit!; **pendant des heures** [pɑ̃dɑ̃dezœʀ] stundenlang; **une heure du matin** [ynœʀdymatɛ̃] ein Uhr morgens
heureusement [øʀøzəmɑ̃] *adv.* zum Glück, glücklicherweise
heureux/-euse [øʀø/øʀøz] *adj.* glücklich
hier [jɛʀ] *adv.* gestern
l' **histoire** [listwaʀ] *f.* die Geschichte
historique [istɔʀik] *adj.* historisch → 4/2
l' **hiver** [livɛʀ] *m.* der Winter
le **HLM** [ləaʃɛlɛm] / ⚠ **les HLM**, *siehe* l'habitation à loyer modéré
le **hobby** [ləɔbi] das Hobby → 5/A
le **hockey sur glace** [ləɔkɛsyʀglas] Eishockey

l' **homme** [lɔm] *m.* der Mensch, der Mann

la **honte** [laɔ̃t] die Scham; **avoir honte de** + *inf.* [avwarɔ̃t] sich schämen etw. zu + *Inf.*

l' **hôpital** [lɔpital] *m.* / ⚠ **les hôpitaux** das Krankenhaus → 3/1

l' **horloge** [lɔrlɔʒ] *f.* die Uhr *nicht Armbanduhr*

l' **horreur** [lɔrœr] *f.* der Horror

horrible [ɔribl] *adj.* grauenhaft → 3/1

l' **hospitalité** [lɔspitalite] *f.* die Gastfreundschaft → 5/1

l' **hôtel** [lotɛl] *m.* das Hotel; **l'hôtel de ville** [lotɛldəvil] *m.* das Rathaus

humain/e [ymɛ̃/ymɛn] *adj.* human, menschlich

l' **humanitaire** [lymanitɛr] *m. Bereich der Hilfsorganisationen* → 3/1

l' **humanité** [lymanite] *f.* die Menschheit → 2/3

l' **humour** [lymur] *m.* der Humor

hurler (de qc) [yrle] (vor etw.) schreien, brüllen → 4/1

I

ici [isi] *adv.* hier

les **I.D.D.** [lezidede] / **les itinéraires de découverte** [lezitinerɛrdədekuvɛrt] *m. pl. fächerübergreifender Unterricht*

l' **idée** [lide] *f.* die Idee; **avoir l'idée de** + *inf.* [avwarlide] die Idee haben etw. zu + *Inf.*; **l'idée toute faite** [lidetutfɛt] *f.* die vorgefasste Meinung → 4/2

idiot/e [idjo/idjɔt] *adj.* blöd, doof, dumm → 1/1

l' **igloo** [liglu] *m.* der/das Iglu

Il était une fois ... [iletɛtynfwa] Es war einmal ... → 5/2

il faut [ilfo] → **falloir** [falwar]

il paraît que ... [ilparɛkə] man sagt, dass ...; es scheint, dass ..., offensichtlich ...

il y a [ilja] es gibt; vor *zeitlich*; **il y a du monde** [iljadymɔ̃d] es sind viele Leute da; **il n'y a qu'à** + *inf.* [ilnijaka] man muss nur + *Inf.*

l' **île** [lil] *f.* die Insel

l' **image** [limaʒ] *f.* das Bild

l' **imagination** [limaʒinasjɔ̃] *f.* die Fantasie, die Einbildungskraft → 3/A Exercice 4

[ê]**s'imaginer qc** / **de** + *inf.* [simaʒine] sich etw. vorstellen, sich vorstellen etw. zu + *Inf.*

l' **immeuble** [limœbl] *m.* der Wohnblock

impliquer qc/qn [ɛ̃plike] etw./jdn involvieren, verwickeln → 2/3

important/e (de + *inf.*) [ɛ̃pɔrtɑ̃/ɛ̃pɔrtɑ̃t] *adj.* wichtig (zu + *Inf.*)

impossible (de + *inf.*) [ɛ̃pɔsibl] unmöglich (zu + *Inf.*)

l' **impression** [lɛ̃prɛsjɔ̃] *f.* der Eindruck; **avoir l'impression de** + *inf.* [avwarlɛ̃prɛsjɔ̃] den Eindruck haben etw. zu + *Inf.*

imprimer qc [ɛ̃prime] etw. (aus-) drucken

l' **inconvénient** [lɛ̃kɔ̃venjɑ̃] *m.* der Nachteil, das Schlimme daran → 3/2

incroyable [ɛ̃krwajabl] *adj.* unglaublich

incroyablement [ɛ̃krwajabləmɑ̃] *adv.* unglaublich

l' **indépendance** [lɛ̃depɑ̃dɑ̃s] *f.* die Unabhängigkeit → 5/A

l' **Indien/ne** [lɛ̃djɛ̃/lɛ̃djɛn] der/die Indianer/in

l' **industrie** [lɛ̃dystri] *f.* die Industrie → 2/3

industriel/le [ɛ̃dystrijɛl] *adj.* industriell → 2/A

l' **infection** [lɛ̃fɛksjɔ̃] *f.* die Infektion, die Entzündung

l' **infirmier/-ière** [lɛ̃firmje/lɛ̃firmjɛr] der/die Krankenpfleger/in → 3/1

l' **informaticien/ne** [lɛ̃fɔrmatisjɛ̃/lɛ̃fɔrmatisjɛn] der/die Informatiker/in → 3/A

l' **informatique** [lɛ̃fɔrmatik] *f.* die Informatik → 2/3

[ê]**s'informer sur qc** [sɛ̃fɔrme] sich über etw. informieren → 3/3;

informer qn de/sur qc [ɛ̃fɔrme] jdn über etw. informieren → 5/2

l' **ingénieur du son** [lɛ̃ʒenjœrdysɔ̃] *m.* der/die Toningenieur/in → 3/A

l' **initiative** [linisjativ] *f.* die Initiative → 1/2

innocent/e [inɔsɑ̃/inɔsɑ̃t] *adj.* unschuldig → 5/2

inquiet/-iète [ɛ̃kjɛ/ɛ̃kjɛt] *adj.* ängstlich, besorgt, unruhig

[ê]**s'inquiéter** [sɛ̃kjete] sich beunruhigen, sich Sorgen machen *wird wie* préférer *konjugiert* → 4/1

[ê]**s'inscrire à qc** [sɛ̃skrir] sich zu etw. anmelden *wird wie* écrire *konjugiert* → 1/1

insister (sur) [ɛ̃siste] (auf etw.) bestehen

insolent/e [ɛ̃sɔlɑ̃/ɛ̃sɔlɑ̃t] *adj.* frech, unverschämt → 2/1

[ê]**s'installer** [sɛ̃stale] sich niederlassen, sich ansiedeln

l' **Institut d'études judiciaires** [lɛ̃stitydetydʒydisjɛr] *m. Institut für rechtswissenschaftliche Studien* → 3/1

l' **instrument** [lɛ̃strymɑ̃] *m.* das Instrument

intégrer qc dans/à qc [ɛ̃tegre] etw. einbeziehen, einbinden in eine Sache *wird wie* préférer *konjugiert* → 1/2

intelligent/e [ɛ̃teliʒɑ̃/ɛ̃teliʒɑ̃t] *adj.* intelligent

intensément [ɛ̃tɑ̃semɑ̃] *adv.* intensiv → 4/3

interdit/e [ɛ̃tɛrdi/ɛ̃tɛrdit] *adj.* verboten

intéressant/e [ɛ̃teresɑ̃/ɛ̃teresɑ̃t] *adj.* interessant

[ê]**s'intéresser à qn/qc** [sɛ̃terese] sich für jdn/etw. interessieren

l' **internat** [lɛ̃tɛrna] *m.* das Internat; **l'internat sport-études** [lɛ̃tɛrnaspɔretyd] das Sportinternat

international/e [ɛ̃tɛrnasjɔnal] *adj.* / ⚠ **internationaux** international

Internet [ɛ̃tɛrnɛt] *m.* das Internet

l' **interprète** [lɛ̃tɛrprɛt] *m./f.* der/die Dolmetscher/in → 3/A

l' **interview** [lɛ̃tɛrvju] *f.* das Interview

introduire qc dans qc [ɛ̃trɔdɥir] etw. (in etw.) einführen → p. 158 → 2/A

l' **Inuit/e** [linɥit] der/die Inuit

inventer qc [ɛ̃vɑ̃te] etw. erfinden

l' **inverse** [lɛ̃vɛrs] *m.* das Gegenteil → 2/3

inversement [ɛ̃vɛrsəmɑ̃] *adv.* umgekehrt → 4/2

l' **invité/e** [lɛ̃vite] der Gast

inviter qn [ɛ̃vite] jdn einladen

l' **islam** [lislam] *m.* der Islam → 5/A

l' **italien** [litaljɛ̃] *m.* Italienisch *Sprache*

J

la **jalousie** [laʒaluzi] der Neid

jamais [ʒamɛ] *adv.* nie, niemals

la **jambe** [laʒɑ̃b] das Bein

le **jambon** [ləʒɑ̃bɔ̃] der Schinken

le **Japon** [ləʒapɔ̃] Japan → 1/3

le/la **Japonais/e** [ləʒapɔnɛ/laʒapɔnɛz] der/die Japaner/in → 1/3

le **jardin** [ləʒardɛ̃] der Garten

le/la **jardinier/-ière** [ləʒardinje/laʒardinjɛr] der/die Gärtner/in → 5/2

jaune [ʒon] *adj.* gelb

le **jean** [lədʒin] die Jeans

je ne sais où [ʒənəsɛzu] ich weiß nicht wo(-hin/-her)

je n'étais pas là depuis une heure quand ... [ʒənetɛpaladəpɥiynœrkɑ̃] ich war noch keine Stunde dort, als ... → 4/1

je ne sais qui [ʒənəseki] ich weiß nicht wer

jeter qc (par terre) [ʒəte] etw. (auf den Boden) werfen *wird wie* appeler *konjugiert* → 4/1

le **jeu** [ləʒø] / ⚠ **les jeux** das Spiel; **le jeu de piste** [ləʒødpist] / ⚠ **les**

ANNEXE

jeux de piste die Schnitzeljagd → 3/2; **les Jeux olympiques** [leʒøzolɛ̃pik] die Olympischen Spiele
le **jeudi** [ləʒødi] der Donnerstag, donnerstags
le/la **jeune** [lə/laʒœn] der/die Jugendliche; **jeune** [ʒœn] *adj.* jung; **le jeune homme** [ləʒœnɔm] der junge Mann
la **jeunesse** [laʒœnɛs] die Jugend
joli/e [ʒɔli] *adj.* hübsch, niedlich
jouer comme un pied [ʒwekɔmɛ̃pje] grottenschlecht spielen; **jouer de/à qc** [ʒue] etw. spielen
le **jouet** [ləʒwɛ] das Spielzeug
le/la **joueur/-euse** [ləʒwœʀ/laʒwøz] der/die Spieler/in
le **jour** [ləʒuʀ] der Tag; **ce jour-là** [səʒuʀla] an jenem Tag; **les jours de la semaine** [leʒuʀdəlasəmɛn] die Wochentage; **jour et nuit** [ʒuʀenɥi] Tag und Nacht → 5/2
le **journal** [ləʒuʀnal] / ⚠ **les journaux** das Tagebuch; die Zeitung → 1/A
le **journalisme** [ləʒuʀnalism] der Journalismus → 3/1
le/la **journaliste** [lə/laʒuʀnalist] der/die Journalist/in → 3/A
la **journée** [laʒuʀne] der Tag
joyeux/-euse [ʒwajø/ʒwajøz] *adj.* fröhlich
le **judo** [ləʒydo] das Judo
le/la **juge** [lə/laʒyʒ] der/die Richter/in → 2/2
le **jugement** [ləʒyʒmɑ̃] das Urteil → 2/1
juger qc/qn [ʒyʒe] etw./jdn beurteilen *wird wie changer konjugiert* → 2/1
jumeau/-elle [ʒymo/ʒymɛl] *adj.* / ⚠ **jumeaux** Zwillings- *in Verbindung mit einem Nomen*
jumeler [ʒymle] durch eine Städtepartnerschaft verbinden → 4/A
la **jupe** [laʒyp] der Rock
le **jus** [ləʒy] der Saft; **le jus d'orange** [ləʒydɔʀɑ̃ʒ] der Orangensaft
jusqu'à [ʒyska] bis; **jusqu'à ce que** [ʒyskaskə] *conj.* bis → 4/3; **jusqu'à des heures impossibles** [ʒyskadezœʀɛ̃pɔsibl] bis spät in die Nacht hinein; **jusque dans** [ʒyskədɑ̃] *prép.* noch bis → 5/A; **jusque-là** [ʒyskəla] *adv.* bisher
juste [ʒyst] *adj.* gerecht, richtig
juste [ʒyst] *adv.* nur → 4/1
justement [ʒystəmɑ̃] *adv.* eben, gerade
la **justice** [laʒystis] das Justizsystem, die Rechtsprechung → 2/A; die Gerechtigkeit → 2/1

K

le **kayak** [ləkajak] der Kajak
le **keuf** [ləkəf] *fam.* der Bulle *umg.*
le **kilo** [ləkilo] das Kilo
le **kilomètre** [ləkilɔmɛtʀ] der Kilometer; **le kilomètre-heure** [ləkilomɛtʀœʀ] der Stundenkilometer → 2/2

L

là [la] *adv.* dort; **là-bas** [labɑ] *adv.* dahinten; **là-haut** [lao] da oben
le **lac** [ləlak] der See
lâcher qn/qc [lɑʃe] jdn/etw. loslassen
laisser qc [lɛse] etw. (hinter-)lassen
le **lait** [ləlɛ] die Milch
lancer qc (à qn) [lɑ̃se] (jdm) etw. (zu-)werfen *wird wie avancer konjugiert*
la **langue** [lalɑ̃g] die Sprache
la **larme** [lalaʀm] die Träne
le **latin** [ləlatɛ̃] Latein *Sprache* → 2/2
le/la **lauréat/e** [ləloʀea/laloʀeat] der/die Preisträger/in → 1/3
la **lavande** [lalavɑ̃d] der Lavendel
le **lecteur CD** [ləlɛktœʀsede] der CD-Player → 4/1; **le lecteur mp3** [ləlɛktœʀɛmpetʀwa] der MP3-Player
le **légume** [ləlegym] das Gemüse
le **lendemain** [ləlɑ̃dəmɛ̃] der nächste Tag, am nächsten Tag
lentement [lɑ̃tmɑ̃] *adv.* langsam → 4/2
lequel/laquelle/lesquels/lesquelles [ləkɛl/lakɛl/lekɛl/lekɛl] welcher/welches/welche *Fragewort*
la **lettre** [lalɛtʀ] der Brief
lever qc [ləve] etw. heben *wird wie acheter konjugiert;* (ê)**se lever** [sələve] aufstehen; anbrechen (Tag) → 5/1; (ê)**se lever du pied gauche** [sələvedypjegoʃ] mit dem linken Fuß zuerst aufstehen
la **lèvre** [lalɛvʀ] die Lippe
libérer qn/qc [libeʀe] jdn/etw. freilassen, jdn/etw. befreien *wird wie préférer konjugiert* → 5/2
la **liberté** [libeʀte] die Freiheit → 2/A; **la liberté d'expression** [labeʀtedɛkspʀesjɔ̃] die Meinungsfreiheit → 2/1
la **librairie** [lalibʀɛʀi] die Buchhandlung
libre [libʀ] *adj.* frei → 2/A
la **ligne** [laliɲ] die Linie; die (Bus-)Linie; die Zeile → 1/3
le **linge** [ləlɛ̃ʒ] die Wäsche → 4/1
lire qc [liʀ] etw. lesen → p. 158
le **lit** [ləli] das Bett; **Au lit!** [oli] Ins Bett!
le **litre** [ləlitʀ] der Liter
littéraire [liteʀɛʀ] *adj.* literarisch, Literatur- *in Verbindung mit einem Nomen* → 1/A

le **livre** [ləlivʀ] das Buch; **le livre d'anglais** [ləlivʀdɑ̃glɛ] das Englischbuch
la **loi** [lalwa] das Gesetz → 2/A
loin (de) [lwɛ̃] *adv.* weit (von)
les **loisirs** [lelwaziʀ] *m. pl.* die Freizeitbeschäftigungen → 1/1
long/longue [lɔ̃/lɔ̃g] *adj.* lang
longtemps [lɔ̃tɑ̃] *adv.* lange
le **look** [ləluk] der Stil
le **loup** [ləlu] der Wolf
lourd/e [luʀ/luʀd] *adj.* schwer; schwerfällig → 4/2
la **luge** [lalyʒ] der (Rodel-)Schlitten
la **lumière** [lalymjɛʀ] das Licht
le **lundi** [ləlɛ̃di] der Montag, montags
les **lunettes** [lelynɛt] *f. pl.* die Brille
le **Luxembourg** [ləlyksɑ̃buʀ] Luxemburg; **le luxembourgeois** [ləlyksɑ̃buʀʒwa] Luxemburgisch *Sprache*
le **lycée** [ləlise] das Gymnasium; **le lycée général** [ləliseʒeneʀal] *allgemeinbildende Schule, entspricht der gymnasialen Oberstufe* → 1/1; **le lycée professionnel** [ləlisepʀɔfesjɔnɛl] das berufliche Gymnasium → 1/1
le/la **lycéen/ne** [ləliseɛ̃/laliseɛn] der/die Gymnasiast/in → 1/3
le/la **Lyonnais/e** [ləljɔnɛ/laljɔnɛz] der/die Lyoner/in → 4/3
le **lys** [ləlis] die Lilie

M

Madame, Mme [madam] / ⚠ **Mesdames** Frau *Anrede*
Mademoiselle, Mlle [madmwazɛl] / ⚠ **Mesdemoiselles** Fräulein *Anrede*
le **magasin** [ləmagazɛ̃] das Geschäft; **le grand magasin** [ləgʀɑ̃magazɛ̃] das Kaufhaus
le **magazine** [ləmagazin] die Zeitschrift → 3/1
le **Maghreb** [ləmagʀɛb] der Maghreb → 5/A
maghrébin/e [magʀebɛ̃/magʀebin] *adj.* maghrebinisch, aus dem Maghreb → 5/A
le/la **Maghrébin/e** [ləmagʀebɛ̃/lamagʀebin] der/die Einwohner/in des Maghreb → 5/A
la **magie** [lamaʒi] die Magie, der Zauber
magnifique [maɲifik] *adj.* wundervoll
le **mail** [ləmɛl] die E-Mail
la **main** [lamɛ̃] die Hand
maintenant [mɛ̃tnɑ̃] *adv.* jetzt
mais [mɛ] *conj.* aber
la **maison** [lamɛzɔ̃] das Haus
le/la **maître nageur/nageuse** [ləmɛtʀnaʒœʀ/lamɛtʀnaʒøz] der/die Bademeister/in → 3/A

maîtriser qc [mɛtʀize] etw. beherrschen
la **majorité** [lamaʒɔʀite] die Mehrheit → 5/A
mal [mal] *adv.* schlecht
le **mal du pays** [ləmaldypei] das Heimweh → 4/3
malade [malad] *adj.* krank
malgré [malgʀe] *prép.* trotz
le **malheur** [ləmalœʀ] das Unglück → 3/3
malheureux/-euse [maløʀø/maløʀøz] *adj.* unglücklich
le **Mali** [ləmali] Mali
la **maman** [lamamɑ̃] die Mama
la **mamie** [lamami] die Oma, Omi
manger qc [mɑ̃ʒe] etw. essen *wird wie* changer *konjugiert*
la **manière** [lamanjɛʀ] die Art, die Weise
la **manif** [lamanif] *fam.* / **la manifestation** [lamanifɛstasjɔ̃] die Demonstration
le **mannequin** [ləmankɛ̃] *m.* das Model → 3/A
manquer (à qn) [mɑ̃ke] (jdm) fehlen
le **manteau** [ləmɑ̃to] / ⚠ **les manteaux** der Mantel
le **maquis** [ləmaki] / ⚠ **les maquis** der Buschwald *auch: Name der französischen Widerstandsorganisation im Zweiten Weltkrieg* → 4/1
le **marathon** [ləmaʀatɔ̃] der Marathon → 1/3
le/la **marchand/e** [ləmaʀʃɑ̃/lamaʀʃɑ̃d] der/die (Markt-)Händler/in
le **marché** [ləmaʀʃe] der Markt; **le marché aux puces** [ləmaʀʃeopys] der Flohmarkt; **le marché commun** [ləmaʀʃekɔmɛ̃] der Europäische Binnenmarkt → 4/A
marcher [maʀʃe] gehen, laufen; funktionieren; **marcher sur qn/qc** auf jdn/etw. treten
le **mardi** [ləmaʀdi] der Dienstag, dienstags
le **mari** [ləmaʀi] der Ehemann
le **mariage** [ləmaʀjaʒ] die Hochzeit → 5/1
le/la **marié/e** [lə/lamaʀje] der Bräutigam, die Braut → 5/1
(ê)**se marier** [səmaʀje] heiraten
le **Maroc** [ləmaʀɔk] Marokko
marquer qc/qn [maʀke] etw./jdn prägen; **marquer un but** [maʀkeɛ̃byt] ein Tor schießen
la **marraine** [lamaʀɛn] die Patin
marron [maʀɔ̃] *adj.* ⚠ *unveränderlich* braun
le **marron** [ləmaʀɔ̃] die Esskastanie, die Marone
mars [maʀs] März
le **master** [ləmastœʀ] *Universitätsabschluss* der Master → 3/1

le **match** [ləmatʃ] das Spiel
les **maths** [lemat] *f. pl. fam.* / **les mathématiques** [lematematik] Mathe *umg.*, die Mathematik
la **matière** [lamatjɛʀ] das Unterrichtsfach
le **matin** [ləmatɛ̃] der Morgen, morgens; **ce matin** [səmatɛ̃] heute morgen
mauvais/e [movɛ/movɛz] *adj.* schlecht; falsch
le **maximum** [ləmaksimɔm] das Maximum
méchant/e [meʃɑ̃/meʃɑ̃t] *adj.* böse
la **médaille** [lamedaj] die Medaille
le **médecin / la femme médecin** [ləmedsɛ̃/lafammedsɛ̃] der Arzt / die Ärztin → 3/A
la **médecine** [lamedsin] die Medizin → 2/3
les **médias** [lemedja] *m. pl.* die Medien
la **méduse** [lamedyz] die Qualle
le **melon** [ləməlɔ̃] die Melone
le/la **même** [lə/lamɛm] der/die/das gleiche, der/die/dasselbe; sogar; **même quand** [mɛmkɑ̃] selbst wenn; **même si** [mɛmsi] selbst wenn
mener à qc [məne] führen zu/nach etw. *wird wie* acheter *konjugiert;* **mener tout droit à qc** [mənetudʀwa] direkt zu etw. führen, **mener une vie** + *adj.* [məneynvi] ein + *Adj.* Leben führen → 1/3
le **menhir** [ləmeniʀ] der Menhir
la **menthe** [lamɑ̃t] die Minze → 5/1
la **mention** [lamɑ̃sjɔ̃] die Auszeichnung
mépriser qn/qc [mepʀize] jdn/etw. verachten → 4/2
la **mer** [lamɛʀ] das Meer; **la mer Méditerranée** [lamɛʀmediteʀane] das Mittelmeer
merci [mɛʀsi] danke
le **mercredi** [ləmɛʀkʀədi] der Mittwoch, mittwochs
la **mère** [lamɛʀ] die Mutter
le **message** [ləmɛsaʒ] die Nachricht
la **messe** [lamɛs] die Messe; **la messe de minuit** [lamɛsdəminɥi] die Christmette
la **méthode** [lametɔd] die Methode → 2/A
le **métier** [ləmetje] der Beruf → 2/3
le **mètre** [ləmɛtʀ] der Meter
le **métro** [ləmetʀo] die U-Bahn
mettre qc [mɛtʀ] etw. anziehen, etw. (hin)stellen, etw. (hin)legen → p. 158; **mettre qc au point** [mɛtʀopwɛ̃] etw. entwickeln → 3/2; **mettre le couvert** [mɛtʀələkuvɛʀ] den Tisch decken; (ê)**se mettre à** + *inf.* [səmɛtʀ] anfangen zu + *Inf.;* (ê)**se mettre à table** [səmɛtʀatabl] sich zu Tisch setzen

la **meuf** [lamœf] *fam.* die Tante *umg.*
le **micro-trottoir** [ləmikʀotʀɔtwaʀ] die Passantenbefragung → 4/2
midi [midi] 12 Uhr mittags, Mittag; **à midi** [amidi] um 12 Uhr mittags
le **miel** [ləmjɛl] der Honig → 5/1
mieux [mjø] *adv.* besser; **Mieux vaut tard que jamais.** [mjøvotaʀkəʒamɛ] Besser spät als nie.
le **milieu** [ləmiljø] das Umfeld → 1/2
le/la **militaire** [lə/lamilitɛʀ] der/die Berufssoldat/in → 3/A
le **million** [ləmiljɔ̃] die Million
le **minaret** [ləminaʀɛ] das Minarett → 5/1
la **mine** [lamin] die Mine, die Grube → 2/2
mini [mini] *adj.* mini
en miniature [ɑ̃minjatyʀ] im Kleinen
le/la **ministre** [lə/laministʀ] der/die Minister/in → 2/1
minuit [minɥi] Mitternacht
la **minute** [laminyt] die Minute
la **misère** [lamizɛʀ] das Elend, die Armut → 1/3
le **mistral** [ləmistʀal] der Mistral
mixte [mikst] *adj.* gemischt
moche [mɔʃ] *adj. fam.* hässlich
la **mode** [lamɔd] die Mode; **à la mode** [alamɔd] modisch
le **mode de vie** [ləmɔddəvi] die Lebensweise → 2/A
moderne [mɔdɛʀn] *adj.* modern → 2/A
moi [mwa] ich *betonte Form des Personalpronomens*
moins [mwɛ̃] *adv.* vor; **Il est huit heures moins le quart.** [ilɛɥitœʀmwɛ̃lkaʀ] Es ist Viertel vor acht.; **de moins** [dəmwɛ̃] weniger → 2/2
le **mois** [ləmwa] der Monat; **les mois de l'année** [ləmwadəlane] die Monate des Jahres
la **moitié** [lamwatje] die Hälfte
le **moment** [ləmɔmɑ̃] der Moment, der Augenblick
le **monde** [ləmɔ̃d] die Welt; **Il y a tout un monde!** [iljatutɛ̃mɔ̃d] Dazwischen liegen Welten! → 2/3
mondial/e [mɔ̃djal] *adj.* / ⚠ **mondiaux** Welt- *in Verbindung mit einem Nomen* → 2/3
le/la **moniteur/-trice** [ləmɔnitœʀ/lamɔnitʀis] der/die Betreuer/in
Monsieur, M. [məsjø] / ⚠ **Messieurs** Herr *Anrede*
le **monstre** [ləmɔ̃stʀ] das Ungeheuer, das Monster
la **montagne** [lamɔ̃taɲ] der Berg; das Gebirge
(ê)**monter** [mɔ̃te] hochgehen, hinaufsteigen, einsteigen; (ê)**monter au filet** [mɔ̃teofilɛ] zum Netz ge-

ANNEXE

hen; [(ê)]**se monter la tête** [səmɔ̃tela-tɛt] sich etw. einbilden, sich irren
la **montgolfière** [lamɔ̃gɔlfjɛʀ] der Heißluftballon → 2/1
la **montre** [lamɔ̃tʀ] die Armbanduhr
montrer qc (à qn) [mɔ̃tʀe] (jdm) etw. zeigen
[(ê)]**se moquer de qn/qc** [səmɔke] sich lustig machen über jdn/etw.
le **morceau** [ləmɔʀso] / ⚠ **les morceaux** das Stück → 2/2
mort/e (de) [mɔʀ/mɔʀt] *adj.* gestorben, tot (vor)
la **mort** [lamɔʀ] der Tod
la **mosquée** [lamɔske] die Moschee → 5/1
le **mot** [ləmo] das Wort; **le mot-clé** [ləmokle] das Schlüsselwort, das Stichwort → 2/A
[(ê)]**se motiver** [səmotive] sich motivieren
la **motoneige** [lamotonɛʒ] der Motorschlitten, das Schneemobil
la **mouette** [lamwɛt] die Möwe
mouillé/e [muje] *adj.* nass
[(ê)]**mourir de qc** [muʀiʀ] an etw. sterben → p. 158 → 2/A
la **mousse** [lamus] die Mousse; **la mousse au chocolat** [lamusoʃɔkɔla] französische Schokoladencreme
le **mouton** [ləmutɔ̃] das Schaf → 4/2
mouvementé/e [muvmɑ̃te] *adj.* bewegt → 2/3
moyen/ne [mwajɛ̃/mwajɛn] *adj.* mittelmäßig
moyennement [mwajɛnmɑ̃] *adv.* (mittel-)mäßig
MSN [ɛmɛsɛn] ICQ
le **muezzin** [ləmɥɛdzin] der Muezzin *Gebetsrufer* → 5/1
le **mur** [ləmyʀ] die Mauer → 2/3
mûr/e [myʀ] *adj.* reif
le/la **musicien/ne** [ləmyzisjɛ̃/lamyzisjɛn] der/die Musiker/in → 5/1
la **musique** [lamyzik] die Musik
musulman [myzylmɑ̃] *adj.* muslimisch
la **mutilation** [lamytilasjɔ̃] die Verstümmelung

N

n'importe quoi [nɛ̃pɔʀtəkwa] irgendwas
nager [naʒe] schwimmen *wird wie* changer *konjugiert*
le/la **nageur/-euse** [lənaʒœʀ/lanaʒøz] der/die Schwimmer/in
la **naissance** [lanɛsɑ̃s] die Geburt; die Entstehung → 4/A
[(ê)]**naître (en 1992)** [nɛtʀ] (1992) geboren werden, zur Welt kommen → p. 159 → 2/A
la **natation** [lanatasjɔ̃] das Schwimmen *Sportart*
national/e [nasjɔnal] *adj.* / ⚠ **nationaux** national, National- *in Verbindung mit einem Nomen* → 1/A
la **nature** [lanatyʀ] die Natur
naturel/le [natyʀɛl] *adj.* natürlich, Natur- *in Verbindung mit einem Nomen* → 3/3
nazi/e [nazi] *adj.* Nazi- *in Verbindung mit einem Nomen* → 4/A
ne ... jamais [nə...ʒamɛ] nie, niemals; **ne ... ni ... ni ...** [nə...ni...ni] weder ... noch ... → 4/1; **ne ... pas** [nə...pɑ] nicht; **ne ... pas de** kein, keine, keinen; **ne ... personne** [nə...pɛʀsɔn] niemand; **ne ... plus** [nə...ply] nicht mehr; **ne ... plus de ...** kein, keine, keinen ... mehr; **ne ... que** [nə...kə] nur, lediglich; **ne ... rien** [nə...ʀjɛ̃] nichts
nécessaire [nesesɛʀ] *adj.* nötig → 2/1
négatif/-ive [negatif/negativ] *adj.* negativ
la **neige** [lanɛʒ] der Schnee
neiger [nɛʒe] schneien *wird wie* changer *konjugiert*
n'en avoir rien à foutre [nɑ̃navwaʀʀjɛ̃nafutʀ] *fam.* einem piepegal sein *umg.*
nettoyer qc [nɛtwaje] etw. reinigen, etw. säubern *wird wie* essayer *konjugiert*
neuf/neuve [nœf/nœv] *adj.* neu → 1/1
le **neveu** [lənəvø] / ⚠ **les neveux** der Neffe
le **nez** [ləne] / ⚠ **les nez** die Nase
ni ... ni ... ne ... [ni...ni...nə] weder ... noch ... *beim Subjekt* → 4/1
la **nièce** [lanjɛs] die Nichte
n'importe quoi [nɛ̃pɔʀtəkwa] dummes Zeug
Noël [nɔɛl] *m.* Weihnachten
noir/e [nwaʀ] *adj.* schwarz; **noir/e de monde** [nwaʀdəmɔ̃d] voller Leute
le **nom** [lənɔ̃] der Name; **le petit nom** [ləpətinɔ̃] der Spitzname → 4/1
nombreux/-euse [nɔ̃bʀø/nɔ̃bʀøz] *adj.* zahlreich → 2/A
le **nombril** [lənɔ̃bʀil] der Bauchnabel
non [nɔ̃] nein; nicht wahr?; **non plus** [nɔ̃ply] auch nicht
le **nord** [lənɔʀ] der Norden; **au nord de** [onɔʀ] nördlich von; **dans le nord de** [dɑ̃lənɔʀ] im Norden von
normal/e [nɔʀmal] *adj.* / ⚠ **normaux** normal
la **note** [lanɔt] die Note, die Zensur
la **nourriture** [lanuʀityʀ] das Essen → 1/3
nous/vous/eux deux [nu/vu/ødø] wir/ihr/Sie/sie beide → 4/1
nouveau(x)/nouvel/nouvelle(s) [nuvo/nuvɛl/nuvɛl] *adj.* neu
la **nouveauté** [lanuvote] die Neuerscheinung → 1/A
la **nouvelle** [lanuvɛl] die Nachricht
nu/e [ny] *adj.* nackt → 2/2
le **nuage** [lənɥaʒ] die Wolke
la **nuit** [lanɥi] die Nacht
nul/nulle [nyl] *adj.* schlecht; blöd
le **numéro** [lənymeʀo] die Nummer

O

l' **oasis** [lɔazis] *f.* / ⚠ **les oasis** die Oase → 5/1
l' **objectif** [lɔbʒɛktif] *m.* das Ziel → 3/3
l' **observatoire** [lɔbsɛʀvatwaʀ] *m.* das Observatorium, die Sternwarte → 1/1
obtenir qc (de qn) [ɔbtəniʀ] etw. (von jdm) bekommen *wird wie* venir *konjugiert* → 3/2
l' **occasion** [lɔkazjɔ̃] *f.* die Gelegenheit
l' **occupation** [lɔkypasjɔ̃] *f.* die Besatzung → 4/A
[(ê)]**s'occuper de qc/qn** [sɔkype] sich mit etw./jdm beschäftigen → 3/2
occuper qc [ɔkype] etw. besetzen → 4/A
l' **océan** [loseɑ̃] *m.* der Ozean → 5/A
l' **œil** [lœj] *m.* / ⚠ **les yeux** [lezjø] das Auge
l' **œuf** [lœf] *m.* / ⚠ **les œufs** [lezø] das Ei
l' **office** [lɔfis] *m.* das Amt → 4/A
l' **Office franco-allemand pour la jeunesse** [lɔfisfʀɑ̃koalmɑ̃puʀlaʒœnɛs] *m.* / **l'OFAJ** [lɔfaʒ] Deutsch-Französisches Jugendwerk (DFJW) → 4/A
offrir qc à qn [ɔfʀiʀ] jdm etw. schenken → p. 159
oh là là [olala] oh je
l' **oiseau** [lwazo] *m.* / ⚠ **les oiseaux** der Vogel → 5/2
l' **olive** [lɔliv] *f.* die Olive
l' **oncle** [lɔ̃kl] *m.* der Onkel
On n'est ni l'un ni l'autre. [ɔ̃nɛnilɛ̃nilotʀ] Wir sind weder das Eine noch das Andere.
l' **ongle** [lɔ̃gl] *m.* der Nagel
l' **opéra** [lɔpeʀa] *m.* die Oper
l' **opticien/ne** [lɔptisjɛ̃/lɔptisjɛn] der/die Optiker/in
optimiste [ɔptimist] *adj.* optimistisch → 3/3
l' **orange** [lɔʀɑ̃ʒ] *f.* die Orange
l' **ordinateur** [lɔʀdinatœʀ] *m.* der Computer
l' **ordre** [lɔʀdʀ] *m.* der Befehl → 4/1
l' **oreille** [lɔʀɛj] *f.* das Ohr
l' **organisateur/-trice** [lɔʀganizatœʀ/lɔʀganizatʀis] der/die Organisator/in → 3/2

organiser qc [ɔʀganize] etw. organisieren

original/e [ɔʀiʒinal] *adj.* / ⚠ **originaux** originell, original

l' **origine** [lɔʀiʒin] *f.* der Ursprung → 4/2

l' **orthographe** [lɔʀtɔgʀaf] *f.* die Rechtschreibung

oser + *inf.* [oze] sich trauen zu + *Inf.*

ou [u] *conj.* oder; **ou alors** [ualɔʀ] *adv.* es sei denn, oder aber → 4/1

où [u] wo, wohin; **Tu es d'où?** [tyɛdu] Wo kommst du her?

ouais [wɛ] *fam. umgangssprachliche Form von* oui

oublier qc / de + *inf.* [ublije] etw. vergessen / vergessen zu + *Inf.*

l' **ouest** [lwɛst] *m.* der Westen

oui [wi] ja

l' **ours** [luʀs] *m.* / ⚠ **les ours** der Bär

l' **ouvrier/-ière** [luvʀije/luvʀijɛʀ] der/die (Fabrik-)Arbeiter/in → 2/A

ouvrir qc [uvʀiʀ] etw. öffnen *wird wie* offrir *konjugiert;* [ê]**s'ouvrir à qn** [suvʀiʀ] sich jdm anvertrauen → 1/2

P

pacifique [pasifik] *adj.* friedlich → 2/3

le **pain** [ləpɛ̃] das Brot

la **paire** [lapɛʀ] das Paar

la **paix** [lapɛ] der Frieden

le **palais** [ləpalɛ] das Palais

pâle [pɑl] *adj.* blass

le **pan bagnat** [ləpɑ̃baɲa] *ein mit Thunfisch belegtes Sandwich*

le **panier** [ləpanje] der Korb

le **pantalon** [ləpɑ̃talɔ̃] die Hose

le **papi** [ləpapi] der Opa, Opi

le **papier** [ləpapje] das Papier, der Zettel; **les papiers** [lepapje] *m. pl.* die Papiere

Pâques [pɑk] *f. pl.* Ostern → 3/2

le **paquet** [ləpakɛ] die Packung, das Paket

par [paʀ] aus; **par terre** [paʀtɛʀ] auf dem Boden; **par là** [parla] damit → 2/1

il paraît que ... [ilpaʀɛkə] man sagt, dass ..., es scheint, dass ..., es soll ...

le **parc** [ləpaʀk] der Park

parce que [paʀskə] weil

pardon [paʀdɔ̃] Verzeihung, Pardon

pareil/le [paʀɛj] *adj.* ähnlich, gleich

les **parents** [lepaʀɑ̃] *m. pl.* die Eltern

parfois [paʀfwa] *adv.* manchmal

le **parfum** [ləpaʀfɛ̃] das Parfüm; der Duft, der Geruch → 5/1

le/la **Parisien/ne** [ləpaʀizjɛ̃/lapaʀizjɛn] der/die Pariser/in → 4/2

le **parlement** [ləpaʀləmɑ̃] das Parlament → 1/2

parler [paʀle] sprechen; **parler avec/à qn** mit jdm sprechen, reden; **parler de qc/qn** von etw./jdm reden; **parler de tout et de rien** [paʀledətuedəʀjɛ̃] über Gott und die Welt reden; **Parle pour toi!** [paʀlpuʀtwa] Für dich mag das wohl sein!; **Tu parles!** [typaʀl] Von wegen!

le **parrain** [ləpaʀɛ̃] der Pate; der Sponsor

la **part** [lapaʀ] der Anteil → 3/3

partager (qc avec qn) [paʀtaʒe] (etw. mit jdm) teilen *wird wie* changer *konjugiert;* [ê]**se partager qc** [səpaʀtaʒe] etw. untereinander aufteilen → 4/A

le/la **participant/e** [ləpaʀtisipɑ̃/lapaʀtisipɑ̃t] der/die Teilnehmer/in → 3/2

participer à qc [paʀtisipe] an etw. teilnehmen

la **partie** [lapaʀti] der Teil → 2/3

[ê]**partir** [paʀtiʀ] weggehen, losgehen → p. 159; [ê]**partir à la conquête de qc** [paʀtiʀalakɔ̃kɛt] einen Eroberungsfeldzug unternehmen → 2/A

partout [paʀtu] überall

le **pas** [ləpɑ] / ⚠ **les pas** der Schritt → 4/A

pas du tout [pɑdytu] gar nicht; überhaupt nicht, keineswegs; **pas grand-chose** [pɑgʀɑ̃ʃoz] nicht viel; **pas mal** [pɑmal] nicht schlecht; **pas trop** [pɑtʀo] nicht wirklich

le **passage** [ləpasaʒ] die Passage *Abschnitt eines Buches* → 1/3

le **passé** [ləpɑse] die Vergangenheit

passer [pɑse] verbringen; vergehen; laufen *im Kino;* **passer (un examen)** (eine Prüfung) ablegen; [ê]**passer devant qn** [pɑsedəvɑ̃] an jdm vorbeigehen; **passer qc** (heraus)strecken; **passer qc à qn** jmd etw. reichen; [ê]**passer** stecken, hinkommen; [ê]**se passer** spielen, sich ereignen, passieren; [ê]**se passer (bien/mal)** (gut/schlecht) verlaufen

la **passion** [lapasjɔ̃] die Leidenschaft → 4/3

les **pâtes** [lepɑt] *f. pl.* die Nudeln → 4/3

le **patin à glace** [ləpatɛ̃aglas] der Schlittschuh

le/la **patron/ne** [ləpatʀɔ̃/lapatʀɔn] der/die Chef/in

la **pause** [lapoz] die Pause → 4/1

pauvre [povʀ] *adj.* arm

payer qc/qn [peje] etw./jdn bezahlen *wird wie* essayer *konjugiert*

le **pays** [ləpei] das Land

le **paysage** [ləpeizaʒ] die Landschaft

le/la **paysan/ne** [ləpeizɑ̃/lapeizan] der Bauer / die Bäuerin → 2/A

la **pêche** [lapɛʃ] der Fischfang, das Angeln

le **pêcher** [ləpeʃe] der Pfirsichbaum → 5/2

la **pelle** [lapɛl] die Schaufel → 5/2

pendant [pɑ̃dɑ̃] *prép.* während; **pendant que** [pɑ̃dɑ̃kə] *conj.* während

penser (à qc/qn) [pɑ̃se] (an etw./jdn) denken; **penser à** + *inf.* daran denken zu + *Inf.*

perdre qc [pɛʀdʀ] etw. verlieren *wird wie* entendre *konjugiert;* **perdre la tête** [pɛʀdʀlatɛt] den Verstand verlieren; **perdre les pédales** [pɛʀdʀlepedal] *fam.* völlig durchdrehen *umg.* → 1/3

le **père** [ləpɛʀ] der Vater

perfectionner qc [pɛʀfɛksjɔne] etw. vervollkommnen → 3/3

permettre à qn de + *inf.* [pɛʀmɛtʀ] jdm ermöglichen, etw. zu + *Inf.*

le **permis** [ləpɛʀmi] / ⚠ **les permis** die Erlaubnis; **le permis de conduire** [ləpɛʀmidəkɔ̃dɥiʀ] der Führerschein

le **personnage** [ləpɛʀsɔnaʒ] die Figur → 1/3

la **personne** [lapɛʀsɔn] die Person; der Mensch

personne ne [pɛʀsɔnnə] niemand

personnel/le [pɛʀsɔnɛl] *adj.* persönlich → 2/1

la **pétanque** [lapetɑ̃k] das Boulespiel

petit/e [pəti/pətit] *adj.* klein

le/la **petit/e** [ləpti/laptit] der/die Kleine

le **petit-déjeuner** [ləptideʒœne] das Frühstück

le **petit-fils / la petite-fille** [ləpətifis/lapətitfij] der/die Enkel/in → 3/1

peu après (qc) [pøapʀɛ] kurz nach (etw.), kurz danach → 4/1

le **peuple** [ləpœpl] das Volk

peuplé/e (de) [pœple] *adj.* bevölkerungsreich, bevölkert

la **peur** [lapœʀ] die Angst; **avoir peur de** + *inf.* [avwaʀpœʀ] Angst haben zu + *Inf.*

peut-être [pøtɛtʀ] *adv.* vielleicht

la **pharmacie** [lafaʀmasi] die Apotheke

le/la **philosophe** [le/lafilɔzɔf] der/die Philosoph/in → 2/A

la **philosophie** [lafilɔzɔfi] die Philosophie → 2/1

le **phoque** [ləfɔk] der Seehund

la **photo** [lafɔto] das Foto; **la photographie** [lafɔtogʀafi] die Fotografie → 2/A

le/la **photographe** [lə/lafɔtɔgʀaf] der/die Fotograf/in → 3/A

photographier qc [fɔtogʀafje] etw. fotografieren

la **phrase** [lafʀaz] der Satz

la **physique** [lafizik] die Physik

le **piano** [lәpjano] das Klavier → 1/1
le **pic** [lәpik] die Spitzhacke → 2/2
la **pièce** [lapjɛs] das Zimmer
le **pied** [lәpje] der Fuß; **à pied** [apje] zu Fuß; **pieds nus** [pjeny] *adv.* barfuß → 2/2
le **piercing** [lәpɛʀsiŋ] das Piercing
la **pierre** [lapjɛʀ] der Stein
le **pilier** [lәpilje] der Pfeiler, die Säule → 4/A
le/la **pilote d'avion** [lә/lapilɔtdavjɔ̃] der/die Pilot/in → 3/A
la **pipe** [lapip] die Pfeife → 4/1
le **pique-nique** [lәpiknik] das Picknick
piquer qc à qn [pike] *fam.* jdm etw. klauen
la **piscine** [lapisin] das Schwimmbad
la **piste** [lapist] die Piste
pittoresque [pitɔʀɛsk] *adj.* malerisch, pittoresk
le **placard** [lәplakaʀ] der Wandschrank → 4/1
la **place** [laplas] der Platz *Ort;* der Sitzplatz; **à leur place** [alœʀplas] an ihrer Stelle
la **plage** [laplaʒ] der Strand
(ê)**se plaindre (de qc/qn)** [sәplɛ̃dʀ] sich (über etw./jdn) beklagen → p. 159 → 3/3
plaire à qn [plɛʀ] jdm gefallen → p. 159
plaisanter [plɛzɑ̃te] Spaß machen, scherzen → 2/1
le **plan** [lәplɑ̃] der Plan
la **planète** [laplanɛt] der Planet
la **plantation** [laplɑ̃tasjɔ̃] die Plantage → 5/2
plat/e [pla/plat] *adj.* still *Mineralwasser*
le **plat** [lәpla] das Gericht
plein de [plɛ̃] *adv.* viele
pleurer [plœʀe] weinen
pleuvoir [pløvwaʀ] regnen ⚠ *wird nur in der 3. Pers. Sg. verwendet:* **il pleut** → p. 159
la **pluie** [laplɥi] der Regen
la **plume** [laplym] die Schreibfeder → 2/1
la **plupart de** [laplypaʀ] die meisten → 5/A
plus [plys] *adv.* mehr; **plus de qc** mehr → 1/1; **de plus (que)** [dәplys] *adv.* mehr (als); **de plus en plus de qc** [dәplyzɑ̃plys] mehr und mehr von etw. → 3/1; **trois fois plus grand que** [tʀwafwaplygʀɑ̃kә] dreimal größer als
plusieurs [plyzjœʀ] *adj.* mehrere; **plusieurs fois** [plyzjœʀfwa] mehrmals
plutôt [plyto] *adv.* eher → 4/3
la **poche** [lapɔʃ] die Hosentasche, die Tasche *an der Kleidung*
le **poème** [lәpɔɛm] das Gedicht
la **poésie** [lapɔezi] die Poesie, die Dichtung
le **point** [lәpwɛ̃] der Punkt; **le point commun** [lәpwɛ̃kɔmɛ̃] die Gemeinsamkeit → 4/2; **le point de départ** [lәpwɛ̃dәdepaʀ] der Ausgangspunkt → 5/1; **le point fort** [lәpwɛ̃fɔʀ] die Stärke → 3/A Exercice 4
le **poisson** [lәpwasɔ̃] der Fisch
la **police** [lapɔlis] die Polizei; **la police judiciaire** [lapɔlisʒydisjɛʀ] / **la PJ** [lapeʒi] *fam.* die Kriminalpolizei → 3/1
le **policier / la femme policier** [lәpɔlisje/lafampɔlisje] der/die Polizist/in → 3/1
le/la **politicien/ne** [lәpɔlitisjɛ̃/lapɔlitisjɛn] der/die Politiker/in
politique [pɔlitik] *adj.* politisch → 2/A
la **politique** [lapɔlitik] die Politik
la **Pologne** [lapɔlɔɲ] Polen
la **pomme** [lapɔm] der Apfel
polluer qc [pɔlɥe] etw. verschmutzen *Umwelt* → 5/1
la **pollution** [lapɔlysjɔ̃] die Umweltverschmutzung → 2/3
la **pomme de terre** [lapɔmdәtɛʀ] / ⚠ **les pommes de terre** die Kartoffel
le **pompier / la femme pompier** [lәpɔ̃pje/lafampɔ̃pje] der Feuerwehrmann / die Feuerwehrfrau → 3/A
le **pont** [lәpɔ̃] die Brücke
populaire [pɔpylɛʀ] *adj.* populär, beliebt
la **population** [lapɔpylasjɔ̃] die Bevölkerung
le **port** [lәpɔʀ] der Hafen
le **portable** [lәpɔʀtabl] das Handy
la **porte** [lapɔʀt] die Tür
porter qc [pɔʀte] etw. tragen; **bien porter son nom** [bjɛ̃pɔʀtesɔ̃nɔ̃] seinen Namen zu Recht tragen → 2/1
le **portrait** [lәpɔʀtʀɛ] die Personenbeschreibung, das Porträt → 3/1
poser qc [poze] etw. stellen, etw. hinstellen; **poser une question** [poseynkɛstjɔ̃] eine Frage stellen
positif/-ive [pozitif/pozitiv] *adj.* positiv
la **position** [lapozisjɔ̃] der Standpunkt, die Ansicht → 1/2
possible (de + *inf.*) [pɔsibl] möglich (zu + *Inf.*)
la **poste** [lapɔst] die Post → 2/3
le **pot** [lәpo] der Becher
le **pote** [lәpɔt] *fam.* der Kumpel
pour [puʀ] für; **pour** + *inf.* um ... zu; **pour cent** [puʀsɑ̃] Prozent; **pour que** [puʀkә] damit → 4/3
le **pourcentage** [lәpuʀsɑ̃taʒ] der Prozentsatz
pourquoi [puʀkwa] *adv.* warum
poursuivre qn [puʀsɥivʀ] jdn verfolgen *wird wie* suivre *konjugiert* → 3/1
pourtant [puʀtɑ̃] *adv.* dennoch, doch, trotzdem → 3/1
pousser qn/qc [puse] jdn/etw. (vorwärts)schieben; jdn/etw. stoßen → 2/2
pouvoir [puvwaʀ] können → p. 160; **on pourrait** [ɔ̃puʀɛ] man könnte
pratique [pʀatik] *adj.* praktisch, praxisorientiert → 3/2
pratiquer qc [pʀatike] ausüben, praktizieren → 5/A
préférer qc / + *inf.* [pʀefeʀe] etw. bevorzugen, etw. lieber mögen, etw. lieber + *Inf.* → p. 154; **préféré/e** [pʀefeʀe] *adj.* Lieblings- *in Verbindung mit einem Nomen*
le **préjugé** [lәpʀeʒyʒe] das Vorurteil → 4/2
la **première** [lapʀәmjɛʀ] *vorletzte Klasse im* lycée, *entspricht etwa der 11. Klasse im Gymnasium* → 1/1
la **Première Guerre mondiale** [lapʀәmjɛʀgɛʀmɔ̃djal] der Erste Weltkrieg → 4/A
prendre qc [pʀɑ̃dʀ] etw. nehmen → p. 160; **prendre de bonnes/mauvaises habitudes** [pʀɑ̃dʀdәbɔnzabityd/pʀɑ̃dʀdәmovɛzabityd] gute/schlechte Gewohnheiten annehmen → 1/1; (ê)**se prendre la tête pour qc/qn** [sәpʀɑ̃dʀәlatɛt] *fam.* sich Sorgen machen um etw./jdn → 3/3; **prendre qc du bon côté** [pʀɑ̃dʀәdybɔ̃kote] etw. von seiner guten Seite nehmen → 3/3; **prendre son courage à deux mains** [pʀɑ̃dʀsɔ̃kuʀaʒadømɛ̃] all seinen Mut zusammennehmen, sich ein Herz fassen
le **prénom** [lәpʀenɔ̃] der Vorname
préparer qc [pʀepaʀe] etw. vorbereiten
près de [pʀɛ] *prép.* nahe bei, in der Nähe von
présenter qn/qc à qn [pʀezɑ̃te] jdm jdn/etw. vorstellen
le **Président de la République** [lәpʀezidɑ̃dәlaʀepyblik] der französische Staatspräsident
presque [pʀɛsk] *adv.* fast
le **pressentiment** [lәpʀɛsɑ̃timɑ̃] das Vorgefühl, die Ahnung → 4/1
prêter qc à qn [pʀete] jdm etw. leihen
prévenir qn [pʀevәniʀ] jdn benachrichtigen, warnen *wird wie* venir *konjugiert* → 5/2
prévoir qc [pʀevwaʀ] etw. voraussehen *wird wie* voir *konjugiert* → 2/1

le **printemps** [ləpʀɛ̃tɑ̃] der Frühling
la **prison** [lapʀizɔ̃] das Gefängnis
priver qn de qc [pʀive] jdm etw. nehmen, rauben → 5/2
le **prix** [ləpʀi] / ⚠ **les prix** der Preis; *der Preis eines Wettbewerbs* → 1/3; **le Prix Nobel** [ləpʀinɔbɛl] der Nobelpreis → 4/A
le/la **pro** [lə/lapʀo] *fam.* der/die Profi, **le/la professionnel/le** [lə/lapʀɔfɛsjɔnɛl] der Fachmann / die Fachfrau
probablement [pʀɔbabləmɑ̃] *adv.* wahrscheinlich → 4/2
le **problème** [ləpʀɔblɛm] das Problem
prochain/e [pʀɔʃɛ̃/pʀɔʃɛn] *adj.* nächste/nächster/nächstes
le/la **professeur** [lə/lapʀɔfɛsœʀ] / **le/la prof** [lə/lapʀɔf] *fam.* der/die Lehrer/in; **le/la prof principal/e** [lə/lapʀɔfpʀɛ̃sipal] der/die Klassenlehrer/in
professionnel/le [pʀɔfɛsjɔnɛl] *adj.* beruflich, professionell
profiter de qc [pʀɔfite] etw. ausnutzen, aus etw. Nutzen ziehen
profond/e (de) [pʀɔfɔ̃/pʀɔfɔ̃d] *adj.* tief
le **programme** [ləpʀɔgʀam] das Programm
le **progrès** [ləpʀɔgʀɛ] / ⚠ **les progrès** der Fortschritt
le **projet** [ləpʀɔʒɛ] das Projekt
prononcer [pʀɔnɔ̃se] aussprechen → 4/3
promettre qc à qn [pʀɔmɛtʀ] jdm etw. versprechen
proposer qc à qn [pʀɔpoze] jdm etw. vorschlagen; **proposer à qn de** + *inf.* [pʀɔpoze] jdm vorschlagen, zu + *Inf.*
propre [pʀɔpʀ] *adj.* eigener/eigene/eigenes; sauber → 4/1
le **prospectus** [ləpʀɔspɛktys] / ⚠ **les prospectus** der Prospekt
prospère [pʀɔspɛʀ] *adj.* blühend → 2/3
protéger qn/qc [pʀɔteʒe] jdn/etw. (be)schützen → p. 154 → 5/2
protester (contre qc) [pʀɔtɛste] protestieren (gegen etw.)
prouver qc à qn [pʀuve] jdm etw. beweisen
la **province** [lapʀovɛ̃s] die Provinz → 5/A
les **provisions** [lepʀovizjɔ̃] *f. pl.* Lebensmittel(vorrat) → 4/1
provisoire [pʀɔvizwaʀ] *adj.* vorläufig, vorübergehend, provisorisch
provoquer qc/qn [pʀɔvɔke] etw. verursachen; jdn provozieren
prudent/e [pʀydɑ̃/pʀydɑ̃t] *adj.* vorsichtig → 2/1
la **Prusse** [lapʀys] Preußen → 2/A
le **public** [ləpyblik] das Publikum
la **publicité** [lapyblisite] / **la pub** [lapyb] *fam.* die Werbung
la **puce** [lapys] der Floh
le/la **puériculteur/-trice** [ləpɥeʀikyltœʀ/lapɥeʀikyltʀis] der/die Krippenerzieher/in, die Säuglings-/Kinderkrankenschwester → 3/A
puis [pɥi] *adv.* dann
puisque [pɥisk] *conj.* da (ja) → 5/2
le **pull** [ləpyl] *fam.* / **le pullover** [ləpylɔvɛʀ] der Pulli *umg.*, der Pullover
la **pyramide** [lapiʀamid] die Pyramide

Q

quand [kɑ̃] wann; **quand** *conj.* wenn; **quand même** [kɑ̃mɛm] trotzdem
le **quart** [ləkaʀ] das Viertel; **le quart d'heure** [ləkaʀdœʀ] die Viertelstunde
le **quartier** [ləkaʀtje] das Viertel *Stadt*
le **4x4** [ləkatʀkatʀ] der Geländewagen → 5/1
que [kə] dass; den, die, das
le **Québec** [ləkebɛk] Quebec
québécois/e [kebekwa/kebekwaz] *adj.* aus Quebec
quel/quelle [kɛl] welcher, welche, welches
quelque [kɛlkə] *adj.* einige; **quelques (minutes)** [kɛlkə] wenige (Minuten); **quelque chose** [kɛlkəʃoz] etwas; **quelque chose de plus (que)** [kɛlkəʃozdəplys] *adv.* (etw.) mehr (als)
quelqu'un [kɛlkɛ̃] jemand
qu'est-ce que ...? [kɛskə] was ...?; **Qu'est-ce qui se passe?** [kɛskisəpɑs] Was ist los?
la **question** [lakɛstjɔ̃] die Frage; **pas question** [pɑkɛstjɔ̃] das kommt nicht in Frage
qui? [ki] *Fragepronomen* wer?; *Relativpronomen* der, die, das; **C'est qui?** [sɛki] Wer ist das?
quitter qc/qn [kite] etw./jdn verlassen
le **quiz** [ləkwiz] das Quiz
Quoi? [kwa] Was? *alleinstehend*

R

la **racaille** [laʀakaj] das Gesindel
le **racisme** [ləʀasism] der Rassismus
raconter qc à qn [ʀakɔ̃te] jdm etw. erzählen
la **radio** [laʀadjo] das Radio; der Rundfunk → 3/1
la **raffinerie de pétrole** [laʀafinʀidəpetʀɔl] die Erdölraffinerie
la **raison** [laʀɛzɔ̃] der Grund → 2/1
ranger qc [ʀɑ̃ʒe] etw. aufräumen *wird wie* changer *konjugiert*
le **rap** [ləʀap] der Rap
rapporter qc à qn [ʀapɔʀtə] jdm etw. mitbringen
les **raquettes** [leʀakɛt] *f. pl.* die Schneeschuhe
rare [ʀaʀ] *adj.* selten → 1/1
rassembler (des lycées) [ʀasɑ̃ble] (Gymnasien) zusammenbringen → 1/2
rassurer qn [ʀasyʀe] jdn beruhigen → 1/2
rater qc [ʀate] etw. verpassen; **rater son service** [ʀatesɔ̃sɛʀvis] seinen Aufschlag verhauen
le **réacteur de fusion nucléaire** [ləʀeaktœʀdəfyzjɔ̃nykleɛʀ] der Kernfusionsreaktor
la **réaction** [laʀeaksjɔ̃] die Reaktion
réagir à qc [ʀeaʒiʀ] auf etw. reagieren → p. 155
réaliser qc [ʀealize] etw. verwirklichen
la **réalité** [laʀealite] die Realität, die Wirklichkeit → 4/2
recevoir qc de qn [ʀəsəvwaʀ] etw. von jdm bekommen → p. 160 → 1/3; **recevoir qn** jdn empfangen → 5/1
la **recherche** [laʀəʃɛʀʃ] die Forschung
recommencer qc [ʀəkɔmɑ̃se] etw. von vorn, noch einmal anfangen *wird wie* avancer *konjugiert*
la **réconciliation** [laʀekɔ̃siljasjɔ̃] die Versöhnung → 2/3
la **récréation** [laʀekʀeasjɔ̃] / **la récré** [laʀekʀe] *fam.* die Pause *in der Schule*
le **recueil (de lois)** [ləʀəkœj] die (Gesetzes-)Sammlung → 2/A
le **recyclage** [ləʀəsiklaʒ] die Wiederverwertung → 4/2
rédiger qc [ʀediʒe] etw. verfassen *wird wie* changer *konjugiert* → 1/2
redoubler (une classe) [ʀəduble] (eine Klasse) wiederholen
réfléchir [ʀefleʃiʀ] überlegen *wird wie* réagir *konjugiert*
réformer qc [ʀefɔʀme] etw. reformieren → 2/A
le **refrain** [ləʀəfʀɛ̃] der Refrain
(ê)**se régaler de qc** [səʀegale] etw. genießen *Essen* → 5/2
le **regard** [ləʀəgaʀ] der Blick
regarder qc [ʀəgaʀde] etw. anschauen, etw. betrachten; **regarder autour de soi** [ʀəgaʀdeotuʀdəswa] sich umschauen → 2/2; **regarder qn avec des yeux grands comme des soucoupes** [ʀəgaʀdekɛlkɛ̃avɛkdezjøgʀɑ̃kɔmdesukup] jdn mit großen Augen anschauen
la **région** [laʀeʒjɔ̃] die Region, das Gebiet
la **règle** [laʀɛgl] die Regel
la **règlementation** [laʀɛgləmɑ̃tasjɔ̃] die (gesetzliche) Regelung → 3/2

ANNEXE

régler qc [regle] etw. erledigen, etw. regeln *wird wie* préférer *konjugiert*
regretter qc [rəgrete] etw. vermissen → 2/2; etw. bedauern → 2/2
régulier/-ière [regylje/regyljɛr] *adj.* regelmäßig → 1/1
la **religion** [larəliʒjɔ̃] die Religion
remarquer qc/qn [rəmarke] etw./jdn (be-)merken, jdm auffallen
le/la **remplaçant/e** [lərɑ̃plasɑ̃/larɑ̃plasɑ̃t] der/die Stellvertreter/in, die Vertretung
rencontrer qn [rɑ̃kɔ̃tre] jdn treffen
rendre qc à qn [rɑ̃dr] jdm etw. zurück-/wiedergeben
renoncer à qc [rənɔ̃se] auf etw. verzichten *wird wie* avancer *konjugiert;* **renoncer à** + *inf.* darauf verzichten etw. zu + *Inf.*
la **rentrée** [larɑ̃tre] der Beginn des neuen Schuljahres
(ê)**rentrer** [rɑ̃tre] zurückkommen, nach Hause kommen
(ê)**se renverser** [sərɑ̃vɛrse] umkippen
le **repas** [lərəpɑ] / ⚠ **les repas** das Essen, die Mahlzeit
repérer qn/qc [rəpere] auf jdn/etw. aufmerksam werden *wird wie* préférer *konjugiert*
répéter qc [repete] etw. wiederholen *wird wie* préférer *konjugiert*
la **répétition** [larepetisjɔ̃] die Probe
répondre à qn [repɔ̃drə] jdm antworten *wird wie* prendre *konjugiert*
la **réponse** [larepɔ̃s] die Antwort
le/la **reporter** [lə/larəpɔrtɛr] der/die Reporter/in → 3/A
(ê)**se reposer** [sərəpoze] sich ausruhen
reprendre le travail [rəprɑ̃drlətravaj] wieder anfangen zu arbeiten *wird wie* entendre *konjugiert;* **reprendre qc** [rəprɑ̃dr] etw. übernehmen → 3/A Exercice 4
représenter qn/qc [rəprezɑ̃te] jdn/etw. vertreten → 1/2
la **République** [larepyblik] die Republik *wichtige Phase der Französischen Revolution* → 2/A
la **réputation** [larepytasjɔ̃] der Ruf
réputé/e [repyte] *adj.* geschätzt → 5/A
la **résistance** [larezistɑ̃s] der Widerstand → 4/A
la **résolution** [larezɔlysjɔ̃] der Entschluss, der Vorsatz; die Resolution → 1/2
respecter qn/qc [rɛspɛkte] jdn/etw. respektieren → 4/2
respirer (qc) [rɛspire] atmen, (etw.) einatmen → 2/2
responsable [rɛspɔ̃sabl] *adj.* verantwortlich → 3/1
ressembler à qn/qc [rəsɑ̃ble] jdm/etw. ähnlich sehen, sein
le **restaurant** [lərɛstɔrɑ̃] das Restaurant
le **reste** [lərɛst] der Rest
(ê)**rester** [rɛste] bleiben
le **résultat** [lərezylta] das Ergebnis
le **retard** [lərətar] die Verspätung; **arriver en retard** [ariveɑ̃rətar] zu spät kommen
le **retour** [lərətur] die Rückkehr → 2/1
(ê)**retourner** [rəturne] zurückgehen; (ê)**se retourner** [sərəturne] sich umdrehen
la **retraite** [larətrɛt] die Rente → 3/3
(ê)**se retrouver** [sərətruve] sich (wieder-)treffen; (ê)**se retrouver (dans un endroit)** (in einem Ort) landen
réussir à/en/dans qc [reysir] in etw. gut sein, in etw. erfolgreich sein *wird wie* réagir *konjugiert;* **réussir qc** [reysir] etw. erfolgreich gestalten → 3/3; **réussir à** + *inf.* **qc** jdm gelingen, etw. zu + *Inf.*
la **réussite** [lareysit] der Erfolg
le **rêve** [lərɛv] der Traum
(ê)**revenir** [rəvənir] zurückkommen *wird wie* venir *konjugiert*
le **réveillon** [lərevɛjɔ̃] *Festabendessen zu Weihnachten oder Neujahr*
rêver [rɛve] träumen; **rêver de (qc) / de** + *inf.* von etw. träumen / träumen zu + *Inf.;* **Tu peux toujours rêver!** [typøtuʒurrɛve] Träum ruhig weiter!
la **révolte** [larevɔlt] die Revolte
(ê)**se révolter contre qn/qc** [sərevɔltekɔ̃trə] gegen jdn/etw. revoltieren, sich gegen jdn/etw. auflehnen → 2/2
la **révolution** [larevɔlysjɔ̃] die Revolution → 2/A
la **revue** [larəvy] die Zeitschrift
riche en qc [riʃ] *adj.* reich an etw. → 2/1
ridicule [ridikyl] *adj.* lächerlich
rigoler [rigɔle] *fam.* lachen, herumalbern; **faire rigoler qn** [fɛrrigɔle] jdn zum Lachen bringen
rimer (avec qc) [rime] sich (auf etw.) reimen → 4/1
ringard/e [rɛ̃gar/rɛ̃gard] *adj.* altmodisch, spießig; **ça fait ringard** [safɛrɛ̃gar] es klingt altmodisch → 4/1
rire [rir] lachen → p. 160
le **rire** [lərir] das Lachen
la **rive** [lariv] das Ufer; **la rive ouest** [larivwɛst] das Westufer
la **rivière** [larivjɛr] der Fluss
la **robe** [larɔb] das Kleid
le **rocher** [lərɔʃe] der Felsen → 5/1
le **rock** [lərɔk] der Rock *Musikstil*
le/la **roi/reine** [lərwa/larɛn] der/die König/in → 2/A
le **Roi-Soleil** [lərwasɔlɛj] der Sonnenkönig *Bezeichnung des französischen Königs Ludwig XIV.* → 2/A
les **rollers** [lerɔlœr] *m. pl.* die Inlineskates
romain/e [rɔmɛ̃/rɔmɛn] *adj.* römisch
le/la **Romain/e** [lərɔmɛ̃/larɔmɛn] der/die Römer/in
le **roman** [lərɔmɑ̃] der Roman → 1/3
romantique [rɔmɑ̃tik] *adj.* romantisch → 4/2
ronger qc [rɔ̃ʒe] an etw. nagen *wird wie* changer *konjugiert;* (ê)**se ronger les ongles** [sərɔ̃ʒelezɔ̃gl] an den Nägeln kauen
rose [roz] *adj.* rosa, rosarot
rouge [ruʒ] *adj.* rot
rougir [ruʒir] rot werden
rouler [rule] fahren → 2/2
la **route** [larut] die Fernverkehrsstraße, die Landstraße
roux / ⚠ **rousse** [ru/rus] *adj.* rothaarig → 4/1
la **rue** [lary] die Straße
le/la **Russe** [lə/larys] der Russe / die Russin → 4/A
la **Russie** [larysi] Russland → 2/A

S

le **sable** [ləsabl] der Sand → 5/A
le **sac** [ləsak] die Tasche; **le sac à dos** [ləsakado] der Rucksack → 4/1; **le sac de couchage** [ləsakdəkuʃaʒ] der Schlafsack
sage [saʒ] *adj.* artig, brav
la **salade** [lasalad] der Salat
le **salaire** [ləsalɛr] der Lohn, das Gehalt → 3/1
sale [sal] *adj.* schmutzig; widerlich → 4/1
la **salle de bains** [lasaldəbɛ̃] das Badezimmer; **la salle de classe** [lasaldəklas] das Klassenzimmer; **la salle de cours** [lasaldəkur] der Unterrichtsraum → 2/2; **la salle de séjour** [lasaldəseʒur] das Wohnzimmer
le **salon** [ləsalɔ̃] der (literarische) Salon → 2/1; **le salon de thé** [ləsalɔ̃dəte] das Café
Salut! [saly] Hallo!; Tschüss!
le **samedi** [ləsamdi] der Samstag, samstags
le **Samu social** [ləsamysɔsjal] *Organisation, die Obdachlosen medizinische und psychologische Betreuung bietet* → 3/1
le **sandwich** [ləsɑ̃dwitʃ] das Sandwich → 4/2
sans [sɑ̃] *prép.* ohne; **sans parler de** [sɑ̃parledə] ganz zu schweigen von; **sans que** [sɑ̃kə] *conj.* ohne dass

le/la **sans-papiers** [lə/lasɑ̃papje] ⚠ *unveränderlich; Person ohne Aufenthaltsgenehmigung, illegaler Migrant* → 1/3
la **santé** [lasɑ̃te] die Gesundheit
le **sapin** [ləsapɛ̃] der Tannenbaum; der Weihnachtsbaum
la **saucisse** [lasosis] die Wurst
sauf [sof] *prép.* außer → 5/2
le/la **sauvage** [lə/lasovaʒ] der/die Wilde → 2/2
savoir qc [savwaʀ] etw. wissen → p. 160; **je ne sais où** [ʒənəsɛzu] ich weiß nicht wo(-hin/-her); **je ne sais qui** [ʒənəsɛki] ich weiß nicht wer
le **saxophone** [ləsaksofɔn] das Saxophon
la **scène** [lasɛn] die Bühne; die Szene
les **sciences politiques** [lesjɑ̃spɔlitik] *f. pl.* die Politikwissenschaft, die Politologie → 3/1
scolaire [skɔlɛʀ] *adj.* schulisch, Schul- *in Verbindung mit einem Nomen*
le **scorpion** [ləskɔʀpjɔ̃] der Skorpion → 5/1
le/la **sculpteur/-trice** [ləskyltœʀ/laskyltʀis] der/die Bildhauer/in
la **sculpture** [laskyltyʀ] die Bildhauerei, die Skulptur
le/la **SDF** [lə/laɛsdeɛf] *fam.* / **le/la Sans domicile fixe** [lə/lasɑ̃dɔmisilfiks] ⚠ *unveränderlich* der/die Obdachlose → 3/1
le **seau** [ləso] / ⚠ **les seaux** der Eimer → 2/2
sec / ⚠ **sèche** [sɛk/sɛʃ] *adj.* trocken
le/la **secrétaire** [lə/lasəkʀetɛʀ] der/die Sekretär/in → 3/A
la **sécurité** [lasekyʀite] die Sicherheit → 3/2
le **séjour** [ləseʒuʀ] der Aufenthalt
le **sel** [ləsɛl] das Salz
sélectionner [selɛksjɔne] auswählen → 1/2
la **semaine** [lasmɛn] die Woche; **une fois par semaine** [ynfwapaʀsmɛn] einmal in der Woche; **une semaine sur deux** [ynsmɛnsyʀdø] jede zweite Woche
le **sens** [ləsɑ̃s] / ⚠ **les sens** der Sinn, die Bedeutung; die Richtung
sentimental/e [sɑ̃timɑ̃tal] *adj.* sentimental
sentir (qc) [sɑ̃tiʀ] (etw.) fühlen, spüren *wird wie* partir *konjugiert;* etw. riechen → 5/1
sérieux/-euse [seʀjø/seʀjøz] *adj.* ernst, ernsthaft → 1/2
le **serpent** [ləseʀpɑ̃] die Schlange → 5/1
le/la **serveur/-euse** [ləsɛʀvœʀ/lasɛʀvøz] der/die Kellner/in
serviable [sɛʀvjabl] *adj.* hilfsbereit
le **service** [ləsɛʀvis] der Aufschlag *Sport*
servir [sɛʀviʀ] aufschlagen *Sport wird wie* partir *konjugiert;* **servir à qc** [sɛʀviʀ] zu etw. dienen → 3/1
la **session** [lasɛsjɔ̃] die Sitzung → 1/A
seul/e [sœl] *adj.* nur, allein
le/la **seul/e** [lə/lasœl] der, die, das Einzige
seulement [sœlmɑ̃] *adv.* nur
sévère [sevɛʀ] *adj.* streng
sexy [sɛksi] *adj.* sexy
le **short** [ləʃɔʀt] die Shorts
si [si] *conj.* doch; ob; wenn, falls; **si** + *adj.* **que** [sikə] *adv.* so + *Adj.* dass; **Si c'était à refaire ...** [sisetɛaʀəfɛʀ] Wenn ich es noch einmal zu tun hätte ... → 4/3
le **siècle** [ləsjɛkl] das Jahrhundert → 2/A; **le siècle des Lumières** [ləsjɛkldelymjɛʀ] das Zeitalter der Aufklärung → 2/A
le **siège** [ləsjɛʒ] der Sitz
le **signe** [ləsiɲ] das Zeichen
signer (qc) [siɲe] (etw.) unterzeichnen
s'il te plaît [siltəplɛ] / **s'il vous plaît** [silvuplɛ] bitte
sinon [sinɔ̃] *conj.* sonst
la **sirène** [lasiʀɛn] die Sirene
la **situation** [lasitɥasjɔ̃] die Situation, die Lage
(être) situé/e [sitɥe] liegen, sich befinden
le **sketch** [ləskɛtʃ] der Sketch
le **ski** [ləski] der Ski; das Skifahren
le **sloughi** [ləslugi] der Beduinenhund → 5/1
le **SMIC** [ləsmik] / **le Salaire minimum interprofessionnel de croissance** [ləsalɛʀminimɔmɛ̃tɛʀpʀofɛsjɔnɛldəkʀwasɑ̃s] *gesetzlich garantierter Mindestlohn* → 3/2
le **SMS** [ləɛsɛmɛs] / ⚠ **les SMS** die SMS
social/e [sɔsjal] *adj.* / ⚠ **sociaux** sozial, Gesellschafts- *in Verbindung mit einem Nomen* → 1/2
la **sœur** [lasœʀ] die Schwester
la **soif** [laswaf] der Durst
soigner qn [swaɲe] jdn pflegen → 3/1
le **soin** [ləswɛ̃] die Sorgfalt → 1/1
le **soir** [ləswaʀ] der Abend, abends; **ce soir** [səswaʀ] heute Abend
la **soirée** [laswaʀe] der Abend
soit ... soit ... [swa...swa] entweder ... oder ...
le **sol** [ləsɔl] der Boden
le/la **soldat/e** [ləsɔlda/lasɔldat] der/die Soldat/in
le **soleil** [ləsɔlɛj] die Sonne → 2/A
la **solution** [lasolysjɔ̃] die Lösung
le **son** [ləsɔ̃] der Klang → 4/1
sonner [sɔne] klingeln
la **sortie** [lasɔʀti] das Aus *beim Sport*
(ê)**sortir** [sɔʀtiʀ] hinausgehen, ausgehen *wird wie* partir *konjugiert;* **sortir qc de** etw. herausholen aus
le **sou** [ləsu] der Groschen → 2/2
le **souci** [ləsusi] die Sorge
la **soucoupe** [lasukup] die Untertasse; **regarder qn avec des yeux grands comme des soucoupes** [ʀəgaʀdekɛlkɛ̃avɛkdezjøgʀɑ̃kɔmdesukup] jdn mit großen Augen anschauen
souffler [sufle] schnaufen
souffrir (de qc) [sufʀiʀ] leiden (an etw.) *wird wie* offrir *konjugiert* → 2/1
souhaiter (qc) / (qc à qn) [swete] (sich etw.) / (jdm etw.) wünschen
le **souk** [ləsuk] *arabischer Markt* → 5/1
la **soupe** [lasup] die Suppe; **la soupe au pistou** [lasupopistu] *Gemüsesuppe mit Basilikum*
soupirer [supiʀe] seufzen → 4/1
sourd/e [suʀ/suʀd] *adj.* taub
le **sourire** [ləsuʀiʀ] das Lächeln
sous [su] *prép.* unter
souterrain/e [sutɛʀɛ̃/sutɛʀɛn] *adj.* unterirdisch
le **souvenir** [ləsuvniʀ] das Andenken, das Souvenir; die Erinnerung → 4/1
(ê)**se souvenir de qn/qc** [səsuvniʀ] sich an jdn/etw. erinnern *wird wie* venir *konjugiert*
souvent [suvɑ̃] *adv.* oft
(ê)**se spécialiser dans qc** [səspesjalize] sich auf etw. spezialisieren → 3/2
le **spectacle** [ləspɛktakl] die Aufführung, die Vorstellung
le/la **spectateur/-trice** [ləspɛktatœʀ/laspɛktatʀis] der/die Zuschauer/in
le **sport** [ləspɔʀ] der Sport
sportif/-ive [spɔʀtif/spɔʀtiv] *adj.* sportlich
le/la **sportif/-ive professionnel/le** [ləspɔʀtif/laspɔʀtivpʀofɛsjɔnɛl] der/die Berufssportler/in → 3/A
le **stade** [ləstad] das Stadion
le **stage** [ləstaʒ] der Kurs, das Praktikum
la **star** [lastaʀ] der Star
la **station** [lastasjɔ̃] die Station, die Haltestelle
la **statistique** [lastatistik] die Statistik
le **stress** [ləstʀɛs] der Stress
le **stylo** [ləstilo] der Füller, der Kugelschreiber
le **sud** [ləsyd] der Süden
la **Suède** [lasɥɛd] Schweden → 2/A
suffire [syfiʀ] genügen, ausreichen → p. 160 → 3/3
suisse [sɥis] *adj.* schweizerisch, Schweizer → 1/3
la **Suisse** [lasɥis] die Schweiz → 2/1
la **suite** [lasɥit] die Fortsetzung → 4/1

suivre [sɥivʀ] folgen → p. 161 → 3/1; **suivre des études** [sɥivʀədezetyd] studieren → 3/1
le **sujet** [ləsyʒɛ] das Thema
le **sultan** [ləsyltɑ̃] der Sultan → 5/2
super [sypɛʀ] *adj.* ⚠ *unveränderlich* super
la **superficie** [lasypɛʀfisi] die Fläche
superficiel/le [sypɛʀfisjɛl] *adj.* oberflächlich → 4/2
supporter qc/qn [sypɔʀte] etw./jdn ertragen
supposer qc [sypoze] etw. vermuten
supprimer qc [sypʀime] etw. streichen, weglassen
sur [syʀ] *prép.* auf
sur concours [syʀkɔ̃kuʀ] mit einer Aufnahmeprüfung → 3/1
sûr/e [syʀ] *adj.* sicher
sûrement [syʀmɑ̃] *adv.* sicherlich
le **surf** [ləsœʀf] das Wellenreiten, das Surfen
le **surligneur** [ləsyʀliɲœʀ] der Textmarker → 1/A
la **surprise** [lasyʀpʀiz] die Überraschung
surtout [syʀtu] *adv.* vor allem
le/la **surveillant/e** [ləsyʀvɛjɑ̃/lasyʀvɛjɑ̃t] die Aufsichtsperson
surveiller qn/qc [syʀvɛje] jdn/etw. beaufsichtigen, überwachen → 4/3
survivre à qc [syʀvivʀ] etw. überleben, etw. lebend überstehen *wird wie* vivre *konjugiert* → 1/1
le **suspense** [ləsyspɛns] die Spannung → 1/3
les **S.V.T.** [leɛsvete] *f. pl.* / **les Sciences de la Vie et de la Terre** [lesjɑ̃sdəlaviedəlatɛʀ] Mensch – Natur – Umwelt *Schulfach*
sympa [sɛ̃pa] *adj.* ⚠ *unveränderlich* nett, sympathisch
le **système (politique)** [ləsistɛm] das (politische) System → 1/2

T

la **table** [latabl] der Tisch
le **tableau** [lətablo] / ⚠ **les tableaux** das Gemälde
le **taboulé** [lətabule] *Couscoussalat*
la **taille** [lataj] die (Kleider-)Größe
(ê)**se taire** [sətɛʀ] schweigen *wird wie* plaire *konjugiert, aber* il se tait
le **talent** [lətalɑ̃] das Talent → 2/1
le **tam-tam** [lətamtam] das Tamtam
la **tante** [latɑ̃t] die Tante
le **tapis** [lətapi] der Teppich
tard [taʀ] *adv.* spät
la **tartine** [lataʀtin] die bestrichene Brotscheibe → 4/1
le **tas** [lətɑ] / ⚠ **les tas** der Haufen → 4/1
le **taureau** [lətoʀo] / ⚠ **les taureaux** der Stier
tchatcher [tʃatʃe] *fam.* quatschen
la **technique** [latɛknik] die Technik → 2/3
la **technologie** [latɛknɔlɔʒi] / **la techno** [latɛknɔ] *fam.* die Arbeitslehre
le **tee-shirt** [lətiʃœʀt] das T-Shirt
la **télé** [latele] *fam.* / **la télévision** [latelevizjɔ̃] der Fernseher
le **téléphone** [lətelefɔn] das Telefon
téléphoner (à qn) [telefɔne] (mit jdm) telefonieren
le **télescope** [ləteleskɔp] das Teleskop, das Fernrohr → 1/1
le **temps** [lətɑ̃] die Zeit; das Wetter; **Quel temps fait-il?** [kɛltɑ̃fɛtil] Wie ist das Wetter?; **à temps** [atɑ̃] rechtzeitig; **tout le temps** [tulətɑ̃] die ganze Zeit
tendre qc à qn [tɑ̃dʀ] jdm etw. reichen *wird wie* entendre *konjugiert*
tenir qc [təniʀ] sich an etw. halten, etw. einhalten *wird wie* venir *konjugiert;* **tenir le coup** [təniʀləku] durchhalten; (ê)**se tenir à qn/qc** [sətəniʀ] sich an jdn/etw. festhalten; **Tiens (, prends)!** [tjɛ̃] Da (, nimm)!
le **tennis** [lətɛnis] Tennis; **le tennis de table** [lətɛnisdətablə] Tischtennis
la **tentation** [latɑ̃tasjɔ̃] die Versuchung
la **tente** [latɑ̃t] das Zelt → 5/1
la **terminale** [latɛʀminal] *Abschlussklasse im* lycée → 1/1
(ê)**se terminer** [sətɛʀmine] zu Ende gehen
le **terrain** [lətɛʀɛ̃] das (Sport-)Feld
la **terrasse** [latɛʀas] die Terrasse → 5/1
la **terre** [latɛʀ] die Erde
terrible [tɛʀibl] *adj.* furchterregend, schrecklich → 2/3
le **terrorisme** [lətɛʀɔʀism] der Terrorismus → 3/3
le **test** [lətɛst] der Test
la **tête** [latɛt] der Kopf
le **texte** [lətɛkst] der Text → 2/2
le **TGV** [ləteʒeve] der Hochgeschwindigkeitszug
le **thé** [ləte] der Tee
le **théâtre** [ləteɑtʀ] das Theater
théorique [teɔʀik] *adj.* theoretisch, theoretisch orientiert → 3/2
tirer [tiʀe] ziehen → 2/2
toi [twa] du *betonte Form des Personalpronomens*
les **toilettes** [letwalɛt] *f. pl.* die Toilette
la **tolérance** [latɔleʀɑ̃s] die Toleranz → 2/A
(ê)**tomber** [tɔ̃be] (hin-)fallen; (ê)**tomber à l'eau** [tɔ̃bealo] ins Wasser fallen; (ê)**tomber dans les pommes** [tɔ̃bedɑ̃lepɔm] bewusstlos werden
tôt [to] *adv.* früh
total/e [tɔtal] *adj.* total, Gesamt- *in Verbindung mit einem Nomen* → 5/A
toucher qn/qc [tuʃe] jdn/etw. berühren
toujours [tuʒuʀ] *adv.* immer
la **toundra** [latundʀa] die Tundra
la **tour** [latuʀ] der Turm, das Hochhaus
le **tour** [lətuʀ] die Runde; **C'est ton tour.** [sɛtɔ̃tuʀ] Du bist dran.
le **tourisme** [lətuʀism] der Fremdenverkehr, der Tourismus
le/la **touriste** [lə/latuʀist] der/die Tourist/in
tourner à (gauche/droite) [tuʀne] (links/rechts) abbiegen; **tourner comme un ours en cage** [tuʀnekɔmɛ̃nuʀsɑ̃kaʒ] wie ein gefangenes Tier auf und ab laufen; (ê)**se tourner vers qn** [sətuʀnevɛʀ] sich jdm zuwenden
le **tournoi** [lətuʀnwa] das Turnier
tout [tu] *adv.* alles; **tout, toute, tous, toutes** [tu/tut/tu(s)/tut] der/die/das ganze + *Nomen,* alle; **tous les jours** [tuleʒuʀ] jeden Tag; **tout à coup** [tutaku] *adv.* plötzlich, auf einmal; **tout à fait** [tutafɛ] völlig; **tout droit** [tudʀwa] *adv.* geradeaus; **tout le monde** [tuləmɔ̃d] alle; **tout de suite** [tutsɥit] sofort; **tout le temps** [tulətɑ̃] die ganze Zeit; **tout simplement** [tusɛ̃pləmɑ̃] ganz einfach → 3/1
le **trac** [lətʀak] das Lampenfieber
la **trace** [latʀas] die Spur
la **tradition** [latʀadisjɔ̃] die Tradition
le/la **traducteur/-trice** [lətʀadyktœʀ/latʀadyktʀis] der/die Übersetzer/in → 3/A Exercice 4
traduire (qc à qn) [tʀadɥiʀ] (jdm etw.) übersetzen *wird wie* introduire *konjugiert* → 4/1
le **train** [lətʀɛ̃] der Zug
le **traîneau** [lətʀeno] / ⚠ **les traîneaux** der Schlitten
traîner [tʀene] herumhängen
le **traité** [lətʀete] das Abkommen, der Vertrag → 4/A
traiter qc [tʀete] etw. behandeln (Thema) → 3/1
le **trajet** [lətʀaʒɛ] die Strecke
les **transports** [letʀɑ̃spɔʀ] *m. pl.* das Transportwesen → 1/2
le **travail** [lətʀavaj] / ⚠ **les travaux** die Arbeit
travailler [tʀavaje] lernen, arbeiten
travailleur/-euse [tʀavajœʀ/tʀavajøz] *adj.* fleißig → 4/2
traverser (qc) [tʀavɛʀse] (etw.) überqueren, (etw.) durchqueren
trembler [tʀɑ̃ble] zittern
très [tʀɛ] *adv.* sehr; **très bien** [tʀɛbjɛ̃] sehr gut

la **trêve** [latʀɛv] die Waffenruhe
tricher [tʀiʃe] falsch spielen, schummeln
le **trimestre** [lətʀimɛstʀ] das Trimester
triste [tʀist] *adj.* traurig
trois fois plus grand que [tʀwafwaplygʀɑ̃kə] dreimal größer als
se tromper (de qc) [sətʀɔ̃pe] sich (in etw.) irren
trop [tʀo] *adv.* zu viel, zu + *Adj.*, zu sehr
le **trou** [lətʀu] das Loch → 4/1
troublé/e [tʀuble] *adj.* verwirrt
la **troupe** [latʀup] die Truppe → 4/A
la **trousse** [latʀus] das Federmäppchen → 1/A
trouver (qc/qn) [tʀuve] (etw./jdn) finden; (ê)**se trouver** [sətʀuve] sich befinden
le **truc** [lətʀyk] *fam.* das Ding, irgendwas
la **truite** [latʀɥit] die Forelle → 4/1
Tu as bien fait! [tyabjɛ̃fɛ] Das war eine gute Idee!, Das hast du gut gemacht!
Tu en es où? [tyɑ̃nɛu] Wie weit bist du? → 1/3
tu penses bien que ... [typɑ̃sbjɛ̃kə] du kannst dir denken, dass ... → 4/1
tuer (qn/qc) [tɥe] (jdn/etw.) töten → 2/2
la **Tunisie** [latynizi] Tunesien → 5/A
le/la **Tunisien/ne** [lətynizjɛ̃/latynizjɛn] der/die Tunesier/in → 5/1
le ***turc*** [lətyʀk] Türkisch *Sprache*

U

un jour [ɛ̃ʒuʀ] eines Tages → 3/3; **un jour où** [ɛ̃ʒuʀu] eines Tages, als → 4/1
l' **un/e des ...** [lɛ̃de/lynde] eine/r der ... → 2/A
un peu (de) [ɛ̃pø] *adv.* ein bisschen
l' **Union européenne** [lynjɔ̃øʀɔpeɛn] *f.* die Europäische Union → 4/A
unir [yniʀ] vereinen *wird wie* réagir *konjugiert* → 4/A
l' **université** [lynivɛʀsite] *f.* die Universität → 3/1
l' **usine** [lyzin] *f.* die Fabrik → 2/A
utile (à qn/qc) [ytil] *adj.* (etw./jdm) nützlich → 2/1
utiliser qc [ytilize] etw. benutzen

V

les **vacances** [levakɑ̃s] *f. pl.* die Ferien, der Urlaub; **en vacances** [ɑ̃vakɑ̃s] in den Ferien
le **vaccin** [ləvaksɛ̃] die Impfung → 2/3
la **vache** [lavaʃ] die Kuh
vachement [vaʃmɑ̃] *adv. fam.* tierisch *umg.*, sehr → 4/3
vaincre qn/qc [vɛ̃kʀ] jdn/etw. besiegen → p. 161 → 4/A
la **valise** [lavaliz] der Koffer
la **vanille** [lavanij] die Vanille
varié/e [vaʀje] *adj.* vielfältig
la **veille** [lavɛj] der Vorabend, am Vorabend
le **vélo** [ləvelo] das Fahrrad; **à vélo** [avelo] mit dem Fahrrad; **le vélo de course** [ləvelodəkuʀs] das Rennrad
le **vélodrome** [ləvelɔdʀom] die Rennradbahn *Hauptstadion von Marseille*
le/la **vendeur/-euse** [ləvɑ̃dœʀ/lavɑ̃døz] der/die Verkäufer/in
vendre qc [vɑ̃dʀ] etw. verkaufen *wird wie* entendre *konjugiert*
le **vendredi** [ləvɑ̃dʀədi] der Freitag; freitags
(ê)**venir** [vəniʀ] kommen, mitkommen → p. 161; (ê)**venir chercher qn/qc** [vəniʀʃɛʀʃe] jdn/etw. abholen; **venir de** + *inf.* gerade etw. getan haben → 1/3
le **ventre** [ləvɑ̃tʀ] der Bauch → 2/2
vérifier qc [veʀifje] etw. überprüfen → 4/2
la **vérité** [laveʀite] die Wahrheit → 4/2
le **verre** [ləvɛʀ] das Glas
vers [vɛʀ] *prép.* zum *Richtungsangabe;* **vers (18 heures)** *prép.* gegen (18 Uhr); **vers la mi-(septembre)** [vɛʀlami] gegen Mitte (September) → 1/3
vert/e [vɛʀ/vɛʀt] *adj.* grün
la **veste** [lavɛst] die Jacke
le **vestige** [levɛstiʒ] der Überrest
le **vêtement** [ləvɛtmɑ̃] die Kleidung
vexé/e [vɛkse] *adj.* beleidigt
le **viaduc** [ləvjadyk] das Viadukt
la **viande** [lavjɑ̃d] das Fleisch
la **victime** [laviktim] das Opfer
la **vie** [lavi] das Leben
vieux/vieil/vieille(s) [vjø/vjɛj/vjɛj] *adj.* alt
le **vieux / la vieille** [ləvjø/lavjɛj] *fam.* der/die Alte
la **vigne** [laviɲ] der Weinberg
le **village** [ləvilaʒ] das Dorf
la **ville** [lavil] die Stadt; **la ville jumelée** [lavilʒymle] die Partnerstadt
le **vin** [ləvɛ̃] der Wein
la **violence** [lavjɔlɑ̃s] die Gewalt → 1/3
le **visage** [ləvizaʒ] das Gesicht → 2/3
visiter qc [vizite] etw. besichtigen, etw. besuchen
vite [vit] *adv.* schnell
vivant/e [vivɑ̃/vivɑ̃t] *adj.* lebhaft, lebend, lebendig
vivre [vivʀ] leben → p. 161
le **vœu** [ləvø] / ⚠ **les vœux** der Wunsch, der Wille → 5/2
voici [vwasi] hier ist/sind
voilà [vwala] da ist/sind
voir qc [vwaʀ] etw. sehen → p. 161; (ê)**se voir comme ...** [səvwaʀkom] sich als ... sehen
le/la **voisin/-ine** [ləvwazɛ̃/lavwazin] der/die Nachbar/in
la **voiture** [lavwatyʀ] der Wagen, das Auto; *der Wagen eines Zuges;* **en voiture** [ɑ̃vwatyʀ] mit dem Wagen
la **voix** [lavwa] / ⚠ **les voix** die Stimme
le **volcan** [ləvɔlkɑ̃] der Vulkan
voler qc [vɔle] etw. stehlen, etw. rauben → 5/2
le/la **voleur/-euse** [ləvɔlœʀ/lavɔløz] der/die Dieb/in → 5/2
le **volley** [ləvɔlɛ] Volleyball *Sportart*
volontiers [vɔlɔ̃tje] *adv.* gern
voter qc [vɔte] etw. verabschieden → 1/2
vouloir qc / + inf. [vulwaʀ] etw. wollen / wollen + *Inf.* → p. 161; **je voudrais** [ʒevudʀɛ] ich möchte gern
le **voyage** [ləvwajaʒ] die Reise
voyager [vwajaʒe] reisen *wird wie* changer *konjugiert*
vrai/e [vʀɛ] *adj.* echt, wahr; **vrai** [vʀɛ] *adj.* eigentlich
vraiment [vʀɛmɑ̃] *adv.* wirklich
la **vue** [lavy] die Sicht, die Aussicht; **la vue d'ensemble** [lavydɑ̃sɑ̃bl] die Aussicht, die Übersicht

W

le **wagonnet** [ləvagɔnɛ] die Lore → 2/2
le **week-end** [ləwikɛnd] das Wochenende, am Wochenende

Y

les **yeux** [lezjø] *m. pl.* → œil; **regarder qn avec des yeux grands comme des soucoupes** [ʀəgaʀdekɛlkɛ̃avɛkdezjøgʀɑ̃kɔmdesukup] jdn mit großen Augen anschauen
le **yoga** [lejɔga] das Yoga

Z

le **zéro** [ləzeʀo] die Null

ANNEXE

Hier findest du alle Wörter, die du in ***À plus!* 3 Méthode intensive *Charnières*** lernst, sowie den Wortschatz von ***À plus!* 1** und **2 Méthode intensive**.

Die Angabe hinter dem Pfeil verweist auf das Dossier / die Séquence, in dem/der die Vokabel neu eingeführt wird.
Falls du nicht mehr sicher bist, wie man das Wort verwendet, kannst du dir den Beispielsatz in der Wortliste des jeweiligen Dossiers anschauen.

A

ab à partir de → 4/A; **(schon) ab** dès *prép.* → 1/3
abbiegen (links/rechts) tourner à (gauche/droite)
Abend le soir; la soirée; **abends** le soir; **heute Abend** ce soir
Abendessen le dîner
Abenteuer l'aventure *f.* → 1/2
aber mais *conj.*
Abfahrt la descente
Abgeordnete/r le/la député/e → 1/A
abhängen (von etw./jdm) dépendre de qc/qn → 3/A Exercice 4
abhauen filer *fam.*
abholen (jdn/etw.) aller/venir chercher (qn/qc)
Abi, Abitur le bac *fam.*, le baccalauréat
Abiturient/in le/la bachelier/-ière → 3/A
Abkommen le traité → 4/A
ablegen (eine Prüfung) passer (un examen)
***Abschlussklasse im* lycée** la terminale → 1/1
Abschmelzen la fonte → 2/3
Abschnitt l'étape *f.* → 2/A
Absicht: etw. mit Absicht tun faire qc exprès
Absolutismus l'absolutisme *m.* → 2/A
abwarten und schauen, (ob) attendre de voir (si)
ab(wärts)fahren faire une descente
achten (auf etw.) faire attention (à qc)
Achtung! Attention!
Adler l'aigle *m.* → 5/2
Adresse l'adresse *f.*
Afghanistan l'Afghanistan *m.* → 3/1
Afrika l'Afrique *f.*
äh ben
Ahn/in l'ancêtre *m./f.*
ähnlich pareil/le *adj.*; **(jdm/etw.) ähnlich sehen/sein** ressembler à qn/qc
Ahnung le pressentiment → 4/1
Ahorn l'érable *m.*
Akkordeon l'accordéon *m.*
Akne l'acné *f.* → 1/1
Akrobatik l'acrobatie *f.*
Aktion l'action *f.*
Aktivität l'activité *f.*
aktuell actuel/le *adj.* → 1/3
Akzent l'accent *m.*
akzeptabel acceptable *adj.* → 2/A
akzeptieren (jdn/etw.) accepter qn/qc; **akzeptieren zu** + *Inf.* accepter de + *inf.*
albern bête *adj.* → 4/1
Algerien l'Algérie *f.*
All l'espace *m.* → 1/1
alle tout le monde; **alles** tout *adv.*; **alle** tous, toutes; **Alles Gute zum Geburtstag!** Bon anniversaire!
Allee l'avenue *f.*
allein seul/e *adj.*
allgemeinbildende Schule le lycée général → 1/1
Alliierte les Alliés *m. pl.* → 4/A
Alptraum le cauchemar → 4/1
als comme
also alors *adv.*
alt vieux/vieil/vieille(s) *adj.*
Alte(r) le vieux / la vieille *fam.*
Alter l'âge *m.*
älteste/r *wird immer in Verbindung mit* le frère *oder* la sœur *verwendet* aîné/e *adj.* → 4/1
altmodisch ringard/e *adj.*
Amerikaner/in l'Américain/e → 4/A
Ampel: grüne/rote Ampel le feu vert/rouge → 4/2
Amt l'office *m.* → 4/A
amüsant fun *adj.*
amüsieren (sich) [(ê)]s'amuser
anbauen (etw.) cultiver qc → 2/1
anbrechen *Tag* [(ê)]se lever → 5/1
an der/dem + *Flussname* au bord de
Andenken le souvenir
anderer/andere/anderes autre *adj.*; différent/e *adj.*
Andere(r) l'autre *m./f.*
ändern (sich) changer
anders autrement *adv.*
Anfang le début; **Anfang (August)** début (août); **am Anfang** au début → 4/3
anfangen (mit etw.) commencer (par qc); **anfangen zu** + *Inf.* [(ê)]se mettre à + *inf.*; **noch einmal anfangen (etw.)** recommencer qc
anfeuern (jdn) encourager qn
angehen [(ê)]s'allumer
Angeln la pêche
angehören (etw.) faire partie de qc
angenehm agréable *adj.* → 5/A
Angestellte(r) l'employé/e
Angewohnheit l'habitude *f.* → 1/1
Angst la peur; **vor etw./jdm Angst haben** avoir peur de qc/qn; **Angst haben zu** + *Inf.* avoir peur de + *inf.*; **jdm Angst machen** faire peur à qn → 3/1
ängstlich inquiet/-iète *adj.*
anhören (sich etw.) écouter qc
ankleiden (sich) [(ê)]s'habiller → 1/1
anklopfen frapper
ankommen [(ê)]arriver
ankündigen (etw.) annoncer qc
anmachen (jdn) draguer qn → 4/2
anmelden (sich zu etw.) [(ê)]s'inscrire à qc → 1/1
Anorak l'anorak *m.*
anprobieren (etw.) essayer qc
anschauen (etw.) regarder qc; **jdn mit großen Augen anschauen** regarder qn avec des yeux grands comme des soucoupes
anschließend ensuite *adv.*
Ansicht la position → 1/2
ansiedeln (sich) [(ê)]s'installer
ansonsten à part ça → 3/2
anstoßen (jdn) bousculer qn
anstrengen (sich) faire un/des effort/s
Anstrengung l'effort *m.*
Anteil la part → 3/3
antik antique *adj.*
Antwort la réponse
antworten (jdm) répondre à qn
anvertrauen (sich jdm) [(ê)]s'ouvrir à qn → 1/2
Anwalt/Anwältin l'avocat/e → 3/A
Anzeige l'annonce *f.*
anziehen (etw.) mettre qc
anzünden (etw.) brûler qc
Apfel la pomme
Apotheke la pharmacie
Appetit l'appétit *m.*; **(jdm) den Appetit verderben** couper l'appétit (à qn)
applaudieren (jdm) applaudir (qn)
April avril
Aquarium l'aquarium *m.*
Araber/in l'Arabe *m./f.* → 5/A
Arabisch *Sprache* l'arabe *m.*
Arbeit le travail / les travaux; **Arbeit/Geschäfte nach der Sommerpause wieder aufnehmen** faire sa rentrée → 1/A
arbeiten travailler
Arbeiter/in l'ouvrier/-ière → 2/A
Arbeitslehre la technologie, la techno *fam.*
arbeitslos sein être au chômage
Arbeitslosigkeit le chômage
Arbeitsstelle l'emploi *m.*
Archäologie l'archéologie *f.* → 5/1
Architekt/in l'architecte *m./f.* → 3/A
Arena l'arène *f.*
Ärger la colère
ärgern (jdn) énerver qn
Argument l'argument *m.*
arktisch arctique *adj.*
arm pauvre *adj.*
Arm le bras → 2/2
Armbanduhr la montre
Armee l'armée *f.* → 4/A
Armut la misère → 1/3
arrogant arrogant/e *adj.* → 4/2

Art le genre; l'espèce *f.*; la manière, la façon → 2/A
artig sage *adj.*
Artikel l'article *m.* → 3/1
Arzt/Ärztin le médecin / la femme médecin → 3/A
Asien l'Asie *f.* → 2/2
Ast la branche
Astronomie l'astronomie *f.* → 1/1
Atelier l'atelier *m.*
atlantisch atlantique *adj.* → 5/A
atmen respirer → 2/2
Atom- *in Verbindung mit einem Nomen* atomique *adj.* → 2/3
atomar atomique *adj.* → 2/3
auch aussi *adv.*; **auch nicht** non plus
auf sur; **auf einmal** tout à coup *adv.*
auf und ab laufen (wie ein gefangenes Tier) tourner comme un ours en cage
Auf Wiedersehen! Au revoir!
aufbauen (etw.) construire qc
aufbewahren (etw.) garder qc
Aufenthalt le séjour
auffallen (jdm) remarquer qc/qn
Aufführung le spectacle
Aufgabe l'épreuve *f.*
aufhören (ê)s'arrêter; **aufhören (mit etw.) / aufhören (etw. zu + *Inf.*)** arrêter (qc / de + *inf.* qc)
auflehnen (sich gegen jdn/etw.) se révolter contre qn/qc → 2/2
aufmerksam werden (auf jdn/etw.) repérer qn/qc
Aufnahmeprüfung le concours; **mit einer Aufnahmeprüfung** sur concours → 3/1
aufnehmen (etw./jdn) accueillir qc/qn → 3/1
aufpassen (auf etw.) faire attention à qc
aufräumen (etw.) ranger qc
Aufruf l'appel *m.* → 5/1
Aufschlag *Sport* le service
aufschlagen *Sport* servir
Aufschnitt la charcuterie → 4/1
Aufsichtsperson le/la surveillant/e
aufstehen (ê)se lever; **mit dem linken Fuß zuerst aufstehen** (ê)se lever du pied gauche
aufteilen (etw. untereinander) (ê)se partager qc → 4/A
Auge l'œil *m.* / les yeux
Augenblick le moment; **in dem Augenblick als** au moment où
aus de; par
Aus *Sport* la sortie
aus dem Wege gehen (jdm/etw.) éviter qn/qc → 4/1
ausbilden (lassen) (sich) ((ê)se) former → 3/3
Ausbildung la formation → 3/1
ausdrucken (etw.) imprimer qc
auseinandertreiben (Menschen/Tiere) disperser (des hommes / des animaux)
ausflippen flipper *fam.*
Ausflug l'excursion *f.* → 5/A
Ausgangspunkt le point de départ → 5/1
ausgehen (ê)sortir
Ausland l'étranger *m.* → 3/3
ausleihen (etw. von jdm) emprunter qc à qn
Ausnahme l'exception *f.*
Ausnahme- *in Verbindung mit einem Nomen* exceptionnel/le *adj.*
ausnahmsweise exceptionnellement *adv.*
ausnutzen (etw.) profiter de qc
ausrauben (etw.) braquer qc *fam.*
ausreichen suffire → 3/3
ausruhen (sich) (ê)se reposer
Ausschau halten (nach jdm) chercher qn du regard
ausschlaggebend décisif/-ive *adj.* → 1/1
Ausschuss la commission → 1/2
aussehen (wie) avoir l'air (de)
außer sauf *prép.* → 5/2
außerdem d'ailleurs
außergewöhnlich exceptionnel/le *adj.*; extraordinaire *adj.* → 5/1
Aussicht la vue; la vue d'ensemble
aussprechen prononcer → 4/3
aussteigen (ê)descendre
Ausstellung l'exposition *f.*
aussuchen (etw.) choisir qc
Austausch l'échange *m.*
austauschen (etw.) échanger qc
Austauschpartner/in le/la corres *fam.*, le/la correspondant/e
ausüben pratiquer qc → 5/A
auswählen (etw.) choisir qc; sélectionner → 1/2
ausweichen (jdm/etw.) éviter qn/qc → 4/1
auswendig lernen (etw.) apprendre qc par cœur → 2/2
Auszeichnung la mention
ausziehen *Wohnung* déménager
Auto la voiture
autobiographisch autobiographique *adj.* → 1/3
Autor/in l'auteur *m.* → 1/3

B

Bademeister/in le/la maître nageur/nageuse → 3/A
Badezimmer la salle de bains
Bahnhof la gare
Bäckerei la boulangerie
bald bientôt *adv.*
Balkon le balcon
Ball la balle
Bank la banque
Bär l'ours *m.*
barfuß pieds nus *adv.* → 2/2
Basecap la casquette
Basilika la basilique
Basketball *Spiel* le basket
Bau la construction
Bauch le ventre → 2/2
Bauchnabel le nombril
Bauer/Bäuerin le/la paysan/ne → 2/A
Bauernhof la ferme → 4/1
Baum l'arbre *m.*
bayerisch bavarois/e *adj.* → 4/2
Bayern la Bavière → 4/2
beaufsichtigen (jdn/etw.) surveiller qn/qc → 4/3
Becher le pot
bedauern, etw. zu + *Inf.* être désolé/e de + *inf.*; **etw. bedauern** regretter qc → 2/2
bedeckt couvert/e *adj.*
Bedeutung le sens
Beduine/Beduinin le/la Bédouin/e → 5/1
Beduinenhund le sloughi → 5/1
beenden (etw.) finir qc
Befehl l'ordre *m.* → 4/1
befinden (sich) (ê)se trouver, être situé/e
befreien (jdn/etw.) libérer qn/qc → 5/2
befürchten craindre (qc/qn) → 3/3
begabt doué/e *adj.*
begabt sein (in etw.) être fort/e à/en/dans qc
Begeisterung l'enthousiasme *m.*
Beginn le départ → 1/1; ***Beginn des neuen Schuljahres*** la rentrée
beginnen (mit etw. / zu + *Inf.*) commencer (par qc / par + *inf.*)
begleiten (jdn/etw.) accompagner qn/qc
behalten (etw.) garder qc
behandeln (etw.) *Thema* traiter qc → 3/1
beherrschen (etw.) maîtriser qc
bei chez; **bei mir (zu Hause)** chez moi
Beifall klatschen (jdm) applaudir (qn)
Bein la jambe
beinahe + *Inf.* faillir + *inf.*
Beispiel l'exemple *m.*; **zum Beispiel** par exemple
Beitritt (zu) l'entrée (dans) *f.* → 4/A
beklagen (sich über etw./jdn) (ê)se plaindre (de qc/qn) → 3/3
bekommen (etw. von jdm) obtenir qc (de qn) → 3/2; recevoir qc de qn → 1/3
belebt animé/e *adj.*
beleidigt vexé/e *adj.*
beliebt populaire *adj.*
bellen aboyer → 4/1
bemerken (etw./jdn) remarquer qc/qn
benachrichtigen (jdn) prévenir qn → 5/2
benachteiligt défavorisé/e *adj.*
Benin le Bénin → 3/1
benutzen (etw.) utiliser qc
Berber/in le/la Berbère → 5/A
Bereich le domaine
Bereich der Hilfsorganisationen l'humanitaire *m.* → 3/1
Berg la montagne
Berliner/in le/la Berlinois/e → 4/2
Beruf le métier → 2/3
berufliches Gymnasium le lycée professionnel → 1/1
Berufssoldat/in le/la militaire → 3/A
Berufssportler/in le/la sportif/-ive professionnel/le → 3/A
beruhigen (sich) (ê)se calmer; **jdn beruhigen** rassurer qn → 1/2
berühmt célèbre *adj.*

ANNEXE

berühren (jdn/etw.) toucher qn/qc
Besatzung l'occupation *f.* → 4/A
beschäftigen employer → 3/1; **sich mit etw./jdm beschäftigen** (ê)s'occuper de qc/qn → 3/2; **beschäftigt sein** être occupé/e
beschützen (jdn/etw.) protéger qn/qc → 5/2
besetzen (etw.) occuper qc → 4/A
besichtigen (etw.) visiter qc
besiedeln (etw.) coloniser qc → 2/2
besiegen (jdn/etw.) battre qn/qc → 2/A; vaincre qn/qc → 4/A
besorgt inquiet/-iète *adj.*
besprechen (etw.) commenter qc → 4/2
besser mieux *adv.*; **Besser spät als nie.** Mieux vaut tard que jamais.
bessern (sich) (ê)s'arranger → 1/1
Besteck le couvert
bestehen (auf etw.) insister (sur qc)
sein Bestes geben faire son maximum
bestreiten (etw.) contester qc
besuchen (etw.) visiter qc; **jdn besuchen** (ê)aller voir qn
betrachten (etw.) regarder qc
Betreuer/in le/la moniteur/-trice
in Betrieb sein fonctionner
Bett le lit; **Ins Bett!** Au lit!; **sich ins Bett legen** (ê)se coucher
beunruhigen (sich) (ê)s'inquiéter → 4/1
beurteilen (etw./jdn) juger qc/qn → 2/1
bevor avant que *conj.* → 4/3
bevorzugen (etw.) préférer qc
bevölkert (von) peuplé/e (de) *adj.*
Bevölkerung la population
bevölkerungsreich peuplé/e *adj.*
bewegen (sich) bouger → 4/1
bewegt mouvementé/e *adj.* → 2/3
beweisen (jdm etw.) prouver qc à qn
Bewerber/in le/la candidat/e
Bewerbung la candidature → 1/2
bewundern (etw.) admirer qc
bewusstlos werden (ê)tomber dans les pommes
bezahlen (jdm etw.) payer qc à qn
bezweifeln (etw.) douter (de qc) → 3/3
Bibliothek la bibliothèque
Bibliothekar/in *in der Schule* le/la documentaliste
Bier la bière → 4/2
Bild l'image *f.*
Bildhauer/in le/la sculpteur/-trice
Bildhauerei la sculpture
Bildungswesen l'enseignement *m.* → 5/A
Biologie la biologie
bis jusqu'à *prép.*; jusqu'à ce que *conj.* → 4/3
Bis später! À plus!
bisher jusque-là *adv.*
bitte s'il te plaît / s'il vous plaît
blass pâle *adj.*
Blatt la feuille
blau bleu/e *adj.*
bleiben (ê)rester
Bleistift le crayon → 1/A
Blick le regard
blöd nul/le *adj.*; idiot/e *adj.* → 1/1
blond blond/e *adj.*
blühend prospère *adj.* → 2/3
Boden le sol; **auf dem Boden** par terre
Bombe la bombe → 2/3
Bonbon le bonbon
Blog le blog
Boot le bateau
böse méchant/e *adj.*
Boulespiel la pétanque
brauchen (etw.) avoir besoin de qc; **er braucht** il lui faut
braun marron *adj.*
Bräutigam/Braut le/la marié/e → 5/1
brav sage *adj.*
bravo bravo
bremsen (jdn/etw.) freiner qn/qc
brennen brûler
Brief la lettre
Brieffreund/in le/la corres *fam.*, le/la correspondant/e
Brille les lunettes *f. pl.*
bringen (jdm etw.) apporter qc à qn
Brot le pain
Brotscheibe *bestrichen* la tartine → 4/1
Brücke le pont
Bruder le frère
brüllen (vor etw.) hurler (de qc) → 4/1
brutaler Mensch la brute
Buch le livre; le bouquin *fam.* → 1/3
Buchhandlung la librairie
Buchstabiere. Épèle.
Büffet le buffet
Bühne la scène
Bulle *Polizist* le keuf *fam.*; le/la flic *fam.* → 3/1
Büro le bureau
Bus *in der Stadt* le bus; *der Reisebus* le car
Buschwald le maquis *auch: Name der französischen Widerstandsorganisation im Zweiten Weltkrieg* → 4/1
Butter le beurre

C
Café le salon de thé
Campingplatz le camping
CD le CD
CD-Player le lecteur CD → 4/1
Cent le centime
Champion le/la champion/ne
Chance la chance
Chef/in le/la patron/ne
Chemie la chimie
China la Chine
Christmette la messe de minuit
Clafoutis le clafoutis
Cola le coca
Collège le collège
Comic la bédé *fam.*, la bande dessinée
Computer l'ordinateur *m.*
cool cool *adj. fam.*
Couscoussalat le taboulé
Cousin/e le/la cousin/e
Crêpe la crêpe

D
da comme *conj.*; puisque *conj.* → 5/2
da ist / da sind voilà; **Da (, nimm)!** Tiens (, prends)!
dahinten là-bas
da oben là-haut
damals autrefois *adv.* → 4/1
damit par là → 2/1; pour que → 4/3
dämlich bête *adj.* → 4/1
danach après *prép.*
dank etw./jdm grâce à qc/qn → 4/3
danke merci
dann puis
das / das da ça; **das ist** c'est; **das sind** ce sont; **Das ist klar.** C'est clair.
Dattel la datte → 5/1
Datum la date → 4/A
dauern durer → 3/2
davon en *pron.*
Dazwischen liegen Welten! Il y a tout un monde! → 2/3
debattieren (über etw.) débattre qc / de qc → 1/2
definitiv définitif/-ive *adj.*
dekorieren (etw.) décorer qc
Delphin le dauphin
Demonstration la manif *fam.* / la manifestation
denken (etw.) penser qc; **(an etw./jdn) denken** penser à qc/qn; **daran denken zu** + *Inf.* penser à + *inf.*
denn car *conj.*
dennoch pourtant *adv.* → 3/1
Departement le département
deprimieren déprimer → 4/3
deprimierend déprimant/e *adj.* → 1/3
der/die/das qui; **den/die/das** que *Relativpronomen*
der(jenige)/die(jenige)/die(jenigen) celui/celle/ceux/celles → 3/1
derzeitig actuel/le *adj.* → 1/3
Dessert le dessert
Deutsch *Sprache* l'allemand *m.*
deutsch-französisch franco-allemand/e *adj.*
Deutsch-Französisches Jugendwerk l'Office franco-allemand pour la jeunesse *m.* → 4/A; **DFJW** l'OFAJ *m.* → 4/A
Deutschland l'Allemagne *f.*
Devise la devise
Dichtung la poésie
dick gros/se *adj.*
Dieb/in le/la voleur/-euse → 5/2
dienen (zu etw.) servir à qc → 3/1
Dienstag mardi; **dienstags** le mardi
diese ce/cet/cette/ces
Ding la chose; le truc *fam.*
Diplom le diplôme → 3/1
Diplomatie la diplomatie
Direktor/in le/la directeur/-trice
Diskussion la discussion

Diskussionsforum le forum de discussion
diskutieren (über etw.) discuter de qc; débattre qc / de qc → 1/2
disziplinieren discipliner → 4/2
doch si *adv.*; pourtant *adv.* → 3/1
Dolmetscher/in l'interprète *m./f.* → 3/A
Donnerstag jeudi; **donnerstags** le jeudi
doof idiot/e *adj.* → 1/1
Doppel- *in Verbindung mit einem Nomen* double *adj.* → 1/1
Dorf le village
dort là-bas *adv.*; là *adv.*; **von dort** en
draußen dehors *adv.*
dreimal größer als trois fois plus grand que
drucken (etw.) imprimer qc
drücken (auf etw.) appuyer sur qc → 4/1
du toi *betonte Form des Personalpronomens*
du kannst dir denken, dass ... tu penses bien que ... → 4/1
Duft le parfum → 5/1
dumm idiot/e *adj.* → 1/1
dummes Zeug n'importe quoi
Dummheit la bêtise; **Dummheiten machen** faire des bêtises
Dummkopf le crétin; **Du Dummkopf!** Espèce de crétin!
Düne la dune → 5/1
dunkelhaarig brun/e *adj.*
durchdrehen (völlig) perdre les pédales
durchhalten tenir le coup
durchqueren (etw.) traverser (qc)
Durst la soif
duschen (ê)se doucher
DVD le DVD

E

eben justement *adv.*
ebenbürtig égal/e *adj.* → 2/A
echt vrai/e *adj.*
Ecke le coin
egal sein (jdm jd/etw.) (ê)se ficher de qn/qc *fam.*
Ehefrau la femme
ehemalige/r/s ancien/ne *adj.* → 2/3
Ehemann le mari
eher plutôt *adv.* → 4/3
ehrlich gesagt franchement *adv.* → 4/2
Ei l'œuf *m.*
eigene/r/s propre *adj.*
eigentlich en fait
Eimer le seau → 2/2
ein + *Adj.* **Leben führen** mener une vie + *adj.* → 1/3
ein bisschen un peu (de) *adv.*
ein einziger / eine einzige un/e seul/e
einatmen (etw.) respirer (qc) → 2/2
einbeziehen (etw.) intégrer qc dans/à qc → 1/2
einbilden (sich etw.) (ê)se monter la tête
Einbildungskraft l'imagination *f.* → 3/A Exercice 4
einbinden in eine Sache (etw.) intégrer qc dans/à qc → 1/2
Eindruck l'impression *f.*; **den Eindruck haben** avoir l'impression
eine/r der ... l'un/e des ... → 2/A
einerseits ... andererseits ... d'une part ... d'autre part ... → 4/2
eines Tages un jour → 3/3; **eines Tages, als** un jour où → 4/1
einfach facile *adj.*
einführen (etw. in etw.) introduire qc dans qc → 2/A
eingestehen (etw.) avouer (qc) → 4/2
einhalten (etw.) tenir qc
einige quelque *adj.*
Einkäufe les courses *f. pl.*
einkaufen faire les magasins *shoppen;* faire les courses *Lebensmittel*
einladen (jdn) inviter qn
einmal une fois; **einmal in der Woche** une fois par semaine
einschalten (etw.) allumer qc
einsperren (jdn/etw.) enfermer qn/qc → 2/1
einsteigen (ê)monter
einstellen employer → 3/1
eintreten (in etw.) (ê)entrer en qc → 4/A
einverstanden d'accord
Einwanderungswelle le flux migratoire → 2/3
Einwohner/in l'habitant/e → 5/A; **Einwohner/in des Maghreb** le/la Maghrébin/e → 5/A
Eis la glace
Eishockey le hockey sur glace
Eleganz l'élégance *f.*
elektrischer Bass la basse
Elend la misère → 1/3
Eltern les parents *m. pl.*
E-Mail le mail
empfangen (etw./jdn) accueillir qc/qn → 3/1; recevoir qn → 5/1
empfehlen (jdm etw.) conseiller qc à qn → 4/3
Ende la fin; **am Ende (einer Sache)** à la fin (de qc); **zu Ende gehen** (ê)se terminer
endgültig définitif/-ive *adj.*
endlich enfin *adv.*
Energie l'énergie *f.* → 1/1
eng étroit/e *adj.*
engagieren (sich für/gegen etw.) (ê)s'engager (pour/contre qc)
Engel l'ange *m.*
England l'Angleterre *f.* → 2/1
Engländer/in l'Anglais/e → 2/2
Englisch *Sprache* l'anglais *m.*
Enkel/in le petit-fils / la petite-fille → 3/1
entdecken (etw.) découvrir qc
Entdecker/in l'explorateur/-trice
entfalten (etw.) développer qc → 2/1
entscheiden (sich) (ê)se décider
entscheidend décisif/-ive *adj.* → 1/1
Entschluss la résolution
entschuldigen (sich/jdn/etw.) (ê)s'excuser / excuser qn/qc
entsprechen (etw.) correspondre à qc → 4/2
Entstehung la naissance → 4/A
entweder ... oder ... soit ... soit ...
entwerten (etw.) composter qc
entwickeln (etw.) développer qc → 2/1; mettre qc au point → 3/2
entzückend adorable *adj.*
Entzündung l'infection *f.*
Epidemie l'épidémie *f.* → 3/3
Epoche l'époque *f.* → 2/A
Erb- *in Verbindung mit einem Nomen* héréditaire *adj.* → 4/A
erblich héréditaire *adj.* → 4/A
Erdbeere la fraise
Erde la terre
Erdkunde la géo *fam.* / la géographie
Erdölraffinerie la raffinerie de pétrole
ereignen (sich) (ê)se passer
Ereignis l'évènement *m.* → 2/3
Erfahrung l'expérience *f.* → 4/3
erfassen (etw.) cerner qc
erfinden (etw.) inventer qc
Erfolg la réussite
erfolgreich sein (in etw.) réussir à/en/dans qc
erforschen (etw.) explorer qc
Ergebnis le résultat
erinnern (sich an jdn/etw.) (ê)se souvenir de qn/qc
Erinnerung le souvenir → 4/1
erklären (jdm etw.) expliquer qc à qn; déclarer → 1/1
Erlaubnis l'autorisation *f.*; le permis
erledigen (etw.) régler qc
Ermittlung l'enquête *f.* → 2/3
ermöglichen (jdm), etw. zu + *Inf.* permettre à qn de + *inf.*
ermutigen (jdn), etw. zu + *Inf.* encourager qn à + *inf.*
ernst sérieux/-euse *adj.* → 1/2
ernsthaft sérieux/-euse *adj.* → 1/2
erobern conquérir → 4/A
Eroberung la conquête → 2/A; **einen Eroberungsfeldzug unternehmen** (ê)partir à la conquête de qc → 2/A
erschöpft épuisé/e *adj.*
Erschöpfung la fatigue → 2/A
erschüttern (jdn) bouleverser qn → 4/1
erstaunen (jdn) étonner qn → 4/3
Erster Weltkrieg la Première Guerre mondiale → 4/A
erstrecken (sich von ... bis ...) aller de ... jusqu'à ... → 2/A
ertragen (etw./jdn) supporter qc/qn
erwarten (etw.) attendre qc
erzählen (jdm etw.) raconter qc à qn
Erzählung le conte → 2/1
Erzieherin la gouvernante → 2/2
erzielen marquer
es gibt il y a
Es ist vorbei. C'est raté.
es sei denn ou alors *adv.* → 4/1
Es war einmal ... Il était une fois ... → 5/2

ANNEXE

essen (etw.) manger qc
Essen le repas; la nourriture → 1/3
Essiggurke le cornichon
Esskastanie le marron
etwas quelque chose
Euro l'euro *m.*
Europa l'Europe *f.* → 2/A; **Europa-** *in Verbindung mit einem Nomen* européen/ne *adj.* → 1/2
Europäer/in l'Européen/ne → 1/2
europäisch européen/ne *adj.* → 1/2
Europäische Gemeinschaft la Communauté européenne → 4/A
Europäische Union l'Union européenne *f.* → 4/A
Europäischer Binnenmarkt le marché commun → 4/A
Exil l'exil *m.* → 2/1
existieren exister

F
Fabrik l'usine *f.* → 2/A
Fabrikarbeiter/in l'ouvrier/-ière → 2/A
Fachmann/Fachfrau le/la professionnel/le, le/la pro *fam.*
Fahne le drapeau
fahren (zu/nach) (ê)aller à; **etw. fahren** conduire qc → 4/2; **fahren** rouler → 2/2
Fahrrad le vélo
Fahrschein le billet
Fahrt la balade; **Fahrt flussabwärts** la descente
Fall le cas; la chute → 2/3; **auf jeden Fall** en tout cas
fallen (ê)tomber
falls si *conj.*
falsch faux/fausse *adj.*; mauvais/e *adj.*
falsch spielen tricher
Familie la famille
fangen (jdn/etw.) attraper qn/qc
Fantasie l'imagination *f.* → 3/A Exercice 4
fantastisch fantastique *adj.* → 1/3
Farbe la couleur
fast presque *adv.*; **fast** + *Inf.* faillir + *inf.*
Federmäppchen la trousse → 1/A
fehlen (jdm) manquer à qn
feiern faire la fête; **etw. feiern** fêter qc
fein fin/e *adj.* → 5/A
Feind/in l'ennemi/e → 4/A
Feld le champ; le terrain
Felsbucht la calanque
Felsen le rocher → 5/1
Fenster la fenêtre
Ferien les vacances *f. pl.*; **in den Ferien** en vacances; **Ferienlager** la colonie de vacances / la colo *fam.* → 3/2
Fernrohr le télescope → 1/1
Fernseh-/Radiomoderator/in l'animateur/-trice télé/radio → 3/A
Fernseher la télé *fam.* / la télévision
Fernverkehrsstraße la route
fesseln (jdn) captiver qn → 1/3
Fest la fête
Festabendessen *zu Weihnachten oder Neujahr* le réveillon
festhalten (sich an jdn/etw.) (ê)se tenir à qn/qc
Festival le festival
festlegen (sich) (ê)se fixer
festnehmen (jdn) arrêter qn → 3/1
Festung la forteresse
Feuer le feu
Feuerwehrmann/Feuerwehrfrau le pompier / la femme pompier → 3/A
Feuerwerk le feu d'artifice
Figur le personnage → 1/3
Film le film
filmen (etw.) filmer qc
finanziell leisten können (sich etw.) avoir les moyens de → 4/2
finanziell unterstützen financer qc → 3/2
finanzieren financer qc → 3/2
finden (etw.) trouver qc
Firma l'entreprise
Fisch le poisson
Fischfang la pêche
Fläche la superficie
Flagge le drapeau
Flamingo le flamant
Flasche la bouteille
Fleisch la viande
Fleischer/in le/la boucher/-ère → 3/A Exercice 4
Fleischerei la boucherie; la charcuterie
fleißig travailleur/-euse *adj.* → 4/2
flexibel flexible *adj.*
fliehen (vor jdm/etw.) fuir (qn/qc) → 2/1
fließend couramment *adv.* → 4/3
Floh la puce
Flohmarkt le marché aux puces
Flugzeug l'avion *m.*
Fluss le fleuve; la rivière
flussabwärts fahren (ê)descendre le fleuve
folgen suivre → 3/1
Forelle la truite → 4/1
Formular le formulaire
forschen faire des recherches → 1/1
Forschung la recherche
Fortschritt le progrès; **Fortschritte machen (in)** faire des progrès (en)
fortschwemmen (jdn/etw.) entraîner qn/qc
Fortsetzung la suite → 4/1
Forum le forum
Foto la photo
Fotoapparat l'appareil photo *m.*
Fotograf/in le/la photographe → 3/A
Fotografie la photographie → 2/A
fotografieren (etw.) photographier qc
Frage la question; **Es kommt nicht in Frage!** Pas question!; **etw. in Frage stellen** contester qc
fragen (jdn etw.) demander qc (à qn)
Frankreich la France
Französisch *Sprache* le français
französischsprachig francophone *adj.* → 5/A
Französischsprachige/r le/la francophone
Frau Madame, Mme; la femme
Fräulein Mademoiselle, Mlle
frech insolent/e *adj.* → 2/1
frei libre *adj.* → 2/A
Freiheit la liberté → 2/A
freilassen (jdn/etw.) libérer qn/qc → 5/2
Freitag vendredi; **freitags** le vendredi
Freizeitbeschäftigungen les loisirs *m. pl.* → 1/1
Fremdenverkehr le tourisme
Freude le plaisir; **jdm eine Freude bereiten** faire plaisir à qn
Freund/in le/la copain/copine; l'ami/e
Freundschaft l'amitié *f.* → 1/1
Frieden la paix
friedlich pacifique *adj.* → 2/3
frieren geler; avoir froid
fröhlich joyeux/-euse *adj.*, gai/e *adj.*
Frucht le fruit
früh tôt *adv.*
früher autrefois *adv.* → 4/1
frühere/r/s ancien/ne *adj.* → 2/3
Frühling le printemps
Frühstück le petit-déjeuner
fühlen (etw.) sentir (qc)
führen (direkt zu etw.) mener tout droit à qc; **zu/nach etw. führen** mener à qc
Führer/in *Person* le/la guide
Führerschein le permis de conduire
Füller le stylo
funktionieren marcher; fonctionner
für pour *prép.*; **Für dich mag das wohl sein!** Parle pour toi!
furchtbar affreux/-euse *adj.*; affreusement *adv.*
fürchten (etw./jdn) craindre (qc/qn) → 3/3
furchterregend terrible *adj.* → 2/3
Fuß le pied; **zu Fuß** à pied; **mit dem linken Fuß zuerst aufstehen** (ê)se lever du pied gauche
Fußball *Sportart* le foot

G
Gabel la fourchette → 4/1
ganz (schön) bien *adv.*; **ganz** en entier → 1/3; **ganze/r/s** + *Nomen* tout/toute/tous/toutes; **ganz einfach** tout simplement → 3/1; **ganz zu schweigen von** sans parler de
Ganze l'ensemble *m.*; **im Ganzen** dans l'ensemble
gar nicht pas du tout
Garage le garage
Garten le jardin
Gärtner/in le/la jardinier/-ière → 5/2
Gast l'invité/e
Gastfreundschaft l'hospitalité *f.* → 5/1
Gauner/in le bandit *fam.* → 3/1
Gebäude le bâtiment

geben (jdm etw.) donner qc à qn
Gebiet la région
Gebirge la montagne
geboren werden (ê)naître → 2/A
Geburt la naissance → 4/A
Geburtstag l'anniversaire *m.*
Gedanke l'idée *f.*; **düstere Gedanken haben** avoir des idées noires
Gedicht le poème
gefährlich dangereux/-euse *adj.*
gefallen (jdm) plaire à qn
Gefängnis la prison
gegen contre *prép.*; **gegen (18 Uhr)** vers (18 heures) *prép.*; **gegen Mitte (September)** vers la mi-(septembre) → 1/3
Gegenteil le contraire → 3/1; l'inverse *m.* → 2/3
gegenüber (von) en face (de)
gegnerisch adverse *adj.*
Gehalt le salaire → 3/1
gehen (ê)aller à; marcher; **zum Netz gehen** (ê)monter au filet
gehören (zu etw.) faire partie de qc
Geist l'esprit *m.* → 1/2
geistreich sein avoir de l'esprit → 4/2
gelb jaune *adj.*
Geländewagen le 4x4 → 5/1
Geld l'argent *m.*; le fric *fam.* → 3/1
Gelegenheit l'occasion *f.*; la chance → 3/1
gelingen: jdm gelingen, etw. zu + *Inf.* réussir à + *inf.* qc
gelten lassen (jdn/etw.) accepter qn/qc
Gemälde le tableau
gemeinsam commun/e *adj.* → 1/2
Gemeinsamkeit le point commun → 4/2
gemischt mixte *adj.*
Gemüse le légume
Gemüsesuppe mit Basilikum la soupe au pistou
gemütlich confortable *adj.* → 4/3
Gemse le chamois
Generation la génération → 3/A
genervt énervé/e *adj.*
genießen (etw.) *Essen* (ê)se régaler de qc → 5/2
Genre le genre
genug assez (de) *adv.*
genügen suffire → 3/3
Genus le genre
geöffnet ouvert/e *adj.*
Geographie la géo *fam.* / la géographie
Geologie la géologie → 5/A
gerade justement *adv.*; en ce moment; **gerade als** au moment où
gerade dabei sein, etw. zu + *Inf.* être en train de + *inf.* → 1/3
gerade etw. getan haben venir de + *inf.* → 1/3
geradeaus tout droit *adv.*
gerecht juste *adj.*
Gerechtigkeit la justice → 2/1
gereizt énervé/e *adj.*
Gericht le plat
gern volontiers *adv.*; **etw. gerne mögen** aimer bien qc; **etw. sehr gerne +** *Inf.* adorer + *inf.*; **etw. nicht gern +** *Inf.* détester + *inf.*
Geruch le parfum → 5/1
Gesamt- *in Verbindung mit einem Nomen* total/e *adj.* → 5/A
Geschäft le commerce
Geschäftsführer/in le/la directeur/-trice commercial/e
geschätzt réputé/e *adj.* → 5/A
geschehen (ê)se passer
Geschenk le cadeau
Geschichte l'histoire *f.*
Geschlecht le genre
Geschmack le goût
Geschwister les frères et sœurs
Gesellschafts- *in Verbindung mit einem Nomen* social/e *adj.* → 1/2
Gesetz la loi → 2/A
Gesicht le visage → 2/3
Gesindel la racaille
Gespräch la discussion
gestalten (etw. erfolgreich) réussir qc → 3/3
gestern hier *adv.*
gestorben (vor) mort/e (de) *adj.*
Gesundheit la santé
Getränk la boisson → 4/2
Gewalt la violence → 1/3
gewinnen (etw.) gagner qc
gewisser/gewisse certain/e *adj.*
Gewohnheit l'habitude *f.* → 1/1; **gute/schlechte Gewohnheiten annehmen** prendre de bonnes/mauvaises habitudes → 1/1
gewöhnen: sich an etw./jdn gewöhnen (ê)s'habituer à qc/qn
Gewürz l'épice *f.* → 5/1
Ghetto le ghetto
Gitarre la guitare
Glas le bocal; le pot; le verre
glauben (jdm/etw.) croire (qn/qc)
gleich égal/e *adj.* → 2/A
gleiche même *adj.*; pareil/le *adj.*
Gleichheit l'égalité *f.* → 2/1
gleichzeitig à la fois
Gletscher le glacier → 2/3
Glück la chance; **zum Glück** heureusement que *adv.*
glücklich heureux/-euse *adj.*
glücklicherweise heureusement *adv.*
goldfarben doré/e *adj.* → 5/1
Gouvernante la gouvernante → 2/2
Gramm le gramme → 2/A
Gras l'herbe *f.*
gratulieren (jdm zu etw.) féliciter qn de qc
grau gris/e *adj.*
grauenhaft horrible *adj.* → 3/1
Grenze la frontière → 2/1; **an der Grenze zu etw.** à la frontière avec qc → 2/1
Griechisch *Sprache* le grec → 2/2
Grobian la brute
Groschen le sou → 2/2
groß grand/e *adj.*
Großbritannien la Grande-Bretagne
Größe *Kleider* la taille
Großeltern les grands-parents *m. pl.*
Großmutter la grand-mère
Großvater le grand-père
grottenschlecht spielen jouer comme un pied
Grube la mine → 2/2
grün vert/e *adj.*; **grün vor Neid sein** être vert de jalousie; **grüne Ampel** le feu vert → 4/2
Grund la raison → 2/1; **gute Gründe haben (jdn/etw. zu +** *Inf.***)** avoir de bonnes raisons (de/pour + *inf.* qn/qc) → 2/1
gründen (etw.) fonder; former qc
Grundschule l'école primaire *f.*
Gruppe le groupe
gut bien *adv.*; bon/ne *adj.*; **gut sein (in etw.)** être fort/e (à/en/dans qc); réussir (à/en/dans qc)
Guten Morgen! Bonjour!; **Guten Tag!** Bonjour!
Gymnasiast/in le/la lycéen/ne → 1/3
Gymnasium le lycée; **berufliches Gymnasium** le lycée professionnel → 1/1

H

Haar *Kopf* le cheveu → 2/2
haben avoir
Hafen le port
Haiku le haïku
halb demi/e *adj.*; **die halbe Stunde** la demi-heure
Halbbruder le demi-frère
Halbschwester la demi-sœur
Hälfte la moitié
Hallo! Salut!
haltbar machen (etw.) conserver qc → 2/A
halten (etw.) tenir qc
Haltestelle la station; l'arrêt *m.*
Hand la main; **jdm in die Hände fallen** aller aux mains de qn → 2/2
Handball *Sportart* le handball
Handel le commerce
handeln agir → 3/3
Händler/in le/la marchand/e
Handy le portable
Harem le harem → 5/2
hart dur/e *adj.*
hassen (etw.) détester qc
hässlich moche *adj. fam.*
Haufen le tas → 4/1
Hauptstadt la capitale
Haus la maison; **nach Hause kommen** rentrer
Hausaufgabe l'exercice *m.*; les devoirs *m. pl.*
Hausmeister/in le/la gardien/ne
heben (etw.) lever qc
Heft le cahier; le carnet → 5/1
Heimweh le mal du pays → 4/3

heiraten (ê)se marier
heiß chaud/c *adj.*; **jdm heiß sein** avoir chaud
heißen: das heißt (also) (dass) c'est-à-dire (que)
Heißluftballon le ballon → 2/A; la montgolfière → 2/1
heiter gai/e *adj.*
Held/in le héros / l'héroïne *f.*
helfen (jdm) aider qn; **sich zu helfen wissen** (ê)se débrouiller
Hemd la chemise
herausholen (etw. aus) sortir qc de
herausstrecken passer
Herbst l'automne *m.*
Herkunft: (französischer) Herkunft sein être d'origine (française)
Herr Monsieur, M.
herumalbern rigoler *fam.*
herumhängen traîner
hervorragend formidable *adj.*
Herz le cœur; **sich ein Herz fassen** prendre son courage à deux mains
heute aujourd'hui *adv.*
Hey! *Ausruf* Hé!
hier ici *adv.*; **hier ist/sind** voici
hilfsbereit serviable *adj.*
Himmel le ciel
hinaufsteigen (ê)monter
hinausgehen (ê)sortir
hinbringen (jdn/etw.) amener qn/qc
hineingehen (ê)entrer
hinkommen (ê)passer
hinsetzen (sich) (ê)s'asseoir → 2/2
hinstellen (etw.) poser qc; mettre qc
hinter derrière *prép.*
hinterlassen (etw.) laisser qc
hinuntergehen (ê)descendre
hinunterfahren descendre
hinzufügen (etw.) ajouter qc
historisch historique *adj.* → 4/2
Hitze la chaleur
Hobby le hobby → 5/A
Hochgebirgsführer/in le/la guide de haute montagne → 3/A
hochgehen (ê)monter
Hochgeschwindigkeitszug le TGV
Hochhaus la tour
Hochschule la grande école
Hochzeit le mariage → 5/1
Hof la cour; **königlicher Hof** la cour → 2/1
hoffen (etw.) espérer qc
Hoffnung l'espoir *m.*
Hölle: Es ist die Hölle! C'est la galère! *fam.*
Holz le bois → 4/1
Honig le miel → 5/1
hören (etw./jdn) entendre qc/qn
Horror l'horreur *f.*
Hose le pantalon
Hosentasche la poche
Hotel l'hôtel *m.*
hübsch joli/e *adj.*
Hügel la colline
human humain/e *adj.*
Humor l'humour *m.*
Hund/Hündin le/la chien/ne
Hunger la faim; **hungrig sein** avoir faim

I

ich war noch keine Stunde dort, als ... je n'étais pas là depuis une heure quand ... → 4/1
ich weiß nicht wer je ne sais qui
ich weiß nicht wo(-hin/-her) je ne sais où
ICQ MSN
Idee l'idée *f.*; **Das war eine gute Idee!** Tu as bien fait!; **die Idee haben, etw. zu +** *Inf.* avoir l'idée de + *inf.*
igitt berk *fam.*
Iglu l'igloo *m.*
im Allgemeinen en général *adv.*
immer toujours *adv.*
Impfung le vaccin → 2/3
in à *prép.*; en *prép.*; **in** dans *örtlich; zeitlich;* **in der Nähe von** près de *adv.*; **in der Ecke (von)** au coin (de); **in schwarz** en noir *adj.*
Indianer/in l'Indien/ne
Individualist sein être individualiste → 4/2
Industrie l'industrie *f.* → 2/3
industriell industriel/le *adj.* → 2/A
Infektion l'infection *f.*
Informatik l'informatique *f.* → 2/3
Informatiker/in l'informaticien/ne → 3/A
Informations- und Dokumentationszentrum *in der Schule* le CDI
informieren (sich über etw.) (ê)s'informer sur qc → 3/3; **jdn über etw. informieren** informer qn de/sur qc → 5/2
Initiative l'initiative *f.* → 1/2
Inlineskates les rollers *m. pl.*
Insel l'île *f.*
Inserat l'annonce *f.*
Institut für rechtswissenschaftliche Studien l'Institut d'études judiciaires *m.* → 3/1
Instrument l'instrument *m.*
intelligent intelligent/e *adj.*
intensiv intensément *adv.* → 4/3
interessant (zu + *Inf.***)** intéressant/e (de + *inf.*) *adj.*
interessieren (sich für jdn/etw.) (ê)s'intéresser à qc
Internat l'internat *m.*
international international/e *adj.*
Internet Internet *m.*
Interview l'interview *f.*
Inuit l'Inuit/e
involvieren (etw./jdn) impliquer qc/qn → 2/3
irgendwas le truc *fam.*; n'importe quoi
irren (sich) (ê)se monter la tête; (ê)se tromper
Islam l'islam *m.* → 5/A
Italienisch *Sprache* l'italien *m.*

J

ja oui; **Ja, bitte?** *am Telefon* Allô!
Jacke la veste; le blouson
Jagd la chasse
Jahr l'an *m.*; l'année *f.*; **das Jahr mit einem Konzert abschließen** finir l'année par un concert; **die (50er) Jahre** les années (50) *f. pl.* → 4/A
Jahrhundert le siècle → 2/A
Japan le Japon → 1/3
Japaner/in le/la Japonais/e → 1/3
jdn + *Inf.* lassen faire + *inf.* qn → 3/3
jdn zum + *Inf.* bringen faire + *inf.* qn → 3/3
Jeans le jean
jede/jeder/jedes chaque → 1/2; chacun/e → 3/1
jedenfalls de toute façon
jemand quelqu'un
jetzt maintenant *adv.*
Job le boulot *fam.*
Journalismus le journalisme → 3/1
Journalist/in le/la journaliste → 3/A
Judo le judo
Jugend la jeunesse
Jugendleiter/in l'animateur/-trice → 3/2
Jugendlicher/-e le/la jeune
jung jeune *adj.*; **der junge Mann** le jeune homme
Junge le garçon; le gamin *fam.*
Jura le droit → 3/1
Justizsystem la justice → 2/A

K

Kaffee le café
Käfig la cage
Kaiser/in l'empereur *m.* / l'impératrice *f.*
Kajak le kayak
Kalender le calendrier → 4/1
kalt froid/e *adj.*; **es ist kalt** il fait froid; **jdm kalt sein** avoir froid
Kamel le chameau → 5/1
Kamerad/in le/la camarade → 4/1
Kamerun le Cameroun; **aus Kamerun** camerounais/e *adj.*
kämpfen (für jdn/etw.) (ê)se battre pour qn/qc → 2/1
Kanada le Canada
Kanarienvogel le canari
Kantine la cantine
Kanzler/in le/la chancelier/-ière → 4/A
kaputt crevé/e *adj.*; **etw. kaputt machen** casser qc
Karibu le caribou
kariert à carreaux *adj.*
Karneval le carnaval
Karten les cartes *f. pl.*
Kartoffel la pomme de terre
Kartoffelchips les chips *f. pl.*
Käse le fromage → 4/1
Kasse la caisse
Katastrophe la cata *fam.* / la catastrophe
Kathedrale la cathédrale

Katze le chat
kaufen (etw.) acheter qc
Kaufhaus le grand magasin
kaufmännische/r Angestellte/r le/la commercial/e
kaum à peine *adv.*
kein, keine, keinen ne ... pas de *adv.*; pas de ... *adv.*; ne ... plus de ...
keineswegs pas du tout
Keks le biscuit
Keller la cave
Kellner/in le/la serveur/-euse
kennen (etw./jdn) connaître qc/qn
kennen lernen (jdn) faire la connaissance de qn
kennzeichnen (etw./jdn) caractériser qc/qn → 2/3
Kernfusionsreaktor le réacteur de fusion nucléaire
Kilo le kilo
Kilometer le kilomètre
Kind l'enfant *m./f.*
Kino le cinéma / le ciné *fam.*
Kirche l'église *f.*
Kirsche la cerise
Klamotten les fringues *f. pl. fam.* → 1/1
Klang le son → 4/1
klar clair/e *adj.*; évident/e *adj.* → 3/3; **Ist das klar?** C'est clair?
Klasse la classe
Klassenfahrt *hier: **zum Wintersport*** la classe de neige
Klassenlehrer/in le/la prof principal/e
Klassensprecher/in le/la délégué/e de classe
Klassenzimmer la classe; la salle de classe
klassisch classique *adj.*
klauen (jdm etw.) piquer qc à qn *fam.*
Klavier le piano → 1/1; **Klavier spielen** faire du piano → 1/1
Kleid la robe
Kleidung le vêtement
klein petit/e *adj.*; **der/die Kleine** le/la petit/e; **im Kleinen** en miniature
Klettern *Sport* l'escalade *f.*
Klima le climat
klingeln sonner
klingen: es klingt altmodisch ça fait ringard → 4/1; **es klingt nach (Grundschule)** ça fait (école primaire)
Klischee le cliché → 4/2
Kneipe le bistrot *fam.*
kochen faire la cuisine
Koffer la valise
Kohle le charbon → 2/2; *Geld* le fric *fam.* → 3/1
Kolonie la colonie → 5/A
kolonisieren (etw.) coloniser qc → 2/2
Kolosseum *Amphitheater* le colisée → 5/1
komfortabel confortable *adj.* → 4/3
komisch drôle *adj.*
kommen (ê)venir; **Es kommt, wie es kommen musste.** Ce qui devait arriver arrive.; **in (die dritte Klasse) kommen** (ê)entrer en (classe de troisième); **zu spät kommen** (ê)arriver en retard
Kommentar le commentaire → 1/3
kommentieren (etw.) commenter qc → 4/2
Kommunikation la communication → 1/2
kommunizieren (mit jdm) communiquer (avec qn) → 2/3
Kompliment le compliment
kompliziert compliqué/e *adj.*
komplizierter machen (etw.) compliquer qc
Kongo le Congo → 3/1
König/in le roi / la reine → 2/A
können pouvoir
Konsequenz la conséquence → 4/A
Konservatorium le conservatoire → 1/1
Kontinent le continent → 2/3
konzentrieren concentrer → 5/A
Konzert le concert
Kopf la tête
Korb le panier
korrigieren (etw.) corriger (qc)
kosten coûter
kostenlos gratuit/e *adj.* → 2/2
köstlich délicieux/-euse *adj.*
Kostüm le costume → 5/1
Kraft la force
krank malade *adj.*
Krankenhaus l'hôpital *m.* → 3/1
Krankenpfleger/in l'infirmier/-ière → 3/1
Kreide la craie
kreieren (etw.) créer qc → 1/2
Krieg la guerre
Kriminalpolizei la police judiciaire / la PJ *fam.* → 3/1
Krippenerzieher/in le/la puériculteur/-trice → 3/A
Küche la cuisine
Kuchen le gâteau / les gâteaux
Kugelschreiber le stylo
Kuh la vache; **die dumme Kuh** le crétin
Kultur la culture
Kumpel le pote *fam.*
Kunde/Kundin le/la client/e
kundtun déclarer → 1/1
Künstler/in l'artiste *m./f.* → 5/1
Kunstunterricht les arts plastiques *m. pl.*
Kurs le stage
kurz court/e *adj.*
kurz (da)nach (etw.) peu après (qc) → 4/1
kurz gesagt bref *adv.* → 1/1
Kuskus/Couscous le couscous
küssen (jdn) embrasser qn
Küste la côte

L

Lächeln le sourire
lachen rigoler *fam.*; rire; **jdn zum Lachen bringen** faire rigoler qn
Lachen le rire
lächerlich ridicule *adj.*
Lage la situation
Lampenfieber le trac
Land le pays; *Gegensatz zur Stadt* la campagne → 2/A
landen (in einem Ort) (ê)se retrouver (dans un endroit)
Landschaft le paysage
Landstraße la route
lang long/longue *adj.*
lange longtemps *adv.*; **lange nach** bien après
langsam doucement *adv.*; lentement *adv.* → 4/2
langweilen (sich) (ê)s'ennuyer → 1/3
langweilig ennuyeux/-euse *adj.*
Lärm le bruit
lassen (etw.) laisser qc
Lastwagen le camion → 4/1
Latein *Sprache* le latin → 2/2
Lauf la course
laufen *im Kino* (ê)passer; courir; marcher; **(gut/schlecht) laufen** (bien/mal) (ê)aller; (bien/mal) (ê)se passer
launig gai/e *adj.*
Lavendel la lavande
Leben la vie
leben vivre
lebend(ig) vivant/e *adj.*; **etw. lebend überstehen** survivre à qc → 1/1
Lebenslauf le CV / le curriculum vitae → 3/2
Lebensmittel(vorrat) les provisions *f. pl.* → 4/1
Lebensmittelladen l'épicerie *f.*
Lebensunterhalt verdienen (seinen) gagner sa vie
Lebensweise le mode de vie → 2/A
lebhaft vivant/e *adj.*
lecker délicieux/-euse *adj.*
lediglich ne ... que
Lehrer/in le/la professeur / le/la prof *fam.*; l'enseignant/e → 3/A
leicht facile *adj.*
leiden (an etw.) souffrir (de qc) → 2/1
Leidenschaft la passion → 4/3
leidtun: Es tut mir leid. Je suis désolé/e.
leihen (jdm etw.) prêter qc à qn
leise doucement *adv.*; à voix basse → 4/1
lernen (etw.) apprendre qc
Lernen l'étude *f.* → 2/2
lesen (etw.) lire qc
letzter/letzte/letztes dernier/-ière *adj.*;
letztes Jahr l'année dernière *f.*
letztendlich finalement *adv.*
Leute les gens *m. pl.*; **es sind viele Leute da** il y a du monde
Licht la lumière
Liebe l'amour *m.*

ANNEXE

liebe/r *Briefanfang* cher/chère
lieben (etw.) aimer qc; **etw. sehr lieben** adorer qc
lieber mögen (etw.) préférer qc; **etw. lieber** + *Inf.* préférer + *inf.* qc
Lieblings- *in Verbindung mit einem Nomen* préféré/e *adj.*
Lied la chanson; *klassische Musik* le chant
liegen être situé/e
Lilie le lys
Linie la ligne
links à gauche
Lippe la lèvre
Liter le litre
literarisch littéraire *adj.* → 1/A
Literatur- *in Verbindung mit einem Nomen* littéraire *adj.* → 1/A
Loch le trou → 4/1
Löffel la cuillère → 4/1
Lohn le salaire → 3/1
Lore le wagonnet → 2/2
loslassen (jdn/etw.) lâcher qn/qc
Lösung la solution
Luft l'air *m.* → 2/2
Lust l'envie *f.*; **Lust haben auf etw. / zu** + *Inf.* avoir envie de qc / de + *inf.*; **Lust haben, etw. zu** + *Inf.* avoir envie de + *inf.*
lustig drôle *adj.*, fun *adj.*; **sich (über jdn/etw.) lustig machen** [(ê)]se moquer de qn/qc
Luxemburgisch *Sprache* le luxembourgeois
Lyoner/in le/la Lyonnais/e → 4/3

M

machen (etw.) faire qc; **Das hast du gut gemacht!** Tu as bien fait!
Mädchen la fille; la gamine *fam.*
Maghreb le Maghreb → 5/A; **aus dem Maghreb** maghrébin/e *adj.* → 5/A
maghrebinisch maghrébin/e *adj.* → 5/A
Magie la magie
Mahlzeit le repas
Mal la fois
malerisch pittoresque *adj.*
Mali le Mali
Mama la maman
man muss + *Inf.* il faut + *inf.*; **man muss nur** + *Inf.* il n'y a qu'à + *inf.*; **man muss wohl** (il) faut bien (que)
manche (Leute) certains/-es *adj.*
manchmal parfois *adv.* ; des fois
Mandel l'amande *f.* → 5/1
Mann l'homme *m.*
Mannschaft l'équipe *f.*
Mantel le manteau
Marathon le marathon → 1/3
Märchen le conte → 2/1
Markt le marché; ***arabischer Markt*** le souk → 5/1
Marokko le Maroc
Marone le marron
März mars
mäßig moyennement *adv.*
Master *Universitätsabschluss* le master → 3/1
Mathe les maths *f. pl. fam.* / mathématiques
Mauer le mur → 2/3
Maximum le maximum
Medaille la médaille
Medien les médias *m. pl.*
Medizin la médecine → 2/3
Meer la mer
Mehl la farine
mehr (als) de plus (que) *adv.*; **mehr** plus de qc *adv.* → 1/1; **mehr und mehr von etw.** de plus en plus de qc → 3/1
mehrere plusieurs *adj.*
Mehrheit la majorité → 5/A
mehrmals plusieurs fois
meiden (jdn/etw.) éviter qn/qc → 4/1
Meinung l'avis *m.*; l'expression *f.* → 2/1; **meiner Meinung nach** à mon avis
Meinungsfreiheit la liberté d'expression *f.* → 2/1
die meisten la plupart (de) → 5/A
Meister le/la champion/ne
Melone le melon
Menhir le menhir
Mensch la personne
Mensch – Natur – Umwelt *Schulfach* les S.V.T., Sciences de la Vie et de la Terre *f. pl.*
Menschenmenge la foule
Menschenrechte les droits de l'homme *m. pl.* → 2/A
Menschheit l'humanité *f.* → 2/3
menschlich humain/e *adj.*
merken (etw.) remarquer qc
merkwürdig bizarre *adj.* → 4/1; drôle *adj.* → 4/1
Messe la messe
Messer le couteau → 4/1
Meter le mètre
Methode la méthode → 2/A
Metzger/in le/la boucher/-ère → 3/A Exercice 4
Metzgerei la boucherie; la charcuterie
Milch le lait
Milchkaffee le café au lait → 4/1
Million le million
Minarett le minaret → 5/1
mindestens au moins
Mindestlohn *gesetzlich garantierter* le SMIC / le Salaire minimum interprofessionnel de croissance → 3/2
Mine la mine → 2/2
mini mini/e *adj.*
Minister/in le/la ministre → 2/1
Minute la minute
Minze la menthe → 5/1
Mistral le mistral
mit avec *prép.*
mit einem Namen versehen (jdn/etw.) baptiser qn/qc → 5/A
mit einem Wort bref *adv.* → 1/1
mitbringen (jdm etw.) rapporter qc à qn; apporter qc à qn; **etw./jdn mitbringen** amener qc/qn
mitkommen [(ê)]venir
mitnehmen (jdn) emmener qn
Mitschüler/in le/la camarade
Mittag midi; **um 12 Uhr mittags** à midi
mitteilen (jdm etw.) annoncer qc à qn
mittelmäßig moyen/ne *adj.*; moyennement *adv.*
Mittelmeer la mer Méditerranée
mitten im / in der en plein/e
Mitternacht minuit
mittlerer Schulabschluss le brevet
Mittwoch mercredi; **mittwochs** le mercredi
Mode la mode
Model le mannequin → 3/A
Moderator/in l'animateur/-trice → 3/A
modern moderne *adj.* → 2/A
modisch à la mode
mögen (etw.) aimer qc
möglich (etw. zu + *Inf.*) possible (de + *inf.*); **sein Möglichstes tun** faire tout son possible
Moment le moment; **in dem Moment als** au moment où
Monat le mois
Monster le monstre
Montag lundi; **montags** le lundi
morgen demain *adv.*
Morgen le matin; **heute Morgen** ce matin
Moschee la mosquée → 5/1
motivieren (sich) [(ê)]se motiver
Motorschlitten la motoneige
Motto la devise
Mousse la mousse
Möwe la mouette
MP3-Player le lecteur mp3
müde fatigué/e *adj.*
Müdigkeit la fatigue → 2/A
Muezzin *Gebetsrufer* le muezzin → 5/1
Multimediadesigner/in le/la concepteur/-trice multimédia → 3/A
Mund la bouche → 1/1
Musiker/in le/la musicien/ne → 5/1
Musikhochschule le conservatoire → 1/1
Musik la musique
muslimisch musulman/e *adj.*
müssen devoir; **etw.** + *Inf.* **müssen** avoir besoin de + *inf.* qc; **man muss** + *Inf.* il faut + *inf.*; **man muss wohl** il faut bien (que); **wir müssen** + *Inf.* il faut + *inf.*
Mut le courage; **all seinen Mut zusammennehmen** prendre son courage à deux mains; **den Mut haben zu** + *Inf.* avoir le courage de + *inf.*
Mutter la mère

N
na dann bon ben
Na sag doch! Dis toujours!
Na toll! Bonjour l'ambiance!
Na und? Et alors?
nach après *prép.;* **nach etw.** *Zeit* au bout de qc → 4/1
Nachbar/in le/la voisin/e
nachdem après avoir/être + *participe* → 3/1
Nachricht le message; la nouvelle
Nacht la nuit; **bis spät in die Nacht hinein** jusqu'à des heures impossibles
Nachmittag l'après-midi *m./f.*; **heute Nachmittag** cet(te) après-midi
nächste/nächster/nächstes prochain/e *adj.*
Nachteil l'inconvénient *m.* → 3/2
Nachtisch le dessert
nackt nu/e *adj.* → 2/2
Nagel l'ongle *m.;* **(an den) Nägel(n) kauen** (ê)se ronger les ongles
nagen (an etw.) ronger qc
nahe bei près de *prép.*
Nähe von (in der) du côté de → 3/2
nähern (sich jdm/etw.) (ê)s'approcher de qn/qc
naja ben
Name le nom; **seinen Namen zu Recht tragen** bien porter son nom → 2/1
Nase le nez
nass mouillé/e *adj.*
national national/e *adj.* → 1/A
National- *in Verbindung mit einem Nomen* national/e *adj.* → 1/A
Natur la nature; **Natur-** *in Verbindung mit einem Nomen* naturel/le *adj.* → 3/3
natürlich bien sûr; évidemment *adv.* → 4/3; naturel/le *adj.* → 3/3; **natürlich (nicht)** bien sûr que (non)
Nazi- *in Verbindung mit einem Nomen* nazi/e *adj.* → 4/A
neben à côté de *prép.*
Neffe le neveu
negativ négatif/-ive *adj.*
nehmen (etw.) prendre qc; **etw. von seiner guten Seite nehmen** prendre qc du bon côté → 3/3; **jdm etw. nehmen** priver qn de qc → 5/2
Neid la jalousie
nein non
nennen (etw.) appeler qc → 2/A
nerven (jdn) énerver qn
nett sympa *adj.;* gentil/gentille *adj.*
Netz le filet; **zum Netz gehen** (ê)monter au filet
neu nouveau(x)/nouvel/nouvelle(s) *adj.;* neuf/neuve *adj.* → 1/1
Neuerscheinung la nouveauté → 1/A
neugierig curieux/-euse *adj.*
nicht ne ... pas
nicht mehr ne ... plus
nicht mögen (etw.) détester qc
nicht viel pas grand-chose
nicht wahr? non?
nicht wirklich pas trop
Nichte la nièce
nichts ne ... rien
nie ne ... jamais
niederlassen (sich) (ê)s'installer
niedlich joli/e *adj.*
niemals ne ... jamais
niemand ne ... personne
Nobelpreis le Prix Nobel → 4/A
noch encore *adv.*
noch bis jusque dans *prép.* → 5/A
Norden le nord; **im Norden von** dans le nord de *adv.*
Nordosten le nord-est; **nordöstlich von etw.** au nord-est de qc *adv.*
normal normal/e *adj.*
normalerweise en général *adv.*
Note la note
nötig nécessaire *adj.* → 2/1
Nudeln les pâtes *f. pl.* → 4/3
Null le zéro; **eine Null sein (in)** être nul/le (en)
Nummer le numéro
nur juste *adv.* → 4/1; seul/e *adj.;* seulement *adv.;* ne ... que *adv.*
Nutzen ziehen (aus etw.) profiter de qc
nützlich (jdm/etw.) utile (à qn/qc) *adj.* → 2/1

O
Oase l'oasis *f.* → 5/1
ob si *conj.*
Obdachlose/r le/la SDF *fam.* / le/la Sans domicile fixe → 3/1
oberflächlich superficiel/le *adj.* → 4/2
Observatorium l'observatoire *m.* → 1/1
Obst les fruits
obwohl bien que *conj.* → 4/3
oder ou *conj.;* **oder aber** ou alors *adv.* → 4/1
offensichtlich évident/e *adj.* → 3/3;
offensichtlich ... il paraît que ...
öffnen (etw.) ouvrir qc
oft souvent *adv.*
oh je oh là là
ohne sans *prép.;* **ohne dass** sans que *conj.*
Ohr l'oreille *f.*
Ohrring la boucle d'oreille
ökologisch écologique *adj.* → 3/3
Olive l'olive *f.*
Olympische Spiele les Jeux olympiques *m. pl.*
Oma, Omi la mamie
Onkel l'oncle *m.*
Opa, Opi le papi
Oper l'opéra *m.*
Opernsänger/in le/la chanteur/-euse d'opéra
Opfer la victime
Optiker/in l'opticien/ne
optimistisch optimiste *adj.* → 3/3
Orange l'orange *f.*; **Orangensaft** le jus d'orange
Ordner le classeur → 1/A
Organisator/in l'organisateur/-trice → 3/2
organisieren (etw.) organiser qc
original original/e *adj.*
originell original/e *adj.*
Ort l'endroit *m.*
Osten l'est *m.;* **im Osten von etw.** dans l'est de qc *adv.*
Ostern Pâques *f. pl.* → 3/2
Österreich l'Autriche *f.* → 2/A
Ozean l'océan *m.* → 5/A

P
Paar la paire
Packeis la banquise
Packung le paquet
Paket le paquet
Palast le palais
Papier le papier; **Papiere** les papiers *m. pl.*
Pardon pardon
Parfüm le parfum
Pariser/in le/la Parisien/ne → 4/2
Park le parc
Parlament le parlement → 1/2
Partnerstadt la ville jumelée
Party la fête; **Party machen** faire la fête
Passage *Abschnitt eines Buches* le passage → 1/3
Passantenbefragung le micro-trottoir → 4/2
Passionsfrucht le fruit de la passion
Pate/Patin le parrain / la marraine
Pause la pause → 4/1; *in der Schule* la récréation / la récré *fam.*
Pelz la fourrure
Person la personne
Person ohne Aufenthaltsgenehmigung *illegaler Migrant* le/la sans-papiers → 1/3
Personenbeschreibung le portrait → 3/1
persönlich personnel/le *adj.* → 2/1
Pfeife la pipe → 4/1
pfeifen (auf jdn/etw.) (ê)se foutre de qn/qc *fam.*
Pfeiler le pilier → 4/A
Pferd le cheval
Pfirsichbaum le pêcher → 5/2
pflegen (etw.) cultiver qc → 2/1; **jdn pflegen** soigner qn → 3/1
Philosoph/in le/la philosophe → 2/A
Philosophie la philosophie → 2/1
Physik la physique
Pickel le bouton
Picknick le pique-nique
piepegal sein (einem) n'en avoir rien à foutre *fam.*
Piercing le piercing
Pilot/in le/la pilote d'avion → 3/A
Piste la piste
pittoresk pittoresque *adj.*
Plan le plan
Planet la planète
Plantage la plantation → 5/2
Platz la place

ANNEXE

plötzlich tout à coup *adv.*
Poesie la poésie
Polen la Pologne
Politik la politique
Politiker/in le/la politicien/ne
Politikwissenschaft les sciences politiques *f. pl.* → 3/1
politisch politique *adj.* → 2/A
Politologie les sciences politiques *f. pl.* → 3/1
Polizei la police
Polizeidienststelle le commissariat
Polizeikommissar/in le/la commissaire de police → 3/1
Polizist/in le/la gendarme; le/la policier / femme policier → 3/1
populär populaire *adj.*
Porträt le portrait → 3/1
positiv positif/-ive *adj.*
Post la poste → 2/3
Postkarte la carte postale
prägen (etw./jdn) marquer qc/qn
Praktikum le stage
praktisch pratique *adj.* → 3/2
praktizieren pratiquer qc → 5/A
praxisorientiert pratique *adj.* → 3/2
Preis le prix; *eines Wettbewerbs* le prix → 1/3
Preisträger/in le/la lauréat/e → 1/3
Preußen la Prusse → 2/A
Probe la répétition
Probezeit absolvieren faire un essai → 3/1
Problem le problème
Profi le/la pro *fam.* / le/la professionnel/le
Programm le programme
Projekt le projet
Prospekt le dépliant; le prospectus
protestieren (gegen etw.) protester (contre qc)
Provinz la province → 5/A
provisorisch provisoire *adj.*, provisoirement *adv.*
provozieren (jdn) provoquer qn
Prozent pour cent
Prozentsatz le pourcentage
Prüfung l'examen *m.*
Pst! Chut!
Publikum le public
Pullover/Pulli le pullover / le pull *fam.*
Punkt le point
pünktlich sein être à l'heure
Pute la dinde; ***eine mit Kastanien gefüllte Pute*** la dinde aux marrons
Pyramide la pyramide

Q
Qualle la méduse
quatschen tchatcher *fam.*
Quebec le Québec; **aus Quebec** québécois/e *adj.*
Quiz le quiz

R
Radio la radio
Randalierer le casseur
Rap le rap
Rassismus le racisme
Rat le conseil
Rathaus l'hôtel de ville *m.*
rauben (etw.) voler qc → 5/2; **jdm etw. rauben** priver qn de qc → 5/2
rauchen (etw.) fumer (qc)
reagieren (auf etw.) réagir à qc
Reaktion la réaction
Realität la réalité → 4/2
rechnen calculer; **mit etw. rechnen** attendre qc
Rechnung l'addition *f.* → 3/2
Recht le droit; **Recht haben** avoir raison; **das Recht haben, etw. zu +** *Inf.* avoir le droit de + *inf.*
rechts à droite
Rechtschreibung l'orthographe *f.*
Rechtsprechung la justice → 2/A
Rechtswissenschaft le droit → 3/1
rechtzeitig à temps
reden (von jdm) parler de qc
Referat l'exposé *m.*
reformieren (etw.) réformer qc → 2/A
Refrain le refrain
Regel la règle
regelmäßig régulier/-ière *adj.* → 1/1
regeln (etw.) régler qc
Regelung (gesetzliche) la règlementation → 3/2
Regen la pluie
Regierung le gouvernement → 4/A
Region la région
regnen pleuvoir ⚠ *nur 3. Pers. Sg.*
reich (an etw.) riche (en qc) *adj.* → 2/1
Reich l'empire *m.* → 2/A
reichen (jdm etw.) passer qc à qn; tendre (qc à qn)
reif mûr/e *adj.*
Reihe le tour; **Du bist an der Reihe.** C'est ton tour.
reimen (sich auf etw.) rimer (avec qc) → 4/1
reinigen (etw.) nettoyer qc
Reise le voyage; **auf Reisen sein** être en voyage
Reiseführer *Buch* le guide
Reiseführer/in *Person* le/la guide
reisen voyager
Reisetagebuch le carnet de route → 5/1
reißen (etw./jdn mit sich) entraîner qc/qn
Religion la religion
Rennen la course
Rennrad le vélo de course
Rennradbahn *Hauptstadion von Marseille* le vélodrome
Rente la retraite → 3/3
Reporter/in le/la reporter → 3/A
Republik *wichtige Phase der Französischen Revolution* la République → 2/A
Resolution la résolution → 1/2
respektieren (jdn/etw.) respecter qn/qc → 4/2
Rest le reste
Restaurant le restaurant
Revolte la révolte
revoltieren (gegen jdn/etw.) [ê]se révolter contre qn/qc → 2/2
Revolution la révolution → 2/A
Richter/in le/la juge → 2/2
richtig juste *adj.*
Richtung la direction; le sens
riechen (etw.) sentir qc → 5/1
riesig énorme *adj.*; énormément *adv.* → 4/3
Ring la boucle
Rock la jupe; *Musikstil* le rock
rodeln faire de la luge
Rodelschlitten la luge
Roman le roman → 1/3
romantisch romantique *adj.* → 4/2
Römer/in le/la Romain/e
römisch romain/e *adj.*
rosa rose *adj.*
rosarot rose *adj.*
rot rouge *adj.*; **rot werden** rougir; **rote Ampel** le feu rouge → 4/2
rothaarig roux/rousse *adj.* → 4/1
Rücken le dos
Rückkehr le retour → 2/1
Rucksack le sac à dos → 4/1
Ruf la réputation; l'appel *m.* → 5/1
rufen (jdn) appeler qn
ruhig calme *adj.*
Runde le tour
Rundfunk la radio → 3/1
Russe/Russin le/la Russe → 4/A
Russland la Russie → 2/A

S
Sache la chose; le truc; **Sachen** les affaires *f. pl.*
Saft le jus
sagen (jdm etw.) dire qc (à qn); **sagen (sich etw.)** [ê]se dire qc; **man sagt, dass ...** il paraît que ...
Sahne la crème
Salat la salade
Salbe la crème
Salon *literarischer* le salon → 2/1
Salz le sel
Sammlung (Gesetzes-) le recueil (de lois) → 2/A
Samstag samedi; **samstags** le samedi
Sand le sable → 5/A
Sandwich le sandwich → 4/2
Sänger/in le/la chanteur/-euse
Satz la phrase
sauber propre *adj.* → 4/1
säubern (etw.) nettoyer qc
Säuglings-/Kinderkrankenschwester la puéricultrice → 3/A
Säule le pilier → 4/A
Saxophon le saxophone

Schaf le mouton → 4/2
schaffen (etw.) arriver à qc; **schaffen (etw.)** *kreieren* créer qc → 1/2; **schaffen, etw. zu** + *Inf.* arriver à + *inf.* qc; finir par + *inf.* qc → 3/1
Scham la honte
schämen (sich) (für etw./jdn) avoir honte de qc/qn; **sich schämen zu** + *Inf.* avoir honte de + *inf.*
schätzen wissen (etw./jdn zu) apprécier qc/qn → 4/3
Schaufel la pelle → 5/2
Schauspieler/in l'acteur/l'actrice
scheiden lassen (sich) divorcer → 3/3
scheinen: es scheint, dass ... il paraît que ...
Scheitern l'échec *m.*
schenken (jdm etw.) offrir (qc à qn)
scherzen plaisanter → 2/1
schicken (jdm etw.) envoyer qc (à qn)
Schicksal le destin → 5/2
schieben (jdn/etw.) pousser qn/qc
Schiedsrichter l'arbitre *m./f.*
schießen marquer
Schiff le bateau
Schild l'écriteau *m.*
schimpfen (mit jdm) gronder qn
Schinken le jambon
Schirmmütze la casquette
schlafen dormir; **schlafen gehen** (ê)aller se coucher
Schlafsack le sac de couchage
Schlafzimmer la chambre
Schlag le coup → 2/2
schlagen (jdn/etw.) battre qn/qc → 2/A
Schlagzeug la batterie
Schlagzeuger/in le/la batteur/-euse
Schlange le serpent → 5/1
schlecht mal *adv.*; nul/le *adj.*; mauvais/e *adj.*
schließlich finalement *adv.*
Schlitten *zum Rodeln* la luge; le traîneau; **Schlitten fahren** faire de la luge
Schlittschuh le patin à glace
Schloss le château
schließen (etw.) fermer qc
schlucken (etw.) avaler qc
Schlüssel la clé; **Schlüsselwort** le mot-clé → 2/A
schmelzen fondre
Schmelzen la fonte → 2/3
Schmerz la douleur; **Schmerzen haben** avoir mal (à)
Schmöker le bouquin *fam.* → 1/3
Schmuck le bijou → 5/1
schmücken (etw.) décorer qc
schmutzig sale *adj.*
Schnäppchen l'affaire *f.*
schnaufen souffler
Schnee la neige
schneebedeckt (sein) (être) couvert/e de neige *adj.*
Schneekanone le canon à neige
Schneemobil la motoneige
Schneeschuhe les raquettes *f. pl.*
schneiden (etw.) couper qc
schneien neiger
schnell vite *adv.*
Schnitzeljagd le jeu de piste → 3/2
Schock le choc → 1/3
schockiert choqué/e *adj.*
Schokolade le chocolat; **Schokoladencreme** la mousse au chocolat
schon déjà *adv.*
schön beau(x)/bel/belle(s) *adj.*
Schrank l'armoire *f.*
schrecklich terrible *adj.* → 2/3
schreiben (jdm etw.) écrire qc (à qn); **unsauber schreiben** écrire comme un chat
Schreibfeder la plume → 2/1
schreien crier; hurler → 4/1
Schriftsteller/in l'écrivain *m.* → 1/3
Schritt le pas → 4/A
schubsen (jdn) bousculer qn
Schuh la chaussure
Schuhgröße (44) haben faire du (44)
Schulalltag la vie du collège
Schuld la faute
Schule l'école *f.*
Schüler/in l'élève *m./f.*
schulisch scolaire *adj.*
Schuljahr l'année scolaire *f.*
schummeln tricher
schützen (jdn/etw.) protéger qn/qc → 5/2
schwärmen (für jdn) craquer pour qn
schwarz noir/e *adj.*
Schwarzwald la Forêt-Noire → 4/1
schwatzhaft bavard/e *adj.* → 4/1
Schweden la Suède → 2/A
schweigen (ê)se taire
Schweiz la Suisse → 2/1
schweizerisch suisse *adj.* → 1/3
schwer lourd/e *adj.*
schwerfällig lourd/e *adj.* → 4/2
Schwester la sœur
Schwiegertochter/Schwiegersohn la belle-fille / le beau-fils → 4/1
schwierig dur/e *adj.*; difficile *adj.*
Schwimmbad la piscine
Schwimmen la natation
schwimmen nager
Schwimmer/in le/la nageur/-euse
See le lac
Seehund le phoque
sehen (etw.) voir qc; **sich sehen als ...** (ê)se voir comme ...
sehr énormément *adv.* → 4/3; vachement *adv. fam.* → 4/3
sehr gut très bien
sein être
seit depuis *adv.*; depuis que *conj.* → 2/2; dès *prép.* → 1/3
seitdem depuis *adv.* → 2/1
Sekretär/in le/la secrétaire → 3/A
selbstverständlich évidemment *adv.* → 4/3
selbst wenn même quand; même si
selten rare *adj.* → 1/1
seltsam bizarre *adj.*, curieux/-euse *adj.*, drôle *adj.* → 4/1
Sendung l'émission *f.* → 3/3
sentimental sentimental/e *adj.*
seufzen soupirer → 4/1
sexy sexy *adj.*
shoppen faire les magasins
Shorts le short
sich mit der Idee anfreunden, etw. zu + *Inf.* être chaud/e pour + *inf. fam.*
sicher sûr/e *adj.*
Sicherheit la sécurité → 3/2
sicherlich sûrement *adv.*
Sicht la vue
Siedlung la cité
singen (etw.) chanter (qc)
Sinn le sens
Sirene la sirène
Situation la situation
Sitz le siège
sitzen être assis/e
Sitzplatz la place
Sitzung la session → 1/A
Sketch le sketch
Ski le ski; **Skifahren** faire du ski
Skorpion le scorpion → 5/1
Skulptur la sculpture
SMS le SMS
so comme ça *adv.*; **so** + *Adj.* aussi + *adj.*; **so** + *Adj.* **dass** si + *adj.* que
so viel autant *adv.*
sobald dès que *conj.* → 1/3
Sofa le canapé
sofort tout de suite; aussitôt *adv.* → 5/2
sogar même *adv.*
Sohn le fils
Soldat/in le/la soldat/e
sollen devoir
Sommer l'été *m.*
Sonder- *in Verbindung mit einem Nomen* exceptionnel/le *adj.*
Sonne le soleil → 2/A
sonnengebräunt bronzé/e *adj.* → 1/1
Sonnenkönig *Bezeichnung des französischen Königs Ludwig XIV.* le Roi-Soleil → 2/A
Sonntag dimanche; **sonntags** le dimanche
sonst sinon *adv.*
Sorge le souci; **sich Sorgen machen** (ê)se faire du souci; (ê)s'inquiéter → 4/1; **sich Sorgen machen um etw./ jdn** (ê)se prendre la tête pour qc/qn *fam.* → 3/3
Sorgfalt le soin → 1/1
Sorte l'espèce *f.*
Souvenir le souvenir
sowieso de toute façon
sozial social/e *adj.* → 1/2
Sozialarbeiter/in l'assistant/e social/e → 3/A
Sozialkunde *Gemeinschaftskunde* l'éducation civique *f.*
Spanisch *Sprache* l'espagnol *m.*
Spannung le suspense → 1/3
Spaß haben (ê)s'amuser

ANNEXE

Spaß machen plaisanter → 2/1
spät tard *adj.*; **bis spät in die Nacht hinein** jusqu'à des heures impossibles
spazieren gehen (ê)se balader
Spaziergang la balade; **einen Spaziergang machen** faire une balade
spezialisieren (sich auf etw.) (ê)se spécialiser dans qc → 3/2
Spiel le jeu; *Sport* le match
spielen (etw.) jouer de/à qc; (ê)se passer; **grottenschlecht spielen** jouer comme un pied
Spieler/in le/la joueur/-euse
Spielzeug le jouet
spießig ringard/e *adj.*
Spitzhacke le pic → 2/2
Spitzname le petit nom → 4/1
Sponsor le parrain
Sport le sport
Sportfeld le terrain
Sportinternat l'internat sport-études *m.*
sportlich sportif/-ive *adj.*
Sportschuh la basket
Sportunterricht l'E.P.S. *f.* / l'éducation physique et sportive *f.*
Sprache la langue
sprechen (mit jdm) parler avec qn; parler à qn; **(von jdm/etw.)** parler de qn/qc
Spur la trace
spüren (etw.) sentir (qc)
staatlich subventionierte Wohnung le HLM, l'habitation à loyer modéré *f.*
Staatspräsident (französischer) le Président de la République
Stadion le stade
Stadt la ville
Stadtviertel le quartier
Stadtzentrum le centre-ville
Stahl l'acier *m.* → 4/A
ständig constamment *adv.* → 4/3
Standpunkt la position → 1/2
Star la star
stark (in) fort/e (en) *adj.*
Stärke le point fort → 3/A Exercice 4
Start le départ → 1/1
Station la station
Statistik la statistique
statt etw./jdm à la place de qc/qn → 3/3
stattfinden avoir lieu
stecken (ê)passer
stehen (jdm) (ê)aller à qn → 1/1; **stehen bleiben** (ê)s'arrêter
stehlen (etw.) voler qc → 5/2
Stein la pierre
Stelle la place; l'emploi *m.*; **an ihrer Stelle** à leur place; **an Stelle von etw./jdm** à la place de qc/qn → 3/3
stellen (etw.) poser qc; mettre qc; **jdm eine Frage stellen** poser une question à qn
Stellvertreter/in le/la remplaçant/e
sterben (an etw.) (ê)mourir de qc → 2/A
Stern l'étoile *f.* → 1/1
Sternwarte l'observatoire *m.* → 1/1
Stichwort le mot-clé → 2/A
Stiefel la botte
Stier le taureau
Stierkampf l'abrivado *m.*
Stil le look
still *Wasser* plat/e *adj.*; calme *adj.*; **Still!** Chut!
Stimme la voix
Stimmung l'ambiance *f.*
Stollen *unterirdischer Gang* la galerie → 2/2
stolz sein (auf jdn/etw.) être fier/fière (de qn/qc)
stören (jdn/etw.) déranger qn/qc
stoßen (jdn/etw.) pousser qn/qc → 2/2
Strand la plage
Straße la rue
Strecke le trajet
strecken passer
streichen supprimer qc
Streit la dispute
streiten (sich (mit jdm)) (ê)se disputer (avec qn)
streng sévère *adj.*
Stress le stress
Strömung le courant
Stück le morceau → 2/2
studieren faire des études; suivre des études → 3/1
Studium l'étude *f.* → 2/2; les études *f. pl.*
Stuhl la chaise
Stunde l'heure *f.*; **stundenlang** pendant des heures; **Viertelstunde** le quart d'heure
Stundenkilometer le kilomètre-heure → 2/2
Stundenplan l'emploi du temps *m.*
suchen (etw.) chercher qc; chercher du regard
Süden le sud
Sultan le sultan → 5/2
super super *adj.*; **super-** + *Adj.* *adj.* + comme tout
Suppe la soupe
Surfen le surf
süß adorable *adj.*
sympathisch sympa *adj.*
System (politisches) le système (politique) → 1/2
Szene la scène; **eine Szene machen** faire une scène

T

Tag le jour; la journée; **an jenem Tag** ce jour-là; **am nächsten Tag** le lendemain; **der nächste Tag** le lendemain; **jeden Tag** tous les jours; **Tag und Nacht** jour et nuit → 5/2
Tagebuch le journal
Talent le talent → 2/1
Tamtam le tam-tam
Tannenbaum le sapin
Tante la tante; *Frau* la meuf *fam.*
tanzen danser
Tasche le sac; *Kleidung* la poche
Taschengeld l'argent de poche *m.*
Taste le bouton → 4/1
tatsächlich, in der Tat en effet → 5/2
taub sourd/e *adj.*
taufen (jdn/etw.) baptiser qn/qc → 5/A
tauschen (etw. gegen etw.) échanger qc
Team l'équipe *f.*
Technik la technique → 2/3
Tee le thé
Teil la partie → 2/3
teilen (etw. mit jdm) partager (qc avec qn)
teilnehmen (an etw.) participer à qc
Teilnehmer/in le/la participant/e → 3/2
Telefon le téléphone
telefonieren (mit jdm) téléphoner (à qn)
Telefonzelle la cabine téléphonique
Teleskop le télescope → 1/1
Teller l'assiette *f.* → 4/1
Tennis le tennis
Teppich le tapis
Terrasse la terrasse → 5/1
Terrorismus le terrorisme → 3/3
Test le test
teuer cher/chère *adj.*
Text le texte → 2/2
Textmarker le surligneur → 1/A
Theater le théâtre
Thema le sujet
theoretisch (orientiert) théorique *adj.* → 3/2
tief profond/e *adj.*
Tier l'animal *m.*
tierisch vachement *adv. fam.* → 4/3
Tisch la table; **bei Tisch sitzen** être à table; **den Tisch decken** mettre le couvert; **sich zu Tisch setzen** (ê)se mettre à table
Tischtennis le tennis de table
Tochter la fille
Tod la mort
todmüde crevé/e *adj.*
Toilette les toilettes *f. pl.*
Toleranz la tolérance → 2/A
toll formidable *adj.*; chouette *adj.*; génial/e *adj.*
Toningenieur/in l'ingénieur du son *m.* → 3/A
Tor le but; **ein Tor schießen** marquer un but
tot mort/e *adj.*
total total/e *adj.* → 5/A
töten (jdn/etw.) tuer (qn/qc) → 2/2
Tour la balade
Tourismus le tourisme
Tourist le/la touriste
Tradition la tradition
tragen (etw.) porter qc
Trainer/in l'entraîneur/-euse
Training l'entraînement *m.*
Träne la larme; **Tränen in den Augen haben** avoir les larmes aux yeux → 4/1
Transportwesen les transports *m. pl.* → 1/2
trauen (sich) oser + *inf.*; **jdm trauen** faire confiance à qn → 4/2
Traum le rêve

träumen (von etw.) rêver (de); **träumen etw. zu + *Inf.*** rêver de + *inf.*; **Träum ruhig weiter!** Tu peux toujours rêver!
traurig triste *adj.*
treffen (sich wieder) [(ê)]se retrouver; **jdn treffen** rencontrer qn
treten (auf jdn/etw.) marcher sur qn/qc
Trimester le trimestre
trinken (etw.) boire qc
Trinkschale le bol → 4/1
trocken sec/sèche *adj.*
trotz malgré *prép.*
trotzdem quand même; pourtant *adv.* → 3/1
Truppe la troupe → 4/A
Tschüss! Salut!
T-Shirt le tee-shirt
tun (etw.) faire qc
Tundra la toundra
Tunesien la Tunisie → 5/A
Tunesier/in le/la Tunisien/ne → 5/1
Tür la porte
Turm la tour
Turnier le tournoi
Turnschuh la basket

U

U-Bahn le métro
übel sein avoir mal au cœur
Übelkeit empfinden avoir mal au cœur
über etw./jdn/jdm au-dessus de qc/qn
über Gott und die Welt reden parler de tout et de rien
überall partout *adv.*
überfallen (etw.) braquer qc *fam.*; envahir qc → 4/A
überhaupt nicht pas du tout
überleben (etw.) survivre à qc → 1/1
überlegen réfléchir
übermorgen après-demain *adv.* → 5/1
übernehmen (etw.) reprendre qc → 3/A Exercice 4
überprüfen (etw.) vérifier qc → 4/2
überqueren (etw.) traverser (qc)
Überraschung la surprise
Überrest le vestige
übersetzen (jdm etw.) traduire (qc à qn) → 4/1
Übersetzer/in le/la traducteur/-trice → 3/A Exercice 4
Übersicht la vue d'ensemble
übertreiben (etw.) exagérer qc
überwachen (jdn/etw.) surveiller qn/qc → 4/3
überzeugen (jdn von etw.) convaincre qn (de qc) → 4/2
überzeugt sein von etw. être chaud/e pour qc *fam.*
übrigens d'ailleurs
Übung l'exercice *m.*
Ufer le bord; la rive; **am Ufer der/des + *Flussname*** au bord de
Uhr l'horloge *f.*; la montre *Armbanduhr*; **ein Uhr morgens** une heure du matin; **um wie viel Uhr?** à quelle heure?
um ... zu pour + *inf.*
umdrehen (sich) [(ê)]se retourner
Umfeld le milieu → 1/2
Umfrage l'enquête *f.* → 2/3
umgekehrt inversement *adv.* → 4/2
umkippen [(ê)]se renverser
umschauen (sich) regarder autour de soi → 2/2
umsteigen changer (de qc)
umtauschen (etw.) échanger qc
Umwelt l'environnement *m.* → 3/3
Umweltverschmutzung la pollution → 2/3
umziehen déménager
Unabhängigkeit l'indépendance *f.* → 5/A
unbedingt absolument *adv.*
unecht faux/fausse *adj.*
und et *conj.*
Ungeheuer le monstre
unglaublich incroyable *adj.*; incroyablement *adv.*
Unglück le malheur → 3/3
unglücklich malheureux/-euse *adj.*
Universität l'université *f.* → 3/1
unmöglich (etw. zu + *Inf.*) impossible (de + *inf.*)
unruhig inquiet/-iète *adj.*
unschuldig innocent/e *adj.* → 5/2
unter *prép.* sous; **unter anderem** entre autre → 3/3
untergehen *Sonne* [(ê)]se coucher → 5/A
unterhalten (sich über etw.) discuter de qc
unterirdisch souterrain/e *adj.*
Unternehmen l'entreprise *f.*
Unterricht le cours; l'enseignement *m.* → 5/A; **Unterricht haben** avoir cours
Unterrichtsfach la matière
Unterrichtsraum la salle de cours → 2/2
Unterrichtsstunde le cours
Unterschied la différence → 4/2
unterschreiben (etw.) signer qc
Untertasse la soucoupe
unterzeichnen (etw.) signer (qc)
unverschämt insolent/e *adj.* → 2/1
Urlaub les vacances *f. pl.*; **im Urlaub** en vacances
Ursprung l'origine *f.* → 4/2
Urteil le jugement → 2/1

V

Vanille la vanille
Vater le père
verabschieden (etw.) voter qc → 1/2
verachten (jdn/etw.) mépriser qn/qc → 4/2
verallgemeinern généraliser
Veränderung le changement
verantwortlich responsable *adj.* → 3/1
verärgern (jdn) fâcher qn → 5/2
Verband l'association *f.*
verbannen (jdn) exiler qn → 2/1
verbergen (etw.) cacher qc
verbinden (durch eine Städtepartnerschaft) jumeler → 4/A
verboten (zu + *Inf.*) interdit/e (de) *adj.*
Verbrechen le crime → 2/2
Verbrecher/in le/la criminel/le → 3/1
verbringen passer
verdienen *Geld* gagner qc
Verein le club
vereinen unir → 4/A
Vereinigte Staaten les États-Unis *m. pl.*
Vereinigung l'association *f.*
verfassen (etw.) rédiger qc → 1/2
verfolgen (jdn) poursuivre qn → 3/1
Vergangenheit le passé
vergehen passer
vergessen (etw.) oublier qc
vergleichen (etw. mit etw.) comparer (qc avec qc) → 2/3
Verhalten le comportement → 3/2
verhauen (seinen Aufschlag) rater (son service)
verhindern éviter → 3/2
verkaufen (etw.) vendre qc
Verkäufer/in le/la vendeur/-euse
verlassen (jdn/etw.) quitter qc/qn
verlaufen (gut/schlecht) [(ê)]se passer (bien/mal)
verletzen (jdn) blesser qn → 3/1
verliebt amoureux/-euse *adj.*; **in jdn verliebt sein** être amoureux/-euse de qn
verlieren (jdn/etw.) perdre qn/qc
vermeiden etw./jdn zu + *Inf.* éviter de + *inf.* qc/qn → 4/2
vermissen (etw.) regretter qc → 2/2
Vermisstenanzeige aufgeben faire une déclaration
vermuten (etw.) supposer qc
vernichten faire disparaître → 2/3
verpassen (etw.) rater qc
verrückt (nach) fou(x)/fol/folle(s) (de) *adj.*
Verrückte/r le fou / la folle
Versammlung l'assemblée *f.* → 1/A
verschicken (etw.) envoyer qc
verschieden différent/e *adj.*
verschlingen (etw.) dévorer qc → 5/2
verschlucken (sich) avaler de travers
verschmutzen (etw.) *Umwelt* polluer qc → 5/1
verschwinden disparaître → 2/3
Versöhnung la réconciliation → 2/3
Verspätung le retard
versprechen (jdm etw.) promettre qc à qn
Verstand verlieren (den) perdre la tête
verstecken (etw.) cacher qc
verstehen (etw.) comprendre qc; **sich mit jdm (gut/schlecht) verstehen** [(ê)]s'entendre avec qn (bien/mal)
Verstümmelung la mutilation
Versuch l'essai *m.*
versuchen (etw.) essayer qc; **versuchen, zu + *Inf.*** essayer de + *inf.*
Versuchung la tentation
verteidigen (etw./jdn) défendre qc/qn → 1/2
verteilen (etw.) distribuer qc

ANNEXE

vertieft sein (in etw.) être plongé/e dans qc → 4/1
Vertiefung l'approfondissement *m.* → 3/2
Vertrag le contrat; le traité → 4/A
vertrauen (jdm/etw.) avoir confiance en qn / dans qc; faire confiance à qn/qc → 4/2
Vertrauen la confiance; **Vertrauen in jdn/etw. haben** avoir confiance en qn / dans qc
verträumt sein être dans les nuages
vertreten (jdn/etw.) représenter qn/qc → 1/2
Vertretung le/la remplaçant/e
verursachen (etw.) provoquer qc
verurteilen (jdn zu etw.) condamner qn à qc → 5/2
vervollkommnen (etw.) perfectionner qc → 3/3
Verwaltungsapparat l'administration *f.* → 2/A
Verwaltungshochschule l'École nationale supérieure *f.* → 3/1
verwickeln (etw./jdn) impliquer qc/qn → 2/3
verwirklichen (etw.) réaliser qc
verwirrt troublé/e *adj.*
verwöhnen (jdn) gâter qn
Verzeihung pardon
verzichten (auf etw.) renoncer à qc
Viadukt le viaduc
Videoclub le club-vidéo
viel/e beaucoup de *adv.;* plein de *adv.;* **viele Grüße und Küsse** *Briefende* grosses bises
vielfältig varié/e *adj.*
vielleicht peut-être *adv.*
Viertel le quart; *Stadtviertel* le quartier;
Viertelstunde le quart d'heure
Vogel l'oiseau *m.* → 5/2
Volk le peuple
voller Leute noir de monde
Volleyball le volley *Sportart*
Volleyballverein le club de volley
völlig tout à fait; complètement *adv.* → 1/3
völlig durchdrehen perdre les pédales *fam.* → 1/3
von de; **von dem/der** dont → 2/2; **von dort oben** de là-haut; **von euch/Ihnen** d'entre vous; **(etw.) von neuem anfangen** recommencer qc; **von nun an** désormais *adv.* → 4/3; **Von wegen!** Tu parles!; **von ... bis** de ... à; **von Zeit zu Zeit, ab und zu** de temps en temps
vor *räumlich* devant *prép.*; **vor allem** surtout *adv.*; **vor** *zeitlich* avant *prép.*, il y a; **vor Christus, v. Chr.** avant Jésus-Christ, av. J.-C. → 5/A
Vorabend la veille; **am Vorabend** la veille
vorankommen avancer
voraussehen (etw.) prévoir qc → 2/1
vorbeidribbeln (an jdm) dribbler qn
vorbeigehen (an jdm) [ê]passer devant qn
vorbereiten (etw.) préparer qc
Vorfahr/in l'ancêtre *m./f.*
vorgefasste Meinung l'idée toute faite *f.* → 4/2
Vorgefühl le pressentiment → 4/1
vorläufig provisoire *adj.*, provisoirement *adv.*
***vorletzte Klasse im* lycée** la première → 1/1
Vorname le prénom
Vorsatz la résolution
vorschlagen (jdm etw.) proposer qc (à qn)
vorsichtig prudent/e *adj.* → 2/1
Vorstadt la banlieue
vorstellen (jdm jdn/etw.) présenter qn/qc à qn; **sich etw. vorstellen** [ê]s'imaginer qc; **sich vorstellen zu** + *Inf.* [ê]s'imaginer de + *inf.*
Vorstellung le spectacle
Vorteil l'avantage *m.*
vorübergehend provisoire *adj.*, provisoirement *adv.*
Vorurteil le préjugé → 4/2
vorwärtsschieben (jdn/etw.) pousser qn/qc
Vulkan le volcan

W

Wächter le garde → 5/2
Waffe l'arme *f.* → 2/3
Waffenruhe la trêve
Waffenstillstand l'armistice *m.* → 4/A
Wagen la voiture
Wahl l'élection *f.*
wahr vrai/e *adj.*
während pendant *prép.;* pendant que; alors que → 4/3
Wahrheit la vérité → 4/2
wahrscheinlich probablement *adv.* → 4/2
Wald la forêt
Waldbrand le feu de forêt
Wandschrank le placard → 4/1
wann quand
warm chaud/e *adj.*; **es ist warm** il fait chaud; **jdm ist warm** avoir chaud
warmherzig chaleureux/-euse *adj.*
warnen (jdn) prévenir qn → 5/2
warten (auf jdn/etw.) attendre qn/qc
warum pourquoi
was ...? qu'est-ce que ...?; quoi; **was** *Relativpronomen* ce que; ce qui; **Was bedeutet das?** Qu'est-ce que ça veut dire?; **Was ist los?** Qu'est-ce qui se passe?
Wäsche le linge → 4/1
Wasser l'eau *f.;* **ins Wasser fallen** [ê]tomber à l'eau
Wechsel le changement
wechseln (etw.) changer qc
weder ... noch ... ne ... ni ... ni ...; ni ... ni ... ne ... *beim Subjekt* → 4/1
Weg le chemin
wegen à cause de
weggehen [ê]partir; [ê]s'en aller → 5/2
weglassen supprimer qc
wegziehen déménager
wehtun avoir mal (à)
Weihnachten Noël *m.*
Weihnachtsbaum le sapin
***Weihnachtskuchen** in Form eines Holzscheits* la bûche de Noël
weil parce que; car *conj.*
Wein le vin
Weinberg la vigne
weinen pleurer
Weise la manière
weiß blanc/blanche *adj.*
weit (von) loin (de) *adv.*
weiter + *Inf.* continuer de + *inf.*
weitergehen continuer
weitermachen continuer
welcher/welche/welches? quel/quelle?; *als Fragewort* lequel/laquelle/lesquels/lesquelles; *als Fragewort in Verbindung mit der Präposition* à auquel/à laquelle/auxquels/auxquelles; *als Fragewort in Verbindung mit der Präposition* de duquel/de laquelle/desquels/desquelles
Wellenreiten le surf
Welt le monde; **Welt-** *in Verbindung mit einem Nomen* mondial/e *adj.* → 2/3; **zur Welt kommen** [ê]naître → 2/A
wenige (Minuten) quelques (minutes) *adj.*
weniger moins *adv.;* de moins → 2/2
wenn quand; si
Wenn ich es noch einmal zu tun hätte ... Si c'était à refaire ... → 4/3
wenn man erst einmal ... ist une fois ... → 3/1
wer qui; **Wer ist das?** C'est qui?
Werbung la publicité, la pub *fam.*; **für sich Werbung machen** faire sa pub
werden [ê]devenir
werfen (etw.) lancer qc; **etw. auf den Boden werfen** jeter qc par terre → 4/1
Werkstatt l'atelier *m.*
Westen l'ouest *m.*
Westufer la rive ouest
Wettbewerb le concours
Wetter le temps; **Es ist schönes Wetter.** Il fait beau.; **Wie ist das Wetter?** Quel temps fait-il?
wichtig (zu + *Inf.***)** important/e (de + *inf.*) *adj.*
widerlich sale *adj.* → 4/1
Widerstand la résistance → 4/A
wie? comment *adv.*; **wie** comme *adv.*; **Wie alt bist du?** Tu as quel âge?; **Wie geht's?** Ça va?; **Wie heißt du?** Tu t'appelles comment?; **Wie ist das Wetter?** Quel temps fait-il?; **Wie teuer sind sie?** Ils coûtent combien?; **wie viel?** combien (de)? *adv.*; **Wie viel Uhr ist es?** Il est quelle heure?; **Wie weit bist du?** Tu en es où? → 1/3
wieder anfangen zu arbeiten reprendre le travail
wieder mit der Schule anfangen faire sa rentrée → 1/A

wiedergeben (jdn etw.) rendre qc à qn
wiederholen (etw.) répéter qc; **wiederholen (eine Klasse)** redoubler (une classe)
Wiederverwertung le recyclage → 4/2
Wilde/r le/la sauvage → 2/2
Wille le vœu → 5/2
Willkommen! Bienvenue!
Winkel le coin
Winter l'hiver *m.*
wir/ihr/Sie/sie beide nous/vous/eux deux → 4/1
wir müssen + *Inf.* il faut + *inf.*
Wir sind weder das Eine noch das Andere. On n'est ni l'un ni l'autre.
wirken: das wirkt wie (Grundschule) ça fait (école primaire)
wirklich vraiment *adv.*
Wirklichkeit la réalité → 4/2
Wirtschaft l'économie *f.* → 2/1
wissen (etw.) savoir qc; **ich weiß nicht wo(-hin/-her)** je ne sais où; **ich weiß nicht wer** je ne sais qui
Witz la blague → 4/2
wo où; **wo** *Relativpronomen* où; **Wo kommst du her?** Tu es d'où?; **Wo wohnst du?** Tu habites où?
woanders ailleurs *adv.*
Woche la semaine; **jede zweite Woche** une semaine sur deux
Wochenende le week-end; **am Wochenende** le week-end
wogegen alors que → 4/3
wohin où
wohl bien *adv.*
Wohnblock l'immeuble *m.*
wohnen habiter (à/en)
Wohnung l'appartement *m.*
Wohnzimmer la salle de séjour
Wolf le loup
Wolke le nuage
Wolkenkratzer le gratte-ciel
wollen (etw.) / (+ *Inf.*) vouloir (qc) / (+ *inf.*)
Wort le mot
wunderbar fantastique *adj.* → 1/3
wundervoll magnifique *adj.*
Wunsch le vœu → 5/2
wünschen (sich etw.) / (jdm etw.) souhaiter (qc) / (qc à qn)
Wurst la saucisse
Wurstwaren la charcuterie → 4/1
Wüste le désert → 5/A
Wut la colère
wütend furieux/-euse *adj.*; **wütend sein** être en colère

Y

Yoga le yoga

Z

Zahl le chiffre → 3/1
zählebig sein avoir la vie dure → 4/2
zählen compter
zahlreich nombreux/-euse *adj.* → 2/A
Zahn la dent
Zahnarzt/Zahnärztin le/la dentiste
Zahnarztpraxis le cabinet dentaire
Zauber la magie
Zeichen le signe
Zeichnen le dessin → 1/A
zeichnen (etw.) dessiner qc
zeigen (jdm etw.) montrer qc à qn
Zeile la ligne → 1/3
Zeit le temps; l'époque *f.* → 2/A; **Es ist Zeit!** C'est l'heure.; **die ganze Zeit** tout le temps
Zeitalter der Aufklärung le siècle des Lumières → 2/A
Zeitgeschehen l'actualité *f.* → 1/2
Zeitschrift la revue; le magazine → 3/1
Zeitung le journal → 1/A
Zeitungsartikel l'article *m.* → 3/1
Zelt la tente → 5/1
Zelten le camping
zelten faire du camping
Zeltplatz le camping
Zensur la note
Zentralisierung la centralisation
Zentrum le centre
zerbrechen (etw.) casser qc
zerreißen (etw.) déchirer qc
***Zertifikat** zur Betreuung von Kindern/Jugendlichen* le BAFA / le brevet d'aptitude aux fonctions d'animateur → 3/2
Zettel le papier
Zeugnis le bulletin
ziehen tirer → 2/2
Ziel le but; l'objectif *m.* → 3/3
ziemlich assez *adv.*
Zimmer la pièce
zittern trembler
Zivilisation la civilisation → 2/2
zögern (etw. zu + *Inf.*) hésiter (à + *inf.* qc)
zu (sehr) trop *adv.*
zu viel trop (de) *adv.*
zuerst d'abord *adv.*
Zufall le hasard → 3/3
zufrieden content/e *adj.*
Zug le train
zugeben (etw.) avouer (qc) → 4/2
zugleich à la fois
zuhören (jdm) écouter qn
Zukunft l'avenir *m.*
zum *Richtung* vers *prép.*
zunehmen augmenter → 3/3
zurechtkommen (ê)se débrouiller
zurückgeben (jdm etw.) rendre qc à qn
zurückgehen (ê)retourner
zurückhalten (jdn/etw.) freiner qn/qc
zurückkommen (ê)rentrer; (ê)revenir
zurzeit en ce moment
zusammen ensemble *adv.*
Zusammenarbeit la coopération → 4/A
zusammenarbeiten collaborer → 4/A
zusammenbringen (Gymnasien) rassembler (des lycées) → 1/2
zusammenpassen (ê)aller avec qc
Zuschauer/in le/la spectateur/-trice
zuwenden (sich jdm) (ê)se tourner vers qn
zuwerfen (jdm etw.) lancer qc à qn
Zweifel le doute → 4/1
zweisprachig bilingue *adj.* → 3/1
Zwillings- *in Verbindung mit einem Nomen* jumeau/-elle *adj.*
zwischen entre *prép.*
zwölf Uhr mittags midi

ANNEXE

Dossier 2, Approches, p. 41

Aude: Je trouve que ce qui a beaucoup changé ce sont les droits de la femme. Maintenant, elles peuvent choisir et faire tous les métiers qu'elles veulent. Elles peuvent vivre leur vie de femme et de mère tout en travaillant ...

Mathieu: Il y a plein de choses qui ont changé! Les progrès de la médecine, les vaccins ...
Laurie: Oui, les progrès des sciences et de la technique, en général. Les transports, les voitures ... Entre les trains du début du siècle et le TGV, il y a tout un monde!
Éric: L'informatique, Internet! Avant, mes grands-parents ne pouvaient pas communiquer si facilement avec leurs amis de New-York. Et quand ils étaient jeunes, ils devaient aller à la poste pour téléphoner ... Maintenant, ils envoient des SMS et des mails. C'est une vraie révolution!

Dossier 3, exercice 4, p. 54

– Un métier qui me plairait, si j'ai mon bac, c'est architecte ... ou ingénieur. J'adore la construction.
– Moi, je voudrais devenir médecin et travailler au Samu social parce qu'aider les autres, pour moi, c'est important.
– Je n'aime pas les maths, je suis plutôt littéraire, alors j'aimerais bien travailler comme journaliste dans un journal ou à la radio, ou encore dans une librairie. Ça dépend aussi du bac que je vais passer.
– Mon point fort, c'est les langues. Je me vois bien interprète ou reporter, mais pas traductrice. On passe trop de temps au bureau.
– Mon rêve, c'est le foot professionnel. Mais c'est dur! Si ça ne marche pas, je choisirai quand même un métier sportif: moniteur ou guide de haute montagne, par exemple. Il me faut un métier où on vit dehors.
– Euh ... j'hésite. Y a trop de choses qui m'intéressent. J'aime bien dessiner, j'aime l'informatique, le cinéma, les médias ... Pourquoi pas concepteur multimédia? Il faut avoir de l'imagination et moi, j'en ai même trop!
– En tout cas, je sais ce que je ne veux pas faire: devenir bouchère et reprendre la boucherie de mes parents. Le commerce, c'est pas mon truc. La viande non plus! Je veux devenir avocate parce que je veux défendre des gens qui ont des problèmes.

Dossier 5, Approches, p. 102

Je m'appelle Naziha. J'habite à Essaouira au Maroc, une ville située sur la côte de l'océan Atlantique. Mes grands-parents vivent à Kashba, un petit village de l'Atlas, en pleine montagne. Je me débrouille assez bien en français, mes parents et mes grands-parents aussi. Quand mes grands-parents étaient jeunes, le Maroc était encore une colonie française. C'est en 1956 que le Maroc a obtenu son indépendance.

Moi, c'est Ibrahim. J'habite à Alger, la capitale de l'Algérie. J'aime la mer, je m'intéresse au foot, à la géographie et à la géologie. Avec mon père, j'ai fait plusieurs excursions dans le désert. La famille de mon père est d'origine berbère. Les Arabes ont conquis cette région habitée par les Berbères au VIIe et au VIIIe siècles. Ils ont apporté leur langue, leur religion et ils ont baptisé cette région: le Maghreb: c'est-à-dire le pays du «soleil couchant».

Je me présente: Leïla Cherif. J'habite dans un village dans la banlieue de Sousse, en Tunisie. Mon pays est réputé pour son climat agréable et ses plages de sable fin. La ville de Sousse est située sur la côte, comme la plupart des villes du Maghreb. Mes hobbys sont le cinéma et l'histoire. Saviez-vous que la Tunisie était une ancienne province romaine? Dans la ville de Carthage, qui a été fondée en 814 avant Jésus-Christ, on peut encore admirer les vestiges de l'époque antique.

Le test des connaissances, p. 9

1. Reihe (von links nach rechts): 1. À Marseille, on peut visiter: le stade Vélodrome, le Vieux-Port, le quartier du Panier, les calanques, le jardin des Vestiges, l'île d'If, Notre-Dame de la Garde, la Canebière, le quartier de l'Estaque 2. Il joue au foot. Elle joue du saxophone. 3. En hiver, il neige et on peut faire de la luge. 4. Le livre? Je te le prête. Les photos? Elle nous les montre. 5.1 le nord, 5.2 le nord-est, 5.3 l'est *m.*, 5.4 le sud-est, 5.5 le sud, 5.6 le sud-ouest, 5.7 l'ouest *m.*, 5.8 le nord-ouest.
2. Reihe: 6. Jacques Cartier était un explorateur. Il a découvert le Canada en 1534. 7. Écoutez-moi quand je vous parle. 8. Je n'ai pas envie d'aller à la piscine avec vous. 9. connaître au présent: je connais, tu connais, il connaît, nous connaissons, vous connaissez, ils connaissent. connaître à l'imparfait: je connaissais, tu connaissais, il connaissait, nous connaissions, vous connaissiez, ils connaissaient. 10. gai/triste, commencer/arrêter/finir, se lever/se coucher.
3. Reihe: 11. Québec est la capitale du Québec. 12. C'était l'horreur, mais nous n'avons pas eu peur. 13. Paolo court le plus vite. Virginie travaille mieux que Julie. 14. Il y va. Nous en voulons. 15. Je vais au Canada. Il est né aux États-Unis. Elle vient de France.
4. Reihe: 16. Je me suis levé/e du pied gauche et je suis en colère. 17. En Provence, on fait: du vin, des fruits (des melons et des olives), des pan bagnats, de la lavande et du parfum. 18. Tu vas d'abord tout droit, puis tu prends la deuxième rue à droite. Tu traverses la place, tu continues tout droit et ensuite, tu prends la première rue à gauche. 19. faire attention, faire de la luge, faire des bêtises, faire des études, faire des progrès, faire du (44), faire du camping, se faire du souci, faire la connaissance de qn, faire la cuisine, faire partie de qc, faire plaisir à qn, faire les courses, faire les magasins, faire qc exprès, faire rigoler qn, faire sa pub, faire son maximum, faire tout son possible, faire un effort, faire une balade, faire une déclaration, faire une descente, faire une scène, faire chaud/froid. 20. À la fin de la 3e, les Français doivent passer un examen: le brevet.
5. Reihe: 21. Toute la classe et tous les profs sont allés au musée. 22. aller au futur simple: j'irai, tu iras, il ira, nous irons, vous irez, ils iront. venir au futur simple: je viendrai, tu viendras, il viendra, nous viendrons, vous viendrez, ils viendront. 23. Quand il avait cinq ans, Jonas essayait toujours d'embrasser les gens. Un jour, son père lui a dit d'arrêter. 24. Ils ont voulu voir le film. Elles ont marché longtemps. Elle s'est disputée avec Jens. 25. Personne ne veut aller voir ce concert. Je ne vois personne.

Quellen

Fotos

© Agnès Rinck, S. 104 (oben rechts) – © Benoit Teillet, S. 55 – Corbis/Comstock: © Manella, S. 21 links) – © Corbis/image100/RF, S. 15 (2. v. unten links), S. 30 (oben, Mitte rechts) – © Corbis/RF, S. 16 – © Cornelsen, Battaglini, S. 30 (Mitte rechts) – © Cornelsen, Drevon, S. 105 (oben links), S. 105 (unten rechts), S. 107 – © Cornelsen, Schulz, S. 10 (Mitte links), S. 12 (unten links), S. 20 (unten), S. 24, S. 60, S. 63, S. 65 (unten links), S. 102 (unten rechts), S. 106 (links), S. 106 (rechts), S. 115 (links), S. 115 (rechts), S. 46 (oben links) – © Cornelsen, Wölz, S. 59 – © Cornelsen, Silckerodt, S. 30 (2. v. unten rechts) – © Das Fotoarchiv / RF: © Arslan, S. 12 (Mitte rechts) – © Digitalstock, S. 30 (2. v. unten links), S. 30 (unten links), S. 41 (oben links) – flickr: © Jon Tam, S. 116 (oben rechts) – flickr: © wolfhound_kimo, S. 116 (unten rechts) – flickr: © Zain Abid, S. 116 (links) – © Fotolia.com/Fotoplaner, S. 30 (unten rechts) – Fotolia.com: © Popcorn, S. 82; © Kouptsova-Vasic, S. 98/99 – © Getty Images / Photodisc / RF, S. 18 (links) – GNU-Liz. freie Dok., S. 167 – © Goethe-Institut Algerien, S. 120 (rechts) – © Info-Café Berlin-Paris im DFJW, S. 90 – iStock: © Gaffera, S. 98–99; © Pavlovic Markovic, S. 104 (links); © Victoria, S. 98–99; © Monino, S. 118 – © istockphoto/ esemelve, S. 30 (Mitte links) – © Ligue des droits de l'Homme, S. 30 (Mitte) – © mauritius images / Creatas / RF, S. 12 (unten rechts) – © Ministère des Affaires Étrangères, Images de France, 2003, S. 52 (2. v. oben), S. 53 (oben Mitte) – © OFAJ-Dfjw, S. 43 (oben rechts), S. 76 (unten rechts), S. 77 (oben links) – © panther-media, S. 41 (unten links) – © Parlement Européen des Jeunes / Tapio Schrey, S. 17, S. 20 (Mitte rechts) – © Parlement Européen / Service Photo, S. 168, S. 8, S. 53 (unten) – © phantermedia, S. 18 (2. v. links) – Public Domain, S. 31 (Mitte links), S. 31 (oben links), S. 31 (unten rechts), S. 120 (links), S. 164, S. 163, S. 162 – © shotshop/danstar, S. 41 (Mitte rechts) – shotshop: © Heidasch, S. 48-49 (Hintergrund); © Tuomi, S. 30 (oben, Mitte links) – © Staatliches Französisches Fremdenverkehrsamt, S. 165 – © Staatliches Fremden-verkehrsamt von Marokko, S. 114 – Wikipedia, Creative Commons Attr. 2.5, E. Pouhier, S. 166.

© akg-images, S. 76 (unten links) – Bayrisches Staatsschauspiel München: © Dashuber, S. 124 – Bridge-manart.com: © Willi, S. 46 (2. v. oben rechts) – Caro: © Riedmiller, S. 52 (unten rechts) – © Collection Christophel, S. 46 (unten rechts), S. 48, S. 49 – Corbis / Eye Ubiquitous: Seheult, S. 115 – Corbis/sygma: © Robert, S. 103 (oben links) – © Corbis/TWPhoto, S. 53 (Mitte) – Corbis/zefa: © Allig, S. 108; © Benser, S. 27 (Mitte links); © Meeke, S. 27 (Mitte) – Corbis: © Feingersh, S. 65 (unten rechts); © Listri, S. 46 (2. v. oben links); © Vannini, S. 46 (oben rechts) – Das Fotoarchiv: © Arslan, S. 21 (rechts) – © F1 Online, S. 65 (oben links), S. 65 (oben rechts) – Greenpeace: © Shirley, S. 50 – laif/REA © Ludovic, S. 56; © Guittot, S. 77 (oben rechts); © Hamilton, S. 52 (oben); © Hanning, S. 53 (oben rechts); © Tavernier, S. 13 (rechts); © Villerot, S. 64 (unten) – © mauritius images/age, S. 10 (oben), S. 18 (rechts) – © mauritius images/ imagebroker, S. 122 – © mauritius images / JIRI, S. 103 (unten links) – © mauritius images / Photononstop, S. 30 (oben links) – © mauritius images / Phototake, S. 52–53 (unten Mitte) – mauritius images: © Bischoff, S. 27 (oben rechts); © Böhlhoff, S. 13 (links), S. 15 (rechts); © Clasen, S. 103 (unten rechts); © Enzinger, S. 28, S. 41 (unten rechts); © Frank, S. 102–103 (Hintergrund); © Hangen, S. 15 (unten links); © Kaiser, S. 105 (unten links); © Kalkavan, S. 41 (Mitte links); © Merten, S. 52 (unten links); © Otto, S. 10 (Mitte rechts); © Scott, S. 102 (unten links); © Widmann, S. 102 (oben rechts) – photothek.net: © Grabowski, S. 68 – © Picture-Alliance/dpa, S. 53 (oben links), S. 77 (unten rechts), S. 169 – Picture-Alliance/dpa: © Abaca, S. 104 (unten rechts); © Schroewig/Graylock, S. 73 – © Picture-Alliance/ZB, S. 77 (unten links) – Schapowalow: © Huber, S. 74 – © Sipa Press / Collection YLI, S. 31 (unten rechts) – Sipa Press: © Delage, S. 119; © Durand Florence, S. 61; © Ginies, S. 43 (Mitte links); © Praxo, S. 121 – © ullstein bild, S. 76 (oben rechts) – © ullstein bild / Granger Collection, S. 103 (mitte links), S. 32 (2. v. rechts, oben), S. 40 – © ullstein bild / Imagebroker. net, S. 105 (oben rechts) – © ullstein bild / KPA, S. 103 (oben rechts) – ullstein bild: © Poklekowski, S. 109; © Viollet, S. 123, S. 76 (Mitte); © Will, S. 32 (2. v. rechts, unten) – © ullstein/AISA, S. 31 (oben rechts), S. 36 – © ullstein/Imagno, S. 32 (2. v. links) – © ullstein/KPA, S. 32 (1. v. links) – © ullstein/TopFoto, S. 32 (1. v. rechts) – © Visoterra.com, S. 112 – Visum: © Langreder, S. 64 (oben).

Illustrationen

© Jacques Goldstyn, S. 51 – © Écoute, Mai 2006, S. 96 (oben) – © Communautés européennes, 2007, S. 96 (unten) – © Pica/Erroc «Les profs», Bamboo.

Buchcover

© Éditions Gallimard, coll. Folio Junior «Robinson Crusoé», Daniel Defoe, Illustration: © Titouan Lamazou, S. 170 – © dtv «BGB Bürgerliches Gesetzbuch», S. 30 – © Éditions Albin Michel «Ni d'Ève ni d'Adam», Amélie Nothomb, S. 21 (rechts) – © Éditions de l'Olivier «À l'abri de rien», Olivier Adam, S. 21 (links) – © Rageot Éditeur «La Quête d'Ewilan, Tome 1: D'un monde à l'autre», Pierre Bottero, S. 24 (links) – © BabelJ «J'apprends l'allemand», Denis Lachaud, S. 24 (rechts) – © le Livre de Poche «Stupeur et tremblements», Amélie Nothomb, S. 51.

Texte

© Bayard Jeunesse, Je bouquine N° 253, Olivier Ka, S. 28 – © Éditions Albin Michel, 2007, «Ni d'Ève ni d'Adam», Amélie Nothomb, S. 29 – © Bayard Presse, 2005, Okapi N° 788, S. 43 – © le Livre de Poche, 1993, «Germinal», Émile Zola, S. 48–49 – © Fleurus Presse, Le Monde des ados N° 153, 2006, S. 50 – © Play Bac Presse, Les docs de l'actu N° 7, S. 73 – © Bayard Presse, Phosphore N° 286, S. 75 – © Syros, 2007, «L'échange», Roland Fuentès, S. 98 – © www.ahama.9online.fr/histoires6.htm, «Le sultan et le jardinier», Abdelaziz El Aroui, S. 110 – © www.orientalement.com/c201-gateau-cake-aux-amandes---recette-tres-simple-.html, «Gâteau aux amandes», S. 118 – © Sankara Mercury / PolyGram, S. 119 – © le Livre de Poche, Paris, 2000, «Garçon manqué», Nina Bouraoui, S. 120 – © VG Wort/Boris Vian, «Le Déserteur», S. 122 – © Éditions Albin Michel, 2007, «Le Dieu du carnage», Yasmina Reza, S. 124–125.

Mer Méditerranée
Bizerte
Skikda
Annaba
Tabarka
Carthage
Tunis
Pantelleria
Hammamet
Golfe de Hammamet
Sousse
Kairouan
Algérie
Atlas
Tunisie
El Djem
Sfax
Îles Kerkenah
Gafsa
Golfe de Gabès
Tozeur
Île de Djerba
Gabès
Chott el Djerid
Matmata
Zarzis
Douz
Tataouine
Dehiba
Grand Erg Oriental
Libye
S a h a r a
Ghadamès
0
100
200 km
Oued (fleuve périodique ou épisodique)
Lac salé